좋은 관계를 맺는 것은 우리에게 아주 중요하다. 우리는 관계 속에서 "아니요"라는 말을 하기 어려워한다. 내가 정한 바운더리로 인해 누군가 상처를 입어서 사이가 나빠질 것을 걱정하기 때문이다. 많은 그리스도인들이 바운더리를 정한 후에 오히려 죄책감과 두려움, 그리고 마음 안에서 일어나는 분노로 인해 힘들어한다. 상담학 강의를 하면서 나는 학생들에게 이 책을 강력하게 추천한다. 우리 삶에서 건강한 바운더리를 세우는 것은 나 자신과 교회, 가정, 하나님 나라에 너무 중요하기 때문이다.

손철우 백석대학교 상담대학원 교수

성경은 우리에게 먼저 자기 인생을 책임지는 사람이 되라고 가르친다(마 16:24, 빌 2:3-4). 우리는 예수 그리스도 안에서 자신의 내외적인 삶을 책임져야 한다. 이는 그 누구도 대신해 줄 수 없다. 자기 인생을 스스로 책임지지 않는다면, 서로 돕고자 하는 선의가 조종과 통제, 상처를 남기고 탈진에 이르게 할 수 있다. 이것이 바로 이 책의 핵심 내용이다. 이 책은 건강한 성인이 되고자 하는 사람들, 특히 선의로 이웃을 돕는 사역에 종사하는 사람들이 읽어야 할 필독서다. 바운더리 없이 돕는 사역은 서로에게 해가 될 수 있기 때문이다. 이 책을 처음 만난 것은 26년 전이다. 치유 전문가로서 지난 27년을 보내면서 이 책의 소중함을 새삼 깨닫게 되었다.

노상헌 임상심리학 박사, 남서울예수교회 담임목사

이 책을 20년 전에 읽었더라면, 내 인생 항로가 바뀌었을 것이다. 사실, 이 베스트셀러는 오늘날 더 필요하다. '바운더리와 디지털 시대'에 대한 내용이 새로 추가되고 시의적절한 예화들이 많아서 우리가 건강한 관계를 유지하는 데 놀라운 통찰을 준다.

빌 하이벨스 윌로우크릭교회 담임목사, 『너무 바빠서 기도합니다』 저자

'쉼 없이 돌아가는' 문화 속에서 살아가는 우리에게 그 어느 때보다 필요한 고전이다. 이 책은 우리의 삶과 관계에 깊이 파고든 과학 기술과 소셜 미디어로부터 우리 자신과 사랑하는 사람을 보호하는 법을 제시하며, 여전히 우리를 건강한 관계와 인격 성장, 그리스도 안에서 누리는 참된 자유의 길로 인도한다.

앤디 스탠리 노스포인트 미니스트리 설립자, 『성품은 말보다 더 크게 말한다』 저자

내가 읽은 책들 중에서 가장 많이 추천하는 책이다. 우리는 모두 언제나 지나친 약속으로 자신을 속박하거나, 다른 사람에게 당하고도 아무 소리 못하거나, 종속적이고 역기능적 관계에 빠질 수 있는데, 이 책은 사고방식의 변화를 통해 결국 행동의 변화를 이끌어 낸다. 친구, 가족, 직장 동료와의 관계 또는 일정, 과학 기술 사용에서 무언가 좋지 못한 패턴이 생겼다면, 당신이 원래 지음 받은 대로 살아가기 위해 바운더리를 세우는 데 이 책이 유익할 것이다.

크레이그 그로쉘 라이프교회 담임목사, 『더 나은 선택』 저자

'(관계상의) 화재시 비상탈출용 망치로 유리 깨기' 매뉴얼 같은 책이다. 이제 고통에서 벗어나 치유받고 싶다면, 삶을 변화시키는 이 책을 읽고 자유로 이끄는 가르침을 따르라.
제임스 맥도날드 하비스트 바이블교회 담임목사, 『버티컬 처치』 저자

헨리 클라우드와 존 타운센드는 개정증보한 이 책에서 더 많은 이야기를 들려준다. 그들의 메시지는 나의 삶뿐 아니라 우리 교회 회중과 직원들의 삶까지 바꿔 놓았다. 건강한 관계를 유지하는 법을 배우고 싶다면 이 책을 읽으라!
로버트 모리스 게이트웨이교회 담임목사, 『하나님 마음에 맞추라』 저자

20년 넘게 이 책을 친구들과 팀원들 및 라디오 청취자들에게 추천했고, 거의 매일 이 책에서 배운 바를 적용해 왔다. 원칙은 시대를 초월한다. 더욱이 개정증보판으로 독자에게 더욱 가까이 다가온 느낌이다.
데이브 램지 재정 전문가, '데이브 램지 쇼' 진행자

그리스도인의 청지기 직분에 대한 설교는 무수히 많이 들어왔지만, '아니요'라는 거절이 가진 가치에 대해 말하는 설교는 한 번도 듣지 못했다. '아니요'의 가치를 드러내는 설교는 사랑의 힘을 통해 잘못된 행동에 정면으로 맞서고, 새로운 힘을 재충전할 수 있는 공간을 제공할 것이다. 잘 알려지지 않은 개념인 바운더리는, 우리에게 절실하게 필요한 사랑과 청지기 직분이 지닌 또 다른 측면이지만 지금까지 배울 기회가 거의 없었다.
하워드 헨드릭스 『사람을 세우는 사람』 저자

헨리 클라우드 박사와 존 타운센드 박사는 하나님이 주신 은사인 바운더리에 대한 위대한 통찰과 실용적인 지혜를 가지고 있다. 그들은 우리가 자기 삶에 대한 책임과 주인 의식을 어떻게 가져야 하는지 잘 설명해 주었다. 그래서 단순히 목마름을 해결하는 데서 그치지 않고, 생존의 문제를 해결하는 소망을 제시한다.
조쉬 맥도웰 『기독교 변증 총서』 저자

통찰력으로 가득 찬 이 책을 통해, 우리는 인생을 완전히 변화시킬 수 있는 간단한 개념, 즉 건강한 바운더리를 배우게 될 것이다. 바운더리는 우리 삶을 분명하게 구분할 수 있는 능력을 주어 우리가 다른 사람에 대한 사랑을 확대하고 자신이 직면한 문제를 극소화하도록 돕는다. 책을 펼치는 순간 그 능력을 체험할 수 있다. 이 책을 강력하게 추천한다.
존 트렌트 『축복의 언어』 저자

NO라고 말할 줄 아는 그리스도인

헨리 클라우드·존 타운센드 지음 • 차성구 옮김

NO
라고 말할 줄 아는 그리스도인

좋은씨앗

No라고 말할 줄 아는 그리스도인

초판　　　1쇄 발행 | 2000년 11월 27일
개정증보판 1쇄 발행 | 2017년 10월 17일
개정증보판 8쇄 발행 | 2025년 11월 10일

지은이 | 헨리 클라우드·존 타운센드
옮긴이 | 차성구
펴낸이 | 신은철
펴낸곳 | 좋은씨앗
출판등록 제4-385호(1999. 12. 21)
주소 | (06753) 서울시 서초구 바우뫼로 156(양재동, MJ빌딩) 402호
주문전화 | (02) 2057-3041 주문팩스 | (02) 2057-3042
이메일 | good-seed21@hanmail.net
페이스북 | www.facebook.com/goodseedbook

ISBN 978-89-5874-285-2　04230

Boundaries
Copyright © 1992, 2017 by Dr. Henry Cloud and Dr. John Townsend
Published by the permission of Zondervan, Grand Rapids, Michigan, U.S.A.

This Korean translation edition © 2017 by Good Seed Publishing, Seoul, Republic of Korea.

This edition published by arrangement with The Zondervan Corporation L.L.C.,
a division of HarperCollins Christian Publishing, Inc. through rMaeng2, Seoul, Republic of Korea.
All rights reserved.

이 한국어판의 저작권은 알맹2 에이전시를 통해 Zondervan과 독점 계약한 도서출판 〈좋은씨앗〉에 있습니다.
신저작권법에 의하여 한국 내에서 보호받는 저작물이므로 무단전재와 무단복제를 금합니다.

이 책을
헨리·루이스 클라우드와 존·레베카 타운센드에게 바칩니다.
그들은 우리 삶 속에서 '차이'를 만들어 내는
바운더리를 함께 훈련해 주었습니다.

차례

감사의 글   10

1부 바운더리란 무엇인가

1장   바운더리 없는 일상   15
2장   바운더리란 무엇인가   37
3장   바운더리 문제   73
4장   바운더리는 어떻게 개발되는가   93
5장   바운더리의 10가지 법칙   129
6장   바운더리에 대한 일반적 통념   163

2부 바운더리의 충돌

7장   바운더리와 가족   195
8장   바운더리와 친구   217
9장   바운더리와 배우자   239
10장   바운더리와 자녀 양육   265
11장   바운더리와 직업   307
12장   바운더리와 디지털 시대   329
13장   바운더리와 자아   367
14장   바운더리와 하나님   399

3부 건강한 바운더리 개발하기

15장   바운더리에 대한 저항   415
16장   바운더리 성공의 측정 방법   461
17장   바운더리 있는 일상   489

미주   503

감사의 글 _ 1992년 판

스캇 볼린더(Scott Bolinder)와 브루스 리스캠프(Bruce Ryskamp)는 처음부터 이 책에 대한 비전을 갖고 있었다. 그들은 미시간 호수에서 열린 수련회의 모든 계획과 진행을 맡았고, 그 수련회에서 우리는 이 비전을 존더반 출판사의 다른 직원들에게도 전할 수 있었다.

샌디 반더 지크트(Sandy Vander Zicht)는 편집 과정을 총괄하며, 로리 발부르그(Lori Walburg)와 함께 원고를 더 우아하고 정확하며 읽기 편하면서도 쉽게 이해할 수 있게 다듬어 주었다. 댄 러니언(Dan Runyon)은 책을 알맞은 판형으로 만들어 주었다.

데이브 앤더슨(Dave Anderson)은 이 책을 비디오 커리큘럼에 맞게 바꿔 주었다.

실리 예이츠(Sealy Yates)는 계약에서 출간에 이르는 전 과정에 걸쳐 격려와 지원을 아끼지 않았다.

감사의 글 _ 2017년 판

존더반의 출판인 데이비드 모리스(David Morris)는 개정증보된 이 책에 대한 비전을 가지고 지지해 주었다. 샌디 반더 지크트가 다시 편집 과정을 총괄했으며, 크리스틴 앤더슨(Christine Anderson)은 책 전체 내용의 흐름을 능숙하게 매만져 주었다.

    25년 전 이 책이 출간된 이후로 지금까지 각종 세미나와 라디오, TV 프로그램, 이메일과 편지, 전화와 소셜 미디어를 통해 만난 수많은 사람들에게 감사한다. 그들은 『No라고 말할 줄 아는 그리스도인』이 자기 삶에 어떤 영향을 미쳤는지 아낌없이 나눠 주었다. 이 개정증보판에서 자신의 이야기를 나누며 격려를 보내준 것에 감사한다.

1부

바운더리란 무엇인가

1.

바운더리 없는 일상

오전 6시

알람 시계가 울어 댔다. 잠을 조금밖에 자지 못한 탓에 눈을 뜨는 둥 마는 둥, 쉐리는 시끄럽게 잠을 깨우는 자명종을 끄고, 침대 곁 스탠드를 켜고 침대에서 일어나 앉았다. 그녀는 멍하니 벽을 바라보다가, 정신을 차리려고 애썼다.

'오늘 하루도 두렵게 느껴지는 이유는 뭘까? 주님, 당신은 제게 즐거운 삶을 약속하시지 않았던가요?'

그 순간 쉐리는 자신이 두려워하는 이유가 떠올랐다. 오늘 오후 4시 30분에 3학년인 아들 토드의 담임 선생님과 만날 약속 때문이었다. 선생님에게서 걸려 온 전화 내용이 자꾸 머릿속을 맴돌았다. "토드의 담임 진 러셀입니다. 토드의 옳지 못한 행동에 대해 이야기를 좀 나누고 싶은데요. 언제 만나 뵐 수 있을까요?"

토드는 조용하게 선생님의 말을 듣는 법이 없었다. 심지어 부모인 쉐리와 왈트의 말조차 귀 기울여 듣지 않았다. 토드는 고집 센 아이였고, 쉐리는 아이가 기죽는 것이 싫었다. '아이의 사기를 꺾지 않는 게 더 중요하지 않을까?'라는 생각 때문이었다.

"그래, 이렇게 걱정하며 앉아 있을 시간이 없어." 쉐리는 혼잣말을 중얼거리며, 침대에서 겨우 일어나 욕실로 갔다. "오늘 하루도 정신 없이 바쁘겠군."

샤워를 하는 동안 쉐리의 마음은 이미 그 다음 일로 넘어가고 있었다. 그녀는 머릿속으로 하루 일과를 점검해 보았다. 아마 자신이 직장에 다니지 않고 집에 있었다면, 아홉 살짜리 토드와 여섯 살짜리 에이미는 부모 말을 잘 듣는 아이들이 되었을 것이다.

"어디 보자. 먼저 아침 식사를 준비하고, 도시락 두 개를 싼 다음, 에이미가 학교에서 연극할 때 입겠다고 한 옷을 마무리해야겠다. 에이미가 7시 45분에는 학교 버스에 타야 하니까, 그 전에 무대 의상을 만들려면 서둘러야겠어."

쉐리는 지난밤을 떠올리며 아쉬워했다. 원래는 에이미가 연극할 때 입을 옷을 만들 계획이었다. 귀여운 딸의 특별한 날을 위해 자신의 재능을 최대한 발휘할 작정이었다. 그런데 어머니가 갑자기 찾아왔다. 오랫만에 온 어머니를 맞느라, 딸의 무대 의상을 만드는 일은 엄두도 못 냈다. 시간을 아끼려고 애썼던 모습에 대한 기억은 그리 좋지 않았다.

쉐리는 어머니의 기분을 상하지 않게 하려고 그럴듯하게 말했다. "엄마가 오니까 정말 좋아. 그러니까 이야기를 나누는 동안에 내가 에이미의 무대 의상을 만들더라도 기분 나빠 하지 마세요. 아셨죠?" 쉐리는 어머니의 호의적인 반응을 기대하면서도 내심 겁이 났다.

"쉐리, 네가 가족들과 보내는 시간을 내가 방해하고 싶어 하지 않는 걸 너도 잘 알잖니?" 어머니는 20년을 남편 없이 홀로 살아오면서, 거의 순교자의 경지에 이르렀다. "네 아버지가 돌아가신 후로, 나는 공허한 시간 속에서 살아왔단다. 아직도 나는 가족들을 그리워한다. 네가 가족들을 귀하게 여기는 걸 내가 어찌 막을 수 있겠니?"

'분명히 이 난관을 헤쳐 나갈 수 있을 거야.' 쉐리는 마음속으로 생각했다.

"그러니까 네가 네 남편과 아이들이 나와 좀 더 시간을 보내지 않게 하려는 이유를 잘 안다. 나 같은 늙은이가 어떻게 거기 낄 수나 있겠니? 나는 자녀들에게 평생을 쏟아부은 외롭고 늙은 노인네일 뿐이야. 나랑 시간을 보내고 싶어 하는 사람이 오히려 이상한 사람일 테지."

"아니야, 엄마. 정말 그렇지 않아요!" 쉐리는 어머니와 함께 지내면서 수십 년 동안 형성된 감정적 공감대를 재빨리 이용했다. "절대 그런 뜻으로 말한 게 아니에요! 내 말은 에이미의 무대 의상을 만드는 일이 그만큼 중요하다는 뜻이지. 우리는 엄마가 우리 집에 자주 오기를 바라요. 자주 찾아가지 못해 정말 미안해요. 엄마가 우리 집에 와서 정말 좋아요." '주님, 설마 이런 사소한 거짓말을 했다고 벌을 내리시지는 않겠지요?' 그녀는 소리 없이 기도했다.

"사실, 무대 의상은 아무 때나 만들 수 있어요." '이 거짓말 역시 용서해 주세요.' "엄마, 차 좀 내올까요?"

어머니는 한숨을 지었다. "좋아. 네 마음대로 하렴. 하지만 내가 네 시간을 방해했다는 생각은 좀처럼 지워지지 않는구나."

어머니는 밤늦게까지 계셨다. 어머니가 집으로 돌아가려 할 즈음, 쉐리는 미치기 일보 직전이었다. 하지만 이런 생각으로 위로를 삼았다.

'적어도 엄마가 홀로 보내야 했을 외로운 시간을 즐겁게 보내도록 도와 줬어.' 하지만 곧바로 내면의 솔직한 음성이 들려왔다. '네가 정말 그렇게 많은 도움을 주었다면, 어째서 엄마는 집으로 돌아갈 때까지 당신의 외로움에 대해 끊임없이 말했지?' 쉐리는 그 생각을 잊어버리려고 애쓰며 잠자리에 들었다.

오전 6시 45분

쉐리는 다시 현실로 돌아왔다. "이미 엎질러진 물인데, 지나가 버린 시간을 후회해 봤자 소용없는 일이지." 그녀는 스커트 지퍼를 올리면서 혼자 중얼거렸다. 그녀가 아끼던 옷들은 대부분 너무 꼭 맞게 변해 버렸다. '이렇게 빨리 중년이 되었나? 정말 이번 주부터는 다이어트와 운동을 시작해야겠어.'

옷을 입고 거실로 나가자 여느 때와 마찬가지로 집안이 소란스러웠다. 아이들은 침대에서 일어나기 싫다고 투덜거렸고, 왈트는 아이들을 제시간에 깨울 수 없느냐며 불평했다.

오전 7시 45분

아이들은 기적적으로 학교 버스를 놓치지 않았고, 왈트는 자동차를 몰고 출근했다. 쉐리도 현관 문을 잠그고 집을 나섰다. 그녀는 크게 심호흡하며 조용히 기도했다. '주님, 오늘 하루가 그리 기대되지는 않네요. 저에게 희망적인 일을 허락해 주세요.' 고속 도로까지 운전하며 가는 동안, 그녀는 화장을 대충 끝냈다. '주님, 감사합니다. 오늘도 여지없이 막히네요.'

오전 8시 45분

쉐리는 자신이 패션 컨설턴트로 일하는 회사로 뛰어들어 가며 시계를 보았다. 몇 분 지각이었다. 그녀는 자신이 언제나 그 정도는 지각하며 제시간에 출근하지 못하는 것을 동료들이 이해할 거라고 생각했다.

하지만 그녀의 생각은 틀렸다. 이미 중역 회의는 시작되었다. 발소리를 내지 않으려고 조심조심 걸어 들어갔지만, 자리에 앉아 있는 모든 사람이 그녀를 쳐다보았다. 쉐리는 주위를 돌아보면서 어색하게 웃으며 중얼거렸다. "길이 왜 이렇게 막히는지…."

오전 11시 59분

나머지 오전 시간은 별 탈 없이 지나갔다. 재능 있는 패션 디자이너 쉐리는 매력적인 의상을 구별해 내는 정확한 안목을 지니고 있었기에 회사에서 없어서는 안 될 중요한 인물이었다. 그런데 점심 시간 직전에 문제가 생겼다.

책상에 놓인 전화가 울렸다. "쉐리 필립스입니다."

"쉐리, 다행히 있었구나! 네가 점심 먹으러 갔으면 어떻게 하나 했어." 쉐리는 그 목소리의 주인공을 단번에 알아차렸다. 초등학교 때부터 알고 지낸 로이스 톰슨이었다. 로이스는 다분히 신경질적이고, 늘 위기 의식에 사로잡혀 있었다. 쉐리는 늘 로이스를 도와주려 했고 '그녀의 입장에서' 생각해 주었다. 하지만 로이스는 쉐리에게 어떻게 지냈는지 묻지도 않았고, 쉐리가 자신의 어려움을 털어놓을 때는 대화의 주제를 바꾸거나 자리에서 일어섰다.

쉐리는 진심으로 로이스를 사랑했고 그녀의 문제들에 대해 걱정해 주었다. 그러나 로이스는 친구라기보다는 고객처럼 보였다. 쉐리는 불균형 상태에 놓인 그들의 우정에 대해 분개했다. 그녀는 자신이 로이스에게 품고 있는 분노를 생각할 때마다 죄책감에 시달렸다. 그리스도인으로서 이웃을 사랑하고 도와주어야 한다는 성경의 가르침을 잘 알고 있었다. '또 시작되었군.' 쉐리는 혼잣말을 했다. '이렇게 남보다 나를 먼저 생각하다니. 주님, 제가 로이스에게 무엇이든 아낌없이 베풀고 이기적이지 않게 해주세요.'

쉐리가 물었다. "무슨 일이니, 로이스?"

"너무 무서워 견딜 수가 없어." 로이스가 말했다. "앤은 오늘 학교에서 쫓겨왔고, 톰은 승진에서 탈락했어. 그리고 내 차는 고속 도로에서 멈춰 버렸어."

'나는 매일 겪는 일인데, 뭘 그런 걸 가지고 그래!' 쉐리는 그런 생각을 하면서, 다시금 분노의 감정이 일었다. 하지만 그 감정을 숨기고 말했다. "로이스, 정말 딱하게 되었구나! 그렇게 많은 일들을 감당하느라 얼마나 힘드니?"

쉐리가 여러 문제에 대해 자세히 물어보자, 로이스는 대답하는 동안 기분이 한결 나아졌다. 친구의 고민을 들어 주느라 점심 시간은 벌써 30분이나 지나 버렸다. 쉐리는 생각했다. '그래, 굶는 것보다는 간단하게 뭐라도 먹는 게 낫겠지.'

치킨 버거를 주문하는 동안, 쉐리는 로이스에 대해 생각했다. '내가 수년 동안 로이스에게 해준 말과 충고가 변화를 가져온다면, 그나마 다행이겠지. 하지만 로이스는 20년 전에 했던 실수들을 지금도 여전히 한단 말이야. 내가 이렇게까지 할 필요가 있을까?'

오후 4시

그날 오후도 평온하게 지나갔다. 쉐리는 토드의 선생님을 만나기 위해 사무실을 나섰다. 그때 상사인 제프 모어랜드가 뒤따라오며 그녀를 불러 세웠다.

"쉐리, 다행히 당신을 만났군요." 제프는 그녀가 다니는 회사 맥앨리스터 사의 성공에 일등 공신으로, 일을 만드는 데 남다른 소질이 있었다. 더 심각한 문제는 그가 다른 사람에게도 "일거리를 만들어 준다"는 데 있었다. 쉐리는 지금까지 백 번도 더 넘게 들었을 말을 또다시 들었다. "잘 들어요, 나는 지금 매우 바빠요." 그는 두꺼운 서류 뭉치를 건네며 말했다. "킴브로우 사에 대한 최종 평가의 기초가 되는 자료들입니다. 자세히 살펴보면 알겠지만, 수정이 필요해요. 내일까지 끝내야 하는데, 당신이라면 문제없을 겁니다." 그는 환심을 사려는 웃음을 지었다.

쉐리는 당황했다. 제프가 말하는 '수정'이란 상당한 수준을 요구하는 것이기 때문이다. 서류 뭉치를 훑어 본 쉐리는 적어도 다섯 시간은 족히 걸리는 작업 분량이라는 걸 알았다. '3주 전에 내가 제출했던 서류잖아!' 쉐리는 너무 화가 났다. '도대체 이 사람은 언제쯤이나 최종 기한을 여유 있게 주며 일을 맡길까?'

하지만 곧 마음을 가라앉혔다. "물론이죠, 제프. 전혀 문제없어요. 오히려 도와드리게 되어 기쁘군요. 언제까지 해드리면 될까요?"

"내일 오전 9시면 충분합니다. 그리고…쉐리, 정말 고마워요. 곤란한 일이 생기면, 당신이 가장 먼저 떠오릅니다. 당신은 그만큼 신뢰할 수 있는 사람이에요."

'신뢰할 수 있다…믿음직하다…의지가 된다….' 쉐리는 그 말들에 대해 생각해 보았다. '내게 무언가를 원하는 사람들은 늘 그런 식으로 표현하지. 마치 말 잘 듣는 노새를 묘사하는 말처럼 들리는군.' 갑자기 죄책감이 다시 밀려왔다. '또다시 저는 분개하고 있습니다. 주님, 제가 있는 자리에서 꽃을 피울 수 있도록 도와주세요.' 하지만 그녀는 은밀하게 다른 꽃밭으로 옮겨 심어지기 바라는 자신의 모습을 발견했다.

오후 4시 30분

진 러셀은 능력 있는 교사였다. 아이들이 저지르는 옳지 못한 행동 이면에 깔려 있는 복잡한 요소를 이해하는 사람이었다. 늘 그랬듯이, 왈트 없이 토드의 선생님과 대화를 나누게 되었다. 토드의 아버지이자 쉐리의 남편인 왈트는 근무 시간이라 빠져나올 수 없었고, 담임 선생님과 쉐리 이렇게 두 여자만 대화를 나누게 되었다.

"토드는 나쁜 아이가 아니에요." 러셀 선생님은 쉐리를 안심시켰다. "아주 영리하고, 활기찬 아이입니다. 토드는 자기 마음에 드는 건 다른 어떤 아이들보다 더 즐겁게 배우고 받아들이지요."

쉐리는 형식적인 말이 어서 끝나기를 기다렸다. '어서, 요점을 말하세요. 제 아이는 문제아예요, 그렇죠? 뭐 달라진 게 있나요? 나 역시 문제 투성이 인생을 살아가고 있어요.'

쉐리가 불편해하는 것을 알아차린 선생님은 곧장 본론으로 들어갔다. "가장 시급한 문제는 토드가 적절한 행동의 제약을 받아들이려 하지 않는다는 것입니다. 예를 들어, 함께 과제를 해결하는 시간에 아이들이 각자에게 할당된 일을 할 때, 토드는 무척 힘들어해요. 그 아이는 자리에서 일어나 다른 아이들을 못살게 굴고, 끊임없이 말을 합니다. 제가 그런 행동이 적절하지 못하다고 지적하면, 토드는 화를 내고 고

집을 피우지요."

쉐리는 하나뿐인 아들을 변호하고 싶은 마음이 들었다. "혹시 토드에게 주의력 결핍 문제(attention-deficit problem)가 있거나 지나치게 활동적인 건 아닐까요?"

선생님은 그렇지 않다는 의미로 머리를 저었다. "작년에 2학년 담임 선생님도 그런 부분을 의심했지만, 심리 검사 결과에서 별 이상이 발견되지 않았습니다. 토드는 자신이 좋아하고 흥미 있는 주제에는 놀라운 집중력을 보입니다. 제가 치료 전문가는 아니지만, 토드는 규율에 따라 움직이는 게 익숙하지 않은 것 같아요."

토드를 변호하던 쉐리는 이제 자기 자신을 변호하기 시작했다. "선생님은 이게 우리 가정과 관련된 문제 가운데 하나라고 말씀하시는 건가요?"

선생님은 언짢은 표정을 지었다. "저는 상담가는 아닙니다. 3학년 아이들은 대부분 규율에 따르려 하지 않아요. 그러나 토드는 보통 아이들 이상이에요. 제가 무슨 일을 시키면, 그 아이는 3차 세계대전이 일어나기 전까지는 하지 않겠다는 식으로 대꾸합니다. 토드의 지능이나 인지도 시험 결과는 항상 정상으로 나오기 때문에, 저는 토드가 집에서 어떻게 지내는지 궁금하네요."

쉐리는 더 이상 눈물을 참으려 하지 않았다. 두 손으로 얼굴을 감싸고 북받쳐 오르는 감정으로 어깨를 들썩이며 몇 분 동안 소리 내어 울었다. 극심한 절망감에 빠져드는 것 같았다.

얼마 후 그녀는 울음을 그쳤다. "죄송해요. 오늘따라 더 기분이 가라앉는군요." 쉐리는 가방을 뒤적여 화장지를 찾았다. "아니, 그렇지 않아요. 사실은 그보다 훨씬 심각합니다. 선생님, 좀 더 솔직히 말씀드릴게요. 선생님이 토드에게서 느끼는 문제들은 제게 있는 문제들과 같은 것들이에요. 왈트와 저는 집에서 토드의 마음을 바로잡으려고 무던히 애씁니다. 우리가 함께 놀고 이야기할 때, 토드는 어디 내놓아도 손색없는 훌륭한 아들입니다. 하지만 제대로 가르치고 벌을 주려 하면, 토드는 제가 도저히 감당할 수 없을 정도로 화를 내고 거부합니다. 제가 선생님께 별 도움을 드리지 못한 것 같군요."

선생님은 고개를 천천히 끄덕였다. "토드의 행동이 집에서도 문제라는 걸 알게 된 것만으로도 큰 도움이 되었습니다. 적어도 이제는 해결책을 위해 함께 머리를 맞댈 수 있겠군요."

오후 5시 15분

쉐리는 오후의 교통 체증이 이상하게도 고맙게 느껴졌다. '여기에는 나를 귀찮게 하는 게 없어서 좋네.' 그녀는 주로 그 시간에 앞으로 해야 할 일들을 계획하곤 했다. 아이들, 저녁 식사, 제프의 부탁, 교회… 그리고 왈트.

오후 6시 30분

"이번이 네 번째 말하는 거야. 더 이상 부르지 않겠어. 저녁 먹자!" 쉐리는 소리 지르는 것을 싫어했지만, 그보다 더 좋은 방법이 없었다. 아이들과 왈트는 항상 자신들이 내려오고 싶을 때까지 꼼짝도 하지 않는다. 식구들이 모두 모일 때면 저녁 식사는 차갑게 식어 있기 일쑤였다.

쉐리는 그 문제를 어떻게 해결해야 할지 몰랐다. 그녀는 요리 솜씨가 뛰어났으므로, 자신이 준비한 음식 맛이 보통은 아님을 알고 있었다. 게다가 식구들은 식탁에 앉으면, 음식 냄새를 한참 동안 맡았다.

하지만 에이미는 달랐다. 쉐리는 말없이 자리에 앉아 마치 벌레를 집어 드는 것처럼 음식을 뜨는 딸의 모습을 보며, 또다시 걱정스러운 마음이 들었다. 에이미는 사랑스럽고 감수성이 예민한 아이였다. 외향적인 에이미의 모습은 단 한 번도 본 적이 없었다. 그 아이는 책을 읽고, 그림을 그리며, 침실에 앉아 '생각하기'를 좋아했다.

"에이미, 넌 주로 무슨 생각을 하니?" 쉐리가 조심스럽게 물었다.

"그냥 생각하는 거예요." 에이미는 대부분 그렇게 대답했다. 쉐리는 자신이 딸의 삶에서 완전히 동떨어져 있다는 느낌을 받았다. 그녀는 에이미가 '보통 소녀들처럼' 엄마와 함께 쇼핑도 하고 일상적인 대화를 나누는 모습을 꿈꾸었다. 그러나 에이미는 어느 누구도 다가가지 못하는 내면 깊은 곳에 은밀한 장소를 지니고 있었다. 쉐리는 딸의 마음에 자리 잡고 있는 비밀스러운 영역에 다가가고 싶었다.

오후 7시

저녁 식사를 한창 하고 있을 때, 쉐리의 휴대폰이 울렸다. '이제 막 음성 메일을 남기려고 했는데.' 그녀는 생각했다. '우리 가족이 함께하는 소중한 시간마저 이렇게 빼앗기잖아.' 하지만 그와 동시에 마음속에 언제나 떠오르는 생각이 스쳤다. '아마 내 도움이 필요한 사람의 전화일 거야.'

여느 때와 마찬가지로, 쉐리는 두 번째 벨이 울리자마자 식탁에서 일어나 전화를 받았다. 그녀는 수화기에서 들려오는 목소리를 알아듣고 가슴이 철렁 내려앉았다.

"방해가 되지 않았는지 모르겠네요." 교회에서 여성 사역 지도자로 활동하는 필리스 렌프로우였다.

"아니에요. 괜찮아요." 쉐리는 다시 한번 거짓말을 했다.

"쉐리, 전 지금 아주 곤란한 지경에 빠지고 말았어요." 필리스가 말했다. "마기가 정기 수련회에서 전체 진행을 맡기로 했는데, 갑자기 못 하겠다고 하네요. 급한 집안일 때문인 것 같아요. 쉐리, 당신이 그 일을 대신 맡아 줄 수 있나요?"

수련회. 쉐리는 교회 여성들을 대상으로 1년에 한 번씩 열리는 수련회가 바로 이번 주라는 사실을 까맣게 잊고 있었다. 그녀는 오래전부터 아이들과 왈트를 집에 남겨 두고, 홀로 이틀 정도 아름다운 산악 지대에서 주님과 시간을 갖고 싶어 했다. 사실, 계획된 단체 활동에 참여하기보다는 홀로 고독을 맛보고 싶었다. 원래 마기가 맡기로 했던 전체 진행의 직무를 대신한다는 것은, 홀로 지낼 수 있는 귀한 시간을 포기한다는 의미였다. '안 돼, 그럴 순 없어.' 쉐리는 그럴 수 없다고 말하려고 했다.

그러나 거의 자동적으로, 또 다른 생각이 쉐리의 마음을 가로막았다. '하나님과 많은 성도들을 위해 봉사하는 것은 정말 귀한 특권이야, 쉐리! 네 삶의 미미한 부분을 포기하고, 이기심을 억제하면, 삶에서 큰 변화를 체험할 수 있을 거야. 신중하게 생각해.'

그러나 쉐리는 신중하게 생각하지 않았다. 그녀는 마치 어머니의 말에 순종하는 것처럼 필리스를 비롯한 다른 사람들의 말에 별 생각 없이 반응하는 것에 익숙했다. 누가 하는 말이든, 그 말을 거절하고 모른 체하기란 거의 힘들었다. 이번에도 그런 습관이 이겼다.

"기꺼이 도와야죠." 쉐리는 필리스에게 말했다. "마기가 준비했던 자료들을 모두 보내 주세요. 그 자료들을 바탕으로 준비해 볼게요."

필리스가 안도의 한숨을 내쉬는 소리가 들려왔다.

"쉐리, 이 일에 희생이 따른다는 걸 잘 압니다. 저도 하루에 몇 시간씩 이 일에 매달리고 있어요. 하지만 그게 바로 풍성한 그리스도인의 삶 아닐까요? 희생하며 사는 삶 말이에요."

'그렇게 말할 수도 있겠지요.' 쉐리는 마음속으로 생각했다. 하지만 그런 '풍성함'이 언제쯤 이루어질지 정말 아련했다.

오후 7시 45분

저녁 식사를 마쳤다. 쉐리는 TV 앞에 앉아 미식축구 경기를 보는 왈트의 모습을 바라보았다. 토드는 친구에게 놀러 올 건지 물어보기 위해 전화기를 집어 들었다. 에이미는 벌써 자기 방으로 들어가 버렸다.

식탁 위에 접시들이 그대로 놓여 있었다. 가족들은 식사가 끝난 뒤 설거지를 거의 돕지 않았다. 아이들은 그런 일을 돕기에는 아직 어렸다. 쉐리는 식탁에서 접시들을 치우기 시작했다.

오후 11시 30분

몇 년 전이었다면, 쉐리는 저녁 식사 후 설거지를 하고, 아이들을 시간에 맞춰 침대에 눕히고, 제프가 건네준 프로젝트를 손쉽게 끝마칠 수 있었을 것이다. 저녁을 먹고 나서 커피 한 잔을 마시면, 위기와 최종 기한을 목전에 두고 아드레날린이 분비되어 쉐리로 하여금 초인적인 능력을 발휘하도록 자극했을 것이다. 하지만 이제 그녀는 절대로 '슈퍼 쉐리'로 불릴 수 없었다!

쉐리는 그런 일들이 이제는 현저히 힘들게 느껴졌다. 스트레스는 예전처럼 긍정적인 효과를 가져오지 못했다. 점점 더 집중력이 떨어지고, 자료들의 내용과 최종 기한을 잊어버리는 데다가 모든 일들을 꼼꼼히 챙기지 못했다.

어쨌든 그녀는 미약한 의지력으로 거의 모든 일들을 마쳤다. 아마 제프의 프로젝트는 질적인 면에서 약간 떨어질 것이다. 그녀는 너무 화가 났지만 후회할 틈도 없었다. 쉐리는 생각했다. '하지만 이 일을 하겠다고 말한 건 나니까, 이 일을 하는 건 그의 잘못이 아니라 내 잘못이야. 왜 그가 당연히 해야 할 일을 내가 대신하는 건 공평하지 않다고 말하지 못했을까?'

하지만 그렇게 후회할 시간조차 없었다. 그녀에게는 저녁 시간에 빼놓을 수 없는 중요한 일이 있었다. 왈트와 대화를 나누는 것이었다.

그녀와 왈트는 연애 기간과 결혼 초기까지 즐거운 나날을 보냈다. 쉐리가 당황할 때도 왈트는 늘 결단성 있는 모습을 보여 주었다. 그녀가 불안을 느끼는 곳에서, 그는 흔들림 없이 든든하게 서 있었다. 하지만 그런 모습 때문에 쉐리가 결혼을 결심한 것은 아니었다. 왈트에게 감정적 일관성이 부족함을 알고 있었다. 그래서 그녀는 결핍된 관계성에 온화함과 사랑을 심는 일을 떠맡았다. '하나님은 우리를 잘 어울리는 부부로 만드셨어.' 쉐리는 종종 이렇게 혼잣말을 했다. '우리 부부는 결혼 생활에 서로 다른 강점을 가지고 있어. 왈트는 지혜가 많고, 나는 사랑이 많아.' 이런 생각은 쉐리의 고통스러운 감정을 왈트가 이해하지 못하는 것처럼 보이는 외로운 시간들을 극복하는 데 도움이 되었다.

그러나 해가 갈수록, 쉐리는 자신들의 관계에 변화가 일어나는 것을 깨닫기 시작했다. 그 변화는 미미하게 시작되었지만, 이제는 아주 선명해졌다. 그녀가 불평할 때마다 대꾸하는 그의 빈정대는 어투에서, 무언가 잘못되어 가는 소리를 들을 수 있었다. 또한 그녀에게 더 많은 그의 지지가 필요할 때마다 전혀 자신을 무시하는 것처럼 바라보는 그의 눈에서, 쉐리는 자신들의 관계에서 일어나는 모종의 변화를 감지할 수 있었다. 쉐리는 모든 일을 자기 식대로 하라고 끊임없이 요구하는 왈트의 모습에서 그릇된 방향으로 가고 있는 자신들의 관계를 발견했다.

그는 화도 잘 냈다. 직장이나 아이들 때문에 받는 스트레스가 원인인 것 같았다. 그 이유가 무엇이든 간에, 쉐리는 자신이 결혼한 남자의 입에서 마음을 아프게 하는 말과 분노에 가득 찬 말이 흘러나올 거라고 상상하지 못했다. 그녀는 왈트를 화나게 하는 일은 무엇이든 삼가야 했다. 토스트를 태우거나, 카드 금액을 연체하거나, 자동차에 연료 넣은 걸 잊어버리는 일 등은 그의 분노를 자극하기에 충분했다.

그런 모든 일들은 한 가지 결론을 이끌어 냈다. 그들의 결혼 관계가 더 이상 한 쌍이라는 범위 안에 있지 않다는 것이다. 결혼 관계는 부모와 자녀의 관계로 변했고, 쉐리는 곤란하고 힘든 쪽에 서 있었다.

처음에 그녀는 자신이 너무 민감하게 받아들인다고 생각했다. '이 정도 난관도 극복하지 못하고 주저앉을 순 없지.' 그녀는 스스로를 위로했다. 그런 생각은 잠시 동안은 도움이 되었다. 그러나 왈트가 다시 화를 내는 순간, 모든 것이 물거품이 되었다. 그녀의 상처와 슬픔은 그녀가 진실을 받아들이려 하지 않는다고 말하는 것처럼 보였다.

결국 왈트가 철저히 자신을 관리하는 사람이라는 것을 깨닫고, 쉐리는 모든 책임을 자신에게 돌렸다. '나처럼 아무것도 못하는 무능력자와 함께 살아간다면, 나도 왈트처럼 행동했을 거야.' 쉐리는 남편이 그토록 비판적이고 좌절하는 원인이 자신에게 있다고 생각했다.

쉐리는 이런 결론을 통해 지난 수년 간 실천해 왔던 해결책에 이르렀다. "왈트를 자극하지 않는 범위에서 그를 사랑하기." 이 방법은 다음과 같은 내용을 포함하고 있다. 먼저, 쉐리는 왈트의 기분과 몸짓, 말투를 관찰해 그의 감정을 읽는 법을 익혔다. 남편의 기분을 정확하게 알아차리게 되었고, 그를 화나게 하는 요소들—시간에 늦는 것과 의견 차이 또는 그녀 자신의 분노 등—이 드러나지 않도록 각별히 신경 썼다. 그녀가 입을 다물고 사근사근한 태도를 보이면 매사가 순조로웠다. 하지만 그녀가 더 좋아하는 일들이 슬그머니 머리를 들면, 그녀는 가차 없이 다가올 혹독한 결과를 각오해야 했다.

쉐리는 왈트의 마음 상태를 재빨리 읽는 방법을 터득했다. 그녀는 왈트가 정해 놓은 감정적 경계를 파악한 다음, '왈트 사랑하기' 두 번째 단계에 돌입했다. 그녀는 일이 터질 것 같으면 즉시 뒤로 물러나는 방법을 사용했다. 대화를 나누다가 그의 관점에 거슬리는 말을 하게 되면, 곧바로 입을 다물거나 자신이 "그와 함께 살기에 부족하다"며 노골적으로 사과했다. 그런 방법들은 모두 효력을 발휘했다.

'왈트 사랑하기' 세번째 단계는 그녀가 성실한 아내임을 보여 주기 위해 특별한 일을 준비하는 것이었다. 집에서 매력적인 옷을 입거나, 일주일에 몇 번씩 그가 좋아하는 음식을 만들어 주는 일 등이 거기에 속했다. 성경도 이런 여인에 대해 말하지 않았던가?

'왈트 사랑하기' 3단계는 일정 기간 동안 효과가 있었다. 하지만 평화는 영원히 지속되지 않았다. '왈트를 자극하지 않는 범위에서 그를 사랑하기'로 인해 생겨난 문제는, 쉐리가 왈트를 자극하지 않는 범위에서 그를 달래려고 애쓰다가 극도로 지쳐 버렸다는 것이다. 결국 그는 전보다 더 자주 화를 냈고, 그의 분노는 쉐리를 그에게서 더욱 멀어지게 만들었다.

남편에 대한 쉐리의 사랑이 차츰 식어 갔다. 그녀는 아무리 상황이

악화되더라도, 하나님이 그들과 함께하시며 그들의 사랑이 모든 난관을 이겨 낼 거라고 생각했다. 하지만 지난 몇 년 동안 그녀가 보인 태도는 사랑이라기보다는 희생적인 헌신에 가까웠다. 그녀는 왈트에게 분노와 두려움을 느꼈던 적이 많음을 솔직히 인정했다.

오늘 밤도 마찬가지였다. 뭔가 변해야 했다. 어떻게든지 그들은 첫사랑의 불꽃을 다시 살려야 했다.

쉐리는 거실로 들어갔다. TV에서 토크쇼 사회자가 말을 막 끝내고 있었다. "여보, 잠깐 이야기 좀 할까요?" 그녀는 용기를 내어 물었다.

대답이 없었다. 쉐리는 가까이 다가가서야 그 이유를 알게 되었다. 왈트는 의자에 앉은 채로 잠들어 있었다. 그를 깨울까 하다가, 그녀가 너무 '무감각하다'고 했던 왈트의 신랄한 비난이 떠올랐다. 그녀는 TV와 전등을 끄고 텅 빈 침실로 들어갔다.

오후 11시 50분

침대에 누운 쉐리는 극도의 외로움과 피곤을 느꼈다. 그녀는 갑자기 무슨 결심이라도 한 듯, 침대 곁 탁자 위에 놓인 성경을 들고 펼쳤다.

쉐리는 소리를 내지 않고 기도했다. '주님, 제게 소망의 말씀을 주세요.' 그녀는 마태복음 5장 3-5절에 나오는 그리스도의 말씀에 주목했다. "심령이 가난한 자는 복이 있나니 천국이 그들의 것임이요 애통하는 자는 복이 있나니 그들이 위로를 받을 것임이요 온유한 자는 복이 있나니 그들이 땅을 기업으로 받을 것임이요."

"하지만 주님, 저는 벌써 당신이 말씀하신 것처럼 느끼고 있는 걸요!" 쉐리는 항의하듯 말했다. "저는 심령이 가난합니다. 제 인생과 결혼 생활과 자녀들로 인해 애통하고 있어요. 저는 온화한 모습을 보이려고 애쓰지만, 늘 혼란스러운 감정의 소용돌이에 휘말립니다. 주님의 약속은 어디에 있나요? 주님이 말씀하시는 소망은 어디에 있나요? 도대체 주님은 어디 계세요?"

쉐리는 어두운 방에서 응답을 기다렸다. 아무런 응답이 없었다. 성경 위에 떨어지는 눈물 소리만 들릴 뿐이었다.

무엇이 문제인가?

쉐리는 올바르게 살아가려고 노력한다. 부부 관계, 자녀와 직장 문제, 인간관계, 주님과의 관계 등을 원만하게 이루려고 애쓴다. 하지만 무언가 잘못되고 있는 게 분명하다. 인생이 제대로 풀려 나가지 않는다. 쉐리는 영적 측면과 감정적 측면에서 심각한 고통을 당하고 있다.

우리는 모두 쉐리와 같은 딜레마에 빠져 있다. 그녀의 외로움, 무력함, 혼란스러움, 죄책감은 다른 사람의 이야기가 아니다. 무엇보다도 자기 인생이 통제 불능의 상태에 이르렀다고 느끼는 그녀의 마음을 충분히 공감할 수 있다.

쉐리의 상황을 좀 더 자세히 살펴보자. 쉐리의 인생은 부분적으로 당신의 삶과 상당히 비슷할 것이다. 그녀가 당하는 고통을 이해한다면, 당신의 문제를 해결하기 위한 빛을 발견할 수 있을 것이다. 당신은 몇 가지 피상적인 해결책이 쉐리의 문제를 풀어 나가는 데 전혀 도움이 되지 않았음을 이미 눈치챘을 것이다.

먼저, 열심히 노력해도 나아지는 것은 없었다. 쉐리는 성공적인 인생을 살기 위해 엄청난 노력을 기울였다. 그녀는 게으르지 않았다. 둘째, 두려움에서 나온 친절은 효력을 발휘하지 못했다. 사람들을 즐겁게 하려는 노력은 쉐리 자신에게 필요한 친밀감을 가져다주지 못했다. 셋째, 다른 사람을 위해 스스로 책임지는 태도 역시 별 효과를 거두지 못했다. 쉐리는 다른 사람들의 감정이나 문제를 돌아보는 책임자처럼 행동했지만, 자기 인생은 비참한 실패로 끝날 것 같은 생각을 떨쳐 버리지 못했다. 쉐리의 비생산적인 노력, 두려움을 감추고 있는 친절, 지나친 책임감 등은 문제의 핵심을 잘 보여 준다. 쉐리는 자기 인생의 소유권을 행사하다가 만난 극도의 어려움으로 고통당하고 있었다.

에덴 동산으로 돌아가 보자. 하나님은 아담과 하와에게 소유권에 대해 말씀하셨다. "하나님이 그들에게 이르시되 생육하고 번성하여 땅에 충만하라, 땅을 정복하라, 바다의 물고기와 하늘의 새와 땅에 움직이는 모든 생물을 다스리라 하시니라"(창 1:28).

하나님의 형상으로 창조된 우리는 일정한 직무를 위한 책임을 감당하도록 만들어졌다. 그 책임이나 소유권을 행사하기 위해 선행되어야 할 자세는, 자신에게 속한 일과 속하지 않은 일을 분별하고 깨닫는 것이다. 자신에게 속하지 않은 일들을 마치 당연히 해야 할 일처럼 여기고 힘을 쏟는 노동자들은 결국 지쳐 쓰러질 것이다. 어떤 일은 반드시 해야 하고 어떤 일은 하지 않아도 되는지를 분별하는 데 지혜가 필요하다. 모든 일을 다 할 수는 없다.

쉐리는 자신에게 속한 일과 속하지 않은 일을 깨닫는 데 큰 어려움을 겪었다. 그녀는 올바른 일을 하고 다툼을 피하려는 바람 때문에, 결국 하나님이 맡기지 않은 문제들까지 모조리 떠안았다. 어머니가 느끼는 만성적 외로움, 직장 상사의 무책임, 친구의 끊임없는 위기, 죄책감을 유발시키며 헌신을 강요하는 교회 지도자의 메시지, 남편의 인격적 미성숙 등.

그녀의 문제는 거기서 끝나지 않았다. "안 돼"라고 말하지 못하는 쉐리의 무력함은 아들에게도 중대한 영향을 끼쳤다. 그 아이는 자기가 좋아하는 일을 잠시 접어 두는 능력을 갖추지 못했고, 학교에서도 자기 마음대로 행동하려고 했다. 또한 쉐리와 같은 태도는 딸이 남들의 시선을 피해 혼자 있는 것을 좋아하게 만드는 근본 원인이 되었다.

우리 삶에서 일어나는 책임감과 소유권의 혼동은 대부분 바운더리(boundaries, 경계)와 관련된 문제다. 집주인이 자기 땅 주위를 돌아가며 그 땅에 대한 소유권 표시를 물리적으로 해놓는 것처럼, 우리는 정신적, 육체적, 감정적, 영적 바운더리를 설정해야 한다. 그 바운더리는 우리가 어떤 부분을 책임져야 하고, 어떤 부분을 손대지 말아야 하는지를 구분하는 데 큰 도움이 될 것이다. 쉐리가 당하는 여러 고통을 통해 알 수 있는 것처럼, 적당한 시간에 적절한 바운더리를 일정한 사람들에게 설정하는 능력을 갖추지 못하면 우리는 파괴적인 결과를 맞게 될 것이다.

이것은 오늘날 그리스도인들이 직면하고 있는 상당히 심각한 문제 가운데 하나다. 신실하고 헌신적인 그리스도인들도 언제 경계를 정하는 것이 성경적으로 바람직한지 몰라서 심각한 혼란을 겪고 있다. 자신에게 바운더리가 결여되어 있음을 깨닫게 될 때, 이런 질문들이 생길 것이다.

1. 경계를 정한 후에도 여전히 사랑을 베푸는 사람이 될 수 있는가?
2. 바람직한 바운더리란 무엇인가?
3. 내가 정한 바운더리 때문에 누군가 당황하거나 상처를 입으면 어떻게 할까?

4. 내 시간과 사랑, 힘과 재정을 원하는 사람을 어떻게 대해야 할까?
5. 나는 왜 바운더리를 세울 때, 죄책감이나 두려움을 갖는가?
6. 바운더리는 순종과 어떤 관련이 있는가?
7. 바운더리는 이기적인 것 아닐까?

이런 질문들에 대한 성경의 해답을 제대로 깨닫지 못하면, 바운더리에 대한 그릇된 가르침에 빠질 위험이 있다. 뿐만 아니라 병적이고 심리학적인 여러 증상들이 나타날 수 있다. 의기소침, 지나친 근심, 식생활 장애, 중독, 충동적인 행동, 죄책감의 문제, 수치심, 당황, 부부 관계와 인간관계의 악화 등. 이런 모든 증상들은 바운더리와 관련된 갈등에 뿌리를 두고 있다.

이 책은 바운더리에 대한 성경적 관점을 제공한다. 바운더리는 무엇인가, 바운더리는 무엇을 보호하는가, 바운더리는 어떻게 세워지는가, 바운더리는 어떻게 손상되는가, 손상된 바운더리는 어떻게 바로잡는가, 바운더리를 어떻게 사용하는가 등. 이 책에서 우리는 이런 질문들을 포함해 여러 문제들에 대한 해답을 제시할 것이다. 우리의 목표는, 성경적 바운더리를 적절히 사용해, 하나님이 당신을 위해 작정하신 여러 관계와 목적을 성취하도록 돕는 것이다.

쉐리가 성경을 제대로 알았다면, 자신이 올바른 바운더리를 세우지 않았다는 것을 발견했을지도 모른다. 이 책의 목표는 당신이 바운더리의 성경적 본질을 깊이 깨닫도록 돕는 것이다. 즉 성경적 바운더리가 하나님의 인격과 그분의 우주와 백성들 속에서 어떻게 사용되는지를 보게 하는 것이다.

2.

바운더리란 무엇인가

스물다섯 살 된 청년의 부모가 나(헨리)에게 한 가지 부탁을 해왔다. 자기 아들 빌을 '바로잡아 달라'는 것이었다. 빌은 어디 있느냐고 묻자, 그들은 이렇게 대답했다. "도대체 그 아이가 함께 오려 하질 않아요."

"왜 그렇죠?" 내가 물었다.

"글쎄요, 빌은 자신에게 문제가 없다고 생각하는 것 같아요." 그들은 심드렁하게 대답했다.

"아드님의 생각이 옳을 수도 있지요." 내 말을 듣고 그들은 깜짝 놀랐다. 나는 계속 말했다. "자세히 말씀해 보세요."

그들은 아주 어릴 때부터 빌이 저지른 문제들을 자세히 들려주었다. 빌은 그들이 보기에 '온전하게 생활한' 적이 한 번도 없었다. 최근에는 마약에 빠져 학교 생활에 적응하지 못했고, 직장마저 제대로 구하지 못하는 문제들을 일으켰다.

그들은 아들을 매우 사랑했고 아들이 살아가는 방식에 대해 마음 아파하는 것이 분명했다. 아들을 변화시켜서 신뢰할 수 있는 삶을 살도록 하기 위해 백방으로 노력했지만 모두 실패했다. 빌은 여전히 마약을 상용하고, 책임을 회피하며, 미심쩍은 친구들과 어울려 다녔다.

그들은 아들이 원하는 것은 무엇이든 다 해주었다고 말했다. 빌은 학교 다닐 때 돈이 풍족했기에 "학비를 벌기 위해 일하지 않았고, 결과적으로 공부와 사회생활에 몰두할 수 있는 시간이 많았다." 빌이 퇴학을 당해 더 이상 학교에 다닐 수 없게 되자, 그들은 '그가 다니기에 더 좋을 것처럼 보였던' 다른 학교로 보내기 위해 할 수 있는 모든 일을 했다.

한참 동안 이어진 그들의 이야기가 끝나자, 내가 말했다. "제 생각에는 아드님이 옳은 것 같군요. 빌에게는 아무 문제가 없습니다."

그들의 표정을 아직도 잊을 수 없다. 그들은 거의 1분 동안 의심의 눈초리로 나를 쳐다보았다. 마침내 빌의 아버지가 입을 열었다.

"제가 뭘 잘못 들은 건 아닙니까? 정말 우리 아들에게 문제가 없다고 생각하십니까?"

"그렇습니다." 내가 말했다. "빌에게는 아무 문제가 없습니다. 문제는 부모님에게 있습니다. 그는 자신이 원하는 건 무엇이든 할 수 있습니다. 아무 문제가 없지요. 부모님이 돈을 내고, 부모님이 안달하고, 부모님이 걱정하고, 부모님이 계획하지요. 빌이 그런 길을 계속 가도록 부모님이 힘을 썼습니다. 그에게는 전혀 문제가 없어요. 왜냐하면 부모님이 그의 문제를 모두 대신 짊어졌기 때문이지요. 그래서 반드시 그의 문제가 되어야 하는 일들이, 이제는 부모님의 문제가 되고 말았습니다. 빌이 문제를 계속 가질 수 있도록 부모님이 돕는 일을 제가 도와드려도 괜찮겠습니까?"

그들은 미친 사람 보듯이 나를 쳐다보았다. 하지만 점차 무언가 희미하게 깨닫기 시작했다. "'빌이 문제를 가질 수 있도록 돕는다'는 말이 무슨 뜻인가요?" 그의 어머니가 물었다.

"잘 들어 보세요. 제 생각에 이 문제의 해결책은 몇 가지 바운더리를 명확하게 세우는 데 있다고 봅니다. 그렇게 해서 아드님의 행동이 부모님이 아니라 바로 자신에게 문제가 되게 해야 합니다."

"'바운더리'는 또 뭡니까?" 이번에는 그의 아버지가 물었다.

"이렇게 생각해 보세요. 빌을 이웃 사람이라 가정하고, 그가 자기 잔디에 물을 전혀 주지 않는다고 합시다. 하지만 부모님이 스프링쿨러를 작동시킬 때마다, 그의 잔디에 둘이 뿌려집니다. 부모님의 잔디는 누렇게 말라 죽어 가는데, 빌은 자신의 파릇파릇한 잔디를 내다보며 말합니다. '내 정원은 잘 보존되고 있구나.' 빌의 인생이 바로 그런 형국입니다. 그는 공부하지 않고, 계획을 세우지 않으며, 일도 하지 않습니다. 하지만 좋은 환경에서 살고 있으며, 돈도 많고, 가족의 일원으로서 모든 권리를 당당하게 누리고 있습니다.

부모님이 소유권 표시를 좀 더 분명히 했다면, 스프링쿨러 시스템을 고쳐 물이 부모님의 잔디에만 떨어지게 했다면, 그런데도 그가 자기 잔디에 물을 주지 않았다면, 그는 쓰레기더미 속에서 살아갈 수밖에 없었을 것입니다. 그렇다면 빌이 지금처럼 살지는 않겠지요.

지금 빌은 무책임하면서도 행복을 누리는데, 부모님은 책임감을 느끼며 불행 속에 살아가고 있습니다. 바운더리를 조금만 분명하게 정해도 금방 효과가 나타날 겁니다. 부모님은 울타리를 쳐서 빌의 문제가 부모님의 정원으로 들어오지 못하고 그의 영역에 속하도록 해줘야 합니다."

"그것은 좀 심하지 않습니까? 지금까지 방식대로 돕던 것을 그만두라는 것이잖아요?" 빌의 아버지가 물었다.

"지금까지 아드님을 도운 것이 그에게 정말 도움이 되었습니까?"

그제서야 그는 내 말을 이해했다는 표정을 지었다.

보이지 않는 경계 표시와 책임감

물리적 세계에서 바운더리는 쉽게 구별할 수 있다. 울타리, 간판, 벽, 악어들이 득실대는 늪지대, 잘 다듬어진 잔디 또는 장애물 등은 모두 물리적 바운더리다. 각각 특이한 모양과 형태를 띠고 있지만, 동일한 메시지를 전한다. "여기서부터는 내 사유지입니다." 사유지의 주인은 그 안에서 일어나는 모든 일에 대해 법적 책임을 진다. 소유자가 아닌 사람은 그 땅과 거기에서 일어나는 일에 대해 아무 책임이 없다.

물리적 바운더리는 그 땅이 누구에게 속해 있다는 가시적인 소유권을 나타낸다. 등기소에 가면 정확한 바운더리가 어디까지고, 그 땅에 볼 일이 있을 때는 누구에게 연락해야 하는지 한눈에 알 수 있다.

영적 세계에서도 바운더리는 물리적 세계 못지않게 실제적이지만, 식별하기는 그리 쉽지 않다. 이 장의 목표는 우리 눈에 보이지 않는 바운더리를 세우고 그것을 항상 존재하는 실체로 인식하도록 돕는 것이다. 그럼으로써 우리의 사랑을 증대시키고 우리 삶을 온전하게 이끌어 가는 데 보탬이 되고자 한다. 정말로 이런 바운더리는 우리가 적당한 수준으로 마음을 지키고 유지하도록 도와준다(잠 4:23).

나와 타인

바운더리는 우리를 규정한다. 무엇이 나이고 무엇이 내가 아닌지를 명확하게 밝혀 준다. 바운더리는 내가 끝내야 하고 다른 사람이 시작해야 할 부분을 보여 준다. 그럼으로써 소유권에 대한 인식을 갖도록 이끈다.

내가 무엇을 가져야 하고 어떤 책임을 져야 하는가에 대한 인식은 자유로움을 가져다준다. 내 정원이 어디에서부터 어디까지인지 알고 있다면, 나는 그 안에서 원하는 일을 자유롭게 할 수 있다. 자기 인생에 대해 책임지기 시작하면, 여러 가지 다른 선택의 길이 열린다. 하지만 내가 내 인생을 '소유하지' 못하면, 내게 주어지는 선택의 길은 매우 한정될 수밖에 없다.

누군가 당신에게 이렇게 말했다고 가정해 보자. "이 땅을 성실하게 지켜라. 그 안에서 일어나는 모든 일에 대해 네게 책임을 묻겠다." 그러고 나서 땅의 경계(바운더리)가 어디까지인지 알려 주지 않는다면, 얼마나 당황스럽겠는가! 아니면 그 땅을 지키는 데 필요한 도구나 재산을 전혀 주지 않아도 당황스럽기는 마찬가지일 것이다. 그것은 당황스러울 뿐 아니라 상당히 위험하다.

하지만 바로 이런 일들이 우리의 감정이나 영적 영역에서 일어난다. 하나님은 우리 '속에' 각자의 세상을 만들어 주셨다. 다른 말로 하면, 우리는 각자의 영혼 속에 거하며, 그 속에서 일어나는 일들에 대해 책임진다. "마음의 고통은 자기가 알고 마음의 즐거움은 타인이 참여하지 못하느니라"(잠 14:10). 우리는 자기 영혼 속에 무엇이 있는지 살펴야 한다. 바운더리는 우리로 하여금 그것이 무엇인지 규정하도록 도와준다. 우리가 제한 범위를 인식하지 못하거나 범위를 잘못 알고 있다면, 틀림없이 큰 고통에 직면하게 될 것이다.

성경은 우리의 제한 범위가 어디까지인지, 그것을 어떻게 지켜야 하는지 명확하게 알려 준다. 하지만 종종 가족이나 과거의 인간관계와 같은 요소들은 우리가 그 경계를 명확하게 인식하지 못하도록 혼란스럽게 만든다.

바운더리는 우리의 책임이 무엇인지 보여 준다. 거기에 덧붙여 무엇이 우리 것이 아니며, 무엇을 우리가 책임지지 않아도 되는지 규정하도록 도와준다. 예를 들어, 우리는 다른 사람들에 대해 책임질 필요가 없다. 성경 어디에서도 우리에게 '다른 사람을 통제'하라고 명령하지 않는다. 하지만 안타깝게도 우리는 그 목표를 위해 너무 많은 시간과 힘을 낭비하고 있다.

다른 이들에 대한, 그리고 우리 자신을 위한

우리는 다른 사람들에 대한 책임을 지고 있다. 그리고 자신을 위한 책임도 지고 있다. 갈라디아서 6장 2절은 이렇게 말한다. "너희가 짐을 서로 지라 그리하여 그리스도의 법을 성취하라." 이 구절은 다른 사람들에 대한 우리의 책임을 보여 준다.

어떤 사람들은 홀로 지고 가기에 너무 무겁고 힘겨운 '짐'을 안고 있다. 그들은 짐을 옮기는 데 필요한 힘과 수단 또는 지식이 부족하기에 다른 사람들의 도움이 필요하다. 다른 사람들이 하지 못하는 일들을 돕기 위해 자기를 부인하는 것은 그리스도의 희생적 사랑을 몸소 실천하는 행동이다. 그리스도는 우리를 위해 바로 그런 일을 하셨다. 그분은 우리가 혼자 힘으로 하지 못할 일을 해주셨다. 즉 우리를 구원해 주셨다. 이것이 바로 '다른 이들에 대한' 책임을 지는 것이다.

다른 한편으로, 갈라디아서 6장 5절은 "각각 자기의 짐을 질 것이라"고 말한다. 모든 사람들은 자신만이 질 수 있는 책임을 지고 있다. 그런 일들은 우리 자신의 독특한 '짐'이므로 날마다 그 책임을 짊어지고 가야 한다. 어느 누구도 우리 자신에게 부여된 특정한 일을 대신해 줄 수 없다. 우리는 우리 '짐'으로 분류되는 삶의 특정한 측면들에 대한 소유권을 가지고 있어야 한다.

2절에서 말하는 '짐'(burden)에 해당하는 헬라어는 성경 본문의 깊은 의미에 대한 통찰력을 준다. 이 '짐'을 가리키는 헬라어는 '과도한 짐' 또는 '너무 무거워 우리를 짓누르는 짐'을 의미한다. 그 짐들은 마치 커다란 옥석과 같다. 그 짐은 우리를 뭉개 버릴 수도 있다. 옥석을 혼자 지고 가는 것은 생각조차 할 수 없는 일이다. 그 돌은 등뼈를 부러뜨릴 것이다. 그 옥석을 옮기려면 도움이 필요하다. 그때가 바로 우리가 삶 속에서 위기와 비극에 직면하는 시기다.

이와 대조적으로, 5절에서 말하는 '짐'(load)은 '화물'(cargo) 또는 '매일 감당해야 하는 수고의 짐'을 가리킨다. 이 단어는 우리가 매일 짊어져야 하는 일상의 짐을 의미한다. 이 짐들은 마치 배낭과 같다. 배낭은 짊어지고 옮길 수 있다. 우리는 각자의 짐을 져야 한다. 자신의 감정, 태도, 행동을 책임져야 한다. 뿐만 아니라 하나님이 각 사람에게 부여하신 책임도 혼자 힘으로 감당해야 한다. 비록 그 과정에서 우리의 수고가 요구되더라도 회피해서는 안 된다.

사람들은 다른 이들과 함께 옮겨야 할 '옥석'을 마치 자기 혼자 짊어져야 하는 일상의 짐처럼 여겨 다른 사람들의 도움을 거절하기 때문에 문제에 부딪힌다. 또는 자신이 져야 할 '일상의 짐들'을 자기 혼자 옮기지 않아도 되는 옥석처럼 생각하기도 한다. 이 두 가지 경우는 끊임없는 고통이나 무책임이라는 결과를 낳는다.

고통 가운데 있지 않고 무책임한 사람이 되지 않으려면, 나 자신이 누구이며, 내게 부여된 책임의 경계는 어디까지고, 다른 사람들이 시작해야 할 부분은 어디부터인지 결정하는 일이 반드시 선행되어야 한다. 이 장의 마지막 부분에서 우리가 어떤 일들을 책임져야 하는지 밝힐 것이다. 이제 바운더리의 특징을 좀 더 자세히 살펴보자.

좋은 것은 받아들이고 나쁜 것은 몰아내라

우리는 바운더리를 정확하게 이해함으로써 자신의 영역을 구분하고 그 영역을 더 효율적으로 돌볼 수 있다. 바운더리는 우리가 '전심으로 우리 마음을 지키도록' 도와준다(잠 4:23). 우리는 우리에게 유익한 요소들은 울타리 안에 두고, 우리에게 해를 끼치는 것은 밖에서 들어오지 못하게 해야 한다. 즉 바운더리는 좋은 것은 받아들이고 나쁜 것은 버리도록 도와준다. 바운더리는 우리의 보물을 지켜 준다(마 6:19-20). 그러므로 아무도 그 보물을 훔쳐 가지 못한다. 바운더리는 진주는 안쪽에, 돼지는 바깥쪽에 있도록 분류한다(마 7:6).

때때로 우리는 나쁜 것은 안쪽에, 그리고 좋은 것은 바깥쪽에 방치하는 잘못을 한다. 그럴 때는 바운더리를 열어서 좋은 것은 받아들이고 나쁜 것은 몰아내야 한다. 즉, 우리 울타리에 문이 있어야 한다. 예를 들어 보자. 내 속에 고통이나 죄가 있는 것을 발견했다면, 바운더리의 문을 열고 그런 사실을 하나님과 다른 이들에게 알림으로써 치유받아야 한다. 고통과 죄를 고백하는 것은 그것들을 '몰아내는 데' 도움이 되므로, 죄와 고통은 더 이상 내 속에서 해독을 끼치지 못한다(요일 1:9, 약 5:16, 막 7:21-23).

좋은 것이 바운더리 밖에 있다면, 문을 열고 그것을 '받아들여야' 한다. 예수님은 이런 현상을 그분과 그분의 진리를 '영접하는' 모습을 통해 설명하셨다(계 3:20, 요 1:12). 다른 사람들이 우리에게 좋은 것을 주면, 우리는 '그들에게 마음을 열어' 주어야 한다(고후 6:11-13). 우리는 종종 다른 이들에게서 비롯되는 좋은 것을 받아들이지 않으려고 바운더리를 꼭 닫아 놓기 때문에, 궁핍한 상태에서 헤어나지 못하는 경우가 많다.

한마디로 말하면, 바운더리는 높은 벽이 아니다. 성경은 다른 사람에 대해 "벽을 쌓으라"고 말하지 않는다. 오히려 성경은 우리와 다른 사람들이 '하나'가 되어야 한다고 말한다(요 17:11). 우리는 다른 사람들과 공동체를 이루어 살아가야 한다. 그러나 함께 살아가는 공동체 안에서도 모든 구성원들은 자신의 공간과 재산을 소유하고 있다. 중요한 사실은 각 구성원의 사유지는 통행이 얼마든지 허용되는 반면, 위험한 것은 절대 들어오지 못하도록 견고하게 지킨다는 것이다.

성장 과정에서 심한 학대를 받은 사람의 바운더리는 역기능을 수행한다. 그래서 나쁜 것은 안에 두고 좋은 것은 오히려 내버리는 결과를 가져온다.

메리는 자라면서 아버지에게 온갖 학대를 받았다. 그녀는 좋은 바운더리를 세우려는 마음을 전혀 가질 수 없었다. 결과적으로 그녀는 자신을 고립시키고, 내면에 고통을 담아 두었다. 마음을 열어 아픔을 표현하려 하지 않았고, 그것을 자기 영혼에서 몰아내려고도 하지 않았다.

또한 그 아픔을 치료하는 데 필요한 외부의 도움을 받기 위해 마음을 열지도 않았다. 게다가 그녀는 다른 이들이 자신에게 더 많은 고통을 지속적으로 '쌓는 것'을 내버려 두었다. 따라서 그녀가 도움을 구하려 했을 때, 이미 무수히 많은 고통을 지니고 있었고, 끊임없이 그 고통에 혹사당하며 외부의 도움을 받지 못하게 '차단된' 상태였다.

그녀는 자신의 바운더리 기능을 거꾸로 돌려놓아야 했다. 나쁜 것은 들어오지 못하도록 막는 담장이 필요했다. 또한 그녀의 영혼 속에 있는 나쁜 것은 몰아내고 그녀에게 필요한 좋은 것들은 필사적으로 받아들이기 위해 그 담장에 문을 달아야 했다.

하나님과 바운더리

바운더리 개념은 하나님의 성품에서 비롯되었다. 하나님은 자신을 명확하고 구별된 존재로 드러내며, 자신에 대해 분명하게 책임지신다. 그분은 자신의 생각과 느낌과 계획, 자신이 허락하는 것과 허락하지 않는 것, 자신이 좋아하는 것과 좋아하지 않는 것 등을 우리에게 말씀하심으로써 자신의 인격을 규정하고 그 인격에 대해 책임지신다.

그분은 또한 자신이 피조물과 우리 인간들로부터 구별된다는 사실을 분명하게 밝히셨다. 그분은 자신이 아닌 다른 것들로부터 자신을 차별화하신다. 그분은 자신이 누구이며 또한 자신에게 속하지 않은 것이 무엇인지 우리에게 말씀해 주신다. 예를 들어, 하나님은 자신이 사랑이며 어두움이 아니라고 말씀하신다(요일 4:16, 1:6).

그에 덧붙여, 하나님은 삼위일체 속에서도 바운더리를 가지고 계신다. 성부, 성자, 성령은 하나이지만, 동시에 자신의 바운더리를 가지고 구별되게 존재하신다. 각각의 삼위는 자신의 위격과 책임을 지니고 있을 뿐 아니라, 서로 연결되어 있으며 서로 사랑하신다(요 17:24).

또한 하나님은 자신의 뜰 안에서 허용되는 것들을 한정해 놓으셨다. 죄와 맞서며 죄의 결과를 허용해 그에 적절히 대응하신다. 자기 집을 지키며 악한 것들이 그 안으로 들어오지 못하게 하신다. 그분을 사랑하는 자들을 초대하며, 동시에 그들에게 자신의 사랑을 흘려보내신다. 그분의 바운더리에 있는 '문'은 적절히 열리고 닫힌다.

그분은 우리에게 자신의 '모양'(창 1:26)을 주신 것과 동일한 방법으로, 일정한 범위 안에서 우리에게 인격적 책임감도 부여해 주셨다. 하나님은 우리가 땅을 '다스리고 정복'하기를 원하시며, 그분이 우리에게 허락한 생명에 대해 책임 있는 청지기가 되기 원하신다. 그런 일을 감당하기 위해 우리는 하나님처럼 바운더리를 올바르게 세워야 한다.

바운더리의 예

바운더리는 우리를 다른 무엇과 구별하도록 도와주며, 우리에게 시작해야 할 지점과 마쳐야 할 지점을 알려 준다. 바운더리의 몇 가지 예는 다음과 같다.

피부

우리를 규명하는 가장 기초적 바운더리는 몸을 감싸는 피부다. 사람들은 이 바운더리를 다음과 같이 일종의 은유로 사용함으로써 자신의 개인적 바운더리가 침해받았음을 나타내기도 한다. "그는 정말 내 성미를 건드린다"(He really gets under my skin, 이것은 영어의 한 표현을 일컫는 말이므로 우리에게는 생소할 수 있다—옮긴이 주). 우리는 자기 신체를 통해 다른 사람들과 구별되어 있음을 가장 먼저 알게 된다. 어린아이는 차츰 시간이 흐르면서 자기를 안아 주는 부모와 자신이 다르다는 것을 알아 간다.

피부 바운더리는, 좋은 것은 안에 머물게 하고 나쁜 것은 밖으로 내보낸다. 피부는 혈액과 뼈를 보호하여, 그것들이 몸 안에서 유기적으로 결합되게 한다. 또한 외부의 병균이 들어오지 못하게 하여 우리가 감염되지 않도록 지켜 준다. 그와 동시에 피부는 마치 음식물을 여과해 내는 것처럼 '좋은 것'은 들어오게 하고, 배설물처럼 '나쁜 것'은 내보낸다.

몸을 함부로 혹사시키거나 성적으로 남용하는 사람들은 종종 바운더리에 대한 잘못된 인식을 가진 경우가 많다. 그들은 어린 시절부터 자기 신체가 가장 중요한 재산이며 소유라는 사실을 배우지 못했다. 따라서 다른 사람들이 그들의 소유 속으로 침입해 자신들이 원하는 일을 자행하곤 한다. 그 결과, 그들은 어른이 되어서도 바운더리 세우는 것을 어렵게 받아들인다.

말

물리적 세계에서는 담장이나 다른 종류의 구조물들이 바운더리를 나타낸다. 영적 세계에서, 바운더리를 둘러싼 담장은 눈에 보이지 않는다. 그럼에도 불구하고 우리는 말로 훌륭한 보호막을 만들 수 있다.

가장 기본적인 바운더리를 세우는 단어는 "아니요"(No)다. 그 말을 통해 다른 사람들은 우리가 그들과 구별되며 스스로를 관리하고 있음을 알게 된다. 태도를 명확하게 하는 것—"예"와 "아니요"—은 성경 전체에 걸쳐 흐르는 주제이기도 하다(마 5:37, 약 5:12).

"아니요"는 반대하는 말이다. 성경은 우리가 사랑하는 사람들에게도 "아니요"라고 말할 수 있어야 한다고 가르친다. "안 돼. 그런 행동은 옳지 않아. 그 일에 관여하지 않겠어." 또한 "아니요"라는 말은 남용과 오용의 명확한 경계를 정하는 데 중요한 역할을 한다. 성경의 여러 구절들은 우리를 향한 다른 사람들의 잘못된 태도에 대해 "안 돼"라고 말하라고 권고한다(마 18:15-20).

또한 성경은 '인색함이나 억지로' 하는 일에 대해 경고한다(고후 9:7). 바운더리를 제대로 세우지 못한 사람들은 다른 사람들의 간섭이나 압박 또는 요구에 대해 "아니요"라고 말하지 못하고, 때로는 다른 사람들의 진정한 어려움을 외면해 버린다. 그들은 누군가에게 "안 돼"라고 말하면 관계가 위태로워질까 봐 수동적으로 상대방의 요구에 응하지만, 속으로는 상대방을 괘씸하게 생각한다. 간혹 어떤 사람들은 우리에게 그 일을 하라고 압박한다. 때때로 그 압박감은 우리가 '반드시' 그 일을 해야 한다는 의무감으로 밀려오기도 한다. 이런 외부적 또는 내부적 압력에 대해 "안 돼"라고 말하지 못한다면, 우리는 자기 소유에 대한 통제권을 상실하고 '자기 통제'의 결과를 즐길 수 없다.

자신의 감정과 의도 또는 반감 등을 말로 표현해 다른 사람들에게 자신의 영역을 명확하게 드러내야 한다. 자신의 영역을 말로 규명하지 않는다면, 다른 사람들은 우리의 위치가 어디인지 구분하는 데 어려움을 겪을 것이다. 하나님도 "나는 이것을 좋아하고, 저것을 싫어한다" 또는 "나는 이런 일을 하고, 저런 일을 하지 않을 것이다"고 분명하게 말씀하셨다. 다른 사람들에게 자신의 위치를 말로 표현함으로써 알게 하라. 그렇게 하여 그들이 우리를 도와야 하는 '가장자리'가 어디인지 알게 하라. "나는 당신들이 내게 소리 지르는 것을 싫어합니다." 이런 말은 당신이 어떻게 인간관계를 유지하는지에 대한 분명한 메시지를 사람들에게 전해 주며, 그들로 하여금 우리 정원에서 지켜야 할 '규칙'이 무엇인지 알게 해준다.

진리

하나님과 그분의 소유에 대한 진리를 알고 있으면, 우리에게 허용된 제한 범위와 그분의 바운더리를 깨닫게 된다. 변치 않는 하나님의 실체를 깨달으면 하나님과의 관계에서 자신을 한정 짓는 데 많은 도움이 된다. 하나님은 사람이 무엇으로 심든지 그대로 거둘 것이라고 하셨다(갈 6:7). 우리는 그 말씀에 따라 자신의 모습을 명확히 깨달을 수도 있고, 아니면 그 말씀에 역행하려다가 계속 상처 입을 수도 있다. 하나님의 진리에 맞닿아 있는 것은 모든 것의 실체를 깨닫는 일이며, 우리는 더 나은 삶을 위해 그 실체와 조화를 이루며 살아갈 수 있다(시 119:2, 45).

사탄은 실체를 가장 극심하게 왜곡시킨 주범이다. 사탄이 에덴 동산에서 하와를 유혹해 하나님의 바운더리와 그분의 진리를 의심하게 했던 것을 생각해 보라. 그 결과는 아주 비참했다.

진리에는 언제나 안전 장치가 설치되어 있다. 그것이 하나님의 진리든 우리 자신에 대한 진리든 마찬가지다. 많은 사람들은 자신의 바운더리를 벗어나 방만하고 소란스러운 삶을 살려고 애쓴다. 자신이 누구인가에 대한 진리를 받아들이거나 표현하려고 하지 않는다. 우리가 어떤 사람인지 솔직하게 바라보고 표현하면, 온전함이나 하나 됨에 대한 성경적 진리를 깨달을 수 있다.

지리적 간격

잠언 22장 3절은, "슬기로운 자는 재앙을 보면 숨어 피한다"고 말한다. 때때로 상황에서 물리적으로 멀어지는 것이 바운더리를 유지하는 데 도움이 된다. 적정한 경계를 정한 후, 육체적으로 감정적으로 영적으로 재충전하기 위해 일정한 지리적 간격을 유지할 수도 있다. 예수님도 종종 그런 모습을 보이셨다.

또한 위험을 당하지 않거나 죄악에 빠지지 않기 위해 그 상황이나 환경에서 스스로 멀어질 수도 있다. 성경은 우리를 해하려는 자들에게서 멀어지고 자신을 위해 안전한 곳을 만들라고 권면한다. 해로운 상황에서 멀어지면 그 속에서 함께 지내던 사람을 그 자리에 남겨 놓게 되어, 아울러 그로 하여금 행동의 변화를 가져오도록 유도하는 효과도 거둘 수 있다(마 18:17-18, 고전 5:11-13).

인간관계가 옳지 못한 쪽으로 흘러갈 때, 다른 사람들에게 우리의 바운더리가 실제로 존재한다는 것을 보일 수 있는 유일한 방법은, 그들이 그 문제를 진지하게 다룰 준비가 될 때까지 그들과 물리적 거리를 유지하는 것뿐이다. 성경은 '악을 결박'하기 위해 지나친 연대감을 제한하는 견해를 지지한다.

시간

어떤 사람이나 계획에서 일정 시간 동안 떨어져 있는 것은, 우리 삶에서 통제되지 않은 영역 가운데 바운더리를 세워야 하는 부분에 대한 소유권을 되찾을 수 있는 좋은 방법이다.

영적으로나 감정적으로 부모에게서 독립하지 못한 아이 같은 성인들에게는 부모와 떨어져 있는 시간이 필요하다. 그들은 지나온 모든 삶을 안고(embracing) 지키는(keeping) 데만 사용했으므로(전 3:5-6), 부모를 더 이상 안지 못하고 비정상적인 부모 자식 관계를 내버려야 하는 것을 두려워한다. 그들은 옛 생활 습관과 반대되는 바운더리를 세우고 새로운 관계 방식을 만들기 위해 일정한 시간을 투자해야 한다. 그 시간 동안은 부모와 멀어진다는 느낌을 받게 될 것이다. 그러나 이렇게 부모와 떨어져 있는 시간은 부모와의 관계를 더욱 향상시키는 역할을 한다.

감정적 간격

감정적 간격은 임시적 바운더리로, 마음속에 편히 쉴 수 있는 안전한 공간을 마련하는 것이다. 이것은 결코 영속적인 삶의 방식이 될 수 없다. 그릇된 관계 속에서 오랫동안 억눌린 사람들에게는 느긋하게 감정적으로 '풀어질' 수 있는 안전한 장소를 찾는 일이 급선무다. 잘못된 부부 관계에서 학대를 받아 온 사람은 배우자가 자기 문제를 직시하고 믿을 만한 상태가 될 때까지 감정적으로 거리를 두어야 한다.

우리는 스스로를 고통과 실망에 계속 노출시키지 말아야 한다. 모욕적인 관계 속에 있다면, 그 관계가 안전해질 때까지 기다려야 한다. 또한 진정한 변화의 모습이 분명하게 나타난 것을 확인한 후에 되돌아가야 한다. 많은 사람들이 용서한다는 구실로 다른 사람들을 너무 쉽게 믿고 신뢰해, 상대방이 "회개에 합당한 열매를 맺었는지"(눅 3:8) 확인하지 않는 경우가 많다. 지금까지 당신을 학대하고 함부로 대한 사람들의 진정한 변화를 확인하지 않고, 또다시 그들에게 자신을 감정적으로 개방하는 것은 어리석은 행동이다. 용서하라. 그러나 일관적 변화를 목격하기 전까지는 마음을 굳게 지키라.

다른 사람들

우리는 바운더리를 세우고 그것을 지켜 나가는 데 도움을 받기 위해 다른 사람들에게 의지해야 한다. 다른 사람들의 간섭과 통제와 학대를 받기 쉬운 사람들은 수년 동안 '많은 사랑을 받고' 나서야 비로소, 자신을 지지해 주는 이들을 통해 바운더리를 세울 수 있는 능력을 발견하게 된다. 상대적으로 마음이 나약한 사람들은 그들의 지지와 후원을 받아, 자신을 억누르는 학대와 통제에 대해 생전 처음으로 "안 돼"라고 말할 수 있는 힘을 얻게 된다.

바운더리를 지켜 나가기 위해 다른 사람들의 도움을 받아야 할 두 가지 이유가 있다. 첫째, 인간의 삶에서 가장 기본적 욕구는 인간관계에 대한 것이기 때문이다. 사람들은 인간관계에서 많은 고통을 당하고, 많은 사람들이 배우자가 자신을 버려서 결국 홀로 남게 될 것이 두려워 온갖 학대와 억압을 견딘다. 많은 사람들이 홀로 남게 된다는 두려움에 사로잡혀 수년 동안 고통스럽게 살아간다.

하지만 자신을 열고 다른 사람들의 도움을 받아들이면, 그들은 지금까지 자신을 학대하던 사람이 이 세상에서 사랑을 주는 유일한 원천이 아님을 발견하게 되고, 조직적인 지지와 후원 시스템을 통해 자신에게 절실한 제한 범위를 정할 수 있는 힘을 얻게 된다. 이제 그들은 더 이상 혼자가 아니다. 그들이 자신에게 다가오는 억압의 세력들을 물리칠 수 있는 힘을 원할 때, 그리스도의 교회는 바로 그 자리에서 힘이 되어 주어야 한다.

다른 이들의 도움을 받아야 하는 두 번째 이유는, 우리가 새로운 정보와 가르침을 원하기 때문이다. 많은 사람들이 교회나 가족에게서 바운더리는 비성경적이고 비열하며 이기적인 것이라고 잘못 배워 왔다.

이런 사람들은 성경적 후원 시스템의 도움을 받아야 한다. 그 시스템의 힘을 빌어, 내면에서 거짓말을 반복하는 과거의 '녹음 테이프'가 조장하는 죄책감과 맞서야 한다. 그 녹음 테이프는 그들을 속박 상태에 머무르게 하기 위해 끊임없이 그릇된 말들을 되새기게 한다. 과거의 잘못된 생각을 거부하고 변화 과정에서 생기는 죄책감을 없애기 위해서는 반드시 후원자 그룹의 도움을 받아야 한다.

이 책의 2부에서는 우리 삶에 있는 중요한 관계들 속에서 바운더리 세우는 법을 자세히 다룰 것이다. 지금 우리가 다루는 요점은 바운더리가 진공 상태에서 만들어지지 않는다는 사실이다. 바운더리를 만드는 과정에는 언제나 후원 조직이 관련되어 있다.

결과

다른 사람들의 사유지에 침입하면 그에 상응하는 결과가 따라오기 마련이다. '출입 금지' 팻말은 그 땅에 발을 들여놓으면 고발하겠다는 위협을 담고 있다. 성경은 이 원리를 반복해서 가르친다. 어떤 길로 가면 어떤 일이 일어나고, 다른 길로 가면 다른 결과가 일어날 것이라고 말한다.

성경이 어떤 행동에 대해 상응하는 결과를 정해 놓은 것처럼, 우리도 세워 놓은 바운더리에 걸맞는 결과를 정해 놓아야 한다. 배우자가 이렇게 공언했다고 가정해 보자. "당신이 술을 계속 마신다면 ("너무 늦게 집에 들어온다면" 또는 "나를 때린다면" "아이들에게 소리를 지른다면"), 그 버릇을 고칠 때까지 집에 돌아오지 않겠어요." 이런 약속을 한 많은 사람들이 제대로 그 약속을 지켰다면, 아마 많은 가정이 깨어지지 않고 온전하게 보존되었을 것이다. 부모들이 자녀들에게 "네가 다른 직업을 구하지 않고 일을 그만둔다면 더 이상 돈을 주지 않겠다" 또는 "내 집에서 한 번만 더 마약을 하면 쫓아내겠다"라는 위협적인 말을 한 다음에 제대로 이행했다면, 수많은 청년들의 인생이 새롭게 변화되었을 것이다.

"누구든지 일하기 싫어하거든 먹지도 말게 하라"(살후 3:10)고 한 바울의 경고는 결코 농담이 아니다. 하나님은 무책임한 행동을 용납하지 않으신다. 배고픔은 게으름의 결과다(잠 16:26).

결과는 바운더리라는 담장에 꽂힌 '가시'와 같다. 그 가시들은 사람들로 하여금 우리의 바운더리를 침해하는 일이 얼마나 심각하며 우리의 자존감이 얼마나 중요한지 알게 하는 역할을 한다. 이 결과들은 우리가 유익한 가치에 따라 살아가는 일에 전념하는 것을 귀하게 여기며, 그 가치를 지키고 보호하기 위해 기꺼이 싸울 준비가 되어 있다는 사실을 사람들에게 알려 준다.

나의 바운더리 안에는 무엇이 있는가?

선한 사마리아인의 이야기는 다양한 차원에서 올바른 행동의 모델이다. 이 이야기는 바운더리를 보여 주는 좋은 사례다. 바운더리를 지켜야 할 때와 바운더리가 침해되는 때를 보여 준다. 사마리아인에게 바운더리가 없었다면 이야기가 어떻게 진행되었을지 상상해 보라.

당신은 이 이야기를 잘 알고 있을 것이다. 한 사람이 예루살렘을 떠나 여리고로 내려가다가 강도를 만났다. 강도는 그 사람의 옷을 벗기고 그를 때려서 거의 죽을 지경으로 만들었다. 제사장과 레위인은 쓰러져 있는 그 사람을 못 본 체하며 곁길로 지나갔다. 하지만 사마리아인은 그를 불쌍히 여겨 상처를 싸매 주고, 여관으로 데려가 정성껏 돌보아

주었다. 다음 날 사마리아인은 여관 주인에게 말했다. "이 사람을 돌보아 주라 비용이 더 들면 내가 돌아올 때에 갚으리라"(눅 10:35).

이제 우리에게 익숙한 이 이야기를 다른 방향으로 전개시켜 보자. 강도당해 상처를 입은 사람이 그 순간 일어나서 이렇게 말했다고 상상해 보라. "뭐라고요? 지금 떠나겠다는 겁니까?"

"예, 그렇습니다. 여리고에 급한 볼일이 있어서 지금 가야 합니다." 사마리아인이 대답했다.

"당신은 자신이 너무 이기적이라고 생각하지 않나요? 나는 지금 아파서 여기에 누워 있어요. 함께 대화를 나눌 사람이 필요해요. 예수님이 당신을 좋은 모범으로 사용하려 하시는데 이래도 되는 겁니까? 당신은 그리스도인처럼 행동하지 않는군요. 이런 나를 버려 두고 가려 하다니요! '자기를 부인하라'고 하신 예수님의 말씀은 무슨 일이 있어도 지켜야 하는 것 아닙니까?"

"그래요, 당신 말이 맞는 것 같군요." 사마리아인이 말했다. "당신만 이곳에 남겨 두고 떠나려니 제 마음이 편치 않았습니다. 그래요, 좀 더 있겠습니다. 일정을 며칠 더 연기하지요."

결국 사마리아인은 사흘을 더 머물렀다. 그와 함께 많은 대화를 나누고 그가 행복하고 만족을 누리도록 최선을 다했다. 사흘째 되는 날 오후에 심부름꾼이 도착했다. 그는 여리고에서 만나기로 했던 사람들에게서 전갈을 가지고 왔다. "이제 우리는 더 이상 기다릴 수 없습니다. 당신을 기다렸지만 오지 않아서 낙타를 다른 사람에게 팔았습니다. 다음 번에는 6개월 후에나 낙타를 데리고 이곳에 올 겁니다."

"당신, 어쩌면 내게 이럴 수 있습니까?" 사마리아인은 편지를 흔들어 대며 이제 어느 정도 회복된 그 사람에게 소리쳤다. "당신이 저지른 일을 똑똑히 보라고요! 당신 때문에 내 사업에 필요한 낙타들을 사지 못했어요. 이제 나는 물건을 나르는 상인 일도 못하게 되었습니다. 이번 일로 인해 더 이상 장사를 못할 겁니다! 모두 당신 때문이라고요. 알아요?"

어떤 면에서 이 이야기는 우리 모두에게 상당히 익숙한 내용이다. 우리는 어려움에 처한 사람을 보면 도와주려는 동정심 때문에 마음이 움직인다. 그러나 도움을 받는 사람은 우리가 주고자 하는 것보다 훨씬 더 많은 것을 요구한다. 우리는 각자 삶에서 해야 할 일들을 놓치게 되어, 결국 상대방에 대한 원한과 분노만 품게 된다. 이와 반대로 우리가 다른 사람들에게 지나치게 많은 것을 요구할 수도 있다. 그리하여 우리는 그들이 자신의 급한 일조차 포기할 때까지 그들을 압박하고 조른다. 그들은 진정한 자유 의지에서 우러나온 마음으로 우리를 돕는 것이 아니라 너무 귀찮은 나머지 마지못해 억지로 돕는다. 그리고 우리에게 무언가를 주었다는 것을 불쾌하게 여긴다. 이런 일들은 우리 대부분이 경험했을 것이다.

이런 최악의 시나리오를 피하기 위해, 우리는 자신의 바운더리 속에 무엇이 담겨 있으며, 우리가 무엇에 대해 책임져야 하는지 직시해야 한다.

감정

감정은 종종 그리스도인 세계에서 좋지 못한 평가를 받아 왔다. 감정은 중요하지 않으며 세속적인 것을 지칭하는 대명사처럼 여겨졌다. 그와 동시에, 수많은 사례를 통해 인간의 감정은 동기 부여와 행동에 막대한 역할을 한다는 사실도 드러났다. 상처 입은 감정 때문에 다른 사람에게 추악한 행동을 일삼는 사람들을 본 적이 있는가? 아니면 자살 충동에서 벗어나기 위해 수년 동안 우울증에 시달리며 병원 신세를 지는 사람들도 많이 보았을 것이다.

감정은 무시되어서도 안 되고 비난받는 자리에 있어서도 안 된다. 성경은 당신의 감정을 '가지고' 그 감정을 올바로 인식하라고 말한다. 감정은 종종 당신으로 하여금 선한 일을 하게 하는 동기가 될 수 있다. 선한 사마리아인의 동정심은 강도를 당해 상처 입은 이스라엘 사람에게 다가가도록 이끌어 주었다(눅 10:33). 아버지는 잃어버렸던 아들을 보고 측은히 여겨 달려가 두 팔로 안았다(눅 15:20). 예수님이 그분을 따르는 무리를 "불쌍히 여기셨다"는 기록은 성경 곳곳에서 발견된다(마 9:36, 15:32).

감정은 마음 깊은 곳에서 솟아나며, 우리가 맺고 있는 여러 관계의 정확한 상태를 진단해 준다. 감정은 어떤 일이 잘 되어 가거나, 아니면 거기에 문제가 있다는 것을 분별해 준다. 친밀감이나 좋아하는 감정이 있다면, 그 일은 잘 해결될 가능성이 높다. 하지만 분노에 쌓여 있다면, 우리에게는 틀림없이 주의 깊게 살펴봐야 할 문제가 있는 것이다. 중요한 사실은 우리의 감정에 대해 우리가 책임져야 한다는 것이다. 따라서 우리는 감정의 가치를 인정하고 그것을 자기 문제로 받아들여야 한다. 그렇게 하면 우리는 감정을 통해 인식하는 모든 문제들을 해결할 수 있는 방법을 찾을 수 있다.

태도와 신념
태도는 우리가 무언가에 대해 스스로 세워 놓은 방침과 같다. 다른 사람들과 하나님, 인생과 직업, 여러 관계에 대해 우리가 취하는 자세이

기도 하다. 신념은 우리가 진리로 받아들이는 그 무엇이다. 종종 우리는 태도나 신념이 삶에서 불안감을 불러일으키는 원인이 된다는 사실을 인정하지 않는다. 우리는 인류의 조상인 아담과 하와처럼 다른 이들에게 비난의 화살을 돌린다. 우리는 자신의 태도와 확신을 '자기 것'으로 여겨야 한다. 왜냐하면 그 요소들도 우리의 바운더리에 포함되어 있기 때문이다. 우리는 각자의 태도와 확신의 결과를 감지할 수 있으며, 그에 따라 자신의 태도를 변화시킬 수 있는 유일한 사람이다.

태도와 관련된 곤란한 사항 가운데 하나는, 우리가 아주 어릴 때 그것을 습득한다는 사실이다. 태도는 우리가 누구이며 어떻게 행동하는지를 보여 주는 지도에서 상당히 넓은 부분을 차지하고 있다. 자신의 태도와 신념을 절대로 문제 삼지 않는 사람들은 기능을 지나치게 강조하는 입장의 희생물이 될 수도 있다. 그들은 예수님이 하나님의 계명보다 '사람의 유전'을 굳게 지킨다고 책망하신 자들과 별 다를 바 없다.

바운더리에 관련된 문제를 가진 사람들은 일반적으로 책임감에 대해 왜곡된 태도를 취하고 있다. 그들은 감정과 선택과 행동에 대해 책임지는 사람들을 속 좁고 뒤떨어진 사람이라고 폄하한다. 하지만 잠언은 경계를 지키고 책임감 있는 태도가 생명을 구할 것이라고 거듭 말한다(잠 13:18, 24).

행동

행동은 결과를 유발한다. 바울은 "사람이 무엇으로 심든지 그대로 거두리라"(갈 6:7)고 말했다. 열심히 공부한다면, 좋은 성적을 거둘 것이다. 꾸준히 출근해 일한다면, 급여를 받을 것이다. 열심히 운동하면, 더 나은 건강을 얻을 수 있다. 다른 이들을 사랑으로 대하면, 더 긴밀한 인간관계를 형성하게 된다. 부정적인 측면에서 생각해 보자. 게으름과 무책임, 통제되지 않는 행동을 계속 한다면, 우리는 빈곤과 실패와 사랑을 잃게 되는 결과를 거둘 수밖에 없다. 그것들은 우리 행동의 자연스러운 결과다.

누군가 다른 이들의 삶 속에서 심는 대로 거둔다는 법칙이 작용하지 못하도록 방해한다면 심각한 문제가 발생한다. 음주와 학대를 일삼는 사람에게는 그에 상응하는 결과가 반드시 임할 것이다. "도를 배반하는 자는 엄한 징계를 받을 것이요"(잠 15:10). 자신의 행동으로 인한 당연한 결과로부터 사람들을 면제시켜 주는 것은 그들을 무기력하고 의지박약한 사람으로 만드는 것과 같다.

이런 일들은 부모와 자식 사이에서 무수히 일어난다. 부모들은 아이들로 하여금 자신의 행동에 대한 당연한 결과를 거둬들이도록 묵인하기보다는 아이들에게 소리를 지르거나 못살게 군다. 사랑을 베푸는 동시에 경계를 분명히 하고, 온화함과 함께 자기 행동에 대한 결과를 받아들이게 하는 부모들은 자기 삶에 대해 책임감을 지닌 확신에 찬 자녀들을 길러 낸다.

선택

우리는 자신의 선택에 대해 책임져야 한다. 자신의 선택에 대해 책임지면, '절제'의 열매(갈 5:23)를 거둘 것이다. 일반적으로 나타나는 바운더리 문제 가운데 하나는, 자신이 내린 선택을 자기 것이 아닌 것처럼 부인하고 그에 대한 책임을 다른 이들에게 전가시키는 것이다. 어떤 일을 왜 했는지 또는 왜 하지 않았는지 설명할 때, '했어야 하는데' 또는 "그 사람 때문에 이렇게 되었어"라는 표현들을 얼마나 자주 사용하는지 생각해 보라. 그런 표현들은 자신은 그 행동을 유발시킨 주체적 행위자가 아니라고 생각하는 근본적 착각을 은연중에 드러내는 것이다. 누군가 우리의 행동을 관리한다고 생각함으로써, 기본적 책임감마저 회피하려 든다.

우리는 기분에 상관없이 자신이 선택한 일을 책임져야 한다는 사실을 명심해야 한다. 그 사실을 잊지 않으면 '인색함으로나 억지로'(고후 9:7) 선택하게 되는 잘못을 피할 수 있다. 바울은 심지어 자신이 당연히 받아야 할 것으로 여겨지는 선물을 받아들이려 하지 않았다. 그것을 주는 사람이 '억지로' 주려 했기 때문이다. 그는 상대방의 "선한 일이 억지 같이 되지 아니하고 자의로 되게 하려"(몬 1:14)고 자신에게 주어진 선물을 되돌려보내기도 했다. 여호수아도 '선택'에 대한 그 유명한 구절에서 이스라엘 백성에게 동일한 의미의 말을 했다. "만일 여호와를 섬기는 것이 너희에게 좋지 않게 보이거든 너희 조상들이 강 저쪽에서 섬기던 신들이든지 또는 너희가 거주하는 땅에 있는 아모리 족속의 신들이든지 너희가 섬길 자를 오늘 택하라"(수 24:15).

예수님도 약속받은 급료를 받고서 화를 낸 품꾼에게 그와 비슷한 말씀을 하셨다. "친구여 내가 네게 잘못한 것이 없노라 네가 나와 한 데나리온의 약속을 하지 아니하였느냐"(마 20:13). 그 품꾼은 일정한 금액을 받고 일하겠다고 자신이 선택했다. 그러나 자기보다 일을 더 적게 한 사람이 같은 급료를 받는 것을 보고 화를 냈다.

또 다른 예는, 돌아온 탕자의 형이 보인 모습에서 찾을 수 있다. 그는 집에 남아 아버지를 섬기는 편을 택했지만 동생이 돌아오자 분개했다. 그는 자신의 선택에 만족하지 않았으므로, 자신이 집에 남는 편을 선택했던 것을 주위 사람들에게 상기시키려 했다.

성경은 도처에서 우리에게 자신의 선택을 상기시키고 그 선택에 대한 책임을 다하라고 촉구한다. 바울이 말한 것처럼, 우리가 영으로 살기로 결정하면 살 것이고, 죄악된 본성을 따르기로 결정하면 반드시 죽을 것이다(롬 8:13). 다른 사람들의 승인에 따라 어떤 일을 결정하거나 죄에 바탕을 두고 선택하면, 원한과 분노가 뒤따른다. 그것은 인간의 죄악된 본성에서 비롯된 산물이다. 우리는 지금까지 다른 사람들의 생각에 맞춰 어떤 일을 '당연히 해야' 한다는 식의 교육을 받아 왔다. 그 결과, 강제적으로 어떤 일을 해야만 다른 이들에게 사랑받는다는 잘못된 생각을 갖게 되었다.

바운더리를 세울 때는 필연적으로 자신이 내린 선택에 대해 책임진다는 내용이 포함되어야 한다. 선택한 당사자는 바로 우리 자신이다. 우리야말로 그 선택의 결과와 더불어 살아야 하는 사람이다. 또한 우리는 다른 사람의 힘을 빌리지 않고 가장 행복한 결과를 가져올 결정을 직접 내리는 일을 지속적으로 해야 한다.

가치

우리는 자신이 가치 있게 여기는 것을 좋아하고 거기에 중요한 의미를 부여한다. 그러나 가끔은 가치 있게 여기는 일에 대해 책임지지 않으려 한다. 가치 판단을 할 때 하나님의 승인보다는 사람들의 허락을 받기 위해 안달하는 경우도 있다(요 12:43). 이처럼 잘못된 가치 기준으로 인생의 실패를 경험하기도 한다. 우리는 권력과 부와 쾌락이 마음속 깊은 열망을 만족시킬 것으로 생각하지만, 오직 사랑만이 그 자리를 메울 수 있다.

잘못된 일들을 좋아하거나 영속적 가치가 없는 것을 귀하게 여김으로써 생겨난 통제 불능의 행동에 대해 책임지려 할 때, 그리고 만족을 주지 못할 일들을 귀하게 여기는 마음이 있다는 것을 고백할 때, 우리는 우리 속에 '새로운 마음을 창조하기 위해' 하나님과 그분의 백성들의 도움을 받을 수 있다. 바운더리는 과거의 유해한 가치들을 부인하기보다는 자기 것으로 인정하도록 도와서 하나님이 그 가치들을 변화시키게 한다.

경계

더 나은 바운더리를 만들고자 할 때는 경계의 두 가지 측면이 항상 중요하게 부각된다. 먼저, 다른 사람에 대한 경계를 정하는 일이다. 이것은 우리가 바운더리에 대해 이야기할 때 가장 자주 듣게 되는 요소다. 그러나 다른 사람에 대한 경계를 정한다는 말은 잘못된 표현이다. 우리는 그런 일을 할 수 없다. 우리가 할 수 있는 일은, 옳지 못한 행동을 하는 사람들에 대해 우리 행동의 경계를 정하는 것뿐이다. 우리는 그들을 변화시키거나 그들이 올바르게 행동하도록 만들 수 없다.

우리의 모델은 하나님이시다. 하나님은 자기 '백성들을 만들기' 위해 어떤 행동을 하라고 '경계'를 정해 놓지 않으셨다. 하나님은 '기준'을 정해 놓으셨다. 하지만 백성들로 하여금 스스로 자기 입장을 결정하게 하셨고, 그들이 옳지 못한 행동을 할 때는 이렇게 말씀하셨다. "원한다면 그 길로 나아가라. 그러나 그 길을 택한다면 내 집에는 들어올 수 없다." 천국은 회개하는 자들을 위한 곳이다. 회개하며 돌이키는 자들은 모두 환영받는다.

그러나 하나님은 악하고 회개하지 않는 사람들에게 자신을 드러내는 것을 제한하신다. 우리 역시 그렇게 해야 한다. 성경은 멸망에 이르는 길에서 사는 자들에게서 멀어지라고 끊임없이 경고한다(마 18:15-17, 고전 5:9-13). 우리는 사랑을 떠나 살 수 없는 존재다. 자신을 악한 자들에게서 격리시키면 사랑을 지킬 수 있다. 왜냐하면 사랑을 파괴하려는 옳지 못한 일들에 대한 확고한 기준을 가지고 있기 때문이다.

경계의 또 다른 측면은, 우리 자신의 내적 경계를 정하는 것이다. 이것은 매우 유익한 결과를 가져온다. 우리는 자신의 내면에 일정한 공간을 가지고 있어야 한다. 그 공간은 겉으로 드러나지 않는 감정과 충동과 열망을 담아 두는 곳이다. 우리는 외부의 억압을 받지 않는 자기 통제 기능을 가져야 한다.

우리는 자신에게 "안 돼"라고 말할 수 있어야 한다. 우리 각자의 파괴적 열망뿐 아니라 선한 열망도 적절하지 않은 시기에 지혜롭게 발현되지 않는 것들은 금지 목록에 포함된다. 소유권과 책임감, 자기 통제는 바운더리의 중요한 요소다. 그러나 그에 못지않게 내부적 구조도 바운더리와 정체성을 이루는 매우 중요한 구성 요소다.

자원과 은사

자신의 재산을 세 종에게 각기 맡긴 주인의 다음 두 가지 반응을 비교해 보라.

> 잘하였도다 착하고 충성된 종아 네가 적은 일에 충성하였으매 내가 많은 것을 네게 맡기리니 네 주인의 즐거움에 참여할지어다(마 25:23).

> 악하고 게으른 종아 나는 심지 않은 데서 거두고 헤치지 않은 데서 모으는 줄로 네가 알았느냐 그러면 네가 마땅히 내 돈을 취리하는 자들에게나

맡겼다가 내가 돌아와서 내 원금과 이자를 받게 하였을 것이니라 하고 그에게서 그 한 달란트를 빼앗아 열 달란트 가진 자에게 주라(마 25:26-28).

소유권과 달란트의 사용에 대해 하나님이 정해 놓으신 책임감을 설명하는 데 이보다 더 좋은 구절은 없다. 비록 이 비유는 금전 문제를 예로 들었지만, 내적 달란트와 은사에도 적용된다. 우리의 달란트는 분명히 각자의 바운더리 안에 있고 각자가 책임져야 한다. 하지만 달란트의 소유권을 가지고 그것을 행사하는 일은 종종 불안하고 위험을 내포하기도 한다.

달란트 비유는 우리가 재능을 사용한 결과에 대해 책임져야 한다는 것을 말한다. '악하고 게으른' 종이 가졌던 실패의 두려움을 극복하려면, 노동과 실천과 학습과 기도와 수단과 은혜 등이 요구된다. 그 종은 두려워한 것 때문에 벌을 받은 것이 아니다. 우리 역시 새롭고 어려운 일을 시작하려 할 때 두려움을 느낀다. 악한 종은 자신의 두려움을 직시하지 않고 최선을 다하지 않아서 무거운 벌을 받은 것이다. 두려움을 회피하는 것은 하나님의 은혜를 거절하는 행위이며, 우리를 지탱해 주기 위해 그분이 베푸시는 은사와 은혜를 모욕하는 것이다.

생각

우리 마음과 생각은 하나님의 형상을 반영하는 중요한 요소다. 지구상에 있는 어떤 피조물도 인간과 같은 사고 능력을 가지고 있지 않다. 우리는 온 마음을 다해 하나님을 사랑하도록 부르심을 받은 유일한 피조물이다(막 12:30). 바울은 "모든 생각을 사로잡아 그리스도에게 복종하게"(고후 10:5) 한다고 말했다. 생각의 바운더리를 세우는 일에는 세 가지 요소가 포함된다.

1. **우리는 각자 고유한 생각을 가져야 한다.** 많은 사람들은 자신의 사고 과정에 대한 소유권을 인정하려 하지 않는다. 그들은 아무런 검증 없이 기계적으로 다른 사람들과 같은 생각을 한다. 다른 사람들의 견해와 논리를 곧이곧대로 받아들이고, 절대로 의심하지 않으며, '자기 생각에 대해 생각'하지 않는다. 물론 우리는 다른 이들의 생각에 귀를 기울이고 그것을 존중해야 한다. 그러나 그들의 견해에 '전적으로 빠져들지' 말아야 한다. 모든 일을 관계라는 정황 속에서 심사숙고하며, 철이 철을 '날카롭게' 하는 것 같은 결과를 이끌어 내야 하지만, 우리는 변함없이 독립된 생각을 하는 사람으로 남아야 한다.

2. **우리는 지식을 쌓으며 마음을 넓혀야 한다.** 우리는 하나님과 그분의 말씀에 대한 지식을 추구해야 한다. 다윗은 하나님의 말씀(규례)을 배우는 과정에 대해 이렇게 말했다. "주의 규례들을 항상 사모함으로 내 마음이 상하나이다…주의 증거들은 나의 즐거움이요 나의 충고자니이다"(시 119:20, 24). 또한 우리는 하나님의 창조와 그분의 사역을 공부함으로써 하나님에 대해 알아 가야 한다. 그분이 창조하신 세상을 배움으로써, 우리는 이 땅과 이 땅에 있는 모든 것을 "정복하고 다스리라"는 명령에 순종하게 된다. 우리는 지혜로운 청지기가 되기 위해 하나님이 우리에게 주신 세상에 대해 끊임없이 배워야 한다. 뇌 수술을 하든, 가계부를 쓰든, 아이들을 양육하든, 우리는 더 나은 삶을 유지하며 하나님을 영화롭게 하기 위해 지능을 사용해야 한다.

3. **우리는 왜곡된 생각을 정화시켜야 한다.** 모든 사람들은 어떤 일들을 명료하게 인식하지 않고, 비뚤어진 방향으로 생각하고 받아들이려는 경향이 있다. 가장 쉽게 알 수 있는 왜곡은, 개인적 인간관계에서 나타난

다. 우리는 사람들을 있는 그대로 보는 경우가 거의 없다. 사람들에 대한 인식은 과거의 관계나 그들에 대한 선입견으로 인해 왜곡된다. 심지어 아주 잘 알고 있는 사람들조차 비뚤어진 시각으로 바라본다. 우리는 눈 속에 있는 '들보' 때문에 사물을 명확하게 바라보지 못한다(마 7:3-5).

인간관계 속에서 일어나는 사고 작용에 대한 소유권을 가지려면, 우리가 어떤 부분에서 잘못되었는지를 점검하는 적극적인 자세가 필요하다. 새로운 정보를 받아들임으로써, 우리의 생각은 점차 실체에 익숙해지고 점점 가까워진다.

우리는 자신의 생각을 다른 사람에게 전달하고 있다는 사실도 잊어서는 안 된다. 남들이 자신의 마음을 읽을 수 있어야 하고 자신이 원하는 바를 알아야 한다고 생각하는 사람들이 많다. 그러나 이런 태도는 결국 좌절감에 이르게 한다. 심지어 바울도 이렇게 말했다. "사람의 일을 사람의 속에 있는 영 외에 누가 알리요"(고전 2:11). 바운더리의 핵심을 찌르는 참으로 놀라운 진술 아닌가! 우리는 각자의 생각을 가지고 있다. 그 생각을 다른 사람들에게 알리고 싶다면, 직접 그들에게 말해야 한다.

소망

우리의 소망도 바운더리 안에 자리 잡고 있다. 사람들은 각자 다른 소망과 바람, 꿈과 희망, 목표와 계획, 열망과 갈망을 가지고 있다. 우리는 모두 '자신'을 만족시키고 싶어 한다. 하지만 우리 주위에 '자신'을 만족시킨 사람이 거의 드문 이유는 무엇인가?

그 문제의 부분적인 원인은 우리의 인격 속에 구조화된 바운더리가 결여되어 있기 때문이다. 우리는 진정한 '자신'이 누구인지, 그리고 진실로 원하는 것이 무엇인지조차 명확하게 밝히지 못한다. 많은 소망들이 마치 실제적인 모습처럼 가장하고 있다. 그것들은 우리의 진정한 희망을 담지 않은 욕망에 지나지 않는다. 예를 들어, 성도착증 환자들은 성적 경험을 갈망하지만, 그들이 진정으로 원하는 것은 사랑과 애정이다.

야고보 사도는 우리가 순수한 동기에서 실제적 소망을 갖거나 구하지 못하는 문제에 대해 이렇게 말했다. "너희는 욕심을 내어도 얻지 못하여 살인하며 시기하여도 능히 취하지 못하므로 다투고 싸우는도다 너희가 얻지 못함은 구하지 아니하기 때문이요 구하여도 받지 못함은 정욕으로 쓰려고 잘못 구하기 때문이라"(약 4:2-3).

우리는 하나님께 적극적으로 소망을 구하지 않는 경우가 종종 있다. 그러면 우리의 소망은 진실로 바라지 않는 요소들과 뒤섞이게 된다. 하나님은 진정으로 우리의 소망에 관심을 갖고 계신다. 하나님이 그 소망들을 품게 하신다. 다음 구절들을 꼼꼼히 읽어 보라. "그의 마음의 소원을 들어 주셨으며 그의 입술의 요구를 거절하지 아니하셨나이다 (셀라) 주의 아름다운 복으로 그를 영접하시고 순금 관을 그의 머리에 씌우셨나이다"(시 21:2-3). "또 여호와를 기뻐하라 그가 네 마음의 소원을 네게 이루어 주시리로다"(시 37:4). "그는 자기를 경외하는 자들의 소원을 이루시며 또 그들의 부르짖음을 들으사 구원하시리로다"(시 145:19).

하나님은 자녀에게 선물 주는 것을 좋아하시지만, 한편으로는 지혜로운 부모이시다. 하나님은 자신이 준 선물이 자녀인 우리에게 더할 나위 없이 좋은 것이 되기를 원하신다. 어떤 선물을 구해야 할지 알고 싶다면, 먼저 우리가 누구이며 우리의 진정한 동기가 무엇인지 자세히 살펴야 한다. 자신의 교만을 채우거나 자아를 드높이기 위해 무언가를 원한다면, 하나님은 그것을 주고 싶지 않으실 것이다. 하지만 그것이 우리에게 선한 결과를 가져온다면, 하나님은 우리의 소망을 기꺼이 채워 주실 것이다.

우리는 소망을 구하는 일에 적극적 역할을 하도록 명령받았다(빌 2:12-13, 전 11:9, 마 7:7-11). 우리는 각자의 소망을 품고 삶에서 이루기 위해 전력을 다해야 한다. "소원을 성취하면 마음에 달다"(잠 13:19). 하지만 그 기쁨은 끝없는 수고를 요구한다.

사랑

사랑을 베풀고 사랑에 반응할 수 있는 능력은 인간이 받은 가장 위대한 선물이다. 하나님이 자기 형상인 인간 속에 만들어 놓으신 마음은 인간 존재의 중심이다. 사랑에 대해 문을 열고 밖으로 사랑을 흘려보낼 수 있는 능력은 인간의 삶에서 결정적 요소다.

많은 사람들이 고통과 두려움 때문에 사랑을 주고받는 데 어려움을 겪는다. 그들의 마음이 다른 이들의 마음과 가까워지면, 그들은 공허함과 무의미함을 느낀다. 성경은 마음의 두 가지 기능에 대해 분명하게 말한다. 두 가지 기능이란 하나님의 은혜와 사랑을 마음속으로 받아들이고, 그 사랑을 밖으로 흘려보내는 것이다.

우리가 어떻게 살아야 할지 알려 주는 성경 말씀에 귀를 기울여야 한다. "네 마음을 다하고 목숨을 다하고 뜻을 다하여 주 너의 하나님을 사랑하라…네 이웃을 네 자신같이 사랑하라"(마 22:37, 39). 또한 우리가 어떻게 사랑을 받아들여야 하는지 알려 주는 말씀도 있다. "고린도인들이여 너희를 향하여 우리의 입이 열리고 우리의 마음이 넓어졌으니 너희가 우리 안에서 좁아진 것이 아니라 오직 너희 심정에서 좁아진 것이니라 내가 자녀에게 말하듯 하노니 보답하는 것으로 너희도 마음을 넓히라"(고후 6:11-13).

심장처럼 우리의 마음은 혈액의 유입과 유출이 적절하게 유지되어야 한다. 또한 심장과 마찬가지로 마음도 근육으로 이루어져 있다. 신뢰라는 이름의 근육이다. 이 신뢰 근육을 사용하며 움직여야 한다. 그 근육이 손상되면 마음의 기능은 저하되거나 약화된다.

우리는 각자 지니고 있는 사랑의 기능에 대해 책임지고 그것을 잘 사용해야 한다. 감추어진 사랑이나 거절된 사랑은 사람의 목숨마저 앗아 갈 수 있다.

많은 사람들은 자신이 사랑을 거절한 것에 대해 책임지려 하지 않는다. 그들 주위에는 무수히 많은 사랑이 널려 있다. 하지만 그들은 자신의 외로움이 그 많은 사랑에 대해 반응하지 않은 결과라는 사실을 깨닫지 못하고 있다. 종종 그들은 "다른 사람들이 사랑을 주지 않는다"고 말할 것이다. 그러나 그 말은 사랑에 반응해야 하는 자신의 책임을 부인하려는 변명에 지나지 않는다. 우리는 사랑에 대한 책임을 회피하기 위해 교묘하게 행동할 때가 많다. 우리는 각자의 마음을 자기 소유로 인정하고 그 마음의 나약함을 극복하기 위해 적극적인 자세를 가져야 한다. 그러면 우리 삶은 훨씬 더 넓어질 것이다.

~~~~~~~~~~

우리는 앞에서 살펴본 모든 요소들에 대해 책임져야 한다. 그 요소들은 우리의 바운더리 안에 자리 잡고 있다. 하지만 우리의 바운더리 안에 위치한 요소들을 제대로 돌아보기란 결코 쉽지 않다. 더군다나 다른 사람들로 하여금 그들의 바운더리 안에 놓인 것들을 보살피라고 요구하기란 거의 불가능하다. 바운더리를 세우고 유지하는 것은 힘들고 어려운 일이다. 그러나 다음 장에서 살펴볼 텐데, 바운더리 문제는 쉽게 알아볼 수 있는 형태로 나타난다.

3.

바운더리 문제

하루 일정으로 진행된 성경적 바운더리에 대한 세미나에서, 한 여성이 손을 들고 말했다. "저에게도 바운더리 문제가 있다는 걸 알겠어요. 하지만 저와 사이가 멀어진 남편은 모든 일을 자기가 처리하고 모든 돈도 자기가 관리해요. 그에게도 바운더리 문제가 있지 않나요?"

바운더리에 대한 오해는 얼마든지 생길 수 있다. 언뜻 보기에 경계를 정하는 데 어려움을 겪는 사람이 바운더리 문제를 가지고 있는 것처럼 보인다. 하지만 다른 사람들의 경계를 존중하지 않는 사람도 바운더리 문제를 안고 있는 것이다. 이 여성은 바운더리를 세우는 일에 어려움을 느끼고 있으며, 게다가 남편은 그녀의 바운더리를 존중하지 않는다.

이 장에서 우리는 바운더리 문제를 주요 유형별로 나누어 살펴볼 것이다. 이 과정을 통해 바운더리에 대한 생각을 어느 정도 정리할 수 있을 것이다. 바운더리 문제는 "안 돼"라고 말하지 못하는 사람들에게만 국한된 것은 아니다.

순응형: 옳지 못한 일에도 "예"라고 대답한다

"좀 이상한 이야기를 해도 될까요?" 로버트는 나(존)에게 말했다. 내담자인 로버트는 아내의 끊임없는 요구를 거절하는 것이 너무 어려워 그 이유를 알기 위해 노력하고 있었다. 그는 이웃 사람들에게 지지 않으려고 허세를 부리다가 거의 파산할 지경에 이르렀다.

"저는 우리 집안에서 유일한 남자아이였어요. 네 명의 아이들 가운데 막내였지요. 우리 집안에서는 이중적 기준으로 저를 대했어요. 특히 누나들하고 싸울 때는 더욱 그랬죠." 그는 기침을 한 번 하고 계속 말했다. "누나들은 저보다 세 살에서 일곱 살이 더 많았어요. 제가 6학년이 될 때까지, 누나들은 저보다 훨씬 키도 크고 힘도 셌죠. 누나들은 큰 몸집과 힘으로 저를 누르고 멍이 들 때까지 때렸어요. 제 말은, 누나들이 정말로 제게 상처를 입혔다는 뜻이에요. 정말 이해할 수 없었던 것은 부모님의 태도였어요. 부모님은 이렇게 말씀하셨어요. '로버트, 넌 남자야. 남자는 여자들을 때리면 안 돼. 그건 나쁜 습관이야.' 나쁜 습관! 저는 저보다 몸집이 훨씬 큰 세 명의 누나들과 맞서야 했습니다. 그런데 누나들에게 대드는 게 정말 나쁜 습관입니까?"

로버트는 말을 멈췄다. 창피하다는 생각 때문에 말을 잇지 못했다. 하지만 지금까지 들려준 내용만으로도 충분히 그의 마음을 이해할 수 있었다. 그는 아내와 갈등을 겪는 이유를 어느 정도 밝혀 냈다.

부모가 자녀들에게 바운더리를 세우거나 "안 돼"라고 말하는 것이 옳지 못한 일이라고 가르친다면, 그들은 다른 사람들이 자기 마음대로 그 아이들에게 행동할 수 있다는 것을 은연중에 가르치는 것과 같다. 그들은 무방비 상태에 있는 자녀들을 온갖 죄악이 가득한 세상 속으로 밀어 넣고 있다. 죄악은 사람을 지배하고 이용하며 착취하는 형태로 나타난다. 또 유혹의 모양을 띠는 경우도 있다.

이렇게 죄악된 세상에서 안전하게 살아가려면, 아이들은 다음과 같은 말들을 자신 있게 할 수 있어야 한다.

- "안 돼."
- "난 그렇게 생각하지 않아."
- "그런 일은 하지 않겠어."
- "그런 결정은 받아들일 수 없어."
- "그만해."
- "아파."
- "그건 옳지 않아."
- "나쁜 짓이야."
- "나를 만지지 마."

아이에게 "안 돼"라고 말하는 능력을 길러 주지 못하면, 그 아이는 평생 문제를 안고 살아가게 된다. 로버트와 같은 문제를 지닌 어른들은 이 같은 첫 번째 바운더리 문제를 안고 있다. 즉 그들은 옳지 못한 일에도 "예"라고 대답한다.

이런 유형의 바운더리 문제를 '순응'(compliance)이라고 한다. 순응적인 사람들은 모호하고 불분명한 바운더리를 가지고 있다. 그들은 다른 사람들의 요구와 필요에 따라 휩쓸린다. 홀로 서지 못하고, 그들에게 무언가를 요구하는 사람들에게서 벗어나지 못한다. 한 가지 예를 들어 보자. 순응형에 속한 사람들은 마치 레스토랑이나 극장처럼 친구들과 '언제나 함께 있는' 존재인 것처럼 행동하려 한다. 그들은 다른 사람들과의 차이를 최소화시켜 평지풍파를 일으키지 않으려고 애쓴다. 순응형에 속한 사람들은 카멜레온이다. 일정한 시간이 지나면 그들을 주변 환경과 식별하기는 어렵다.

옳지 못한 일에 대해 "안 돼"라고 말하지 못하는 무력함은 점점 확산된다. 그것으로 인해 우리 삶에 깃든 죄악을 거부하지 못할 뿐 아니라, 죄악을 인식하는 것조차 힘들어진다. 순응형에 속한 많은 사람들은 자신이 위험하거나 이용당하는 상황에 빠져 있다는 사실을 너무 늦게 깨닫는다. 그들의 영적, 감정적 '레이더'는 파손되었다. 그들에게는 자기 마음을 지킬 만한 능력이 없다(잠 4:23).

이런 유형의 바운더리 문제는 사람들을 무기력하게 만든다. 그들이 "안 돼"라고 말해 자신을 보호해야 할 때마다, 그 말은 목구멍에 걸려 나오지 않는다. 이런 현상은 여러 다른 이유들로 인해 생겨난다.

- 다른 사람의 감정을 상하게 할지도 모른다는 두려움
- 버림받고 따돌림당할 것에 대한 두려움
- 전적으로 다른 사람에게 의존하려는 바람
- 누군가의 화를 자극할 거라는 두려움
- 처벌에 대한 두려움
- 부끄러움에 대한 두려움
- 나쁜 사람이나 이기적인 사람으로 보일지 모른다는 두려움

- 영적이지 않은 사람이 될 것 같은 두려움
- 지나치게 엄격하고 비판적인 양심으로 인해 생기는 두려움

마지막 두려움은 실제로 당사자가 죄악처럼 느껴진다. 지나치게 엄격하고 비판적인 양심을 소유한 사람들은 하나님이 그들을 정죄하시지 않는 일을 행하고 스스로를 정죄하려 한다. "그들의 양심이 약하여지고 더러워지느니라"(고전 8:7). 비성경적이고 비판적인 부모처럼 내면의 양심을 두려워하여, 그들은 적절한 바운더리를 더 엄격한 수준으로 강화한다.

죄책감에 사로잡히면, 우리는 가혹한 양심의 명령도 기꺼이 따르려 한다. 엄격한 양심의 명령에 불순종함으로써 생기는 두려움은 다른 사람들을 제대로 대하지 못하는 무능력—악한 일에도 "예"라고 말함—으로 변한다. 왜냐하면 그들의 요구를 거절하면 더 많은 죄책감에 시달리기 때문이다.

성경적인 순응은 지금까지 말한 순응과 구별되어야 한다. 하나님은 마태복음 9장 13절에서 "긍휼을 원하고 제사를 원하지 아니하노라"고 말씀하셨다. 그 말을 다르게 표현하면, 하나님은 우리가 마음 깊은 곳에서 비롯된 참된 유순함을 갖기 원하시며(긍휼), 속으로는 원한을 품고 겉으로만 유순한 척하는 것(제사)을 원하지 않으신다는 것이다. 순응형은 지나치게 많은 책임을 감당하지만, 상대적으로 바운더리를 지나치게 약하게 세운다. 그런 현상은 스스로 선택한 것이 아니라 두려움 때문에 생긴 결과다.

기피형: 옳은 일에 대해서도 "아니요"라고 말한다

거실이 갑자기 조용해졌다. 크레이그의 집에서 성경 공부 모임을 여섯 달 동안 계속해서 그 모임에 참석한 사람들은 급속도로 가까워졌다. 오늘 밤에도 다섯 쌍의 부부가 모여 각자 삶에서 일어난 실제적인 문제들을 함께 나누기 시작했다. "사라 아주머니를 위해 기도해 주세요"처럼 틀에 박힌 기도 요청을 하는 자리가 아니었다. 함께 눈물을 흘렸고, 단순히 호의적인 충고가 아닌 진정한 위로의 말들이 오갔다. 집주인 레이첼 헨더슨을 제외한 모든 사람들은 돌아가면서 자기 문제를 이야기했다.

레이첼은 성경 공부 모임을 뒤에서 받쳐 주는 원동력이었다. 그녀와 남편 조는 그 모임을 만들고, 다른 부부들을 집으로 초대했으며, 자기 집을 공부 장소로 제공했다. 하지만 레이첼은 자신이 맡은 리더 역할에 매여 절대로 자기 문제를 공개하려 하지 않았다. 그녀는 자기 문제를 솔직하게 털어놓을 기회가 오면 슬그머니 넘어가고, 다른 사람들이 말하도록 유도했다. 그러나 오늘 밤은 사정이 달랐다.

레이첼은 헛기침을 했다. 방을 한번 둘러보고는 드디어 입을 열었다. "이 방에 있는 모든 분들의 문제를 들으면서, 주님이 제게 말씀하신다고 생각했어요. 주님은 제 문제가 여러분이 겪는 모든 문제들에 비하면 아무것도 아니라고 말씀하시는 것 같습니다. 제가 직면한 미미하고 사소한 문제들로 이 귀한 시간을 쓰는 것은 너무 이기적인 행동이라는 생각이 들어요. 제 말은 이 정도로 하고…혹시 디저트 더 드실 분 없나요?"

아무도 말하지 않았다. 모든 사람들의 얼굴에 실망의 빛이 역력했다. 레이첼은 다른 사람들을 사랑하는 것처럼 자신을 사랑할 수 있는 기회를 다시 한번 회피했다.

이런 바운더리 문제를 '기피'(avoidance)라고 부른다. 옳은 일에 대해서도 "아니요"라고 말하는 유형이다. 자신의 문제를 인식하고 다른 사람들에게 그 문제를 알리기 위해 도움을 구하지 못하는 무력한 상태다. 여기에 속한 사람들은 다른 사람들의 도움이나 지지를 요청하지 않는다.

'기피'가 왜 바운더리 문제일까? 그 문제의 핵심은 바운더리를 벽(wall)으로 혼동한 것이다. 바운더리는 '숨쉴 수' 있는 것이어야 한다. 마치 문이 달린 울타리와 같아서 좋은 것은 받아들이고 나쁜 것은 내보낼 수 있어야 한다. 문이 없는 벽과 같은 바운더리를 가진 사람들은 좋은 것이나 나쁜 것을 모두 받아들일 수 없다. 어느 누구도 접근하지 못한다.

하나님은 우리의 바운더리에 문이 달려 있도록 설계하셨다. 우리는 안전한 인간관계는 누리고 파괴적인 관계는 피하는 자유를 가져야 한다. 심지어 하나님은 우리가 그분을 받아들이거나 거부할 수 있는 자유까지 허락하셨다. "볼지어다 내가 문 밖에 서서 두드리노니 누구든지 내 음성을 듣고 문을 열면 내가 그에게로 들어가 그와 더불어 먹고 그는 나와 더불어 먹으리라"(계 3:20).

하나님은 우리와 관계를 맺는다는 구실로 우리의 바운더리를 함부로 침해하시는 분이 아니다. 그분은 그런 행동이 신뢰에 손상을 입힌다는 사실을 너무 잘 아신다. 도움이 필요할 때, 그리고 회개하는 가운데 마음을 열어 그분을 받아들이는 것은 우리의 책임이다. 하지만 기피형에 속한 사람들은 하나님과 사람 모두에게 마음을 열지 못한다. 그런 일은 그들에게 거의 불가능하다.

　기피형의 사람들이 가진 불침투성의 바운더리는 하나님이 허락하신 어려움에 대해서도 경직된 태도를 보인다. 그들은 자신의 문제와 적절한 어려움까지도 부정하고 파괴적이며 수치스러운 것으로 여긴다.

　마티와 같은 사람들은 순응형인 동시에 기피형에 속한다. 지난 모임에서, 마티는 자기 모습을 바라보며 후회스럽다는 듯이 씁쓸한 웃음을 지었다. "이제야 비로소 제 진짜 모습을 깨닫기 시작했습니다. 누군가 저와 함께 시간을 보내고 싶어 할 때, 저는 안 된다고 말하지 못했어요. 그런데 누군가에게 10분 정도 시간을 내달라고 해야 할 때는 그런 부탁을 하지 못했어요. 제 머릿속에 제가 갈아 끼울 수 있는 트랜지스터 같은 게 있는 건 아닐까요?"

　마티가 느끼는 것 같은 딜레마를 많은 사람들이 공유하고 있다. 그녀는 옳지 못한 일에 대해 "예"라고 말하고(순응형), 옳은 일에 대해 "아니요"라고 말한다(기피형). 두 가지 바운더리 문제를 동시에 가진 사람들은 죄악을 거절하지 못할 뿐 아니라, 다른 사람이 기꺼이 제공하는 도움과 지지를 받아들이지 못한다. 그들은 고갈된 감정의 테두리 안에 남아 있기를 고집하면서도, 소실된 에너지를 다른 어떤 것으로도 대치하려 하지 않는다.

　순응 기피형 인물들은 정상적인 것과는 '정반대의 바운더리'를 가지고 있음으로 인해 고통받는다. 그들은 정작 필요한 바운더리는 없고, 절대로 가지면 안 되는 바운더리는 가지고 있다.

지배형: 다른 사람들의 바운더리를 존중하지 않는다

"무슨 소리야, 그만두겠다고? 그럴 수 없어. 지금은 안 돼!" 스티브는 책상 너머로 행정 비서를 쳐다보았다. 지난 몇 년 동안 스티브를 위해 일한 프랭크는 이제 완전히 지쳐 버린 상태였다. 그는 모든 것을 다 바쳐 맡은 일에 충성했지만, 스티브는 도무지 만족할 줄 몰랐다.

시간이 흐를수록, 스티브는 프랭크에게 시간외수당도 지급하지 않고 사무실에 남아 일을 하라고 강요했다. 프랭크는 스티브의 강요에 못 이겨 휴가 일정을 두 번이나 미루기도 했다. 그러나 스티브가 프랭크의 집으로 전화를 걸기 시작했을 때부터 사태는 돌이킬 수 없을 정도로 악화되었다. 프랭크는 가끔씩 스티브가 전화하는 것은 이해할 수 있었다. 그러나 거의 매일, 저녁 식사 시간마다 가족들은 프랭크가 사장과 통화하는 것을 바라보며 기다려야 했다.

프랭크는 몇 번이나 스티브에게 개인 시간을 침해하는 일에 대해 말하려고 했다. 그러나 스티브는 프랭크가 왜 그렇게 지쳐 있는지 전혀 이해하지 못했다. 그는 프랭크가 필요했다. 프랭크를 보노라면 곧 자신의 성공을 보는 것 같은 느낌을 받았다. 그리고 프랭크에게 계속 과중한 일을 맡기는 것이 그리 어려운 일도 아니었다.

스티브는 다른 사람들의 바운더리에 대한 말을 듣거나 그것을 받아들이는 데 문제가 있었다. 스티브에게 있어서, 다른 사람의 마음을 바꾸는 일처럼 쉽고 단순한 것이 없었다. 이런 바운더리 문제를 '지배'(control)라고 부른다. 지배형 인물들은 다른 사람의 경계를 존중하지 못한다. 그들은 자기 삶을 책임지지 않으려고 하기 때문에, 다른 사람들의 삶을 지배하려 한다.

지배형 인물들은 오래전부터 세일즈맨들을 훈련시킬 때 사용하던 다음과 같은 우스갯소리를 진지하게 받아들인다. "강하게 반발하지 않는 것은 긍정한다는 의미다." 이 말이 판매 방법을 배울 때는 효과적일지 몰라도, 인간관계에는 치명적인 해악을 가져올 수 있다. 지배형 인물들은 마치 깡패처럼 남을 잘 속이고 공격적이라는 인상을 풍긴다.

"아니요"라는 말을 들으려 하지 않는 사람들이 안고 있는 중요한 문제—이것은 "아니요"라고 말하지 못하는 사람들의 문제와는 전혀 다르다—는 그들이 자신에게 주어진 책임을 다른 이들에게 떠넘기는 경향이 있다는 것이다. 그들은 다양한 관리 방법을 통해 다른 이들에게 일을 시키고, 그 일은 하나님이 주신 것이라고 동기 부여하려고 애쓴다.

2장에서 살펴본 '옥석과 배낭'을 기억하는가? 지배형 인물들은 함께 옮겨야 할 옥석(공동의 위기와 위압적인 부담)에 덧붙여 자신들이 지고 가야 할 배낭(개인적인 책임)까지 나를 사람을 찾는다. 스티브가 자신이 감당해야 할 일을 책임지고 완수했다면, 프랭크는 자기 업무 외의 일을 기쁜 마음으로 도와주었을 것이다. 그러나 스티브의 무책임까지 떠안아야 한다는 압박감 때문에 유능한 프랭크는 다른 직장을 구하러 다녀야 했다.

지배형 인물들은 두 가지 유형으로 나눌 수 있다.

1. **공격적 지배형**. 이들은 다른 사람의 바운더리에 대한 말을 여간해서는 들으려 하지 않는다. 마치 탱크처럼 밀어붙여 다른 사람들의 울타리를 허물어 버린다. 말을 함부로 하기도 하고, 때로는 육체적으로 학대하기도 한다. 다른 사람들에게 바운더리가 있다는 사실을 인식하지 못할 때가 많다. 그들은 오직 "예"라는 말만 존재하는 세상 속에서 살아가는 것 같은 인상을 준다. "아니요"라는 말이 차지할 공간이 없다. 그

들은 다른 사람들을 변화시키려고 온갖 방법을 동원하고, 세상을 자기 사고 방식에 맞추려고 한다. 외부의 의견을 수렴해야 하는 책임을 소홀히 하면서, 다른 사람들에게는 일방적으로 자기 생각을 주입시킨다.

베드로는 공격적 지배형의 표본이다. 예수님이 다가올 고난과 죽음과 부활에 대해 제자들에게 말씀하시자 베드로는 예수님을 붙잡고 그래서는 안 된다고 말린다. 하지만 예수님은 베드로를 꾸짖으셨다. "사탄아 내 뒤로 물러가라 네가 하나님의 일을 생각하지 아니하고 도리어 사람의 일을 생각하는도다"(막 8:33).

베드로는 주님의 바운더리를 받아들이고 싶지 않았다. 예수님은 베드로가 바운더리를 침범하자 즉시 그를 물리치셨다.

2. **교묘한 지배형**. 공격적 지배형보다 더 정직하지 못한 사람들은, 다른 사람들을 그들의 바운더리에서 끄집어내려고 회유하는 이들이다. 그들은 다른 이들로 하여금 "예"라고 말하도록 유도한다. 자신의 이익을 얻기 위해 상황을 간접적으로 교묘하게 조작한다. 다른 사람들을 꾀어 그들의 짐을 지게 한다. 그들은 죄책감을 불러일으키는 말을 서슴지 않고 내뱉는다.

어린 시절 읽었던 동화책에 나오는 톰 소여가 어떻게 친구들을 꾀어 담장을 하얗게 칠했는지 기억하는가? 그는 담장을 칠하는 것이 무슨 큰 특권인 것처럼 과장해, 친구들이 담장을 칠하기 위해 줄을 서도록 만들었다.

이삭의 아들 야곱은 형 에서를 속여서 장자권을 포기하게 만들었고(창 25:29-34), 어머니의 도움을 받아 아버지를 속이고 에서 대신 자신이 축복을 받았다(창 27:1-29). 실제로 야곱이라는 이름의 뜻은 '속이는 자'다. 그는 다른 사람들의 바운더리를 침해하기 위해 자신의 교묘함을 번번이 이용했다.

야곱이 남을 잘 속이며 바운더리 없는 삶에서 벗어날 수 있었던 사건은, 인간의 모습으로 나타나신 하나님과의 대면이었다(창 32:24-32). 하나님은 밤새도록 야곱과 '씨름하셨고' 그의 이름을 이스라엘로 바꿔 주셨다. 이스라엘이라는 이름은 '하나님과 더불어 겨루었다'는 뜻이다. 하나님은 야곱을 엉덩이뼈가 탈골된 채로 남겨 놓고 떠나셨다.

그 후 야곱은 변화되었다. 속임수를 쓰지 않고 정직한 인물이 되었다. 그의 적극성은 더욱 분명해졌다. 그에게 주신 새 이름만 봐도 그 사실을 알 수 있다. 그는 여전히 공격적인 성격을 가지고 있었다. 교묘한 지배형 인물은 자신의 부정직성에 직면하는 일을 겪은 후에야 자신의 행동에 대해 책임질 수 있다. 그리고 그 잘못을 회개하고 자신과 다른 사람의 바운더리를 인정하게 된다.

남을 속이는 자들은 다른 사람을 지배하려는 욕망을 갖고 있다는 사실을 부인한다. 그들은 잠언에 나오는 음녀와 같다. "음녀의 자취도 그러하니라 그가 먹고 그의 입을 씻음같이 말하기를 내가 악을 행하지 아니하였다 하느니라"(잠 30:20).

순응형 인물이나 기피형 인물도 지배형이 될 수 있다. 하지만 그들은 공격적 유형보다는 교묘한 유형에 더 가까운 경향을 보인다. 예를 들어, 순응 기피형이 감정적 지지를 원할 때 그들은 친구의 요청을 들어 준다. 그들은 사랑받기를 소망하고, 사랑도 받아들이려 한다. 그리하여 호의를 베푼 일에 대해 응답이 돌아올 것으로 기대한다. 때때로 그들은 수년씩 기다리기도 한다. 특별히 마음을 제대로 파악하지 못하는 이들에게 호의를 베풀었을 때 그런 현상이 나타난다.

앞에서 설명한 내용 가운데 잘못된 부분은 무엇인가? 그것은 사랑의 모습이 아니다. 하나님이 말씀하시는 사랑은 투자한 것에 대가를 바라는 것이 아니다. 사랑은 "자기의 유익을 구하지 아니한다"(고전 13:5). 누군가를 돌봐 주고 그들이 보답하기를 바라는 것은 다른 사람을 간접적으로 지배하는 방법이다. '대가'를 바라는 목적으로 그런 작전을 수행한 적이 있다면, 내 말이 무슨 뜻인지 이해할 것이다. 한순간 의례적인 인사말이나 호의를 베풀고, 곧바로 그런 행동에 가격표를 붙이는 대신 상대방의 감정을 상하게 한 적도 있었을 것이다.

바운더리 손상

당신은 이렇게 생각할지도 모른다. '잠깐, 어떻게 지배형 인물이 "손상받는다"고 말할 수 있을까? 그들은 손해를 끼치는 인물이지. 손해를 입는 자들이 아닌데!' 지배형 인물들이 다른 이들에게 많은 피해를 끼치는 것은 사실이다. 하지만 그들 역시 바운더리 문제를 안고 있다. 배후에 감춰진 부분을 자세히 살펴보자.

지배형 인물들은 규율에 매이는 자들이 아니다. 그들은 자신의 충동이나 욕망을 억제할 능력이 거의 없다. '삶에서 원하는 것을 획득'한 것처럼 보일 때도, 그들은 여전히 욕망의 노예 상태에 머물러 있다. 그들은 만족이 지체되는 것을 견디지 못한다. 그들은 바운더리 지키는 법을 배우기 위해 먼저 다른 이들의 바운더리에 대해 경청하는 법을 배워야 하는 절박한 상태에 놓여 있다.

지배형 인물들은 자기 삶에 대해 책임지는 능력을 충분히 소유하지 못했다. 다른 사람을 괴롭히거나 우회적인 행동을 일삼는 데 익숙하므로, 그들은 이 세상에서 자기 나름대로 독특한 기능을 수행하지 못한다. 그들을 고칠 수 있는 유일한 해결책은 그들로 하여금 자신의 무책임으로 인해 생긴 결과를 경험하도록 하는 것이다.

마지막으로, 지배형 인물들은 고립되어 있다. 사람들은 그들과 함께 있을 때 두려움과 죄책감 또는 그들에게 종속되어 있다는 느낌을 갖는다. 그들이 정직하다면, 지배형 인물들은 사랑받고 있다는 느낌을 거의 갖지 못한다. 그 이유는 무엇일까? 그들은 사람들이 자신들과 함께 시간을 보내는 유일한 이유는 자신들이 강제로 끌어당기기 때문임을 너무 잘 알고 있다. 그들이 위협하거나 교묘히 조종하는 일을 그만둔다면, 사람들에게 버림받게 될 것이다. 또한 그들은 심오한 단계에 이르면, 자신들이 고립되어 있다는 것을 깨닫게 된다. "사랑 안에 두려움이 없고 온전한 사랑이 두려움을 내쫓나니"(요일 4:18). 우리는 다른 사람들을 위협하거나 죄책감을 유발시키면서 동시에 그들에게 사랑받을 수 없다.

둔감형: 다른 사람들의 어려움에 귀를 기울이지 않는다

브렌다는 손을 약간 떨며 말했다. "평소 마이크는 제 일에 대해 둔감했어요. 저는 지난 2주 동안 아이들 문제와 직장에서 받는 스트레스 때문에 무척 상처받기 쉬운 상태였지요. 이번에는 그의 반응에 화가 나지 않았고, 상처를 받았어요. 그것도 아주 깊은 상처를 말입니다."

브렌다는 최근에 있었던 부부 싸움에 대해 들려주었다. 그녀는 늘 마이크와 결혼하기를 잘했다고 생각했다. 그는 좋은 가장이었고, 활동적인 그리스도인이며, 능력 있는 아버지였다. 하지만 그들 부부 관계 속에는 그녀의 상처와 어려움을 담아 둘 공간이 전혀 없었다.

브렌다가 말하는 사건은 상당히 온화한 분위기에서 시작되었다. 그녀와 마이크는 아이들을 모두 침대에 누이고, 함께 거실에 누워 대화를 나누고 있었다. 브렌다는 아이들을 양육하는 일에 대한 두려움과 직장에서 느끼는 무능함에 대한 생각을 털어놓기 시작했다.

마이크는 갑자기 그녀 쪽으로 몸을 돌리며 말했다. "당신이 느끼는 감정이 마음에 들지 않으면, 그 감정들을 바꿔. 삶이란 모진 거야. 그러니 브렌다, 그 모든 문제를 잘 해결해 봐."

브렌다는 기가 막혀 아무 말도 하지 못했다. 남편이 자기 말을 무시할 것을 미리 예상하지 못한 것을 후회했다. 마이크의 냉담한 태도 때문에 그녀는 자신의 어려움을 털어놓는 일이 결코 쉽지 않았다. 지금 그녀는 자신의 감정을 마이크가 산산조각 내고 있다는 느낌을 받았다. 그는 브렌다가 당하는 모든 문제와 고통을 전혀 이해하지 못하는 것처럼 보였다. 게다가 이해하고 싶어 하는 것 같지도 않았다.

어떻게 이런 일이 바운더리 문제로 분류될 수 있을까? 이것은 단순히 근본적인 무감각으로 봐야 하지 않을까? 부분적으로는 그렇다. 그러나 이 문제는 그렇게 단순하지 않다. 바운더리는 우리에게 부여된 책임의 범위를 설명하는 한 가지 방법이라는 점을 잊지 말라. 즉 우리가 무엇을 책임져야 하고 무엇을 책임지지 않아도 되는지 보여 준다. 우리는 다른 사람의 감정과 태도와 행동에 대해 책임질 필요는 없지만, 서로에 대해 관심을 보여야 하는 분명한 책임을 부여받았다.

마이크는 브렌다와 연합할 책임이 있다. 단순히 가족의 의식주를 책임지는 가장이나 자녀들을 함께 돌보는 부모로서 연합해야 할 뿐 아니라, 사랑을 베푸는 남편으로서 그녀와 연합해야 할 책임이 있다. 감정적으로 브렌다와 연합하는 것은 그녀를 자기 몸처럼 사랑하는 일의 중요한 일부다(엡 5:28, 33). 그는 아내의 감정적 행복에 대해 책임을 감당하지 못하고 있다. 하지만 여전히 아내에 대한 책임을 다하고 있다고 생각한다. 그녀의 어려움에 적절하게 반응하지 못하는 그의 태도는 남편으로서 책임을 다하지 못한 직무 태만에 해당한다.

사랑해야 하는 책임감을 제대로 인식하지 못한 이유 때문에 '둔감형'이라 불리는 이들은 잠언 3장 27절이 권면하는 모습과 정반대의 양상을 보인다. "네 손이 선을 베풀 힘이 있거든 마땅히 받을 자에게 베풀기를 아끼지 말며"('힘'이라는 표현은 우리가 가진 자원이나 효용성과 관련 있다). 성경에서 찾아볼 수 있는 또 다른 해결의 실마리는 다음 구절이다. "할 수 있거든 너희로서는 모든 사람과 더불어 화목하라"(롬 12:18). 여기에서 조건으로 내세운 말에 주의하라. '너희로서는'(so far as it depends on you). 즉 우리는 받아들일 마음이 전혀 없는 사람들과 더불어 화목할 수 없다는 말이다!

이 두 구절은 동일한 의미를 담고 있다. 우리는 하나님이 우리 삶의 영역에 두신 사람들을 일정한 한계 내에서 돌보며 도와야 할 책임을 지고 있다. 우리에게 적절한 자원이 있음에도 불구하고 마땅히 도와야 할 사람을 돕지 않을 때 바운더리 문제가 발생할 수 있다.

둔감형은 두 그룹으로 분류된다.

1. **다른 사람들의 어려움에 대해 비판적 마음을 지닌 사람들**(자신의 곤경에 대한 증오심을 다른 이들의 어려움에 투사하는[projection] 자들. 예수님은 이런 문제에 대해 마태복음 7장 1-5절에서 언급하셨다). 그들은 자신 속에 있는 불완전한 상태를 증오한다. 결과적으로 다른 이들의 어려움마저 모른 체한다.

2. **자신의 욕망과 어려움에 지나치게 함몰되어 다른 사람들의 문제를 완전히 배제하는 사람들**(자기도취의 일종).

자기도취를 하나님이 주신 책임감과 혼동하지 말라. 먼저 자기 일을 돌볼 수 있는 사람이 다른 사람도 사랑할 수 있다는 것이 성경의 가르침이다. "각각 자기 일을 돌볼뿐더러 또한 각각 다른 사람들의 일을 돌보아 나의 기쁨을 충만하게 하라"(빌 2:4). 하나님은 우리가 먼저 자신을 돌보기 원하신다. 그래야 우리가 위기에 빠지지 않고 다른 사람들을 도울 수 있기 때문이다.

지배형과 둔감형

지배적 둔감형은 지나온 과거를 돌아보는 시간을 거의 갖지 못한다. 그들은 다른 사람들이 자신의 문제에 대해 책임져야 한다고 생각하고, 자신을 잘 돌봐 주는지 항상 감시한다. 그들은 불분명한 바운더리를 가진 사람들에게 자연스레 이끌린다. 바운더리를 제대로 세워 놓지 못한 사람들은 인간관계 속에서 상대방에 대해 지나치게 많은 책임을 지지만, 그런 사실을 불평하지 않는다. 이런 관계는 옛날부터 내려오는 이런 농담과 일맥상통한다. "지배적이며 강력한 사람이 쉽게 지배당하며 둔감한 사람을 만나면 무슨 일이 벌어질까? 정답은, '그들이 결혼한다!'"

실제로 이 농담은 일리 있다. 순응적 기피형은 자신의 상태를 교정해 줄 사람을 찾는다. 이런 마음 자세로 인해 자기 필요는 돌보지 않고 항상 "예"라고 말하며 상대방의 요구에 응한다. 지배적 둔감형이야말로 순응적 기피형에 가장 잘 어울리는 짝 아니겠는가? 또한 지배적 둔감형은 자기 책임을 대신 떠맡을 누군가를 항상 찾는다. 그러니 순응적 기피형이 제격 아니겠는가?

바운더리 문제의 네 가지 유형을 분류한 표를 다음 쪽에 제시해 두었다.[1] 이 표는 당신이 고민하고 있는 바운더리 문제가 어떤 유형에 속하는지 대강이나마 알 수 있도록 도와줄 것이다.

	말하지 못함	듣지 못함
노(No)	순응형: 죄책감을 느끼며 다른 사람에게 지배받고 바운더리를 세우지 못한다.	지배형: 공격적이고 교묘하게 다른 사람의 바운더리를 침해한다.
예스 (Yes)	둔감형: 사랑해야 하는 책임감을 거스리는 바운더리를 세운다.	기피형: 다른 사람을 돌보는 것을 받아들이지 않으려는 바운더리를 세운다.

바운더리 문제의 요약

기능적이며 관계적인 바운더리 문제

마지막 바운더리 문제는 기능적 바운더리와 관계적 바운더리를 구분하는 것이다. 기능적 바운더리는 직무나 계획과 일을 완수하는 능력에 대한 것이다. 이 바운더리는 성취, 훈련, 독창성, 계획 등과 관련되어 있다. 관계적 바운더리는 우리가 관계를 맺고 있는 사람들에게 진실을 말하는 능력에 대한 것이다.

두 바운더리를 구분하는 또 다른 방법이 있다. '마르다'는 기능적 바운더리와 관련이 있고, '마리아'는 관계적 바운더리와 더 깊은 관련이 있다(눅 10:38-42). 마리아와 마르다는 둘 다 예수님의 친구였다. 마르다가 저녁 식사를 준비하는 동안 마리아는 예수님의 발 아래 앉아 그분의 말씀을 듣고 있었다. 마리아가 자기를 도와주지 않는다고 마르다가 불평하자, 예수님은 이렇게 말씀하셨다. "마리아는 이 좋은 편을 택하였으니 빼앗기지 아니하리라"(눅 10:42). 예수님은 마르다가 하는 일이 나쁘다는 의미로 말씀하신 것이 아니다. 그녀가 한 일이 시기적절하지 않다는 것이다.

뛰어난 기능적 바운더리를 가지고 있으면서, 동시에 형편 없는 관계적 바운더리를 가지고 있는 사람들이 많다. 그들은 상당히 높은 수준의 능력으로 직무를 완수할 수 있지만, 고질적으로 늦는 친구에게 그런 태도는 옳지 않다고 말하지는 못한다. 그와 정반대되는 상황도 충분히 생길 수 있다. 어떤 사람들은 자신의 불평과 좋아하지 않는 일을 지나치다 싶을 정도로 솔직하게 말할 수 있지만, 아침 출근 시간을 지키기 위해 정해진 시간에 일어나지 못한다.

~~~~~~~

지금까지 우리는 다른 바운더리의 범주를 살펴보았다. 하지만 당신은 바운더리를 어떻게 개발하는가? 왜 어떤 사람들은 선천적으로 바운더리를 가지고 있는 것처럼 보이고, 어떤 사람들은 바운더리를 전혀 가지고 있지 않는 것처럼 보이는가? 그 원인은 여러 다른 경우와 마찬가지로, 당신이 자라 온 가정 환경과 깊이 관련되어 있다.

4.

바운더리는 어떻게 개발되는가

짐은 어느 누구에게도 "아니요"(No)라는 말을 하지 못했다. 특히 직장 상사에게는 더욱 그랬다. 그는 대기업 경영자의 위치까지 승진하게 되었다. 그가 지닌 특유의 신뢰성 때문에 그는 '미스터 캔 두'(Mr. Can Do)라는 별명까지 얻었다.

그러나 자녀들은 그에게 '허깨비'라는 별명을 붙여 주었다. 짐은 집에 거의 들어오지 않았다. '미스터 캔 두'가 된다는 것은 밤늦게까지 사무실에 남아 있어야 한다는 의미였다. 일주일에 며칠은 사업상 저녁 식사를 밖에서 한다는 것을 의미했다. 아이들과 낚시 여행을 가거나 동물원에 가기로 약속한 주말 오후에도 사업 때문에 차를 몰고 고속 도로를 달리고 있는 것을 의미했다.

짐 역시 그렇게 자주 집을 비우는 것을 좋아하지 않았지만, 항상 이렇게 말하며 스스로를 정당화했다. '이것이 내가 아이들을 위해 할 수 있는 일이야. 이 모두가 아이들에게 더 나은 삶을 주기 위해 하는 일이지.' 아내 엘리스는 '아빠 없는 저녁 식사' 때마다 아이들에게 설명해야 했다. "아빠는 우리를 사랑하기 때문에 지금 바쁘게 일하시는 거란다." 그녀 또한 거의 그렇게 믿고 있었다.

하지만 결국 엘리스는 도저히 참을 수 없는 지경에 이르고 말았다. 어느 날 밤 그녀는 거실에 놓인 의자에 짐을 앉히며 말했다. "짐, 나는 아빠 없는 아이들을 혼자 키우고 있다는 생각이 들 때가 많아요. 한참 동안 당신이 없는 것이 서운했는데, 이제는 아무 생각도 없어요."

짐은 그녀의 눈을 바라보지 못했다. "여보, 나도 알아, 안다구." 그가 대답했다. "나는 정말 사람들에게 '안 돼'라고 말하고 싶지만, 그런 말을 하는 게 너무 힘들어."

"나는 당신이 그런 말을 누구에게 쉽게 하는지 알아냈어요." 엘리스가 말을 잘랐다. "바로 나하고 아이들이죠!"

사실이었다. 짐의 마음이 철렁 내려앉았다. 고통과 죄책감과 수치심, 그리고 무력함과 분노의 감정이 뒤섞여 나왔다.

그는 겨우 입을 열어 말했다. "당신은 내가 항상 다른 사람들에게 양보하며 이렇게 사는 것을 좋아한다고 생각해? 내가 가족들과 자주 시간을 보내지 못하는 것을 즐긴다고 생각하는 거야?" 짐은 마음의 평정을 찾기 위해 잠시 말을 멈췄다. "엘리스, 나는 평생 이런 식으로 살아왔어. 사람들의 부탁을 거절하기가 두려워. 나도 이런 내 모습을 증오해. 내 삶을 증오한다구. 어쩌다 내가 이렇게 되었을까?"

~~~~~~~~~

어쩌다 짐은 '그런 지경'에 이르게 되었을까? 그는 가족들을 사랑했다.

자신이 가장 소중하게 여기는 관계―아내와 아이들―를 소홀히 하는 것을 결코 원하지 않았다. 짐의 문제는 결혼한 날부터 시작된 것이 아니다. 그의 문제는 어린 시절에 형성되어 이미 그의 인격 구조 속에 한 부분을 차지하고 있었다.

바운더리를 세우는 능력을 어떻게 개발할 수 있을까? 이것이 바로 4장의 목표다. 당신의 바운더리가 언제부터 무너지기 시작했는지, 또 언제 그렇게 굳어졌는지 깨닫게 되기를 바란다. 그리고 바운더리 문제를 바로잡는 방법도 터득하기 바란다.

이 장을 읽어 나가면서, 다윗이 하나님께 드렸던 기도를 늘 기억하기 바란다.

하나님이여 나를 살피사 내 마음을 아시며 나를 시험하사 내 뜻을 아옵소서 내게 무슨 악한 행위가 있나 보시고 나를 영원한 길로 인도하소서(시 139:23-24).

하나님은 우리가 어떤 상처와 결함을 가지고 있는지, 또 그것을 우리 스스로 자초한 것인지 아니면 다른 이들 때문에 생긴 것인지 깨닫기를 원하신다. 우리에게 더 중요한 관계가 무엇인지 알도록 깨닫게 해달라고 하나님께 간구하라. 또한 우리가 겪는 바운더리 문제를 해결하기 위해 필요한 힘을 달라고 구하라. 과거는 우리의 현재를 바로잡고 더 나은 미래를 확보하도록 돕는 동맹군이다.

바운더리 개발

"정신병은 유전이다. 당신은 그것을 아이들에게 물려준다"는 속담이 있다. 하지만 바운더리는 물려받는 것이 아니다. 바운더리는 당사자가 세운다. 우리가 하나님이 원하시는 대로 진실을 말하며, 책임감 있고, 자유로우며, 사랑 많은 사람이 되려면, 어린 시절부터 경계를 정하는 법을 배워야 한다. 바운더리 개발은 거기에 이어지는 과정이다. 따라서 바운더리를 개발하기 위한 가장 중요한 시기는 우리의 인격이 형성되는 유년기다.

성경은 부모들에게 "마땅히 행할 길을 아이에게 가르치라 그러면 늙어도 그것을 떠나지 아니하리라"(잠 22:6)고 충고한다. 많은 부모들이 이 구절을 정확하게 이해하지 못한다. 그들은 '마땅히 행할 길'이 '부모가 마땅하다고 생각하는 길'을 의미한다고 착각한다. 그런 태도에서 이미 바운더리 문제는 시작되고 있는 것이다.

이 성경 구절은 '하나님이 그 아이를 위해 계획하신 길'을 강조하고 있다. 달리 말하면, 좋은 부모는 아이를 틀에 박힌 이상적인 인물로 만들기 위해 감정적으로 들볶지 않는다는 것이다. 부모는 아이가 하나님이 그들을 위해 계획하신 바를 발견하며 그 목표에 이르도록 돕는 조력자다.

성경은 우리가 인생에서 여러 단계를 거친다고 가르친다. 요한 사도는 '자녀들' '청년들' '아비들'에게 각각 다른 말을 했다. 각 집단은 나름대로 고유한 직무를 부여받았다(요일 2:12-13).

바운더리는 우리가 감지할 수 있는 구체적이고 독특한 단계에서 개발된다. 유아 발달 이론의 전문가들은 실제로 어린아이들과 유아들이 일찍 부모와 맺는 상호 작용을 주의 깊게 살핌으로써, 바운더리 발달의 명확한 단계를 기록할 수 있다고 말한다.[1]

긴밀한 유대: 바운더리 세우기의 기초

웬디는 이해할 수 없었다. 마음을 종잡을 수 없었다. 종속적 관계에 대한 많은 책을 읽어 보았다. 확고한 태도를 심어 준다는 강의들도 모두 들었다. 좀 더 자신 있게 문제를 직면하자고 자기 암시도 무수히 해보았다. 하지만 전화로 어머니와 대화를 나누기만 하면, 그때까지 쌓아 왔던 모든 자조(自助, self-help)의 기술들은 모호하고 희미한 기억 속으로 사라져 버렸다.

웬디의 자녀들에 대해 나누는 전형적인 대화는 늘 웬디가 부모 노릇을 완전하게 하지 못한다는 어머니의 분석으로 마무리되었다. 그녀의 어머니는 항상 이렇게 말했다. "나는 너보다 훨씬 오랫동안 부모 노릇을 해왔다. 잔말 말고 내가 시키는 대로 해라."

웬디는 그 충고에 분개했다. 어머니는 원래 다른 사람의 말을 듣지 않는 고집 불통은 아니었다. 문제는 자기 방법만이 유일하다고 생각하는 데 있었다. 웬디는 어머니와 새로운 관계를 맺고 싶었다. 어머니의 간섭, 고상한 말들로 포장된 혹평, 강직한 태도 등에 대해 솔직하게 말하고 싶었다. 웬디는 어머니와의 관계가 성인 대 성인의 우정 관계로 변화되기를 바랐다.

하지만 도저히 말이 나오지 않았다. 그녀는 자기 감정에 대해 설명하는 편지를 보내려고도 했다. 어머니와 통화하기 전에 미리 말할 것을 연습하기도 했다. 하지만 막상 그 시간이 되면, 공황 상태에 빠져 침묵으로 일관했다. 그녀는 어머니에게 유순하고 고분고분하게 대하는 법을 잘 알고 있었다. 하지만 오래지 않아 그녀는 끊임없이 어머니에게 꾸지람을 듣고 있다는 걸 깨닫고 화가 치밀어 올랐다. 그녀는 변화가 일어날 거라는 희망을 포기하기 시작했다.

웬디가 겪는 문제는, 우리 모두가 바운더리를 세우는 과정에서 부딪히는 근본적인 어려움을 잘 설명해 준다. 아무리 자신에 대해 이야기하고, 책을 읽고 공부하며 여러 방법을 실행한다고 해도, 하나님과 다른 사람들과의 협력 관계에서 벗어나 단독으로 바운더리를 세우거나 개발할 수는 없다. 자신을 사랑해 주는 사람들과 깊이 있고 영속적인 관계를 맺기 전까지는 경계를 정하는 일을 시작하려는 시도조차 하지 말라.

인간의 가장 깊은 욕망은 어딘가에 속하는 것이고, 관계 안에 들어가는 것이며, 영적이고 감정적 '고향'을 갖는 것이다. 하나님은 본질적으로 관계 속에 거하신다. 요한일서 4장 16절은 "하나님은 사랑이시라"고 말한다. 사랑이란 관계를 의미한다. 한 개인이 다른 개인을 돌보며 헌신하는 관계다.

하나님과 마찬가지로, 인간의 가장 중심 되는 욕구도 다른 사람들과 관계를 맺는 것이다. 하나님이 만드신 세상은 정말 완벽했지만, 그분은 "사람이 혼자 사는 것이 좋지 아니하니"(창 2:18)라고 말씀하셨다. 하나님은 결혼에 대해 말씀하신 것이 아니라, 관계에 대해 말씀하신 것이다. 우리와 연결되고 신뢰하며 서로 지지해 줄 외부의 다른 사람들을 언급하신 것이다.

우리는 관계를 맺으며 살아가도록 만들어졌다. 사랑의 관계는 우리 영혼의 존재 기반이다. 이 기반이 무너지거나 불완전하면, 바운더리 개발은 불가능하다. 왜 그럴까? 건강한 관계가 결여되어 있으면, 우리는 갈등을 느끼는 순간에 어느 곳에도 의존하지 못하게 되기 때문이다. 사랑받고 있다는 확신을 갖지 못하면, 우리는 어쩔 수 없이 옳지 못한 두 가지 선택 사이에서 결정을 내리게 된다.

1. 우리는 경계를 정해서 관계를 상실하게 될 위험을 자초한다. 이것은 웬디가 두려워했던 부분이다. 그녀는 어머니가 자신과의 관계를 끊어 버려서, 자기 홀로 외롭게 남을까 봐 두려워했다. 웬디는 안전함을 느끼기 위해 아직까지 어머니의 간섭이 필요했다.

2. 우리는 경계를 정하지 않아서 다른 사람의 욕구에 따라 움직이는 포로가 된다. 웬디는 어머니에 대한 경계를 분명하게 정해 놓지 않았기에, 어머니의 생각에 이끌려 다녔다.

유아들이 발육 단계에서 가장 먼저 하는 일은 부모와 긴밀한 유대 관계를 맺는 일이다. 아이들은 이 세상에서 환대받으며 안전하다는 사실을 배워야 한다. 부모는 아이와 긴밀한 유대 관계를 맺기 위해 지속적으로 따뜻하며 사랑이 넘치고 예측 가능한 감정적 환경을 아이에게 제공해야 한다. 이런 단계가 진행되는 동안, 엄마가 할 일은 아이가 세상과 관계를 맺도록 이끌어 주는 것이다. 그 일은 엄마의 애정을 통해 이루어진다(이 과정은 대부분 엄마가 주도적으로 하지만, 아빠나 아이를 돌보는 다른 사람도 그 역할을 할 수 있다).

유대 관계 형성은 엄마가 아이의 필요에 반응할 때 일어난다. 친밀함을 원하며, 안아 주기를 원하고, 먹을 것을 원하며, 불편한 상태의 변화를 원하는 것 등이 아이의 필요에 포함된다. 아이가 필요를 느끼고 엄마가 그 필요에 긍정적으로 반응할 때, 아이는 사랑 가득한 변함없는 어머니의 모습을 내면화하거나 받아들이게 된다.

이 단계에서 아이는 엄마와 분리된 자아의식을 갖지 못한다. 아이는 '엄마와 나는 똑같다'고 생각한다. 이것은 때때로 '공생'(symbiosis)이라 불리우며, 엄마와 '친밀하게 함께 수영하는 것'에 비할 수 있다. 이런 상징적 결합은 아이가 주위에 엄마가 없을 때 공포를 느끼는 이유다. 엄마 외에는 어느 누구도 아이를 편안하게 해줄 수 없다.

유아가 갖는 감성적 그림은 인생의 처음 몇 달 동안 겪는 무수한 경험에서 형성된다. 엄마가 "그 자리에 함께 있어야 한다"는 근본적인 목적은 '정서적 대상 항상성'(emotional object constancy)이라 부른다. 대상 항상성이란, 아이가 비록 엄마와 공간적으로 잠시 떨어져 있다 해도 항상 엄마에게 속해 있고 안전하다는 내적 의식을 갖는 것을 가리킨다. 지속적으로 사랑받는 모든 경험은 아이에게 항상 안전하다는 내적 의식을 심어 주는 결과로 나타난다. 그런 의식이 아이의 마음속에 뿌리내린 것이다.

성경에서 대상 항상성은 "너희가 사랑 가운데서 뿌리가 박히고 터가 굳어져서"(엡 3:17)라는 말로, 또 "그[그리스도] 안에 뿌리를 박으며 세움을 받아"(골 2:7)라는 표현으로 나타난다. 이 구절들은 "우리를 향한 하나님의 계획은 우리가 그분과 다른 사람들에게 충분히 사랑받음으로 외로움을 느끼지 않는 것이다. 비록 우리가 홀로 있을 때도 말이다"는 원리를 잘 설명하고 있다.[2]

유대 관계 형성은 바운더리 개발의 전주곡과 같다. 아이들은 부모와 맺은 중요한 관계를 통해 안전함과 편안함을 느끼는 법을 배움으로써, 바운더리 개발 과정에서 동반되는 분리와 갈등을 견딜 수 있는 좋은 기초를 마련하게 된다.

분리와 개별화: 한 개인의 형성

"갑자기 모든 것이 변했어요." 젠은 자신이 다니는 교회에서 아이를 양육하는 엄마들의 모임에 참석한 이들에게 말했다. 이 모임은 유아들과 이제 막 걷기 시작한 아이의 엄마들을 위해 여러 가지 활동과 대화 시간을 제공해 주었다. "제 딸 힐러리는 첫돌이 되던 바로 그날부터, 지금까지 봐 왔던 아이들 가운데 가장 돌보기 힘든 아이가 되고 말았어요. 어제는 하루 종일 시금치만 먹더라구요. 결국 거실 바닥에 다 토해 놓고 말았지만!"

젠의 분통 터지는 하소연을 듣고 공감한다는 의미로 어떤 엄마들은 고개를 끄덕이고 어떤 엄마들은 미소를 지었다. 그 자리에 모인 엄마들은 아이들이 거의 비슷한 시기에 성격이 변하는 것 같다는 데 의견이 일치했다. 그때가 되면 더 이상 사근사근하고 귀여운 아가의 모습은 온데간데없이 사라진다. 대신 변덕스럽고 이런저런 요구만 늘어놓는 이제 막 걷기 시작한 아이가 그 자리에 있다.

도대체 무슨 일이 있었을까? 소아과 의사나 어린이 치료 전문가들은 12개월 때부터 그런 변화가 일어나기 시작해 세 살까지 계속된다고 말한다. 때때로 파괴적이며 혼란스럽지만 그 변화는 지극히 정상적인 것이다. 또한 하나님이 아이들을 위해 미리 세워 놓으신 계획의 일부이기도 하다.

유아들이 내적 안정감이나 애정을 얻고 나면, 두 번째 욕구가 생긴다. 자발적으로 행동하거나 독립적 존재가 되고 싶은 욕구가 분출되기 시작한다. 유아 전문가들은 이것을 '분리와 개별화'(separation and individuation)라 부른다. '분리'란 아이가 자신을 엄마와 다른 별개의 존재로 인식하려는 욕구를 말하는 것으로, '나 아님'(not-me)의 경험이다. '개별화'는 아이가 엄마에게서 분리될 때 개발하는 독자성을 일컫는 표현이다. 이것은 '나 됨'(me)의 경험이다.

'나 아님'을 먼저 경험하기 전까지는 결코 '나 됨'을 이룰 수 없다. 그것은 나무들과 덤불로 가득 찬 좁은 땅에 집을 세우려고 애쓰는 모습과 같다. 먼저 일정한 공간에 있는 나무와 덤불을 베어 내야 한다. 그런 다음에야 집 짓는 일을 시작할 수 있다. 하나님이 당신에게 주신 진실하고 분명한 정체성의 측면을 발견하기 전에, 먼저 당신이 어떤 사람이 아닌지를 분명하게 한정 지어야 한다.

예수님의 어린 시절과 관련된 유일한 기사는 이 원리를 잘 설명해 준다. 예수님의 부모가 그를 남겨 두고 예루살렘을 떠났던 것을 기억하는가? 그들이 예루살렘으로 돌아와 성전에서 가르치고 있는 예수님을 발견했을 때, 모친은 그를 꾸짖듯이 타일렀다. 그러자 예수님은 이렇게 되물었다. "어찌하여 나를 찾으셨나이까 내가 내 아버지 집에 있어야 될 줄을 알지 못하셨나이까"(눅 2:49). 이 말은 다음과 같이 풀어 쓸 수 있다. "어머니, 저는 당신과 다른 가치관과 생각과 견해를 가지고 있습니다." 예수님은 자신이 누구인지 알았을 뿐만 아니라 자신이 누구가 아닌지도 잘 알았다.

분리-개별화는 순조롭게 진행되는 변화 과정이 아니다. 어린 시절에 건강한 바운더리를 개발하는 과정은 부화(hatching), 연습(practicing), 재접근(rapprochement)의 중요한 세 단계로 구성된다.

부화: "엄마와 나는 같지 않다"

"이건 공평하지 않아요." 다섯 달 된 아이를 둔 엄마가 내게 말했다. "지난 넉 달 동안 우리는 행복하고 친밀한 시간을 함께했어요. 저는 에릭의 연약함과 저에게 의지하는 그 모습을 사랑했어요. 아이에게는 제가 필요했고, 저 하나만으로 충분했어요."

"하지만 갑자기 변해 버렸어요. 어떻게 말해야 할지 모르겠지만, 아이는 시간이 갈수록 가만히 있지 못하고 자꾸 움직이길 좋아했어요. 제가 자기를 잡는 것조차 싫어했어요. 에릭은 다른 사람들에게 더 관심을 갖게 되었고, 심지어 알록달록한 장난감을 저보다 더 좋아했어요!"

"저는 이제야 깨닫기 시작했습니다." 그녀는 결론을 내리듯이 말했다. "그 아이는 저를 넉 달만 원했어요. 이제 에릭이 열여덟 살이 될 때까지 17년 반이라는 세월 동안, 저는 그 아이가 저를 떠나도록 인정하며 살아가야 할 것 같아요."

이 여성은 여러 경로를 통해 올바른 사실을 깨달았다. 유아는 생후 5개월에서 10개월 사이에 인생의 중요한 변화를 경험하게 된다. "엄마와 나는 같다"의 단계에서 "엄마와 나는 같지 않다"의 단계로 나아가는 것이다. 이 기간 동안 아이들은 엄마와 맺고 있었던 수동적 연합에서 벗어나 외부 세계에 대한 능동적 관심으로 옮겨 간다. 밖에 크고 신나는 세상이 있음을 알게 되고, 그 속에서 활동하고 싶어 한다!

전문가들은 이 기간을 '부화'(hatching) 또는 '분화'(differentiation)라고 부른다. 이때는 새로운 것을 탐구하고, 접촉하며, 맛보고, 느끼는 시기다. 비록 이 단계에 접어든 아이들이 아직까지 엄마에게 의존하고 있지만, 엄마와의 밀폐된 관계에 그냥 머물러 있으려고 하지 않는다. 아이를 양육하느라 몇 개월 동안 애썼던 노고의 결과는 엄마와 상관없는 부분에서 나타난다. 아이는 위험을 감수할 수 있을 정도로 안전함을 충분히 느끼기 시작한다. 기어 다니는 벌레들을 유심히 쳐다본다. 그 벌레들을 놓치고 싶어 하지 않는다. 이것은 엄마와 아이 사이에 지리적 바운더리가 형성되기 시작했다는 증거다.

'부화' 단계에 있는 아이들의 눈을 바라보라. 하나님이 우리를 위해 만드신 이 세상의 식물과 동물들, 그리고 그 속에 깃든 장엄함을 바라보던 아담의 깜짝 놀란 눈빛을 볼 수 있을 것이다. 그리고 욥기 11장 7절에 암시되어 있는 바를 발견하고 싶어 하는 욕구와 그 사실을 배우고 싶어 하는 충동을 보게 될 것이다. "네가 하나님의 오묘함을 어찌 능히 측량하며 전능자를 어찌 능히 완전히 알겠느냐." 우리는 결코 그분의 오묘함을 알 수 없다. 그러나 우리는 창조 세계를 발견하며 경험하도록, 그리고 창조주를 깨달아 알도록 만들어졌다.

처음 아이를 낳은 엄마들에게 이 시기는 유난히 더 힘들다. 이 단계에 접어들기 시작한 엄마들의 말에 따르면, 아이들의 그런 모습이 큰 실망을 안겨 준다고 한다. 특히 자신을 진실로 '부화시킨' 적이 없는 엄마들은 그런 사실을 견디지 못한다. 그들은 아이들과 친밀하고, 아이들에게 부족한 것을 채워 주며, 아이가 자신에게 완전히 의존하기를 바란다. 이런 여성들은 많은 자녀를 두는 경우가 허다하고, 어린아이들과 늘 함께 있고 싶어 한다. 그들은 종종 엄마의 역할 가운데 자녀와 '분리'되는 것을 받아들이려 하지 않는다. 아이와 거리적으로 떨어지고 싶어 하지 않는다. '분리'는 엄마에게 고통스러운 바운더리지만, 아이에게는 필연적인 과정이다.

연습: "나는 뭐든지 할 수 있어!"

"재미있게 살겠다는 데 뭐가 잘못이야? 인생은 지루하게 살라고 있는 게 아니라고." 데렉이 반발했다. 40대 후반에 접어든 데렉은 대학생처럼 옷을 입고 다녔다. 그의 얼굴은 중년의 나이에 어울리지 않게 햇빛에 그을리고 주름도 없었다.

뭔가 어울리지 않는 모습이었다. 데렉은 이제 막 데이팅 웹사이트에 자기 프로필을 작성하고는 친구에게 왜 자기는 또래 여성과 데이트를 안 하고 싶은지 말했다. "그 사람들은 나랑 달라. 난 에너지가 넘쳐서 밤늦게까지 노는 게 너무 재미있고 좋거든."

데렉은 분리-개별화의 두 번째 단계인 '연습' 단계에 집착하는 전형적인 인물이다. 생후 10개월에서 18개월까지 지속되는 이 기간 동안(나중에 또다시 나타난다), 아기들은 걷는 법을 배우고 말하기 시작한다.

부화 단계와 연습 단계의 차이점은 실로 엄청나다. 부화 단계의 아기는 이런 새로운 세상에 압도되면서도 여전히 엄마에게 많이 의지하는 반면, 연습 단계의 아이는 엄마를 뒤에 남겨 놓으려고 애쓴다. 아이는 걷는 능력을 새롭게 터득함으로써 마치 무엇이든 할 수 있을 것 같은 느낌을 갖게 된다. 걷기 시작하는 아이들은 유쾌한 기분을 느끼며 넘치는 힘을 주체하지 못한다. 어떤 일이든 해보려고 애쓴다. 가파른 계단을 걸어 내려간다든지, 포크를 전기 소켓에 꽂는다든지, 고양이 꼬리를 흔들어 보는 일 등이 그런 예다.

이런 단계에 집착하는 데렉 같은 사람들은 많은 즐거움을 누리며 살아갈 수 있다. 하지만 그들의 비현실적인 허풍과 무책임의 거품을 터뜨려 버리면 사정은 달라진다. 그러면 당신은 '흥을 깨는 사람'이 되고 만다. 이 단계에 매여 있는 어린아이 같은 사람들과 결혼한 '흥을 깨는 사람'들과 이야기를 나누어 보면, 그런 사정들이 선명하게 드러난다. 그런 이들을 상대하는 것보다 더 피곤한 일은 없다는 게 공통된 의견이다.

잠언 7장 7절은 연습 단계에 집착하는 청년의 모습을 그리고 있다. "어리석은 자 중에, 젊은이 가운데에 한 지혜 없는 자를 보았노라."

이 젊은이는 힘은 있었지만, 자신의 격정을 통제할 만한 억제력이나 바운더리가 없었다. 그는 성적으로 문란해지고, 그를 이 단계에 잡아 두려는 자들과 종종 마주친다. 결국 그는 죽음을 맞게 된다. "필경은 화살이 그 간을 뚫게 되리라 새가 빨리 그물로 들어가되 그의 생명을 잃어버릴 줄을 알지 못함과 같으니라"(잠 7:23).

연습 단계에 사로잡혀 있는 사람들은 자신이 결코 그런 과정을 겪지 않을 거라고 생각한다. 그러나 인생은 그들을 내버려 두지 않는다.

연습 단계의 아이들을 둔 부모가 가장 유념해야 할 사항은 아이들이 기뻐할 때 함께 기뻐하고, 아이들이 유쾌한 기분을 느낄 때 함께 유쾌하게 느끼며, 아이들의 행동을 적절하게 제한하는 것이다. 좋은 부모는 아이들이 침대에서 뛰어내릴 때 함께 즐거워한다. 좋지 못한 부모는 아이들이 뛰어내리는 것을 철저히 금지하거나 아이들이 부모의 오렌지 주스나 커피에 함부로 뛰어내리는 것에 대해 아무런 경계를 정하지 않고 허용하는 잘못을 범한다(데렉의 부모는 두 번째 유형에 속한다).

연습 단계의 아이들은 공격성이나 우선권을 취하는 것이 좋다는 잘못된 생각을 가진다. 이 단계에서 지속적으로 단호하게 아이들에게 실제적인 바운더리를 세워 주는 부모들은, 아이들에 대한 지나친 사랑 때문에 아이들을 망치는 것이 아니라 오히려 변화 과정에 있는 아이들을 효율적으로 도와주는 것이다.

이제 막 첫 걸음을 떼기 시작한 아이들의 모습을 그린 포스터를 본 적이 있는가? 그 그림들은 잘못된 개념을 담고 있다. 손을 벌리고 앞에서 기다리고 있는 엄마를 향해 아기가 힘겹게 걸어가는 모습이 대부분 그려져 있다. 하지만 사실은 그와 정반대다. 대부분의 엄마들은 이렇게 말한다. "저는 아이가 처음 걷는 모습을 뒤에서 지켜보았어요!" 연습 단계의 아이는 아장아장 걸어서 안전함과 따뜻함을 벗어나 흥분과 새로운 발견을 향해 나아간다. 물리적, 지리적 바운더리는 아이로 하여금 위험에 빠지지 않고 행동하는 것을 배우도록 도와준다.

연습 단계는 아이가 독립적인 한 개인이 되기 위해 마지막 발걸음을 내디딜 수 있도록 추진력과 동기를 제공한다. 하지만 원기 왕성한 유쾌한 상태는 영원히 지속될 수 없다. 마치 자동차가 쉬지 않고 최고 속력으로 계속 달릴 수 없는 것과 같다. 단거리 육상 선수는 마라톤 코스를 단거리로 달리는 것과 같은 속도로 달리지 못한다. 연습 단계의 아이들은 다음 단계인 재접근 단계로 넘어가야 한다.

재접근: "나는 모든 것을 다할 수 없어"

재접근은 생후 18개월에서 3세 사이에 일어나는 단계다. 이 말은 프랑스어에서 유래한 것으로, '조화로운 관계의 회복'을 의미한다. 달리 말하면, 아이가 현실로 돌아온다는 것이다. 지난 몇 달 동안 보여 준 당당함은 "내가 원하는 것을 다 할 수 있는 건 아니구나"라는 깨달음에 서서히 자리를 내어 준다. 아이들은 세상이 무서운 곳이라는 걸 알아차리고 걱정한다. 아직까지는 자신에게 엄마가 필요하다는 사실을 알게 된다.

재접근 단계는 엄마와의 관계를 회복하는 시기이지만, 전과 비교할 때 전혀 다른 차원의 관계가 이루어진다. 아이들은 좀 더 독립적인 자아를 관계 속에 이끌어 들인다. 이제 두 사람이 서로 다른 생각과 감정을 가지고 관계를 형성한다. 아이는 자아의식을 잃지 않고 외부 세계와 관계를 맺을 준비가 되어 있다.

일반적으로 이 시기는 아이나 부모에게 힘든 기간이다. 재접근 단계의 아이들은 미움받기 쉽고, 변덕이 심하며, 노골적으로 화를 낸다. 이 시기의 아이들은 만성적인 치통과 같은 존재가 된다.

재접근 단계의 아이들이 바운더리를 세우기 위해 사용하는 도구들을 잠시 살펴보자.

분노. 분노는 우리의 친구다. 하나님은 분명한 목적을 가지고 그것을 창조하셨다. 분노는 우리가 직면해야 할 문제를 안고 있다는 것을 말해 준다. 분노는 아이들에게 그들의 경험이 다른 이들의 경험과 다르다는 것을 가르치는 방법이다. 자신과 다른 이들의 사이를 구별하기 위해 분노를 사용하는 능력이 바로 바운더리다. 적절하게 분노를 표현할 줄 아는 아이들은, 성장한 후에 누군가 그들을 지배하거나 손해를 입히려는 것을 쉽게 감지할 수 있다.

소유권. 종종 '이기적인' 단계라고 오해받는 재접근 단계에서, '내 것' '나의' '나를'과 같은 단어들이 아이들의 입에 오르내리기 시작한다. 수지는 어느 누구도 자기 인형을 만지지 못하게 한다. 빌리는 자기 집에 놀러 온 아이들이 장난감 트럭을 가지고 노는 것을 용납하지 않는다.

이처럼 자아를 찾아가는 중요한 단계가 그리스도인 부모에게는 이해하기 힘든 모습으로 비춰지기 쉽다. "그래, 저 뿌리 깊은 죄악된 본성이 내 어린 딸 속에서 추한 모습을 서서히 드러내고 있군." 이렇게 말하는 사람이 있는가 하면, 어떤 이들은 고개를 끄덕이며 지혜로운 체하며 이렇게 생각한다. '우리는 저 아이가 다른 사람들에게 자기 것을 나누어 주고 사랑을 베풀 수 있도록 도와줄 거야. 하지만 저 아이 역시 우리 모두가 가지고 있는 이기심에 매여 있군.'

이것은 올바르지도 않고 성경적이지도 않다. 아이가 새롭게 발견한 '내 것'에 대한 호감은 인간의 타고난 자기 중심성에 뿌리내리고 있다. 그것은 우리 모두에게 있는 부패함의 일부다. 어쩌면 "지극히 높은 이와 같아지리라"(사 14:14)고 말하던 사탄의 모습과 유사하다. 하지만 인간의 성격에 대한 이런 극단적인 이해는 하나님의 형상을 지닌 인간의 전체적인 모습을 제대로 고찰하지 않은 데서 나온 결과다.

하나님의 형상으로 창조되었다는 것은 소유권, 즉 '청지기 직분'을 가지고 있다는 것을 의미한다. 아담과 하와가 땅을 정복하고 다스리도록 소유권을 부여받은 것처럼, 우리 역시 자신의 시간, 힘, 달란트, 가치, 감정, 행동, 재정, 그리고 2장에서 언급했던 다른 모든 것들에 대한 소유권을 부여받았다.

'내 것'에 대한 인식이 없다면, 우리에게 주어진 자원을 개발하고, 발전시키며, 보호하려는 책임감을 가질 수 없다. '내 것'이라는 생각이 없으면, 우리는 하나님과 하나님 나라를 위해 드려야 할 자아가 없는 것이다.

어린아이들은 '내 것' '나의' '나를'과 같은 단어들이 나쁜 말이 아니라는 것을 깨달아야 한다. 성경적으로 올바르게 행동하는 부모의 양육을 받으면, 아이들은 희생을 배우게 되고, 다른 사람에게 진심으로 베풀며 사랑하는 능력을 갖추게 될 것이다. 하지만 아이들이 다른 사람을 사랑할 수 있을 만큼 충분한 사랑을 받아 올바른 인격이 형성될 때까지 부모의 가르침은 계속되어야 한다. "우리가 사랑함은 그가 먼저 우리를 사랑하셨음이라"(요일 4:19).

싫어: 한마디로 이루어진 바운더리. 이제 막 걷기 시작하면서 재접근 단계를 통과한 아이들은 인간의 언어 가운데 가장 중요한 단어에 속하는 이 말을 자주 사용한다. 그 단어는 "싫어"(No)다. 부화 단계에서도 그 말을 사용하지만, 재접근 단계를 통해 완전해진다. 그 말은 아이들이 배우는 언어화된 첫 번째 바운더리다.

"싫어"라는 말은 아이들로 하여금 자신이 좋아하지 않는 것에서 자신을 분리하도록 도와준다. 그 말은 아이들에게 선택할 수 있는 힘을 부여한다. 또한 아이들을 보호한다. 아이들이 "싫어"라고 말할 때 올바로 대처하는 법을 배우는 것은 아이의 양육에 매우 중요하다. 한 부부는 아이가 특정한 음식을 먹지 않겠다고 투정하는 말에 주의를 기울이지 않다가, 나중에 아이가 그 음식에 알레르기 반응을 보이는 것을 알았다.

이 나이 또래의 아이들은 종종 "싫어" 중독증에 걸린다. 아이들은 채소와 낮잠 시간을 싫어할 뿐 아니라, 아이스크림과 좋아하는 장난감마저 외면한다. "싫어"라는 말은 아이들에게 매우 중요하고 가치 있는 말이다. 그 말은 아이들이 완전히 무기력하고 의지할 데 없는 감정에 빠지지 않도록 지켜 준다.

부모는 그 말과 관련된 두 가지 일을 해야 한다. 첫째, 부모는 아이가 편안한 마음으로 "싫어"라고 말할 수 있도록 도와주어야 한다. 그럼으로써 자녀들이 자기 바운더리를 갖도록 격려해야 한다. 비록 아이들은 자신이 좋아하는 모든 선택을 할 수 없더라도 "싫어"라고 말할 수 있어야 하고, 부모는 그 말에 귀를 기울여야 한다. 교양을 갖춘 부모는 아이들의 거절 때문에 모욕감을 느끼거나 격분하지 않을 것이다. 그들은 아이들이 "좋아"라고 말하는 것 못지않게 "싫어"라고 말하는 것도 부모가 사랑스럽게 받아들인다고 느끼게 하기 위해 애쓸 것이다. "싫어"라고 말하는 아이들에게서 감정적으로 멀어지려 하지 않고, 지속적으로 가까운 관계성을 유지하려 할 것이다. 부모 가운데 엄마나 아빠가 아이의 거절하는 태도 때문에 지쳤다면, 지치지 않은 다른 한편이 힘을 북돋아 주어야 한다. 이 과정에는 많은 수고와 끈기가 요구된다!

어느 부부는 자기 딸 때문에 마음에 상처를 입은 친척 아주머니의 문제에 부딪히게 되었다. 그 아주머니는 아이가 자기 집에 올 때마다 항상 입을 맞추고 안아 주지 않아서 기분이 약간 상해 있었다. 아이가 마음이 내켜서 다가가려 할 때는, 오히려 그녀가 뒤로 물러나는 경우도 있었다. 그 부부는 불평하는 아주머니에게 이렇게 말했다. "저희는 케이시가 마지못해 억지로 애정을 표현하는 것을 원하지 않아요. 아이의 인생은 아이 스스로 책임지게 하고 싶어요." 이 부모는 자기 딸이 옳은 것은 옳다, 아닌 것은 아니라고(마 5:37) 말할 수 있기를 바랐다. 그들은 케이시가 "싫어"라고 말할 수 있기를 원했다. 그래서 장래에 그녀가 악에 대해서도 "안 돼"라고 말할 수 있는 능력을 갖기 바랐다.

둘째, 부모는 아이가 다른 이들의 바운더리를 존중할 수 있도록 도와주어야 한다. 아이들은 "싫어"라고 말할 수 있어야 하는 것은 물론이고, 다른 이들의 거절도 받아들일 수 있어야 한다.

부모는 아이들의 나이에 맞는 바운더리를 세우고 지켜 주는 능력을 겸비해야 한다. 이 말은 가게 앞에서 장난감을 사 달라고 졸라 대는 아이들에게 화내고 싶은 마음에 굴복하지 말아야 한다는 의미다. 비록 가게에 있는 장난감 절반을 사 주어 아이들을 조용하게 하는 것이 덜 창피한 것이라 해도, 무작정 아이들의 요구에 끌려다니지 말아야 한다. 아이들의 요구에 시기적절하게 대처해야 한다. 필요하다면, 엉덩이를 때려서라도 분명한 경계를 가르쳐야 한다. "네가 네 아들에게 희망이 있은즉 그를 징계하되 죽일 마음은 두지 말지니라"(잠 19:18). 다른 말로 하면, 너무 늦기 전에 아이들이 경계를 받아들이는 법을 배우도록 도와주라는 것이다.

바운더리 구조는 3세 정도에 분명하게 형성된다. 그 시기까지 아이들은 다음과 같은 능력을 터득해야 한다.

1. 자아의식과 홀로 서고자 하는 자유를 포기하지 않으면서도 다른 사람들에 대해 호의적 감정을 가지는 능력.
2. 다른 이들에게 분명한 거절을 표현하면서도 그들의 사랑을 잃을 것 같은 두려움에 사로잡히지 않는 능력.
3. 다른 사람들의 합당한 거절을 받아들이면서도 감정적으로 침체되지 않는 능력.

한 친구가 이 내용을 자세히 살펴보다가, 반 농담으로 말했다. "아이들이 이런 능력을 세 살까지 모두 터득해야 한다고? 쉰세 살까지로 고쳐야 하는 거 아니야?" 그렇다. 이 내용이 아이들에게 벅찰 수 있다. 하지만 바운더리 개발은 인생 초기에 이뤄져야 할 필수적인 일이다.

삶에서 바운더리와 깊은 관련이 있는 시간이 두 번 더 있다. 첫 번째는 사춘기다. 사춘기 시절은 유아기라는 인생의 첫 번째 시기가 다른 모습으로 재현되는 기간이다. 청소년들은 좀 더 성숙한 문제에 열중한다. 예를 들면, 성행위나 성별 또는 경쟁과 성인으로서의 정체성 등이 거기에 포함된다. 하지만 누구에게, 그리고 언제 "예" 또는 "아니요"라고 말해야 하는지 정확히 아는 것은 이처럼 혼란스러운 시기에 중심적인 문제다.

두 번째 시기는 막 성인기에 접어들었을 때다. 그때가 되면 아이들은 가정이나 대학을 떠나 직업을 갖고 결혼하기 시작한다. 이 기간 동안 성인 초년생들은 그동안 쌓아 온 바운더리 구조를 잃게 되어 고통을 겪는다. 더 이상 수업 시작을 알리는 종소리가 들리지 않고, 다른 사람이 부과하는 일정표가 없는 등 막중한 책임감이 어깨를 짓누른다. 게다가 사람들과 친밀하게 지내며 맡은 일에 열심을 다하라는 요구를 받는다. 이 시기는 올바른 바운더리 세우는 법을 집중적으로 배우는 기간이다.

좋은 바운더리 세우는 법을 일찍 배우는 아이일수록, 이후 삶에서 경험하게 될 혼란은 그만큼 줄어든다. 인생의 첫 3년을 성공적으로 보내면 사춘기를 좀 더 순조롭게 마치고, 성인기에도 자연스럽게 진입할 수 있다. 문제 있는 유아 시절을 보낸 아이를 둔 집안 사람들은 아이의 사춘기 시절에 많은 수고와 인내를 쏟아부어야 한다. 유아기와 사춘기 동안에 생긴 심각한 바운더리 문제는 성인이 된 후에 파괴적인 악영향을 미치게 된다.

"제가 마땅히 거쳤어야 할 과정을 깨닫게 되어 유익했어요." 자녀 양육에 대한 강연에 참석한 한 여성이 말했다. "하지만 제 삶에서 무엇이 잘못되었는지를 깨달은 것이야말로 참으로 큰 도움이 되었습니다." 이제 바운더리 개발 과정에서 잘못된 점이 무엇인지 살펴보자.

바운더리 손상: 무엇이 잘못되었는가?

바운더리 문제는 우리 자신의 본성과 인격은 물론이고 다른 사람들과 수없이 부딪히는 데서 그 원인을 찾을 수 있다. 하지만 가장 중요한 바운더리 문제는 인생을 시작하는 처음 몇 해 동안에 생긴다. 그 문제들은 부화, 연습, 재접근으로 구성되는 분리-개별화의 3단계 가운데 특정한 단계에서 생기거나 아니면 모든 단계에서 생길 수 있다. 일반적으로 어린 시절에 생겨나 심한 상태에 이른 상처일수록, 더 심각한 바운더리 문제를 일으킨다.

바운더리 철폐

"왜 그런 일이 일어났는지 모르겠는데, 어쨌든 그 일은 터지고 말았어." 잉그리드는 커피를 한 모금 마시고 깊은 생각에 빠져들며 친구 아만다에게 말했다. "나는 항상 엄마와 의견이 달랐어. 심지어 아주 사소한 일까지도. 차라리 엄마가 없었으면 좋겠다는 끔찍한 생각까지 할 정도였어. 엄마는 언제나 내게 상처를 주고 슬그머니 빠져나가는 것처럼 느껴졌어. 더 이상 엄마와 가까워질 수 없었지. 사랑하는 사람을 잃는 걸 생각하는 것처럼 끔찍한 일이 또 있을까!"

좀 더 솔직해지자. 우리 가운데 "안 돼"라는 말을 듣기 좋아하는 사람은 아무도 없다. 다른 사람이 도와주는 것을 거부하거나, 친밀해지지 않으려 하거나, 용서하기를 거절하는 것을 받아들이기란 여간 어려운 일이 아니다. 그러나 좋은 인간관계는 거리낌없이 거절하고 대면하는 자유 위에 형성된다. "철이 철을 날카롭게 하는 것같이 사람이 그의 친구의 얼굴을 빛나게 하느니라"(잠 27:17).

바람직한 인간관계뿐만 아니라 성숙한 인격은 적절한 거절과 반대 위에 형성된다. 아이들을 양육할 때는 그들의 바운더리가 잘 세워질 거라는 믿음을 늘 가져야 한다. 아이들이 다른 의견을 가지고, 특이한 행동을 하며, 실험적인 태도를 보인다 해도 지속적인 사랑을 멈추지 말아야 한다.

이것에 대해 오해하지 않기를 바란다. 부모 입장에서 경계를 정하는 것은 매우 중요한 일이다. 아이들은 자신이 넘지 말아야 할 행동 반경을 알고 있어야 한다. 그 선을 넘어간다면 성경적으로 벗어나지 않는 범위에서 아이의 나이에 맞게 처벌해야 한다. 실제로 부모들이 좋은 바운더리를 아이들에게 세우고 유지시켜 주지 않으면, 아이들은 다른 유형의 바운더리 상처로 고통을 겪게 된다. 이것에 대해서는 간단히 다룰 것이다. 지금 여기에서 말하려는 것은, 아이들이 멋대로 행동하도록 내버려 두자는 것이 아니다. 부모들은 아이들이 말을 안 들을 때도 그들과 밀착되고 결합되어야 한다. 이 말은 부모가 절대로 화를 내지 말아야 한다는 의미가 아니다. 아이들에게서 멀어지지 말아야 한다는 것이다.

우리는 "하나님은 죄인은 사랑하시지만 죄는 미워하신다"라는 말을 자주 듣는다. 그 말은 사실이다. 하나님의 사랑은 지속적이고 "언제까지나 떨어지지 아니한다"(고전 13:8). 부모가 품행이 좋지 못한 어린 자녀의 문제를 돌아보고 변함없이 그들 곁에 있지 않고서 멀어진다면, 하나님의 지속적인 사랑이 제대로 드러나지 않는다. 부모가 어린 자녀에게 받은 상처와 실망과 분노에서 어느 정도 벗어나게 되면, 이렇게 말한다. "너는 예의 바르게 행동할 때 너무 사랑스러워. 하지만 네가 그렇게 행동하지 않을 때는 사랑스럽게 보이지 않는구나."

아이는 그 말을 이렇게 이해할 것이다. "나는 착하게 행동할 때 사랑받는다. 내가 나쁜 짓을 하면 사랑받지 못한다."

자녀의 입장에서 생각해 보라. 당신이 자녀라면 어떻게 하겠는가? 그리 어려운 결정은 아니다. 하나님은 사람들이 서로에게 애정을 느끼며 바람직한 관계를 이루려는 마음을 갖도록 창조하셨다. 자녀에게서 멀어진 부모들은 본질적으로 영적, 감정적 약탈을 일삼는 자들이다. 아이는 부모와 같은 생각을 가지고 있는 척하며 그들과 좋은 관계를 유지하는 것처럼 가장한다. 그러나 동시에 아이는 이 세상에서 가장 중요한 인간관계를 잃고 홀로 분리된 상태를 계속 유지하고 있는 것이다. 아이는 항상 입을 다물고 조용하게 지내려 할 것이다.

아이가 경계를 정하기 시작할 때 부모가 그런 행동을 금지시키고 억제하는 경우, 아이는 유순하고 사랑스러우며 감수성이 예민한 부분에 집중하고 그런 영역을 개발한다. 그와 동시에 아이는 적극적이고 솔직하며 독자적인 자신의 영역을 두려워하고 불신하며 미워한다. 아이가 화를 내고 심술을 부리며 사고를 칠 때, 그들을 사랑하던 사람들이 멀어져 버린다면, 아이는 자신 속에 있는 그런 부분이 드러나지 않도록 감추는 법을 터득하게 된다.

"네가 화를 낼 때 우리는 마음에 상처를 입어"라고 자녀에게 말하는 부모들은 자신의 정서적 건강 상태의 책임을 아이에게 돌리는 것과 같다. 그러나 실제로 두세 살짜리 아이들은 부모의 부모처럼 행동하기 마련이다. 그러므로 화를 내는 아이들에게는 이렇게 말하는 편이 훨씬 낫다. "네가 지금 화가 났다는 것을 알아. 하지만 너는 저 장난감을 가질 수 없어." 그런 후 상처를 입은 부모의 감정은 배우자나 친구 또는 하나님께 가져가야 한다.

본래 아이들은 자신이 무엇이든 할 수 있다고 여긴다. 그들은 자신이 착하기 때문에 태양이 비치며, 자신이 버릇없이 나쁘게 행동했기에 비가 내리는 그런 세상 속에서 살아가고 있다. 아이들은 시간이 갈수록 이런 전능함을 점차 포기하게 된다. 그러면서 자신들 외에도 다른 필요와 사건들이 중요하다는 것을 차츰 배워 나간다. 그러나 유아기 때, 이 같은 전능함은 곧바로 바운더리 손상으로 이어진다. 부모가 멀어진다고 느끼게 되면, 아이들은 곧바로 엄마와 아빠의 감정에 대해 자신이 책임져야 한다고 믿게 된다. 전능하다는 말이 뜻하는 바가 바로 그것이다. '나는 엄마와 아빠를 내게서 멀어지게 만들 수 있는 충분한 힘을 가지고 있어. 조심하는 게 좋을 것 같아.'

부모가 감정적으로 아이에게서 물러서는 것을 보여 주는 행동은 미묘한 형태로 나타난다. 힘없고 아픈 것처럼 들리는 목소리와 아무 이유 없이 오랫동안 이어지는 침묵이 그것이다. 반대로 아주 뚜렷하게 드러나는 경우도 있다. 한동안 우는 것, 병이 나는 것, 소리 지르는 것 등이다. 이런 부모 밑에서 자란 아이들은 바운더리 세우는 것을 두려워하는 성인이 되어, 결과적으로 심각한 고립과 자포자기 상태에 이르고 만다.

바운더리에 대한 적대감

"제가 '안 돼'라고 말하지 못하는 이유를 알고 있다구요?" 래리는 킬킬 웃으며 말했다. "차라리 어려운 질문을 던지시는 게 어때요? 저는 군대 같은 분위기에서 자랐습니다. 아버지의 말이 곧 법이었죠. 그 말에 따르지 않는 것은 반역을 의미했습니다. 아홉 살 때 아버지 말에 반대한 적이 있었는데, 그 결과 엄청난 두통에 시달리며 밤새도록 방구석에 서 있어야 했어요. 그때 정말 큰 상처를 받았습니다."

바운더리의 두 번째 손상은 첫 번째 손상보다 더 쉽게 발견할 수 있는데, 그것은 바운더리에 대한 부모의 적대감이다. 그런 부모는 아이가 부모에게서 분리되려고 할 때마다 화를 낸다. 적대감은 화난 듯한 목소리, 신체적 처벌 또는 부적절한 행동 등으로 나타난다.

어떤 부모들은 아이에게 이렇게 말한다. "내가 말하는 대로 하게 될 거야." 이 말은 상당히 바람직하다. 하나님은 부모들에게 자녀들에 대해 책임지게 하셨기 때문이다. 그러나 부모들은 거기에 그치지 않고 이렇게 덧붙인다. "그리고 넌 그 일을 좋아하게 될 거야." 이 말은 아이를 화나게 한다. 왜냐하면 그런 말은 아이의 독자적인 영혼을 부인하는 의미를 담고 있기 때문이다. "아이로 하여금 부모가 원하는 바를 좋아하게 만드는 것"은, 자녀가 하나님을 기쁘시게 하기보다는 사람을 기쁘게(갈 1:10) 하는 인물이 되도록 이끄는 행위다.

어떤 부모들은 자녀들의 바운더리를 비난한다.

- "네가 내 말을 듣지 않으면, 그때는…"
- "내가 시키는 대로 하라니까."
- "엄마에게 말대꾸하지 마."
- "네 태도는 바람직하지 않으니까 바꿔."
- "네가 기분 나빠 할 이유가 없어."

아이들은 부모의 권위와 규제를 따라야 한다. 그러나 자녀들이 독립성을 키우는 것을 부모가 벌한다면, 아이는 항상 마음의 상처와 분노를 가질 것이다.

이런 적대감은 하나님이 징계를 통해 우리를 변화시키기 위해 마련하신 프로그램을 우리가 어설프게 흉내 낸 것에 불과하다. 징계란 아이들이 행동한 결과를 가지고 그들에게 절제를 길러 주는 훈련 방법이다. 무책임한 행동은 불쾌감을 불러일으켜 우리로 하여금 더욱 책임 있는 사람이 되도록 하는 동기를 일으킨다.

'오직 내 방법대로 하라'는 접근법은 아이로 하여금 부모의 목소리가 닿는 범위에서만 순종하는 것처럼 가장하는 법을 터득하게 만든다. '네가 결정해야 한다'는 접근법은 아이로 하여금 자기 행동에 대해 책임지도록 이끌어 준다. "네 침대는 네가 정리해. 그렇지 않으면 한 달 동안 방바닥에서 자야 할 거야." 이렇게 말하기보다는 다음과 같이 말하는 편이 훨씬 낫다. "두 가지 중에 하나를 네가 결정하렴. 네 침대는 네가 정리해라. 그러면 컴퓨터 게임을 하는 것을 허락할게. 침대를 정리하지 않으면, 그날은 하루 종일 컴퓨터 게임을 하지 못해." 아이는 부모의 말을 따르지 않고 기꺼이 고통을 감수할 것인지의 여부를 스스로 결정한다.

하나님이 징계하시는 목적은 처벌이 아니라 가르침이다. "그들은 잠시 자기의 뜻대로 우리를 징계하였거니와 오직 하나님은 우리의 유익을 위하여 그의 거룩하심에 참여하게 하시느니라 무릇 징계가 당시에는 즐거워 보이지 않고 슬퍼 보이나 후에 그로 말미암아 연단 받은 자들은 의와 평강의 열매를 맺느니라"(히 12:10-11).

부모가 자녀의 반대와 불순종과 잘못된 행동에 대해 단순히 적개심으로 대한다면, 아이들은 훈련을 통해 얻을 수 있는 유익을 받지 않으려 할 것이다. 아이들은 자기 마음대로 행동하기를 자제하고 책임감을 갖는 것이 유익을 가져온다고 믿지 않는다. 그들은 단순히 다른 이들의 분노를 피하는 법만 터득하게 된다. 하나님의 사랑에 대한 성경 본문을 무수히 읽는 그리스도인이 유독 하나님의 진노하심을 그토록 두려워하는 이유가 궁금하지 않은가?

이런 적대감의 결과는 쉽게 눈에 들어오지 않는다. 그 이유는 그런 환경에 처한 아이들이 유순한 미소 뒤에 숨는 법을 재빨리 터득하기 때문이다. 이런 아이들은 자라면서 우울증, 불안, 다른 사람과의 갈등, 낭비벽의 문제 등에 시달린다. 그런 상황에 이르면, 바운더리 손상을 입은 많은 이들이 자신에게 문제가 있다는 것을 태어나서 처음으로 깨닫게 된다.

적대감은 "안 돼"라는 말을 하거나, "안 돼"라는 말을 들을 때 모두 문제를 일으킨다. 어떤 아이들은 유순하게 다른 이들의 말에 쉽게 따른다. 그러나 어떤 아이들은 노골적으로 반발하며, 적개심을 품고 있는 부모처럼 다루기 힘든 사람이 되고 만다.

성경은 부모들의 적개심에 대해 두 가지 분명한 반응을 보인다. 성경은 아버지들에게 "너희 자녀를 노엽게 하지 말지니 낙심할까 함이라"(골 3:21)고 권면한다. 어떤 아이들은 유순함과 의기소침함을 지니고 있으면서 가끔 거칠게 반응하기도 한다. 이와 동시에 성경은 "너희 자녀를 노엽게 하지 말고 오직 주의 교훈과 훈계로 양육하라"(엡 6:4)고 권면한다. 또 다른 아이들은 분노로 부모의 적대감에 반발한다. 대부분의 아이들은 자신에게 상처를 입힌 적대적인 부모와 비슷한 성인으로 자란다.

지나친 통제

지나친 통제는 유별나게 자녀를 사랑하는 부모가 지나치게 엄격한 규칙과 경계를 정해 놓음으로써 자녀들이 실수하지 않도록 보호하려고 할 때 생겨난다. 예를 들어, 그들은 자녀들이 상처받거나 나쁜 습관을 배우지 않도록 다른 아이들과 어울리지 못하게 한다. 아이들이 감기에 걸리지 않도록 지나치게 관심을 쏟기 때문에 구름 낀 날에 아이들에게 장화를 신겨서 내보낼 정도다.

지나친 통제 때문에 생기는 문제도 있다. 비록 좋은 부모의 중요한 책임은 아이들을 관리하고 보호하는 것이지만, 동시에 아이들이 실수할 수 있는 여지를 남겨 두는 것이 마땅하다. "지각을 사용함으로 연단을 받아"(히 5:14) 성숙함을 배운다는 사실을 명심하라. 지나친 통제 속에서 자란 아이들은 부모에게 의존하기 쉽고, 갈등에 휩싸여 헤어나지 못하며, 견고한 바운더리를 세우고 유지하는 데 많은 어려움을 겪는다. 또한 위험을 감수하고 창조적인 능력을 발휘하는 부분에서도 문제를 안고 살아간다.

바운더리 결여

에일린은 한숨을 쉬었다. 남편 브루스는 그녀가 '작은 실수'를 할 때마다 일주일에 두 번꼴로 발작하듯이 화를 냈다. 이번에는 빌링세스를 데리고 외출하기 위해 계획을 다시 세워야 하는 것 때문에 그가 소리를 질렀다. 에일린이 오후 4시가 되도록 아이를 돌봐 줄 사람을 부르는 것을 깜박 잊어버렸기 때문이다.

그녀는 브루스가 왜 그렇게 사소한 일에 쉽게 상처를 받는지 이해할 수 없었다. 그에게는 편히 쉴 시간이 필요해 보였다. '바로 그거야!' 에일린의 표정이 밝아졌다. '휴가를 떠나야겠어!' 그녀는 한 달 전에 이미 휴가를 다녀왔다는 사실을 깜박 잊어버렸다.

에일린의 부모는 사랑을 많이 베풀어 주었지만, 지나치게 관대한 분들이었다. 에일린에게 아무 일도 시키지 않으려 했고, 시간을 제한하거나 어떤 행동에 대한 처벌을 내리지 않은 것은 물론이고, 볼기짝을 때리는 일은 아예 생각조차 하지 않았다. 그녀의 부모는 많은 사랑과 용서만이 그녀를 온전한 성인으로 이끌어 주는 유일한 방법이라고 여겼다.

어머니는 에일린과 함께 차를 탈 때는 항상 그녀를 먼저 태웠다. 가족들이 함께 사용하는 차를 에일린이 세 번이나 못 쓰게 만들었지만, 그때마다 아버지는 새 차를 사 주었다. 그녀가 예금된 잔액보다 더 많은 돈을 사용하면, 에일린의 부모는 한마디 꾸중도 하지 않고 돈을 채워 주었다. '결국 사랑이란 참는 것 아니겠어?' 그들은 마음속으로 항상 그렇게 말했다.

부모가 경계를 정해 주지 않았기 때문에 에일린은 인격 발달에 손상을 입게 되었다. 비록 그녀는 애정 많은 아내와 엄마이며, 열심히 일하는 여성이었지만, 부주의할 뿐만 아니라 규율을 무시하는 그녀의 생활 방식 때문에 다른 사람들은 계속 실망했다. 주위 사람들이 그녀와의 관계를 유지하기 위해서는 많은 대가를 치러야 했다. 하지만 그녀가 너무 사랑스러웠기 때문에 대부분의 친구들은 그 사실을 직접 거론해 그녀의 감정을 상하게 하고 싶지 않았다. 따라서 그녀의 문제는 해결되지 않은 채 남아 있었다.

부모의 바운더리 결여는, 바운더리에 대한 적대감과 정반대되는 모습이다. 부모가 성경적 견해에 입각해 에일린을 적절히 징계했다면, 그녀는 인격을 고양시키는 필수 요소를 갖출 수 있었을 것이다.

부모가 바운더리를 잃어버리면, 자녀는 억척스럽고 자기 마음대로 행동하는 인물로 성장하기 쉽다. 슈퍼마켓에 가면 네 살밖에 안 된 아이가 엄마를 좌지우지하는 모습이 눈에 자주 들어온다. 엄마는 아이에게 화를 내기도 하고 어르기도 하고 부탁도 하다가 결국 위협하기도 한다. 하지만 끝내 엄마는 어찌할 바를 몰라 아이가 소리치며 내놓으라고 하던 사탕을 건네주고 만다. "하지만 이게 마지막이야." 엄마는 아이를 제어하려고 애쓰면서 말한다. 그러나 이미 그때는 통제 불능의 상태에 이른 뒤다.

그 네 살짜리 아이가 마흔 살이 되었다고 상상해 보자. 시나리오는 바뀌었지만, 원본은 그대로다. 그가 다른 사람 때문에 방해를 받거나 또는 다른 사람이 그에게 경계를 정하려 할 때, 어릴 때부터 지니고 있었던 그 분노가 표출된다. 게다가 그때는 그가 36년이라는 세월 동안 자기에게 비위를 맞추던 세상을 경험한 후다. 그를 올바른 상태로 회복시키기 위한 프로그램은 매우 강력하고 지속적으로 그를 도와줄 수 있는 것이어야 한다. 때때로 회복은 입원이라는 형태로 이루어진다. 아니면 이혼을 당하거나, 감옥에 갇히거나, 질병이라는 방법으로 이루어지는 경우도 있다. 하지만 어느 누구도 인생이 가르치는 징계에서 벗어나지 못한다. 징계의 형태로 다가오는 훈련들은 언제나 성공을 거둔다. 우리는 항상 뿌린 대로 거둘 수밖에 없다. 인생에서 징계가 다가오는 시기가 늦을수록, 인생의 비참함은 더욱 커진다.

지금 우리는 다른 사람들의 바운더리나 필요에 귀를 기울이지 못하는 사람에 대해 말하고 있다. 이런 유형에 속한 사람들은 지나치게 엄격한 바운더리를 가진 사람들과 마찬가지로 바운더리 결여 때문에 상처를 지니고 살아간다.

모순된 바운더리

아이들을 양육하면서 겪는 혼동이나 자신이 가진 상처 때문에 엄격한 바운더리와 느슨한 바운더리를 결합시켜, 아이들에게 상반되는 내용을 말하는 부모들도 있다. 그런 가정에서 자란 아이들은 인생과 가정을 이끌어 가는 규칙이 무엇인지 알지 못한다.

알코올 의존증에 빠진 부모가 있는 가정에서는 모순된 바운더리가 자주 표출된다. 부모가 어떤 날은 사랑스럽고 상냥한 모습을 보여 주다가, 다른 날은 불합리하고 가혹한 태도를 보인다. 이런 일들은 특히 갑작스런 태도 변화를 일으키는 술 때문에 생겨난다.

알코올 의존증은 어린아이에게 엄청난 바운더리의 혼란 상태를 일으킨다. 알코올 의존증에 빠진 아이 같은 성인은 인간관계 속에서 절대로 안정감을 느끼지 못한다. 그들은 다른 사람들이 자신을 예기치 않은 때에 넘어뜨리거나 공격할 거라고 생각한다. 따라서 늘 경계를 늦추지 않는다.

알코올 의존증에 빠진 성인 아이들을 위한 치료책은 바운더리를 정하는 것이다. "안 돼"라고 말하는 것은 관심을 이끌어 내거나, 분노를 일으킨다. 그들은 "마치 바람에 밀려 요동하는 바다 물결"(약 1:6)처럼 두 마음을 가진 사람들이다. 그들은 자신이 누구인지, 그리고 자신이 책임지지 않아도 되는 것이 무엇인지 정확히 알지 못한다.

충격

지금까지 우리는 가족 관계에서 나타나는 특성을 주로 살펴보았다. 바운더리 철폐, 바운더리에 대한 적대감, 부적절한 바운더리 설정 등은 부모가 자녀들에게 행동하는 모습이다. 시간이 지나면서 이런 요소들은 자녀의 영혼 속에 깊이 스며든다.

아울러 특정한 충격이 바운더리 발달을 저해한다. '충격'(trauma)은 성격 유형이라기보다는 고통스러운 감정적 차원의 경험이라고 할 수 있다. 감정적이고, 육체적이며, 성적 학대가 충격에 포함된다. 온갖 사고와 낙심하게 만드는 질병이 충격의 범주에 들어간다. 부모의 죽음, 이혼 또는 극도의 경제적 어려움 등과 같은 혹독한 상실과 손해 역시 충격의 일종이라 할 수 있다.

바운더리 철폐와 바운더리에 대한 적대감처럼 인격과 관련된 바운더리 손상 유형과 충격의 차이점을 분별하는 좋은 방법은, 숲속의 나무가 어떻게 손상되는지를 살펴보는 것이다. 그 나무는 토양 속에 불순물이 스며들어 부적절한 영양 상태에 있거나, 햇빛이나 수분을 지나치게 많이 받아들였거나 적게 받아들였기 때문에 병에 걸리고 말았다. 이것은 내적 성격 유형의 문제를 잘 보여 주는 예다. 충격은 나무에 떨어지는 번갯불과 같다.

충격이 바운더리 발달에 영향을 미치는 이유는, 아이들의 성장에서 필수적인 두 가지 기반을 뒤흔들기 때문이다.

1. 이 세상은 상당히 안전하다.
2. 아이들 스스로 자기 삶을 관리해야 한다.

충격을 경험한 아이들은 이런 기반이 흔들리는 것을 느낀다. 그들은 자신이 안전하며 이 세상에서 보호받을 수 있을 거라고 확신하지 못하며, 자신에게 다가오는 위험 상황 속에서 겁에 질린 채 자기 주장을 내세우지 못한다.

제리는 부모에게서 수년 동안 신체적 학대를 받아 왔다. 그는 이른 나이에 가정을 떠났고, 해병대에 지원했으며, 결혼에 두 번이나 실패했다. 30대에 접어들어 받기 시작한 치료 과정 중에, 그는 자신이 강인한 외모를 가지고 있음에도 불구하고 자신을 좌지우지할 수 있는 여성을 늘 갈망했던 이유를 깨닫기 시작했다. 그는 자신을 '다룰 수 있는' 여러 여성들과 미친 듯이 사랑에 빠졌다. 그러고 나서 여성들의 말이나 뜻에 순응하려는 태도가 뒤이어 나오고, 제리는 늘 손해를 보는 입장에 서게 되었다.

치료를 받던 어느 날, 제리는 아주 사소한 일 때문에 어머니가 얼굴을 심하게 때린 일을 떠올렸다. 그는 맞지 않기 위해 얼굴을 가리고 소리 지르던 자기 모습을 아주 생생하게 기억해 냈다. "엄마, 잘못했어요. 제발 때리지 마세요. 엄마 말이라면 뭐든지 다 할게요." 그가 아무 의심 없이 순종하기로 약속하면, 어머니는 매질을 멈췄다. 제리는 그런 기억과 더불어, 아내와 여자 친구들을 이끌 만한 힘과 자제심이 부족했다. 그녀들이 화를 내면 그는 늘 겁에 질렸고, 곧 그녀들의 뜻에 따랐다. 제리의 바운더리는 발달하기는커녕 어머니의 학대로 인해 심각하게 훼손되었다.

하나님의 마음은 이처럼 충격으로 고통받는 이들에게 더욱 가까이 이끌리는 것처럼 보인다. "나를 보내사 마음이 상한 자를 고치며"(사 61:1). 하나님은 충격으로 상처받은 이들의 상처가 사랑 많은 이들의 보살핌으로 인해 싸매지기를 원하신다.

가정에서 충격으로 희생당한 사람들은 거의 대부분 옳지 못하거나 죄악된 성격 유형을 가지고 있다. 바운더리 철폐나 바운더리에 대한 적대감은 앞에서 말한 충격이 생겨나는 바탕이 된다.

우리 자신의 성격 특성

'날 때부터 그랬다'는 표현을 들어 본 적이 있는가? 어쩌면 당신은 활동적이고 저돌적이며 늘 새로운 분야를 탐구하려는 성향을 지닌 사람일 수 있다. 반대로 '애초부터' 조용하고 사려 깊은 사람일 수도 있다.

우리는 각자의 개인적 성격에 따라 바운더리 문제를 다룬다. 예를 들어, 어떤 사람들은 체질적으로 공격적 성향이 많아서 다른 이들보다 좀 더 적극적인 자세로 바운더리 문제에 접근한다. 그와 반대로 어떤 사람들은 바운더리에서 물러서는 자세를 보이기도 한다.

우리 자신의 죄성

또한 우리 각자가 가진 죄성이 바운더리 발달에 문제를 일으키기도 한다. 죄성은 우리가 아담과 하와에게서 물려받은 것이다. 그것은 하나님의 피조물이라는 신분을 거부하려는 몸짓이며, 겸손함을 갖지 않으려는 반감이다. 우리의 위치를 인정하지 않으려는 자세이며, 다른 사람을 원하지 않고 어느 누구에게도 의존하지 않으려 하며, 무엇이든 하려 하고 '책임지려 하는' 욕망이다. 죄성은 우리로 하여금 죄와 사망의 법에 사로잡아 놓는다. 오직 그리스도 예수만이 우리를 그 법에서 해방시키실 수 있다(롬 8:2).

~~~~~~~~~~

이제부터 우리는 바운더리 문제와 바운더리 발달과 관련된 요소들을 더욱 분명히 깨닫게 될 것이다. 다음 장부터는 바운더리가 우리 삶에 어떤 영향을 미치며, 바운더리가 우리 삶을 통해 어떻게 개발될 수 있는지 성경이 말하는 바를 살펴볼 것이다.

5.

바운더리의 10가지 법칙

당신이 지구와 전혀 다른 원리에 따라 움직이는 다른 행성에서 살고 있다고 상상해 보라. 그 행성에는 중력도 없고 돈과 같은 교환 수단도 필요하지 않는 곳이다. 음식을 먹거나 마시지 않는 대신, 삼투압을 통해 에너지와 연료를 공급받는다. 그런데 어느 날 갑자기 당신이 지구로 추방되었다.

긴 여행에서 깨어난 당신은 공중에 떠 있는 우주선 밖으로 걸어나오다 땅으로 떨어지고 만다. "으악!" 당신이 떨어진 이유도 정확히 알지 못한 채 비명을 지른다. 평정을 되찾고 주위를 둘러보려 하지만 중력이라고 부르는 이 새로운 현상 때문에 공중을 날 수가 없다. 결국 당신은 걷기 시작한다.

얼마 되지 않아, 당신은 이상하게도 배고픔과 목마름이 느껴진다는 것을 알아차린다. 이유를 모르는 것이 당연하다. 당신이 살던 행성에서는, 음식을 공급하는 시스템이 자동적으로 몸에 원기를 제공했기 때문이다. 다행히도 지구인 한 사람을 우연히 만나게 된다. 그는 당신의 상태를 보고 음식이 필요하다는 것을 알려 주고, 고맙게도 식당이라는 곳에서 음식을 먹을 수 있는 것까지 알려 준다.

그가 알려 준 대로 식당으로 들어간다. 그리고 당신에게 필요한 영양소를 함유하고 있는 지구 음식 몇 가지를 용케 주문한다. 음식을 먹자마자 기분이 나아진다. 그러나 음식을 먹고 나자, 당신에게 음식을 갖다주었던 사람이 '2만 원'을 내라고 말한다. 당신은 도대체 그 사람이 무슨 말을 하는지 이해하지 못한다. 한참 동안 실랑이를 벌이자, 제복을 입은 사람들이 와서 당신을 데려가더니 창살이 있는 작은 방에 감금한다. '도대체 어떻게 돌아가고 있는 거야?' 당신은 너무 궁금해서 더 이상 견딜 수 없는 상태에 이른다.

어느 누구에게도 피해를 입힐 의도가 없었지만, 당신은 '감옥'이라 부르는 곳에 갇히고 말았다. 이제 더 이상 당신이 원하는 대로 움직이지 못한다. 그 사실 때문에 화가 난다. 당신은 그저 자기 일을 했을 뿐이다. 오래 걸어서 다리가 아프고 피곤했고, 갑자기 많이 먹어서 배도 아프다. 이 지구는 정말 이상한 곳이다.

~~~~~~~~

이 이야기가 억지로 꾸며 낸 것처럼 들리는가? 역기능 가정 또는 하나님이 원하시는 바운더리 원리가 제대로 실행되지 않는 가정에서 자란 사람들은 이와 비슷한 이질감을 경험하게 된다. 그들은 성인으로 살아가야 하는 단계로 옮겨 온 자신을 발견한다. 그 단계에서는 그들에게 단 한 번도 설명된 적이 없는 '영적 원리'가 그들의 인간관계와 행복을 좌우한다. 그들은 상처받고, 배고픔을 느끼며, 결국 감옥에 가게 될지 모른다. 그러나 그들은 현실과 대립하기보다는 오히려 현실에 적응하도록 도와줄 수 있는 원리를 결코 알 수 없다. 따라서 자신들이 지닌 무지의 포로가 되고 만다.

하나님이 지으신 세계는 법칙과 원리로 가득 차 있다. 영적 실체들은 중력처럼 현실적이다. 설령 그것들을 모른다 하더라도, 당신은 영적 실체들로 인해 생겨난 결과를 발견하게 될 것이다. 우리가 인생과 인간관계의 원리를 배우지 않았다고 해서, 그 원리가 우리 삶을 지배하지 않는 것은 아니다. 우리는 하나님이 인간의 삶 속에 엮어 놓으신 원리를 반드시 알아야 한다. 하나님은 그 원리로 우리 삶을 이끌어 가신다. 이제 바운더리의 10가지 법칙을 살펴볼 것이다. 이 법칙을 통해 당신은 전혀 다른 차원에서 삶을 경험하는 법을 배우게 될 것이다.

법칙 1: 파종과 수확의 법칙

인과법칙은 인생의 기본 법칙이다. 성경은 그것을 '파종과 수확의 법칙'이라 부른다. "사람이 무엇으로 심든지 그대로 거두리라 자기의 육체를 위하여 심는 자는 육체로부터 썩어질 것을 거두고 성령을 위하여 심는 자는 성령으로부터 영생을 거두리라"(갈 6:7-8).

우리가 뿌린 대로 거둘 것이라고 하나님이 말씀하신 것은, 그분이 우리를 징계하신다는 의미가 아니다. 그분은 우리에게 있는 그대로를 말씀하신 것이다. 담배를 피우면 기침을 하게 될 것이고, 심하면 폐암에 걸릴 수도 있다. 분수에 맞지 않게 함부로 돈을 쓰면, 채권자들에게 독촉을 받게 될 것이며, 나중에는 음식 살 돈도 없어 굶주리게 될 것이다. 다른 한편으로 식생활을 바르게 하고 운동을 규칙적으로 하면, 감기나 유행성 독감으로 고생하는 일은 거의 없을 것이다. 예산을 세워 지혜롭게 돈을 사용하면, 세금을 내거나 식료품을 구입하는 데 필요한 돈이 늘 있을 것이다.

하지만 때때로 사람들은 자신이 심은 것을 거두지 않는다. 누군가 그 사이에 개입해 결과를 대신 거두기 때문이다. 돈을 헤프게 쓸 때마다, 부모가 카드 대금을 결제할 돈을 보내온다고 하자. 그렇다면 그것은 돈을 낭비해 생긴 결과를 당신이 거두지 않은 것이다. 부모는 채권자들의 독촉과 배고픔이라는 자연스러운 결과로부터 당신을 보호하려 한다.

이 부모가 보여 준 것처럼, 파종과 수확의 법칙은 외부의 방해를 받을 수 있다. 이 법칙을 방해하는 사람들은 주로 바운더리가 결여된 사람이다. 탁자에서 떨어지는 유리잔을 잡아 중력의 법칙을 방해할 수 있는 것처럼, 사람들은 무책임한 이들의 삶에 개입해 구해 줌으로써 인과 법칙을 방해할 수 있다. 어떤 사람을 그 행동의 결과에서 구해 주는 것은 그로 하여금 계속 무책임한 행동을 저지르도록 부추길 수 있다. 파종과 수확의 법칙은 없어지지 않으며, 언제나 유효하다. 지금도 그 법칙은 작용하고 있다. 그러나 여전히 그 행동을 저지른 사람은 그 결과로 인해 고통당하지 않고, 다른 누군가 그 고통을 떠맡는 일이 변함없이 계속되고 있다.

오늘날 우리는 다른 사람들을 지속적으로 구해 주는 사람을 가리켜 '종속적 관계에 있는 사람'이라고 부른다. 실제로 '종속적 관계에 있는 사람'은 무책임한 이들의 삶을 위해 '공동 서명'을 하는 것이다. 그들은 바운더리가 없는 사람이다. 결과적으로 그들은 무책임한 이들이 저지른 일의 대가—육체적, 감정적, 영적 대가—를 치른다. 그러면 자기 행동의 결과에 상관하지 않는 무책임한 사람은 지배 불능 상태에서 지속적으로 돈을 헤프게 쓴다. 그는 변함없이 사랑받고, 하고 싶은 대로 하며, 기분 좋은 대접을 받는다.

바운더리를 세우는 것은, 종속적 관계에 있는 사람으로 하여금 그들이 사랑하는 이들의 삶 속에서 작용하는 파종과 수확의 법칙을 방해하는 일을 중단하도록 도와준다. 바운더리는 누군가 무언가를 심었다면 그 사람이 심은 것을 수확하도록 강요한다.

무책임한 사람과 맞서는 것은 별로 도움이 되지 않는다. 한 내담자는 종종 이런 말을 했다. "하지만 저도 잭과 맞서 보았습니다. 여러 차례 그의 행동에 대해 내가 생각하는 바를 알리고 그에게 변화가 필요하다고 말하려고 애썼습니다." 실제로 그는 잭에게 성가신 잔소리만 일삼고 있었다. 잭은 변화의 필요성을 느끼지 못할 것이다. 왜냐하면 자신의 행동이 아무런 고통을 가져다주지 않기 때문이다. 무책임한 사람과 대립하는 것은 그에게 고통을 주지 않는다. 오로지 그가 저지른 행동의 결과만이 그에게 고통을 줄 수 있다.

잭이 지혜로운 사람이라면, 대립을 통해서도 행동을 바꾸려 할 것이다. 그러나 파괴적인 삶의 양식에 붙잡힌 사람들은 일반적으로 지혜롭지 않다. 그들은 자기 태도를 바꾸기 전에 그로 인한 결과로 고통을 경험해야 한다. 성경은 어리석은 자들과 대립하는 것은 아무 소용없는 일이라고 말한다. "거만한 자를 책망하지 말라 그가 너를 미워할까 두려우니라 지혜 있는 자를 책망하라 그가 너를 사랑하리라"(잠 9:8).

종속적 관계에 있는 사람들은 무책임한 사람들과 대립할 때 모욕과 고통을 자신에게 부과한다. 사실, 그들은 다른 사람들의 삶 속에 작용하는 파종과 수확의 법칙에 참견하는 것을 그만두어야 한다.

법칙 2: 책임의 법칙

사람들은 바운더리와 자기 삶에 대한 책임감을 가져야 한다는 말을 들을 때마다 이렇게 말한다. "그것은 너무 자기중심적인 태도입니다. 우리는 서로 사랑하며 자기를 부인해야 합니다." 아니면, 그들은 실제로 이기적이거나 자기중심적인 사람이 된다. 또한 그들은 다른 이들에게 호의를 베풀 때 '죄책감'을 느낀다. 이런 자세들은 책임감에 대한 비성경적인 견해에서 비롯되었다.

책임의 법칙은 다른 사람들을 사랑하는 것을 포함한다. 사랑하라는 명령은 그리스도인들을 위한 율법의 전체라고 할 수 있다(갈 5:13-14). 예수님은 "내 계명은 곧 내가 너희를 사랑한 것같이 너희도 서로 사랑하라 하는 이것이니라"(요 15:12)고 말씀하셨다. 다른 이들을 사랑하지 않을 때, 우리는 자신의 책임을 완전히 수행한 것이 아니다. 오히려 그것은 자기 마음을 속이는 것이다.

문제는 책임의 바운더리가 혼동될 때 일어난다. 우리는 다른 사람을 사랑해야 하지만, 다른 사람이 되어서는 안 된다. 나는 당신을 위해 당신의 감정을 느껴 줄 수 없다. 나는 당신 대신 생각할 수 없다. 나는 당신 대신 행동할 수 없다. 나는 여러 경계들이 당신에게 가져다줄 실망을 대신 감당할 수 없다. 한마디로, 나는 당신 대신 성장할 수 없다. 오직 당신 스스로 성장해야 한다. 마찬가지로 당신은 나 대신 성장할 수 없다. 우리 각 사람의 성장을 위해 성경은 이렇게 명령한다. "항상 복종하여 두렵고 떨림으로 너희 구원을 이루라 너희 안에서 행하시는 이는 하나님이시니 자기의 기쁘신 뜻을 위하여 너희에게 소원을 두고 행하게 하시나니"(빌 2:12-13). 당신은 당신 자신에 대해 책임져야 한다. 나는 나 자신에 대해 책임져야 한다.

성경이 말하는 부가적인 주제는, 우리가 대접받고 싶은 대로 다른 사람을 대해야 한다는 것이다. 낙담하고 어찌할 바를 모르거나 아무 도움도 받지 못하고 소망을 잃어버렸다면, 분명히 우리는 도움과 보호를 원할 것이다. 이것은 '다른 사람에 대해' 책임지는 자세의 매우 중요한 측면이다.

'다른 사람에 대해' 책임지는 자세의 또 다른 측면은 다른 사람의 파괴적이고 무책임한 행동에 대해 경계를 정하는 것이다. 누군가 죄를 범했다면, 그 죄의 결과에서 그를 구해 주는 것은 바람직하지 못하다. 한 번 그렇게 구해 주면, 그런 일이 또다시 반복될 것이기 때문이다. 그런 행동은 죄를 범한 사람의 행동 양식을 더 강화시킬 뿐이다(잠 19:19). 이것은 아이들을 양육할 때도 동일하게 적용되는 원리다. 다른 이들에게 경계를 정해 주지 않으면 고통이 뒤따라온다. 또한 그들을 파멸로 이끌게 된다(잠 23:13).

성경 전체를 통해 거듭 강조하는 내용은, 도움이 필요한 사람은 얼마든지 도와주되, 죄에 대해서는 분명하게 경계를 정하라는 것이다. 바운더리는 그렇게 할 수 있도록 도와준다.

법칙 3: 힘의 법칙

12단계 운동(Twelve Steps movement)이 교회 안에서 성장하면서, 치료와 회복 단계에 있는 그리스도인들은 공통된 혼란을 경험하고 있다는 것에 대한 목소리를 높였다. 나는 내 행동을 통제하지 못할 만큼 무력한 존재인가? 그렇다면, 내가 어떻게 내 행동에 책임질 수 있는가? 그런 힘을 가지려면 어떻게 해야 하는가?

12단계와 성경은 사람들이 자신의 도덕적 나약함을 인정해야 한다고 가르친다. 알코올 의존증 환자는 자신이 알코올을 이길 힘이 없다는 것을 인정해야 한다. 그들은 자제심의 열매를 거두지 못한다. 자신의 중독 상태를 이기지 못할 만큼 무력하다.

바울도 자신의 무력함을 고백했다. "내가 행하는 것을 내가 알지 못하노니 곧 내가 원하는 것은 행하지 아니하고 도리어 미워하는 것을 행함이라…내가 원하는 바 선은 행하지 아니하고 도리어 원하지 아니하는 바 악을 행하는도다…내 지체 속에서 한 다른 법이 내 마음의 법과 싸워 내 지체 속에 있는 죄의 법으로 나를 사로잡는 것을 보는도다"(롬 7:15, 19, 23). 이것이야말로 말 그대로 무력함이다. 요한은 우리 모두가 이런 상태에 있으며, 이것을 부인하는 것은 스스로 속이는 것이라 했다(요일 1:8).

비록 우리가 스스로 이런 상태를 극복할 힘이 없더라도, 나중에 승리의 열매를 가져다줄 힘은 가지고 있다.

1. 우리는 자신의 문제에 대한 진실에 동의할 힘을 가지고 있다. 성경은 이것을 '고백'이라 부른다. 고백한다는 말은 '동의한다'는 의미다. 우리는 적어도 "그것이 나다"라고 말할 능력을 가지고 있다. 아직 그 상태를 변화시킬 만한 힘은 없더라도, 고백할 수는 있다.

2. 우리는 자신의 무력함을 하나님께 아뢸 힘을 가지고 있다. 우리는 늘 도우심과 보수를 요청할 힘을 가지고 있다. 우리 스스로를 낮추거나 자신의 삶을 하나님께로 돌릴 힘을 가지고 있다. 혼자 자신의 상태를 호전

시킬 수는 없지만, 의사이신 하나님을 부를 수 있다. 스스로 낮추고 겸비하라는 성경의 명령은 언제나 위대한 약속과 연결되어 있다. 우리가 할 수 있는 일들—고백, 믿음, 도우심을 요청하는 일—을 한다면, 하나님은 우리가 하지 못할 일—변화를 일으킴—을 하실 것이다(요일 1:9, 약 4:7-10, 마 5:3, 6).

3. 우리는 자신의 바운더리 안에 들어 있는 바를 분명히 드러내기 위해 하나님과 다른 사람들에게 구하며 요청할 힘을 가지고 있다.

4. 우리는 자신에게서 발견한 죄악에서 돌아설 힘을 가지고 있다. 이것을 회개라고 부른다. 이 말은 우리가 완벽해진다는 의미가 아니다. 우리가 변화되기를 원하는 죄악된 측면을 발견할 수 있다는 뜻이다.

5. 우리는 성장기의 상처와 어린 시절에 채워지지 못한 욕구의 찌꺼기를 제거하는 데 필요한 도움을 하나님과 다른 사람들에게 겸손한 자세로 요청할 힘을 가지고 있다. 우리가 안고 있는 문제의 많은 부분은 공허한 내면에서 비롯된 것이다. 우리는 그런 필요들을 충족시키기 위해 하나님과 다른 사람들에게 도움을 구해야 한다.

6. 우리는 우리 때문에 상처받은 사람들을 찾아가 그들을 고쳐 줄 힘을 가지고 있다. 우리는 자신과 자기 죄악에 대해 책임지고, 또한 우리가 상처 입힌 사람들에 대해 책임지기 위해 이런 일을 반드시 해야 한다. 마태복음 5장 23-24절은 말한다. "그러므로 예물을 제단에 드리려다가 거기서 네 형제에게 원망 들을 만한 일이 있는 것이 생각나거든 예물을 제단 앞에 두고 먼저 가서 형제와 화목하고 그 후에 와서 예물을 드리라."

다른 한편으로, 우리의 바운더리는 우리가 힘을 발휘하지 못할 영역을 한정하는 것을 도와준다. 즉 바운더리 밖에 있는 모든 것이 거기에 포함된다. 평온함을 구하는 기도(아마 지금까지 기록된 것 중에 가장 뛰어난 바운더리 기도일 것이다)의 내용을 살펴보자.

하나님, 제가 변화시키지 못할 일들에 대해서는 기꺼이 인정하는 침착함을 주시고, 제가 할 수 있다면 변화시킬 수 있는 용기를 주시며, 이 두 가지를 분별할 줄 아는 지혜를 허락하소서.

이 기도를 한마디로 표현하면, "하나님, 제 바운더리를 명백하게 밝혀 주소서!"라고 할 수 있다. 우리는 하나님이 우리를 변화시키는 사역과 과정에 자신을 내맡길 수 있다. 날씨, 지나간 과거, 경제 상황 등 우리가 변화시킬 수 있는 것은 거의 없다. 특히 다른 사람에 대해서는 더욱 그렇다. 우리는 다른 사람을 변화시킬 수 없다. 다른 사람의 아픔으로 인해 고통당하는 사람보다, 다른 이들을 변화시키려고 애쓰느라 괴로워하는 이들이 더 많다. 분명히 말하지만 그 일은 불가능하다.

우리가 할 수 있는 일은, 다른 이들에게 영향을 끼치는 것이다. 하지만 거기에는 함정이 있다. 우리는 그들을 변화 속으로 이끌어 들일 수 없다. 우리 자신을 변화시킴으로 그들의 파괴적 영향력이 더 이상 우리에게 끼치지 않게 해야 한다. 그들을 대하는 방법을 바꾸라. 그러면 그들은 과거에 사용했던 방법이 더 이상 효과가 없음을 알고 변화하려는 마음을 가질 것이다.

다른 사람들에게 변화를 일으킬 수 있는 또 다른 방법은, 우리가 건강한 상태를 회복하여 그들로 하여금 그 사실을 주목하고 부러워하게 하는 것이다. 그들은 우리가 이미 이룬 일들을 따라 하려 할 것이다.

한 가지가 더 있다. 우리는 자신에게 속한 일과 속하지 않은 일을 분별하는 지혜를 가져야 한다. 우리가 변화시킬 수 있는 힘을 가진 영역과 그 힘을 발휘하지 못할 영역 사이의 차이점을 깨닫는 지혜를 달라고 기도하라.

법칙 4: 존중의 법칙

사람들이 자신의 바운더리 문제를 설명할 때 끊임없이 되풀이하는 단어가 있다. 바로 '그들'이라는 말이다. "하지만 내가 '안 돼'라고 말하면 그들이 나를 받아 주지 않을 겁니다." "내가 느끼는 바를 솔직하게 말하면, 그들은 일주일 정도 내게 아무 말도 하지 않을 거예요."

우리는 자신의 바운더리를 다른 사람들이 존중하지 않을 거라는 두려움을 늘 가지고 있다. 우리는 다른 사람들에게 초점을 맞추고 자신에 대한 분명한 인식을 잃어버린다. 때때로 우리가 다른 사람들의 바운더리를 판단함으로써 문제가 생기기도 한다. 우리는 다른 사람들의 바운더리를 이런 말들로 평가한다.

"어떻게 그가 나를 태우러 오는 것을 거절할 수 있지? 당연히 와야 하는 거 아니야? 다음에 기회가 오면 똑같이 해줄 거야."

"그녀가 오찬에 참석하지 않은 건 지나치게 이기적인 행동이었어. 결국 우리도 시간을 내서 참석한 건데 말이야."

"'안 돼'라는 말이 무슨 뜻이야? 난 그저 돈이 좀 필요할 뿐이라구."

"지금까지 내가 너에게 어떻게 해주었는데, 나를 위해 이런 사소한 부탁도 들어 주지 않겠다는 거야?"

다른 사람들의 바운더리를 판단하면서, 우리는 그들이 '마땅히' 해야 할 최상의 길을 알고 있다고 생각한다. 그런 생각은 '그들은 내가 원하는 방법대로 내가 원하는 바를 당연히 해야 한다'는 의미를 담고 있다.

그러나 성경은 우리가 다른 사람을 판단할 때마다 우리도 판단받을 것이라고 말한다(마 7:1-2). 우리가 다른 사람의 바운더리를 판단할 때, 우리의 바운더리도 동일하게 판단받을 것이다. 우리가 다른 사람의 바운더리를 비난한다면, 마땅히 우리의 바운더리도 비난받을 것을 예상해야 한다. 이런 사실은 우리 마음속에 두려움의 고리를 만들고, 우리가 반드시 해야 할 일, 즉 바운더리 세우는 것도 두려워하게 만든다. 결과적으로 우리는 다른 사람의 뜻에 순응하게 되고, 그 다음에는 분개하며, 우리가 '베풀었던' '사랑'은 별 볼 일 없는 것이 되고 만다.

바로 여기에서 존중의 법칙이 등장한다. 예수님은 이렇게 말씀하셨다. "그러므로 무엇이든지 남에게 대접을 받고자 하는 대로 너희도 남을 대접하라"(마 7:12). 우리는 다른 사람들의 바운더리를 존중해야 한다. 우리의 바운더리를 존중해 달라고 하기 위해서는 먼저 다른 사람들의 바운더리를 존중해 주어야 한다. 그들이 우리의 바운더리를 존중해 주기를 바라는 방법대로 그들의 바운더리를 대해야 마땅하다.

우리에게 "안 돼"라고 말하는 사람을 사랑하고 존중한다면, 그들도 우리의 거절을 사랑하고 존중할 것이다. 자유는 자유를 낳는다. 우리가 성령 안에서 행한다면, 다른 사람들에게 스스로 선택할 수 있는 자유를 주게 된다. "주는 영이시니 주의 영이 계신 곳에는 자유가 있느니라"(고후 3:17). 우리는 반드시 '자유롭게 하는 온전한 율법'(약 1:25)으로 모든 것을 판단해야 한다.

우리가 다른 사람들에게 진심으로 관심을 가져야 하는 질문은 "그들이 내가 원하는 대로 하고 있는가?"가 아니라, "그들이 정말로 자유롭게 내린 결정인가?"다. 다른 사람들의 자유를 받아들이게 되면, 우리는 분노하지 않고, 죄책감을 갖지 않으며, 그들이 우리에게 바운더리를 세우더라도 사랑을 철회하지 않는다. 다른 사람들의 자유를 받아들이게 되면, 우리 자신에게도 훨씬 편안한 마음을 가질 수 있다.

법칙 5: 동기 부여의 법칙

스탄은 혼란스러웠다. 받는 것보다 주는 것이 더 복되다고 성경과 교회에서 말하지만, 그 말이 사실이 아님을 자주 느꼈다. 그는 종종 '자신이 행한 모든 일'의 진가를 인정받지 못한다고 느꼈다. 그는 사람들이 그의 시간과 그의 힘을 조금만 더 참작해 주기를 바랐다. 하지만 누군가 그에게 무슨 일을 해달라고 부탁할 때마다, 스탄은 그 일을 했다. 그것이 사랑이라 생각했고, 그는 사랑받는 사람이 되고 싶었다.

마침내 그동안 쌓인 피곤이 우울증으로 발전하자, 그는 나(헨리)를 찾아왔다.

무엇이 문제냐고 내가 묻자, 스탄은 '너무 많이 사랑'하는 게 문제라고 대답했다.

"어떻게 당신은 '너무 많이 사랑'할 수 있지요?" 내가 물었다. "나는 지금까지 그런 말을 들어본 적이 없는데요."

"아, 매우 간단해요." 스탄이 대답했다. "저는 다른 사람에게 마땅히 해야 하는 것보다 좀 더 많이 해줍니다. 그런데 바로 그것이 저를 매우 우울하게 만들었습니다."

"나는 당신이 한 일이 정확히 무엇인지 모르겠군요. 하지만 분명한 건 그게 사랑은 아니라는 사실이지요. 성경은, 진정한 사랑은 복되고 즐거운 상태로 이끌어 준다고 말합니다. 사랑은 우울증이 아니라 행복을 가져옵니다. 당신의 사랑이 당신을 우울하게 한다면, 그것은 사랑이 아닐 겁니다."

"도대체 그렇게 말씀하시는 이유를 모르겠군요. 저는 모든 사람을 위해 많은 일을 했습니다. 저는 주고 또 주었습니다. 그런데 어떻게 제가 사랑하지 않았다고 말씀하실 수 있나요?"

"그렇게 말씀드릴 수 있는 이유는, 당신이 한 행동의 열매 때문입니다. 당신은 우울보다는 행복을 느껴야 마땅합니다. 당신이 사람들을 위해 한 일들을 몇 가지만 이야기해 보세요."

우리는 함께 많은 시간을 보냈고, 스탄은 자신이 한 많은 일과 희생이 사랑이라기보다는, 사랑받지 못할까 봐 두려워서 한 행동임을 깨달았다. 스탄은 어릴 때부터 어머니가 원하는 것을 하지 않으면, 그녀가 사랑을 베풀지 않는다는 걸 터득했다. 그 결과, 스탄은 마지못해 남을 위해 무언가를 해주는 법을 터득했다. 자기 것을 남에게 주고자 했던 궁극적 동기는 사랑이 아니라, 사랑을 잃을지도 모른다는 두려움이었다.

또한 스탄은 다른 사람들의 분노를 두려워했다. 그가 어릴 때, 아버지는 자주 소리를 질렀고, 결과적으로 스탄은 화난 사람을 대할 때 두려움을 느끼게 되었다. 이런 두려움은 다른 이들에게 "안 돼"라는 말을 하지 못하게 만들었다. 자기중심적인 사람들은 누군가 자기에게 "안 돼"라고 말하면 자주 화를 낸다.

스탄은 사랑을 잃게 될 것과 다른 사람들이 자신에게 화내는 것이 두려워 "예"라고 말했다. 이런 잘못된 동기와 다음에 제시한 여러 두려움은 우리가 바운더리를 세우지 못하도록 끊임없이 방해한다.

1. 사랑을 잃거나 버림받을 것에 대한 두려움. "예"라고 말하고 나서 그렇게 말한 것을 후회하는 사람들은, 누군가의 사랑을 잃게 될까 봐 두려워한다. 그들은 사랑을 얻기 위해 자기 것을 기꺼이 주지만, 사랑을 얻지 못하면 버림받았다는 느낌을 갖는다.

2. 다른 사람들의 분노에 대한 두려움. 과거의 상처나 빈약한 바운더리 때문에, 다른 사람들이 자신에게 화내는 것을 못 견디는 사람도 있다.

3. 외로움에 대한 두려움. 어떤 사람들은 다른 사람들에게 사랑을 '얻고' 외로움을 끝낼 수 있으리라는 기대감으로 자기 것을 내어 준다.

4. 자기 내면에 있는 '선한 나'를 잃게 될 것에 대한 두려움. 우리는 사랑하도록 만들어진 존재다. 따라서 사랑받지 못하면 고통당하게 된다. 많은 사람들은 "나는 너를 사랑해. 하지만 그 일을 하고 싶지는 않아"라는 말을 하지 못한다. 그런 말은 이치에 맞지 않는다고 생각한다. 그들은 사랑한다면 언제나 "예"라고 말해야 한다고 생각한다.

5. 죄책감. 많은 사람들이 죄책감 때문에 자기 것을 다른 사람들에게 준다. 그들은 내면에 있는 죄책감을 극복하기 위해 충분히 선한 일을 하려고 애쓸 때, 비로소 자신에 대해 좋은 감정을 느낀다. 그들은 "아니요"라고 말할 때면 불쾌한 느낌을 갖는다. 따라서 늘 선한 느낌만 가지려고 애쓴다.

6. 반환. 무언가를 받을 때 죄책감을 불러일으키는 내용의 말이 뒤따라오는 경우가 많다. 예를 들어, 어떤 부모들은 이렇게 말한다. "나는 너처럼 좋은 것을 가져 본 적이 없단다." "이 정도밖에 못하다니, 너는 정

말 부끄러운 줄 알아야 해." 그러면 아이들은 자신이 받은 모든 것을 다시 갚아야 한다는 부담감을 안게 된다.

7. 허락. 많은 사람들은 자신이 아직도 부모의 허락을 받아야 하는 어린아이인 것처럼 느낀다. 따라서 누군가 그들에게 무언가를 원할 때 그것을 건네준다. 그러면 부모로 상징되는 상대방은 '매우 흡족해' 한다.

8. 다른 이들의 손해에 지나치게 민감함. 실망스러운 일과 손해만을 염두에 두지 않는 경우도 많지만, "아니요"라는 말로 다른 이들에게 거절을 표시할 때마다 그 사람의 슬픔을 최대한 함께 '느낀다.' 남에게 상처 주는 일을 견디지 못하고, 결국 상대방의 요구에 응하게 된다.

여기에서 말하는 요점은 바로 이것이다. 우리는 자유를 누리기 위해 부름받았다. 이 자유는 결과적으로 감사와 따뜻한 마음과 다른 이들에 대한 사랑을 불러일으킨다. 아낌없이 주는 행동에는 큰 보상이 뒤따른다. 받는 것보다 주는 것이 훨씬 더 복되다. 남들에게 무언가를 주는 행동에 기쁨이 따르지 않는다면, 동기 부여의 법칙을 면밀히 살펴봐야 한다.

동기 부여의 법칙은 이렇게 말한다. 자유가 우선되고, 봉사는 그 다음이다. 당신이 두려움에서 자유하기 위해 봉사한다면, 뜻하는 바를 이루지 못할 것이다. 당신의 두려움을 하나님께 맡기라. 그러면 그분이 해결해 주신다. 또한 그분은 당신에게 부여된 자유를 지키는 건강한 바운더리를 창조해 주실 것이다.

법칙 6: 평가의 법칙

"하지만 제가 그렇게 하기를 원한다고 말하면, 그가 상처받지 않을까요?" 제이슨이 물었다. 사업 파트너가 일을 형편없이 처리하는 것에 대한 책임을 묻고 싶다고 말하자, 나(헨리)는 그에게 자신의 뜻을 분명하게 밝히라고 말했다.

"물론 상처를 입을 겁니다." 그의 질문에 대답하며 내가 말했다. "그렇다면, 당신의 문제는 무엇인가요?"

"음, 아마도 그에게 상처를 주고 싶지 않다는 것이겠지요." 제이슨은 마치 내가 그 사실을 알 거라는 표정으로 나를 바라보며 말했다.

"당신이 그에게 상처를 주고 싶지 않을 거라고 확신합니다. 하지만 그 사실이 당신이 반드시 내려야 하는 결정과 무슨 상관이 있습니까?"

"글쎄요. 저는 그의 감정을 완전히 무시하고 제 결정을 내릴 수 없었습니다. 상대방의 감정과 상관없이 결정한다는 것은 너무 잔인한 행동입니다."

"그 말에 동의합니다. 그건 매우 무정한 태도이지요. 하지만 언제 당신의 속마음을 그에게 말할 겁니까?"

"당신은 방금 그에게 제 속마음을 말하는 것이 상처를 줄 거라고 하면서, 한편으로는 그런 행동이 잔인하다고 말씀하시는군요." 제이슨이 혼란스럽다는 듯이 말했다.

"아니요, 그런 뜻이 아닙니다." 내가 대답했다. "나는 그의 감정을 전혀 고려하지 않고 그에게 말하는 것이 잔인하다고 말했습니다. 그것은 당신이 반드시 해야 할 일을 하지 않는 것과는 전혀 다릅니다."

"저는 아무런 차이를 발견하지 못하겠습니다. 어쨌든 제 행동은 그에게 상처를 입힐 테니까요."

"하지만 그것이 그에게 해로운 것은 아니에요. 이건 전혀 다른 차원의 문제입니다. 그가 상처를 입는다 해도, 그 상처는 오히려 그에게 도움이 될 겁니다."

"이젠 정말 뭐가 뭔지 하나도 모르겠습니다. 그에게 상처를 주는 것이 어떻게 그를 도와주는 것이 될 수 있지요?"

"치과에 가 본 적이 있습니까?" 내가 물었다.

"물론이지요."

"치과 의사가 당신의 충치를 제거하기 위해 구멍을 뚫을 때, 그는 당신에게 상처를 입히지요?"

"예."

"그가 당신을 해롭게 합니까?"

"아니요, 조금 아프게 하지만 결국 편하게 만들어 줍니다."

"상처를 입히는 것과 손해를 주는 것은 다릅니다." 나는 힘주어 말했다.

"충치를 만드는 설탕을 먹을 때, 그 설탕이 당신에게 상처를 입혔습니까?"

"아닙니다. 맛이 좋았지요." 그는 이제서야 내가 말하려는 의도를 파악했다는 듯이 미소를 머금고 대답했다.

"설탕이 당신에게 해를 끼쳤습니까?"

"예."

"바로 그것이 제가 말하려는 요점입니다. 우리에게 상처를 주지만 해롭지 않은 일들이 있습니다. 심지어 그런 일들은 우리에게 큰 유익이 되기도 합니다. 또한 우리에게 좋은 느낌을 주지만 상당히 해로운 일들도 있습니다."

~~~~~~

우리는 바운더리 세우는 일의 효과를 평가하며 동시에 다른 사람에 대해 책임져야 한다. 그러나 이 말은 우리의 바운더리가 다른 사람에게 상처를 주거나 분노를 불러일으킨다는 이유로 바운더리 세우는 일을 회피해야 한다는 의미는 아니다. 바운더리를 세우는 것—앞에서 말한 사례에서 제이슨이 사업 파트너에게 거절을 표시하는 것—은 과단성 있는 삶을 살아가는 것을 말한다.

예수님은 그것을 '좁은 문'이라고 말씀하셨다. '멸망으로 인도하는 크고 넓은 문'을 통과하는 것은 언제나 쉽다. 이와 마찬가지로 우리가 꼭 필요한 장소에 바운더리를 세우지 않는 것 역시 쉬운 일이다. 그러나 결과는 항상 같다. 멸망이다. 오로지 정직하고 결단성 있는 인생만이 좋은 열매를 거둘 수 있다. 바운더리를 세우려고 결심하는 것은 어려운 일이다. 거기에는 당신이 사랑하는 누군가에게 고통을 줄 수 있는 결정을 내리는 일이 포함되기 때문이다.

우리는 자신이 내리는 결정으로 야기되는 고통을 평가하고 그 고통을 공감해야 한다. 샌디의 경우를 예로 들어 보자. 샌디는 크리스마스 휴가 때 집에 가는 대신 친구들과 스키를 타러 가기로 결정했다. 샌디의 어머니는 딸에게 실망했지만, 그리 큰 상처를 입지는 않았다. 샌디의 결정은 어머니를 슬프게 했지만, 어머니의 슬픔이 샌디로 하여금 마음을 돌이키게 하지는 못했다. 샌디는 어머니를 위로했다. "엄마, 이번 휴가를 함께 보내지 못해 나도 아쉬워요. 다음 여름 휴가 때는 집에 갈게요."

샌디의 어머니가 딸의 자유로운 선택을 존중했다면, 이렇게 말했을 것이다. "네가 크리스마스 휴가 때 집에 안 온다고 해서 많이 실망했다. 하지만 네가 즐거운 시간을 보내기 바란다." 어머니는 실망하면서도 동시에 샌디가 친구들과 시간을 보내기로 한 결정을 존중해야 한다.

우리는 다른 사람들이 좋아하지 않는 선택을 해서 그들에게 고통을 줄 수 있다. 또한 다른 사람들이 잘못했을 때 그들에게 맞섬으로써 고통을 주기도 한다. 그러나 우리가 자신의 분노를 다른 사람들에게 전달하지 않는다면, 더 큰 쓰라림과 증오심이 마음속에 자리 잡을 수 있다. 따라서 우리가 얼마나 상처받았는지 솔직하게 털어놓아야 한다. "그런즉 거짓을 버리고 각각 그 이웃과 더불어 참된 것을 말하라 이는 우리가 서로 지체가 됨이라"(엡 4:25).

철이 철을 날카롭게 하듯이, 우리가 올바로 성장하기 위해서 다른 사람들과 대치하거나 그들에게서 진리를 지켜 내야 할 때가 있다. 자신에 대해 부정적인 말을 듣고 싶어 하는 사람은 아무도 없다. 하지만 그런 말들은 결국 우리에게 유익을 줄 것이다. 성경은 우리가 지혜롭다면 그런 부정적인 말들에서 교훈을 얻을 거라고 말한다. 친구의 진심 어린 충고는 상처가 되기도 하지만 결국 우리에게 도움이 된다.

우리는 다른 이들의 뜻에 맞섬으로써 생겨나는 고통을 제대로 평가해야 한다. 또한 자신의 결정으로 인해 생긴 상처가 다른 이들에게 도움이 되는지 분별해야 하고, 다른 이들을 위해 그리고 그들과의 관계를 위해 우리가 할 수 있는 최선이 무엇인지 알아야 한다. 이것은 우리가 고통을 긍정적인 시각으로 평가할 수 있어야 한다는 말이다.

법칙 7: 순향의 법칙

모든 작용에는 크기가 같고 방향이 반대인 반작용이 있다. 바울은 율법의 혹독함에 대한 직접적 반응은 진노와 죄의 정욕이라고 말했다(롬 4:15, 5:20, 7:5). 또한 에베소서와 골로새서에서 부모의 잘못에 대한 반발은 자녀들의 노여움과 환멸감으로 나타난다고 말했다(엡 6:4, 골 3:21).

수년 동안 소극적이고 고분고분하게 지내다가 갑자기 폭발하는 사람들을 주위에서 보게 된다. 우리는 그런 모습을 보며 그들에게 무슨 일이 있었는지 의아하게 생각한다. 그리고 그 원인을 그들이 자주 찾았던 상담가나 가깝게 어울린 친구들 탓으로 돌리기도 한다.

그러나 실은 그들이 비록 수년 동안 순응하며 살아왔지만, 그것은 그들 속에 억압된 분노가 일순간에 폭발한 것이다. 바운더리 확립에서 이런 반발 단계는, 특히 살아오는 동안 많은 고통을 당한 이들에게 도움을 준다. 그들은 오랫동안 강제적으로 육체적이고 성적 학대를 받으며 감정적 약탈과 이용을 당하던 무기력하고 고통스러운 자리에서 벗어나야 한다. 우리는 그들에게 해방을 선포해야 할 의무가 있다.

하지만 어느 정도가 충분하다고 할 수 있을까? 반발 단계는 바운더리의 확립을 위한 필요조건이지만 충분조건은 아니다. 스무 살이 되도록 엄마에게 완두콩을 집어던지는 것은 심각한 일이지만, 그런 행동을 마흔 살이 될 때까지 계속하는 것은 더욱 심각한 일이다. 살아오면서 많은 학대를 받은 사람이 자신의 무기력함에 대해 분노하고 증오하는 것은 중요한 일이다. 그러나 남은 생애 동안 그런 '피해 의식'에 사로잡혀 살아가야 할 '권리'를 주장하는 것은 바람직하지 않다.

감정적 차원에서 볼 때, 반발하는 태도는 재발을 방지하는 효과가 있다. 우리는 자신의 바운더리를 발견하기 위해 어느 정도 반발하고 반응해야 한다. 그러나 바운더리를 발견했다면, "그 자유로 육체의 기회를 삼지 말고 오직 사랑으로 서로 종 노릇"(갈 5:13)해야 한다. "만일 서로 물고 먹으면 피차 멸망할까 조심"(갈 5:15)해야 한다. 결국, 우리는 반발하는 그 사람들과 다시 만나야 하고, 전과 동일하게 관계를 형성해야 하며, 이웃을 자기 몸처럼 사랑해야 한다.

이것이 바로 반발적 바운더리가 아닌 순향적 바운더리를 확립해 가는 출발점이다. 바로 이 지점에서 우리는 다른 사람들을 사랑하고 즐거워하며 섬기기 위해 반발 단계를 통해 얻은 자유를 사용할 수 있는 능력을 갖게 된다. 순향적인 사람들은 자신이 사랑하는 것이 무엇이며, 원하는 것이 무엇이고, 목적하는 바가 무엇이며, 지지하는 것이 무엇인지 정확하게 표현한다. 이런 사람들은 싫어하는 것, 원하지 않는 것, 반대하는 것, 거절하는 것 등을 통해 자신을 드러내는 사람들과는 차원이 다르다.

많은 고통을 당해서 반발하기만 하는 사람들은 '적대적인' 태도를 통해 자신을 드러내는 반면, 순향적인 사람들은 자신의 권리를 요구할 뿐 아니라 그 권리를 즐기며 살아간다. 능력이란 우리가 요구하거나 받아들일 가치가 있는 무언가가 아니라, 우리가 드러내야 하는 것이다. 힘의 궁극적 표현은 사랑이다. 사랑은 힘을 드러내기보다는 그 힘을 보존하는 능력이다. 순향적인 사람들은 '다른 사람들을 마치 자신처럼 사랑할' 수 있다. 그들은 상호 존중의 마음을 가지고 있다. '자아를 죽이며' '악을 악으로 갚지 않는' 능력을 가지고 있다. 그들도 율법에 속한 반발 단계를 거쳤지만, 이제는 다른 사람들을 사랑할 수 있고 반발하지 않을 수 있는 단계에 접어들었다.

예수님이 율법의 지배를 받는 반발적인 사람과 자유로운 인격을 소유한 사람을 비교한 말씀을 주의 깊게 들어 보라. "또 눈은 눈으로, 이는 이로 갚으라 하였다는 것을 너희가 들었으나 나는 너희에게 이르노니 악한 자를 대적하지 말라 누구든지 네 오른편 뺨을 치거든 왼편도 돌려 대며"(마 5:38-39).

자신이 거쳐 온 반발 단계와 감정을 인정하지 않고 자유함을 얻으려고 애쓰지 말라. 의도적으로 반발하는 행동을 할 필요는 없지만, 그런 감정을 표현할 필요는 있다. 이것은 단호함을 보여 주며 그런 자세를 취해야 한다는 말이다. 당신을 학대하던 사람들에게서 충분히 멀어져야 하며, 더 이상 침해받지 않기 위해 자신의 것을 방어해야 한다. 그런 후에 자신의 영혼에서 발견한 보화들을 인정하고 잘 간직해야 한다.

하지만 그 단계에 머물러 있지 말라. 영적 성숙은 '자기 자신을 찾는 것'보다 더 고귀한 목표를 요구한다. 반발 단계는 하나의 단계일 뿐이지, 신분은 아니다. 필요조건일 뿐이지, 충분조건은 아니다.

법칙 8: 시기심의 법칙

신약 성경은 시기하는 마음을 피하라고 강력하게 권고한다. "너희는 욕심을 내어도 얻지 못하여 살인하며 시기하여도 능히 취하지 못하므로 다투고 싸우는도다 너희가 얻지 못함은 구하지 아니하기 때문이요"(약 4:2).

시기심은 바운더리와 어떤 관계가 있을까? 시기심, 즉 질투는 우리가 지닌 것 가운데 가장 비열한 감정이다. 그것은 타락의 직접적인 결과이며, 사탄이 저지른 범죄이기도 하다. 성경은 사탄이 '지극히 높으신 하나님과 같이' 되고 싶어 했다고 말한다. 사탄은 하나님을 시기했다. 그리고 계속해서 아담과 하와를 동일한 생각으로 유혹했다. 사탄은 인류의 조상에게 하나님처럼 될 수 있을 거라고 말했다. 사탄과 인류의 조상인 아담과 하와는 자신의 상태에 만족하지 않았고 자신의 경계를 인정하지 않았다. 자신에게 없는 것을 원했고, 그런 헛된 바람은 결국 그들을 파멸로 이끌었다.

시기심에 사로잡힌 사람은 '내가 소유하지 못한 것'을 '좋은 것'으로 규정한다. 그리고 자신이 가진 좋은 요소를 미워한다. 혹시 누군가 다른 사람들이 이룬 업적을 교묘히 깎아내리고, 다른 사람들의 노력으로 성취된 결과를 빼앗는 경우를 여러 번 목격하지 않았는가? 우리는 모두 시기심에 쉽게 빠져드는 요소를 성품 속에 가지고 있다. 그러나 이런 특정한 죄악이 지니는 파괴적인 요소는, 그것이 우리로 하여금 원하는 것을 갖지 못하게 하며 우리를 항상 불안정하고 불만족스러운 상태에 붙잡아 둔다는 사실이다.

이것은 자신에게 없는 걸 갖고 싶어 하는 것이 잘못되었다는 의미가 아니다. 하나님은 우리 마음의 소원을 들어주겠다고 말씀하셨다. 시기심이 지닌 문제는, 우리의 바운더리 밖에 있고 다른 사람의 바운더리 안에 있는 것에 초점을 맞춘다는 데 있다. 다른 사람의 소유나 다른 사람이 성취한 것에 관심을 집중한다면, 우리는 자기 책임을 소홀히 하게 되고, 결국 공허한 마음을 갖게 된다. 갈라디아서 6장 4절이 말하는 차이점을 보라. "각각 자기의 일을 살피라 그러면 자랑할 것이 자기에게는 있어도 남에게는 있지 아니하리니."

시기심은 저절로 계속되는 순환과 같다. 바운더리를 세우지 않은 사람들은 공허함과 허탈감을 느낀다. 그들은 다른 사람이 느끼는 충만함을 바라보며 시기심을 갖는다. 그럴 때 소요되는 시간과 에너지는 그들 자신의 부족함에 대해 책임지며 그 책임을 다하기 위해 어떤 일을 할 때 사용되어야 마땅하다. 행동하는 것만이 유일한 방법이다. 성경은 여기에 덧붙여 '일하지 않았기 때문에' 얻지 못한다고 말한다. "너희가 얻지 못함은 구하지 아니하기 때문이요"(약 4:2). 우리가 다른 사람들의 소유나 업적 등에 대해서만 질투하는 것은 아니다. 하나님이 주신 은사를 개발하기보다는, 다른 이들의 인격과 성품을 시기하기도 한다(롬 12:6).

다음과 같은 상황들을 생각해 보자.

어떤 고독한 사람은 고립된 채로 지내면서 다른 이들이 맺고 있는 친밀한 관계들을 시기한다.

한 독신 여성은 사회생활에서 물러나고는, 친구들의 결혼 생활과 가정생활을 질투한다.

한 중년 여성은 자신이 직업적으로 곤경에 빠져 있다고 생각하면서 자신이 좋아하는 다른 일을 하고 싶어 한다. 하지만 늘 "그래, 하지만…"이라는 말만 되풀이하며 결심을 실행에 옮기지 못한다. 그러면서 자기에게 맞는 직업을 '찾아 떠난' 다른 사람들을 욕하며 부러워한다.

어떤 사람은 정직한 삶을 살기로 결심했다. 하지만 '온갖 즐거움을 다 누리며' 살아가는 것처럼 보이는 사람들을 시기하며 괘씸하게 여겼다.

이런 사람들은 모두 자신의 행동을 부정하고(갈 6:4), 자신을 끊임없이 다른 사람과 비교하며 마음속에 분노를 담고 있다. 앞에서 말한 사례들과 다음 사례들을 비교해 보라.

한 외로운 사람은 자신이 인간관계를 맺는 능력이 부족함을 인식하고 스스로에게 말했다. '왜 나는 사람들에게서 늘 물러나 있는지 모르겠어. 적어도 상담가를 찾아가 이 문제에 대해 말할 수는 있잖아. 비록 내가 사회생활을 두려워한다고 해도, 도움을 요청할 수는 있어. 어느 누구도 이런 식으로 살지는 않아. 지금 당장 전화를 해야겠어.'

어느 독신 여성이 자신에게 말했다. '나는 왜 만나자는 제의도 받지 못하고, 데이트 신청을 할 때마다 거절당할까? 내 행동과 의사소통 방법에 문제가 있는 걸까? 아니면 내가 사람들을 만나려고 생각하는 장소가 부적절할 수도 있어. 어떻게 하면 좀 더 매력적인 사람이 될까? 집단 치료 모임에 참석하거나, 아니면 나와 관심사가 비슷한 사람을 찾기 위해 미팅을 주선하는 회사에 의뢰하는 것도 괜찮은 방법일 거야.'

한 중년 여성이 스스로에게 물었다. '나는 왜 관심 있는 분야로 나아가는 걸 망설일까? 내가 좋아하는 것을 하기 위해 직업을 그만두고 싶을 때 왜 너무 이기적이라고 생각할까? 내가 두려워하는 게 뭐지? 내가 정말로 정직하다면, 자신이 좋아하는 일을 하기 위해 위험을 감수하고 다른 직장을 알아 보거나 직업학교에 다니는 사람들을 주목해야 할 거야. 이런 상태에 머물러 있느니 차라리 그들처럼 행동하는 게 나을 거야.'

어느 정직한 사람은 자신에게 말했다. '내가 진심으로 하나님을 사랑하고 섬기는 쪽을 택한 걸까? 그런데 왜 노예처럼 비굴한 느낌이 드는 거지? 나의 영적 생활에서 옳지 못한 일은 무엇인가? 타락의 길을 걷는 사람들이 나를 보며 질투할 만한 모습은 무엇일까?'

이 사람들은 다른 이들을 시기하기보다는 자기 문제에 대해 질문하고 있다. 시기심은 무언가가 결여되어 있다는 것을 보여 주는 표시다. 바로 그 순간에, 우리는 하나님께 나아가 자신이 무엇에 대해 분개하는지 깨닫게 해달라고 구해야 한다. 또한 시기심을 느끼는 것들을 자신이 갖지 못한 이유가 무엇이며, 자신이 진심으로 바라는 것이 무엇인지 알려 달라고 간구하라. 자신이 원하는 바를 성취하기 위해 해야 할 일이 무엇이며, 또한 포기해야 할 헛된 욕망이 무엇인지 보여 달라고 간구하라.

법칙 9: 행동의 법칙

인간은 반응자(responder)이자 주창자(initiator)다. 우리는 독창력이 없기 때문에 바운더리 문제를 겪는 경우가 많다. 독창력이란 삶을 진취적으로 이끌어 가게 하기 위해 하나님이 우리에게 부여하신 능력이다. 우리는 부르심에 응답하고 각자의 삶 속으로 뛰어든다.

가장 뛰어난 바운더리는 어린아이가 세상으로 자연스럽게 나아가고, 외부 세계가 그 아이에 대해 경계를 정할 때 형성된다. 이런 방법을 통해 공격적 성향을 지닌 아이는 사기를 잃지 않고 자신의 경계를 배워 나간다. 영적이고 감정적인 인간의 행복은 이런 마음가짐을 가지고 있는가의 여부에 달려 있다.

　달란트 비유에 등장하는 정반대의 인물들을 생각해 보라. 칭찬을 받은 사람들은 단호한 태도로 행동했다. 그들은 일을 시작했고 끝까지 밀고 나갔다. 반면에, 꾸중을 듣고 버림받은 종은 수동적이고 게을렀다.

　슬프게도, 수동적인 많은 사람들이 본래부터 악하거나 나쁜 사람은 아니라는 사실이다. 그러나 악은 적극적인 힘이며, 수동성은 악을 의지적으로 밀어내지 못하고 악의 동맹자가 되기 쉽다. 수동성은 결코 아무 유익이 되지 않는다. 하나님은 우리의 노력을 적절하게 사용하시지만, 우리가 해야 할 일을 전부 다 해주시지는 않는다. 그것은 우리의 바운더리를 침해하는 일이기 때문이다. 그분은 우리가 생명의 문을 구하고 두드리는, 적극적이면서도 활동적인 사람이 되기 원하신다.

　하나님은 두려움에 떨고 있는 사람을 천대하지 않으신다. 성경은 하나님의 긍휼에 대한 예로 가득하다. 그러나 하나님은 수동성을 용납하지 않으실 것이다. '악하고 게으른' 종은 수동적이었다. 그는 노력하지 않았다. 하나님은 은혜로 실수를 덮어 주시지만, 그 은혜가 수동성을 뒷받침하는 데 이용되게 하지 않으신다. 우리는 우리에게 주어진 부분을 담당해야 한다.

　하나님이 책망하시는 죄악은, 노력한 후에 실패한 것이 아니라 노력을 게을리한 것이다. 노력한 후에 실패하고, 또다시 노력하는 것을 학습이라고 말한다. 노력을 게을리하는 사람은 선한 열매를 거두지 못할 것이다. 그 속에서는 결국 악이 승리하게 된다. 하나님은 히브리서 10장 38-39절에서 수동성에 대한 의견을 분명히 밝혀 놓으셨다. "나의 의인은 믿음으로 말미암아 살리라 또한 뒤로 물러가면 내 마음이 그를 기뻐하지 아니하리라 하셨느니라 우리는 뒤로 물러가 멸망할 자가 아니요 오직 영혼을 구원함에 이르는 믿음을 가진 자니라."

하나님은 수동적으로 '뒤로 물러가는' 것을 혐오하신다. 수동적인 태도가 우리 영혼에 얼마나 파괴적인 영향을 끼치는지 이해할 때, 우리는 하나님이 그것을 묵과하시지 않는 이유를 알게 될 것이다. 하나님은 우리가 '영혼을 보존하기' 원하신다. 이것이 바로 바운더리의 규칙이다. 바운더리는 우리의 영혼과 소유를 규정하고 보존해 준다.

어린 새가 알을 깨고 나오려 할 때 새를 도와준다는 구실로 알을 대신 깨 준다면, 그 어린 새는 곧바로 죽어 버린다는 말을 들은 적이 있다. 새는 직접 껍데기를 쪼아 깨고 알에서 나와 세상으로 들어오게 된다. 이런 적극적인 '활동'은 새를 강하게 단련시켜, 외부 세계에서도 제대로 기능하도록 도와준다. 알을 직접 깨고 나와야 하는 책임을 남에게 빼앗기면, 그 새는 결국 죽게 된다.

하나님은 이 같은 방법으로 우리를 단련시키신다. 그분이 우리 대신 '알을 깨는' 일을 해주고, 우리의 바운더리를 함부로 침해한다면, 우리는 죽고 말 것이다. 우리는 수동적으로 뒤로 물러서지 말아야 한다. 우리의 바운더리는 적극적이면서도 활동적인 자세를 통해 만들어진다. 구하고, 찾고, 두드릴 때 비로소 든든하게 세워진다(마 7:7-8).

법칙 10: 노출의 법칙

바운더리란 소유를 표시하는 선이다. 바운더리는 우리가 시작하고 끝내는 지점을 규정한다. 지금까지 우리는 그런 선이 필요한 이유를 살펴보았다. 다른 무엇보다 중요한 이유는, 우리가 진공 상태로 존재하지 않는다는 것이다. 우리는 하나님, 그리고 다른 사람들과의 관계 속에서 존재한다. 우리의 바운더리는 다른 이들과의 관계 속에서 우리를 명확하게 드러낸다.

바운더리의 전반적인 개념은 우리가 관계 속에서 존재한다는 사실과 관련되어 있다. 그러므로 바운더리는 관계에 대한 것이며, 궁극적으로 사랑에 대한 것이다. 바로 그런 이유 때문에 노출의 법칙은 아주 중요하다.

노출의 법칙이란 바운더리가 다른 사람들에게 분명하게 드러나야 하며, 그들과의 관계 속에서 전달되어야 한다는 법칙이다. 인간관계에 대한 두려움 때문에 바운더리 문제가 많이 생긴다. 죄책감에 대한 두려움, 다른 사람이 자신을 싫어할 것에 대한 두려움, 사랑을 잃을 것에 대한 두려움, 친밀한 관계를 유지하지 못할 것에 대한 두려움, 허락받지 못할 것에 대한 두려움, 상대방이 화를 낼 것에 대한 두려움, 너무 많이 알려지는 것에 대한 두려움 등. 우리는 이처럼 많은 두려움에 휩싸여 있다.

이 모든 두려움은 사랑의 부족에서 생겨난 것이다. 하나님은 우리가 사랑하는 법을 배워 나가기 원하신다. 인간관계로 인해 생기는 여러 문제들은 오직 관계 속에서 해결될 수 있다. 왜냐하면 인간관계야말로 많은 문제가 발생하는 정황이며, 영적 존재의 정황이기 때문이다.

이런 여러 두려움들 때문에 우리는 은밀한 바운더리를 가지려고 애쓴다. 우리는 수동적이며 내성적으로 물러나려 하고, 사랑하는 사람들에게 "안 돼"라는 말을 정직하게 하지 못한다. 상처를 주는 사람들에게 화가 났다고 말하기보다는 그들에 대한 원한을 몰래 쌓아 간다. 종종 우리는 누군가 저지른 무책임한 행동으로 인한 고통을 남몰래 견디려 한다. 오히려 그런 경우에는 그들에게 가서 그들의 행동이 우리와 사랑하는 다른 사람들에게 어떤 영향을 끼쳤는지 말해 주는 것이 타당하다. 그렇게 알려 주는 것이 그들의 영혼에 훨씬 유익하다.

또 다른 예를 들어 보자. 한 여성은 남편의 뜻에 순순히 따르기만 하고, 자기 감정이나 의견을 거의 20년 동안 밝히지 않았다. 그러다가 갑자기 이혼 서류를 내밀며 자신의 바운더리를 '표현'했다. 어떤 부모는 오랜 시간 동안 자녀들에게 계속 자신들의 것을 줌으로써 '사랑'을 표현했다. 하지만 자녀들에게 경계를 정해 주지 않았고, 자신들이 베푼 사랑을 후회하지도 않았다. 그러나 자녀들은 별로 사랑을 느끼지 못하고 자랐다. 부모의 태도가 솔직하지 못했기 때문이다. 부모는 어리둥절했지만, 이렇게 생각하며 자신들을 위로했다. '어쨌든 우리는 할 일을 다 했어.'

여기에서 볼 수 있는 것처럼, 바운더리를 표현하지 않으면 관계는 손상되게 마련이다. 바운더리는 우리가 관심을 갖든 그렇지 않든 존재하며 우리에게 영향을 끼친다. 이 사실을 반드시 기억하기 바란다. 지구의 여러 법칙들을 알지 못해 고통당했던 외계인처럼, 우리는 자기 바운더리의 실체를 다른 사람에게 알리지 않을 때 고통당한다. 우리의 바운더리가 직접적으로 알려지거나 노출되지 않으면, 그것은 간접적으로 또는 원래 모습과 전혀 다른 모습으로 알려지게 될 것이다.

성경은 이 문제에 대해 여러 곳에서 말한다. 바울은 이렇게 말한다. "그런즉 거짓을 버리고 각각 그 이웃과 더불어 참된 것을 말하라 이는 우리가 서로 지체가 됨이라 분을 내어도 죄를 짓지 말며 해가 지도록 분을 품지 말고"(엡 4:25-26). 성경은 우리에게 정직하며 빛 가운데 행하라고 명령한다. 바울의 말을 더 들어 보자. "그러나 책망을 받는 모든 것은 빛으로 말미암아 드러나나니 드러나는 것마다 빛이니라 그러므로 이르시기를 잠자는 자여 깨어서 죽은 자들 가운데서 일어나라 그리스도께서 너에게 비추이시리라 하셨느니라"(엡 5:13-14).

성경은 줄곧 우리가 빛 가운데 거하고 있다는 것을 말하고, 우리가 하나님과 다른 사람들에게 접근할 수 있는 유일한 장소는 빛에 속한 곳임을 알려 준다. 그러나 우리는 두려움 때문에 내면의 어두움 속에 숨으려 한다. 그 부분에서는 사탄이 힘을 발휘한다. 우리의 바운더리가 빛 가운데 나타나면, 즉 공개적으로 다른 사람들에게 전달되면, 우리의 인격은 처음으로 완전한 상태에 이르게 된다. 우리의 바운더리는 바울의 말대로 '드러나게 되고' 그것은 곧 빛이 된다. 바운더리는 모양을 달리하게 되고 변화된다. 빛 속에서는 늘 치유가 일어난다.

다윗은 이렇게 말했다. "주께서는 중심이 진실함을 원하시오니 내게 지혜를 은밀히 가르치시리이다"(시 51:6). 하나님은 우리와 실제적 관계를 맺고 싶어 하시며, 우리가 서로 진정한 관계를 이루기 원하신다. 진정한 관계란, 우리가 자신의 바운더리와 표현하기 힘든 내면의 부분을 가지고 빛 가운데 서는 것을 의미한다. 우리의 바운더리가 죄의 영향을 받았기 때문이다. 우리의 바운더리는 '경계선을 벗어났으므로' 빛 가운데로 다시 옮겨져야 한다. 하나님이 우리의 바운더리를 치유하시고, 그 바운더리로 인해 유익한 다른 부분도 회복시키도록 맡겨드려야 한다. 이것이 바로 진정한 사랑에 이르는 길이다. 자신의 바운더리를 분명하게 드러내라.

~~~~~~~~~

이 장 앞부분에 나왔던 외계인 이야기를 기억하는가? 하나님은 우리를 외계의 땅에서 이끌어 내어 무지한 상태로 내버려 두지 않으셨다. 이것이 복음이다. 하나님은 자기 백성을 애굽에서 건져 내고, 그분의 원칙과 길을 가르치셨다. 하나님이 가르치신 원리는 백성에게 생명을 주는 것으로 밝혀졌다. 그러나 이스라엘 백성은 이 원리를 배우고, 실천하며, 믿음의 원리를 내면화하기 위해 무수한 전쟁을 해야 했다.

하나님은 우리를 포로 상태에서 이끌어 내셨다. 여기서 말하는 포로 상태란 역기능 가정일 수도 있고, 이 세상일 수도 있으며, 우리 자신이 세워 놓은 종교적 독선일 수도 있고, 또는 길을 잃고 헤매는 상태일 수도 있다. 어떤 상황이라도 그분은 우리의 구원자이시며, 우리는 그분이 확보해 주신 것을 굳게 지켜야 한다. 그분이 우리를 인도하신 그 땅에는 확실한 실제와 원리가 존재한다. 그분의 말씀에 제시되어 있는 원리를 배우라. 그러면 살아가기에 정말 좋은 하나님 나라를 발견하게 될 것이다.

6.

바운더리에 대한 일반적 통념

통념이란 진리처럼 보이는 허구를 말한다. 때때로 통념은 정말 사실처럼 들리기에 그리스도인들은 그것을 기계적으로 받아들이기도 한다. 이런 통념 가운데 몇몇은 가정 환경에서 비롯된다. 교회나 신학적인 기반에서 생겨나기도 한다. 또한 우리가 가진 오해 때문에 생기는 통념도 있다. 출처가 무엇이든, 다음에 제시한 '진리처럼 들리는' 여러 통념들에 대해 기도하는 마음으로 살펴보자.

통념 1: 바운더리를 세우는 것은 이기적인 행동이다

"저, 잠깐만요." 테레사가 머리를 흔들며 말했다. "저를 원하는 사람들에 대해 어떻게 제가 경계를 정할 수 있나요? 그것은 하나님을 위해 사는 삶이 아니라 오직 나만을 위한 삶 아닌가요?"

테레사는 그리스도인들이 바운더리 세우는 것을 반대하는 중요한 이유 가운데 하나를 소리 높여 말했다. 자기중심적이며 다른 이들에게 무관심하고, 오직 자기 문제에만 이해 관계를 갖는 것에 대한 뿌리 깊은 두려움 때문이었다.

사랑을 베푸는 사람이 되어야 한다는 말은 절대적으로 옳다. 다른 사람들의 행복에 관심을 가져야 한다. 사실, 우리가 그리스도인임을 증명하는 가장 우선된 표시는 서로 사랑하는 것이다(요 13:35).

그렇다면 바운더리는 우리로 하여금 타인 중심에서 자기중심으로 마음을 바꾸게 하는 것 아닌가? 그렇지 않다. 적절한 바운더리는 다른 사람들을 보살피는 능력을 오히려 향상시킨다. 고도로 발달된 바운더리를 가진 사람들은 다른 이들을 가장 잘 돌본다. 어떻게 그럴 수 있을까?

첫째, 이기심과 청지기의 직무를 구분해야 한다. 이기심은 자신의 소원과 욕구에 대한 집착과 관련되어 있다. 동시에 다른 사람들에 대한 책임은 배제시킨다. 소원과 욕구를 갖는 것은 하나님이 주시는 특성이지만(잠 13:4), 우리는 그런 요소들을 건강한 목적과 책임감의 범위 안에서 간수해야 한다.

둘째, 우리에게 필요한 것을 우리가 원하지 않을 수도 있다. 둔감한 사람은 남의 말을 지독하게 잘 듣긴 하지만 다른 이들의 도움이 절대적으로 필요할 것이다. 그러나 그는 남의 도움을 거부할지도 모른다. 하나님은 우리의 모든 소원을 허락하기보다는 우리의 필요를 채우는 데 관심이 더 많으시다. 예를 들어, 하나님은 '육체에 가시'를 제거해 달라는 바울의 소원을 거절하셨다(고후 12:7-10). 동시에 바울이 어떤 상황에서도 자족했을 때 바울의 필요를 충족시켜 주셨다. "나는 비천에 처할 줄도 알고 풍부에 처할 줄도 알아 모든 일 곧 배부름과 배고픔과 풍부와 궁핍에도 처할 줄 아는 일체의 비결을 배웠노라 내게 능력 주시는 자 안에서 내가 모든 것을 할 수 있느니라"(빌 4:12-13).

하나님이 우리의 부족함을 채워 주신다는 사실을 깨닫는 것은, 바운더리 세우는 것을 두려워하는 그리스도인에게 아주 유익하다. "나의 하나님이 그리스도 예수 안에서 영광 가운데 그 풍성한 대로 너희 모든 쓸 것을 채우시리라"(빌 4:19). 그와 동시에 하나님은 우리의 소원과 욕구를 '모두 악한 것'으로 여기지 않으신다. 그분은 우리의 소원 가운데 많은 것들을 이루어 주신다.

우리의 필요를 채우는 일은 우리의 책임

하나님이 도우신다고 해도, 우리의 필요를 채우는 것은 근본적으로 우리가 해야 일임을 깨닫는 것은 정말 중요하다. 우리는 다른 사람들이 우리를 보살펴 줄 것을 수동적으로 기다리면 안 된다. 예수님도 "구하라…찾으라…두드리라"(마 7:7)고 말씀하셨다. 우리는 "두렵고 떨림으로 너희[우리] 구원을 이루어야"(빌 2:12) 한다. 비록 '너희[우리] 안에서 행하시는 이는 하나님'(빌 2:13)이심을 알고 있다 해도, 우리는 자신에게 맡겨진 책임을 감당해야 한다.

이 내용은 대부분 지금까지 생각해 오던 것과는 상당히 다르다. 어떤 사람들은 자신이 원하는 것은 악하고, 이기적이며, 기껏해야 사치스러운 것으로 여긴다. 또 어떤 사람들은 자신의 필요를 하나님이나 다른 사람들이 채워 주어야 한다고 생각한다. 하지만 성경이 말하는 바는 분명하다. 우리의 필요를 채우는 것은 우리의 책임이다.

우리 삶의 마지막에 이르면 이 진리는 수정처럼 맑고 분명해질 것이다. 우리는 "다 반드시 그리스도의 심판대 앞에 나타나게 되어 각각 선악간에 그 몸으로 행한 것을 따라 받게"(고후 5:10) 될 것이다. 정신이 번쩍 들게 하는 생각이 아닐 수 없다.

청지기의 직무

우리 삶이 하나님께 받은 선물이라는 사실을 깨닫는 것은, 경계를 정하고 그것을 이해하는 데 무척 유용하다. 관리자가 주인을 위해 가게를 잘 관리하듯이, 우리는 우리 영혼에 대해 그와 같은 자세로 임해야 한다. 바운더리를 제대로 갖추지 않아서 맡은 것을 제대로 관리하지 못한다면, 주인은 자기 마음대로 그것을 처분할 것이다.

우리는 자신의 삶, 태도, 감정, 생각, 행동을 발전시켜야 한다. 우리의 영적, 감정적 성장은 우리에게 투자하신 하나님이 거두시는 '이자'다. 우리에게 상처를 입히는 사람들과 행동에 대해 "아니요"라고 말할 때, 우리는 하나님의 출자금을 지키는 것이다. 이기심과 청지기의 직무 사이에는 큰 차이가 있다.

통념 2: 바운더리는 불순종의 표시다

많은 그리스도인들은 경계를 정하고 지키는 것이 하나님께 반항하고 불순종하는 표시인 것처럼 두려워한다. 신앙인들의 모임에서 이런 말을 종종 듣는다. "우리 프로그램에 기꺼이 동참하지 않는 것은 둔감한 마음 상태를 드러내는 행동이다." 이런 통념 때문에 수많은 사람들이 전혀 영적이지도 않고 감정적 가치도 없는 일에 끊임없이 매여 있다.

진리는 삶을 변화시킨다. 오히려 바운더리 결여가 불순종의 표시일 때가 있다. 불확실한 바운더리를 가진 사람들은 겉으로는 고분고분한 것처럼 보이지만, 속으로는 하나님께 반항하고 분노를 가득 담아 두고 있다. 그들은 "아니요"라고 말할 수 있을지 모르지만, 두려움을 떨쳐 버리지는 못한다. 따라서 두려움을 감추고 마음이 내키지 않은 상태에서 "예"라고 말해 버린다. 대니엘이 바로 그런 경우다.

대니엘은 예배를 마치고 나서 그의 차가 주차된 곳에 거의 다 왔을 때 켄에게 붙잡혔다. 대니엘은 생각했다. '그냥 가자. 아직 빠져나갈 기회는 있어.'

"대니엘!" 켄이 큰소리로 불렀다. "이렇게 만나게 되어 다행입니다!"

미혼자 모임의 회장이고 성경 공부 모임을 이끄는 켄은, 성경 공부 모임에 사람들을 끌어모으기 위해 애쓰고 있었다. 하지만 그는 대부분의 사람들이 자신이 이끄는 모임에 참석하기 싫어한다는 사실을 알지 못했다.

"대니엘, 어떤 분야를 공부하고 싶어요? 예언서, 전도 훈련, 아니면 마가복음?"

대니엘은 자포자기하며 속으로 생각했다. '나는 이렇게 말할 수 있어. "그리 관심 가는 분야가 없습니다. 저에게 전화하지 마세요. 제가 전화하겠습니다." 하지만 그는 미혼자 모임의 회장이잖아. 그는 모임 내에서 다른 사람들과 나의 관계를 위태롭게 만들 수도 있어. 어떤 과정이 가장 짧은지 모르겠군.'

"예언서는 어떨까요?" 대니엘이 제안했다. 하지만 그것은 엄청난 실수였다.

"좋아요! 그 과정은 18개월 동안 진행될 겁니다. 월요일에 봅시다."

켄은 의기양양하게 걸어갔다.

지금 일어난 일을 자세히 살펴보자. 대니엘은 켄에게 "아니요"라고 말하는 것을 회피했다. 언뜻 보기에 그는 순종의 차원에서 선택한 것처럼 보인다. 그는 성경 공부에 헌신한 것이다. 성경 공부는 좋은 일 아닌가? 두말할 필요가 없다.

그러나 좀 더 생각해 보자. 대니엘이 켄에게 "아니요"라고 말하지 못한 원인은 무엇인가? 그가 품은 '마음의 생각과 뜻'(히 4:12)은 무엇인가? 두려움이었다. 대니엘은 켄이 미혼자 모임 내에서 가진 정치적 영향력을 두려워했다. 그는 자신이 켄을 실망시키면 다른 사람과의 관계에서 손실이 있을까 봐 두려워했다.

이것이 왜 그리 중요한가? 그 이유는 성경적 원리가 여기에서 설명되고 있기 때문이다. 내적 "아니요"는 외적 "예"를 무효로 만든다는 원리다. 하나님은 우리의 외적 순종보다는 마음의 중심에 더 관심이 있으시다. "나는 인애를 원하고 제사를 원하지 아니하며 번제보다 하나님을 아는 것을 원하노라"(호 6:6).

달리 말하면, 속으로는 거절하면서 겉으로만 하나님이나 다른 사람에게 "예"라고 대답한다면, 우리는 순종의 자리로 나아가는 것처럼 보인다. 하지만 그것은 거짓말하는 것이나 다름없다. 입술로는 "예"라고 말하지만, 마음은 "아니요"라고 말하고 있다.

대니엘이 성경 공부 과정을 절반이라도 마칠 거라고 생각하는가? 분명히 대니엘은 약속을 지키지 못할 만큼 중요한 일이 생겼고, 공부를 그만두었다. 하지만 그는 켄에게 공부를 그만두는 이유를 말하지 않았다.

바운더리가 불순종의 표시라는 이 통념을 다음과 같은 말에 비추어 생각해 보자. "아니요"라고 말할 수 없다면, "예"라고 말할 수도 없다. 그 이유는 무엇인가? 순종하고, 사랑하며, 책임을 다하는 사람이 되는 것은 우리 마음의 동기와 관련되어 있기 때문이다. 우리는 늘 사랑의 마음으로 "예"라고 말해야 한다. 행동의 동기가 두려움에서 비롯된 것이라면, 우리는 사랑하지 않는 것이다.

성경은 순종하는 법을 이렇게 설명한다. "각각 그 마음에 정한 대로 할 것이요 인색함으로나 억지로 하지 말지니 하나님은 즐겨 내는 자를 사랑하시느니라"(고후 9:7).

'인색함'이나 '억지로' 헌금하는 자세에 대해 생각해 보자. 이 두 가지 태도는 모두 두려움을 내포하고 있다. 그 두려움은 특정한 사람에 대한 것일 수도 있고, 죄책감에 사로잡힌 양심으로 인한 것일 수도 있다. 이런 동기는 사랑과 함께 존재할 수 없다. 왜냐하면 "사랑 안에 두려움이 없고 온전한 사랑이 두려움을 내쫓기"(요일 4:18) 때문이다. 우리 각 사람은 자기 마음이 정한 대로 해야 한다. 우리가 "아니요"라고 말하기를 두려워할 때, 우리의 "예"는 손상을 입게 된다.

하나님은 두려움에서 비롯된 우리의 순종에는 별 관심이 없으시다. "두려움에는 형벌이 있음이라 두려워하는 자는 사랑 안에서 온전히 이루지 못하였느니라"(요일 4:18). 하나님은 사랑에서 비롯된 반응을 원하신다.

바운더리는 불순종의 표시인가? 그럴 수도 있다. 옳지 않은 이유 때문에 선한 일에 대해 "아니요"라고 말할 수 있다. 그러나 "아니요"라고 말하는 것은 우리로 하여금 동기를 명확하게 하고, 정직하게 하며, 진실을 말하게 도와준다. 그러면 우리는 우리 안에서 행하시는 하나님을 따라갈 수 있다. 이런 과정은 결코 두려운 마음으로는 완성될 수 없다.

통념 3: 바운더리를 세우기 시작하면, 나는 다른 사람들에게 상처를 입게 될 것이다

여성들로 이루어진 성경 공부 모임에서 거의 언제나 조용히 자리를 지키던 데비가 말문을 열었다. 그날 저녁의 주제는 '갈등을 해결하는 성경적 방법'이었다. 그녀는 그 문제에 대해 입을 다물고 있을 수 없었다. "저는 조심스러운 방법으로 제 의견에 대한 사실과 주장을 제시하는 법을 알고 있어요. 그러나 남편은 제가 자기 뜻에 따르지 않으면 저를 버릴 거예요! 저는 어떻게 해야 하지요?"

데비가 겪고 있는 문제를 많은 이들이 공감했다. 그녀는 진정으로 바운더리의 필요성과 효과를 믿었지만, 그 결과는 두려워하고 있었다.

다른 이들이 우리의 바운더리에 대해 화를 내고 공격하거나 우리를 떠나는 일이 가능할까? 물론 가능하다. 하나님은 다른 사람들이 우리의 거절에 대해 반응할 것을 규제할 힘이나 권리를 우리에게 결코 부여하시지 않았다. 어떤 사람들은 우리의 태도를 환영하지만, 그와 반대로 미워하는 사람들도 분명히 있을 것이다.

예수님은 부자 청년에게 영원한 생명에 대해 엄격한 진리를 말씀하셨다. 그분은 그 청년이 돈을 더 따르고 있다는 것을 아셨다. 그래서 청년에게 돈을 포기하고, 마음속에 하나님을 위한 공간을 마련하라고 명령하셨다. 결과는 좋지 않은 쪽으로 나타났다. "그 청년이 재물이 많으므로 이 말씀을 듣고 근심하며 가니라"(마 19:22).

예수님은 그 상황을 교묘히 조작해 그 청년이 어렵지 않게 명령을 따르게 할 수도 있었다. "그래, 네 재산의 90퍼센트를 바치는 것은 어떻겠느냐?"라고 말씀하실 수 있었다. 그분은 하나님이시므로, 규칙을 새로 만들어도 무방했다. 하지만 그렇게 하지 않으셨다. 예수님은 부자 청년이 마땅히 누구를 따라야 하는지 아셨다. 그렇기 때문에 청년이 가도록 내버려 두신 것이다.

우리도 예수님처럼 할 수 있다. 우리는 바운더리를 그럴듯하게 꾸며서 사람들이 그것을 받아들이도록 그들을 조작할 수 없다. 바운더리는 우리가 맺고 있는 여러 관계의 질을 시험하는 '리트머스 시험지'다. 우리 삶과 관련되어 있으면서 우리의 바운더리를 존중하는 사람들은 우리의 의지, 의견, 독자성을 사랑할 것이다. 하지만 바운더리를 존중하지 않는 사람들은 우리의 거절을 좋아하지 않는다고 말한다. 그들은 오직 우리의 "예"와 순응적 태도만 좋아한다.

예수님은 이렇게 말씀하셨다. "모든 사람이 너희를 칭찬하면 화가 있도다 그들의 조상들이 거짓 선지자들에게 이와 같이 하였느니라"(눅 6:26). 이 말씀은 이렇게 표현할 수 있다. "듣기 좋은 소리만 하는 사람이 되지 말아라. 습관에 따라 화평을 이루려는 사람이 되지 말아라." 당신이 말하는 모든 내용이 모든 사람에게 사랑받는다면, 진리를 왜곡시키는 이상한 말들도 좋은 것으로 여겨질 것이다.

경계를 정하는 것은 진리를 말하는 것과 관련이 깊다. 성경은 진리를 사랑하는 사람과 진리를 사랑하지 않는 사람을 분명하게 구분한다. 먼저, 우리의 바운더리를 기꺼이 받아들이는 사람들이 있다. 그들은 우리가 정한 경계를 인정하며 우리 말에 귀를 기울인다. 그들은 이렇게 말한다. "당신이 그런 독자적인 의견을 가지고 있는 걸 보니 기쁘군요. 당신의 생각이 제게 많은 도움이 되었습니다." 이런 사람은 지혜로운 사람 또는 의로운 사람이라 일컬어진다.

두 번째 유형은 우리의 경계를 미워하는 사람들이다. 이들은 우리가 가진 차이점을 싫어하며, 우리가 가진 보물을 포기하도록 교묘히 조작한다. 앞에서 제시한 '리트머스 시험지'로 당신에게 중요한 관계들을 시험해 보라. 몇 가지 영역에서 주위 사람들에게 "안 돼"라고 말해 보라. 그들과 더 긴밀한 관계로 발전하든지, 아니면 그들과의 관계가 더 나아질 가능성이 없다는 것을 알게 될 것이다.

그렇다면 자신이 '바운더리 파괴자'라고 드러내 놓고 말하는 남편과 사는 데비는 어떻게 해야 할까? 데비의 남편은 그녀를 떠나겠다는 협박을 계속해서 할까? 아마 그럴 것이다. 우리는 다른 사람을 마음대로 조종할 수 없다. 그러나 데비가 전적으로 남편의 뜻에 복종하는 것만이 그가 떠나지 않는 유일한 길이라고 한다면, 어찌 그들을 부부라고 할 수 있겠는가? 그렇다고 해서 그녀와 남편이 그 문제를 회피한다면, 어떻게 해결할 수 있겠는가?

데비는 자신의 바운더리로 인해 고독한 삶을 살아야 할까? 절대로 그렇지 않다. 진리를 말한다는 이유로 누군가 그 사람을 버리고 떠났다고 하자. 그럴 때 교회는 버림받은 그 사람에게 영적이고 감성적인 '쉼터'를 제공해 주어야 한다.

이것은 교회가 이혼을 지지한다는 말이 아니다. 요점은 우리가 누군가를 우리 곁에 머물게 하거나 우리를 사랑하도록 만들 수 없다는 것이다. 궁극적으로 그런 결정은 배우자에게 속한 문제다. 때때로 바운더리 설정은 우리가 육체적 부분을 제외한 모든 영역에서 이미 배우자에게 버림받았음을 명백하게 밝혀 주기도 한다. 종종 이런 종류의 위기들은 다툼을 일삼는 부부들을 다시 화해하게 하거나 그들이 좀 더 성경적 부부 관계를 회복하도록 이끌어 주는 역할을 한다. 일단 부부 사이에 잠재되어 있던 문제가 표면으로 드러나면, 그때부터 문제는 해결의 기미를 보이기 시작한다.

지금까지 바운더리 없이 살다가 늦게나마 경계를 정하려는 사람은 결혼 생활에 변화가 생기기 시작한다. 부부 사이에 예전보다 더 많은 의견의 불일치가 생겨난다. 가치관, 계획, 재정, 자녀들, 성(性)에 대해 더 심한 갈등을 겪는다. 하지만 새롭게 형성된 경계는, 자신을 통제하지 못하던 배우자가 결혼 생활에서 더 많이 책임져야 한다는 동기 부여를 받는 데 필요한 적절한 고통을 경험하도록 도와준다. 바운더리를 세운 후에 부부 관계가 더욱 견고해지는 경우가 많다. 그 이유는 부부가 서로 올바른 관계를 맺으려고 노력하기 때문이다.

바운더리를 세운다는 이유로 우리를 떠나거나 공격하는 사람들이 생길까? 물론이다. 먼저 그들의 성격을 잘 파악한 다음, 문제를 해결하기 위한 단계로 나아가야 한다.

먼저 관계를 견고하게 한 다음, 바운더리를 세우라

지나는 상담가가 그녀의 바운더리 문제를 제시하는 것을 열심히 들었다. "이제 모든 것이 제대로 이해되네요." 그녀는 상담을 마치면서 말했다. "내 삶에 어떤 변화를 가져와야 할지 알 것 같아요."

하지만 어느 정도 시간이 흐른 뒤 다시 상담하러 왔을 때, 자신만만하던 그녀의 태도는 온데간데없었다. 그녀는 좌절하고 상처 입은 모습으로 상담 사무실로 들어섰다. "제가 세운 바운더리는 쓸모없는 것이었어요." 그녀는 슬픈 어조로 말했다. "이번 주 내내 남편과 아이들, 부모님, 친구들이 제 바운더리를 존중하지 않아서 저는 그들과 다투기만 했어요. 이제 아무도 저하고 말도 하지 않으려고 해요."

무엇이 문제인가? 지나는 분명히 자신의 바운더리를 세우는 단계로 잘 나아갔지만, 바운더리를 사용하기 위해 안전한 곳을 찾는 일은 게을리했다. 소중한 주위 사람들에게서 자신을 갑자기 멀어지게 만드는 것은 현명하지 않은 행동이다. 모든 인간은 주위 사람들과 좋은 관계를 맺으며 살도록 지어진 존재임을 명심하라. 친한 주위 사람들은 없어서는 안 되는 이들이다. 그들과 관계를 맺으며 무조건적 사랑을 받는 안전지대를 반드시 확보해야 한다. 우리가 진리를 말하는 법을 안전하게 배울 수 있는 곳은 오직 '사랑 가운데서 뿌리가 박히고 터가 굳어진'(엡 3:17) 공간이다. 이런 사실을 제대로 인식하고 있어야 한다. 그래야 성경적 바운더리를 제시할 때 생기는 주위의 거절 반응에 적절히 대처할 수 있다.

**통념 4: 내가 바운더리를 세우면,
다른 사람들에게 상처를 입힐 것이다**

"제가 어머니에게 '안 돼요'라고 말할 때 생기는 가장 심각한 문제는, 어머니가 상처를 받고 입을 다문 후에 이어지는 '침묵'입니다." 바바라가 말했다. "그 침묵은 45초 정도 지속됩니다. 제가 어머니를 만나러 오지 못할 거라고 말한 후에 늘 그런 현상이 일어납니다. 그 침묵은 제가 이기심에 대해 사과하고 다음에 만날 시간을 정해야 깨집니다. 그러면 어머니는 다시 기분이 좋아집니다. 저는 그 침묵을 피하기 위해 어떤 일이라도 다 하려고 하지요."

바운더리를 세우려고 할 때, 우리는 자신이 세운 경계로 인해 누군가 상처를 입을까 봐 두려워한다. 특히 행복과 만족을 주고 싶어 하는 사람에 대해 바운더리를 세울 때 그 두려움은 배가된다.

- 차를 써야 하는데, 그 차를 빌리고 싶어 하는 친구
- 장기간 재정적 곤란을 겪고 있는 상황인데, 돈을 빌려 달라고 절박하게 부탁하는 친척
- 나 자신의 상황도 벅찬데, 도움을 요청하는 사람

여기에서 발생하는 문제는, 우리가 상대방을 공격하기 위한 무기로 바운더리를 생각한다는 데 있다. 그러나 사실은 정반대다. 바운더리는 방어하기 위한 도구다. 적절한 바운더리는 어느 누구도 조종하거나 공격하거나 상처 입히지 않는다. 그런 바운더리는 올바르지 못한 시기에 우리가 소중하게 여기는 것들을 빼앗기지 않도록 지켜 준다. 자신의 어려움을 해결해야 하는 책임이 있는 사람들에게 "안 돼"라고 말하면 관계가 어느 정도 불편해질 것이다. 그들은 다른 곳에 도움을 청해야 한다. 그러나 그런 거절이 그들에게 상처를 입히지 않는다.

이 원리는 우리를 지배하거나 속이려는 사람에게만 해당되지 않는다. 다른 사람들이 가진 적합한 어려움에도 적용된다. 누군가 정말 어려울 때도, 여러 이유 때문에 그들의 부탁을 거절해야 하는 경우가 종종 있다. 예를 들어 보자. 예수님은 홀로 아버지와 만나기 위해 군중을 떠나셨다(마 14:22-23). 이런 경우, 우리는 다른 사람들에게 '각각 자기의 짐'(갈 6:5)에 대해 책임지게 해야 하고, 그렇지 않으면 다른 곳에서 그들의 어려움을 해결하도록 해야 한다.

이것은 매우 중대한 사항이다. 우리는 하나님은 물론이고, 친한 친구들 못지않게 절실하게 필요한 사람들이 있다. 바로 협력 관계를 유지하는 사람들의 모임이다. 그런 사람들이 필요한 이유는 간단하다. 당신이 살아가면서 단 한 명의 친한 친구보다는 여러 사람들과 도움을 주

고받는 관계를 유지하는 것이 더 인간적인 삶으로 인도해 주기 때문이다. 바쁘게 지내라. 가끔은 너무 바빠서 다른 사람들에게 시간을 내어 줄 틈 없이 살아라. 홀로 상처를 끌어안고 문제를 직시하라. 혼자 있는 시간을 가지라.

특정한 개인이 우리의 문제를 해결해 주지 못할 때, 다른 여러 사람의 전화 번호가 눈에 들어오기 시작한다. 다른 사람들이 도와주려 할 것이다. 우리는 어느 한 개인의 시간에 우리 자신을 억지로 맞추지 않아도 된다.

이처럼 멋진 원리가 그리스도의 몸 된 교회에 대한 성경의 가르침 뒤에 자리 잡고 있다. 우리는 모두 여기저기가 상하고 깨진 불완전한 죄인들이다. 도움을 구하거나 주기도 하며, 또다시 도움을 구하고 다시 남을 도와주기도 한다. 따라서 우리가 구축한 협력 관계가 견고하게 자리를 잡으면, 우리는 모두 하나님이 의도하신 대로 성숙한 모습으로 서로를 돕게 될 것이다. "모든 겸손과 온유로 하고 오래 참음으로 사랑 가운데서 서로 용납하고 평안의 매는 줄로 성령이 하나 되게 하신 것을 힘써 지키라"(엡 4:2-3).

이런 성경적 양식에 따라 몇몇 협력 관계를 발전시키려는 책임감을 갖게 되면, 다른 사람들의 "아니요"라는 거절을 얼마든지 받아들일 수 있다. 그 이유는 무엇인가? 우리가 다른 곳에서도 도움을 구할 수 있기 때문이다.

하나님이 바울의 가시를 없애지 않겠다고 말씀하신 것에 아무 문제도 없었음을 기억하라. 하나님은 종종 우리에게도 "안 돼"라고 말씀하신다. 그분은 자신의 바운더리가 우리를 해롭게 하지 않을까 염려하지 않으신다. 그분은 우리가 자기 삶을 책임져야 한다는 것을 알고 계신다. 또한 때때로 "안 돼"라는 말이 우리에게 더 큰 도움이 된다는 것도 잘 알고 계신다.

통념 5: 바운더리는 내가 화났다는 것을 의미한다

브렌다는 결국 용기를 내어 더 이상 주말에 무보수로 일하지 않겠다고 사장에게 말했다. 그녀는 면담을 요구했고, 모든 일이 잘 해결되었다. 사장은 그녀의 주장을 잘 이해했고, 그 문제는 원만하게 해결되었다. 모든 일이 잘 풀렸지만, 브렌다는 마음이 편치 않았다.

그 일은 전적으로 순전한 의도에서 비롯되었다. 브렌다는 자신의 근무 상황과 관련된 문제를 자세히 기록하고는 그에 대한 의견을 제시했다. 그러나 자신의 의견을 주장하는 중에, 마음속에서 분노의 감정이 치밀어 오르는 것을 느끼며 깜짝 놀랐다. 분노를 느끼며 불편한 감정을 끝까지 숨기기란 불가능했다. 심지어 그 감정은 사장이 '골프를 즐기는 금요일'에 대해 빈정대는 것처럼 말할 때도 흘러나왔다. 그러나 처음부터 그런 말을 하려고 의도한 건 아니었다.

브렌다는 책상에 앉으며 혼란을 느꼈다. '어디에서 분노가 생겨난 거지? 내가 그 정도밖에 안 되는 사람인가?' 그녀는 자신이 세운 바운더리가 범인이라고 생각했다.

사람들이 진실을 말하고, 경계를 정하며, 책임을 떠맡을 때, 한동안 '분노의 구름'이 그들을 뒤따라 다닌다는 것은 공공연한 비밀이다. 그들은 과민하고 쉽게 화를 내며, 자신마저 놀랄 정도로 예민한 감정을 발견한다. 친구들은 이렇게 말할 것이다. "지금 네 모습은 예전에 내가 알던 멋지고 사랑스러운 모습이 아니야." 그런 말을 들을 때 생기는 죄책감과 수치심은 새롭게 바운더리를 세우고자 하는 이들을 큰 혼란에 빠뜨린다.

그렇다면 바운더리가 우리 마음속에 분노를 일으키는 것일까? 결코 그렇지 않다. 이런 통념은 일반적 감정에 대한 오해, 특히 분노라는 감정에 대한 오해에서 비롯된 것이다. 사람의 감정이나 느낌은 나름대로 기능을 가지고 있다. 그것들은 우리에게 무언가를 말해 준다. 일종의 신호인 셈이다.

우리의 '부정적' 감정들이 무엇을 뜻하는지 살펴보자. 두려움은 위험에서 벗어나야 함을 알려 준다. 즉 조심하라는 신호다. 슬픔은 우리가 무언가—인간관계, 기회 또는 어떤 생각—를 잃어버렸음을 알려 준다. 분노 역시 일종의 신호다. 두려움의 감정처럼, 분노는 위험을 알려 준다. 하지만 분노는 우리를 물러나도록 충동하기보다는, 위험에 대항해 앞으로 나아가야 한다는 것을 보여 주는 신호다. 성전을 더럽힌 자들에 대한 예수님의 분노는 이 감정이 어떻게 기능하는지를 잘 보여 준다(요 2:13-17).

분노는 자신의 바운더리가 침해당했다는 것을 알려 준다. 한 국가의 레이더 방어 체계처럼, 분노의 감정은 우리가 상처 입거나 통제받을 위험에 빠져 있다는 것을 알려 주는 '조기 경보 시스템' 역할을 한다.

"바로 그런 이유 때문에 저는 늘상 억지를 부리는 판매원들에게 적대감을 갖고 있습니다." 칼이 외쳤다. 그는 자신의 거절을 듣지 않으려 하는 판매원들을 좋아하려고 애쓰는 자기 모습을 이해하지 못했다. 그들은 칼의 재정적 바운더리 안으로 파고들려고 온갖 노력을 하고, 칼의 분노는 그들이 더 이상 들어오지 못하게 했다.

분노는 우리에게 문제 해결 능력에 대한 인식도 제공한다. 분노는 우리 자신과 우리를 사랑하는 사람들과 우리가 세워 놓은 원천을 지킬 수 있도록 힘을 북돋아 준다. 실제로 구약 성경에서 화가 난 사람을 묘사하는 일반적 모습은 '숨을 몰아쉬며 씩씩대는'[1] 사람의 모습이다. 경기장에서 코를 씩씩대며 앞발로 땅을 차면서 공격하려는 황소를 상상해 보라. 그러면 분노가 무엇인지 금방 이해하게 될 것이다.

하지만 다른 모든 감정과 마찬가지로 분노는 시간을 정해 놓고 일어나지 않는다. 분노는 위험이 2분 전에 또는 20년 전에 이미 일어났다고 해서 저절로 사라지지 않는다. 분노가 적절하게 작용하도록 해야 한다. 그렇지 않으면 분노는 사라지지 않고 마음 깊은 곳에 살아 있게 된다.

그렇기 때문에 손상된 바운더리를 가진 사람들은 바운더리를 세우기 시작할 때 마음속에서 일어나는 분노 때문에 깜짝 놀라게 된다. 그것은 '새롭게 생겨난 분노'가 아니라 오래전부터 마음속에 도사리고 있던 '과거의 분노'다. 종종 그런 분노는 수년 동안이나 밖으로 드러나지 않고 마음 깊은 곳에 숨어 있다. 우리가 저지르는 모든 악함과 잘못에 대해 거부하려는 마음이 우리 내면에 자리 잡고 있어서, 자신의 진면목을 드러낼 때를 기다리고 있다.

성경은 세상을 진동시키며 세상으로 견딜 수 없게 하는 것 가운데 '종이 임금 된 것'(잠 30:22)이 포함되어 있다고 말한다. 종과 임금의 차이는, 종은 선택권이 없지만 임금은 자신에게 필요한 모든 것을 선택할 권한이 있는 것이다. 감옥에 오랫동안 수감되어 있던 사람에게 갑자기 절대 권력을 준다고 가정해 보자. 그러면 분노에 찬 전제군주를 만들어 내는 꼴이 될 것이다. 수년 동안 지속적으로 바운더리를 침해받으면 마음속에 엄청난 분노가 쌓이게 된다.

바운더리가 손상된 사람들에게 공통적으로 나타나는 현상은, 결정을 내릴 때마다 분노에 사로잡힌다는 것이다. 그들은 과거에 바운더리가 손상되는 것을 보았으므로 분노가 존재하는지조차 제대로 깨닫지 못한다.

네이슨의 가정은 그들이 사는 작은 도시에서 이상적인 가정으로 알려져 있다. 다른 집 아이들은 네이슨에게 항상 이렇게 말했다. "넌 참 좋겠다. 부모님하고 정말 친하게 지내잖아. 우리 엄마 아빠는 절대 그렇지 않거든." 네이슨은 그런 가정 분위기에 대해 항상 감사하는 마음을 가졌지만, 가족들이 조심스럽게 저마다의 불화와 다툼을 억제하고 있는 것을 알아차리지 못했다. 어느 누구도 가치관이나 감정에 대해 뜻이 맞지 않아 싸우는 적이 없었다. "나는 저마다의 갈등은 사랑의 결핍을 의미한다고 생각했어요." 네이슨이 말했다.

네이슨은 결혼하고 나서야 비로소 자신의 과거에 대해 의심하며 고통을 느끼기 시작했다. 그는 순진하게도 자신을 교묘히 조종하고 규제하는 여성과 결혼했다. 결혼하고 몇 년이 지난 후에 그는 자신이 심각한 어려움에 빠졌다는 것을 알았다. 하지만 놀랍게도 그는 혼란에 빠진 자신에 대해 분노할 뿐만 아니라, 자신에게 더 나은 인생을 위해 여러 장치들을 갖춰 주지 않은 부모에 대해서도 분노하고 있었다.

네이슨은 자신이 자라 온 따뜻한 가정 환경을 진심으로 사랑했으므로, 자신이 부모에게서 독립하려고 경계를 세우려 할 때마다, 항상 사랑이 넘치는 부모에게 거절당했던 것을 기억하고 죄책감과 배신감을 느꼈다. 어머니는 네이슨이 따지기 좋아하는 태도를 보이면 눈물을 흘렸다. 아버지는 네이슨에게 어머니를 실망시키지 말라고 했다. 따라서 네이슨의 바운더리는 성숙하지 못하고 역기능 상태로 남아 있었다. 그런 환경이 자신에게 어떤 대가를 치르게 했는지 분명하게 깨달을수록 네이슨은 더욱 깊은 분노를 느꼈다. "나는 내 삶을 스스로 개척해 나갈 거야." 네이슨은 이렇게 말했다. "하지만 내가 사람들에게 '아니요'라고 말하는 법을 배우도록 부모님이 도와주셨다면, 내 인생은 지금보다 훨씬 더 나아졌을 텐데."

네이슨은 부모님에 대해 끝까지 분노를 품었을까? 그렇지 않다. 우리 역시 그런 분노를 품지 말아야 한다. 적개심이 겉으로 드러나면, 그 감정을 감추지 말라. 솔직하게 상대방에게 털어놓으라. 성경은 우리에게 서로 부족한 점을 솔직하게 말하라고 권면한다. 그럼으로써 나음을 얻으라는 것이다(약 5:16). 분노의 대상이긴 하지만 우리를 사랑하는 사람들을 통해 하나님의 은혜를 경험하라. 이것이 과거의 분노를 해결하는 첫 번째 단계다.

두 번째 단계는 우리 영혼의 손상된 부분을 새롭게 하는 것이다. 지금까지 함부로 더럽혀졌던 '소중한 마음'을 치료할 책임이 우리에게 있다. 네이슨의 경우를 예로 들어 보자. 그에게는 자신의 개인적 자율성과 신중함을 인식하는 능력이 심각하게 손상되어 있었다. 그는 오랜 시간에 걸쳐 주위의 가까운 관계들 속에서 그런 능력을 회복하기 위해 많은 노력을 기울여야 했다. 하지만 점점 회복될수록 그가 느끼던 분노는 점점 강도가 약해졌다.

마지막으로, 성경적 바운더리에 대한 인식을 발전시키면, 현실에서 더욱 확실한 안정감을 느낄 수 있다. 이것은 더욱 분명한 확신을 품게 된다는 말이다. 이제 다른 사람들에 대한 두려움에 사로잡히는 일은 거의 없게 된다. 네이슨은 아내에게 더 나은 바운더리를 세웠고, 결혼 생활은 전보다 훨씬 좋아졌다. 더 나은 바운더리를 세우면, 분노를 느낄 필요조차 점차 사라진다. 그 이유는 분노가 유일한 바운더리인 경우가 많기 때문이다. 아무 거리낌없이 거절을 표현할 수 있으면, 더 이상 '분노 신호'는 쓸모없게 된다. 우리는 앞을 가로막는 악을 쉽게 발견하게 되고, 그 악이 우리를 해치지 못하도록 바운더리로 예방한다.

처음으로 바운더리를 세우려 할 때 분노가 일어나는 것을 두려워하지 말라. 그것은 우리 영혼에 전부터 자리 잡고 있던 부분에서 일어나는 반대다. 그 부분들은 하나님과 다른 사람들에 의해 밝히 드러나고, 이해되며, 사랑받아야 한다. 그러고 나서 우리는 그것을 치료하고 더 좋은 바운더리를 세우는 책임을 감당해야 한다.

바운더리는 분노를 감소시킨다

여기에서 우리는 분노에 대해 매우 중요한 사실을 알게 된다. 바운더리가 성경적일수록, 우리가 분노를 느끼는 정도는 점점 약해진다는 사실이다. 성숙한 바운더리를 가진 사람들은 좀처럼 화를 내지 않는다. 이제 막 바운더리를 세우기 시작한 사람들은 자기 속에서 분노가 늘어나는 것처럼 보이지만, 그것은 바운더리가 성숙되고 발전되는 과정에서 거쳐 가는 단계다.

그 이유는 무엇인가? 분노의 기능 가운데 하나인 '조기 경보 시스템'을 기억하라. 우리는 바운더리가 침해받았다고 여길 때 분노를 느낀다. 애초에 바운더리가 침해받지 않도록 예방할 수 있다면, 분노를 느낄 필요가 없다. 그런 사람은 자신의 인생과 가치관을 제대로 이끌어 나간다.

티나는 남편이 매일 저녁 식사 시간보다 45분이나 늦게 오는 것에 화가 났다. 그녀는 음식을 따뜻하게 해놓느라 힘들었다. 아이들은 배가

고프다며 칭얼댔다. 게다가 저녁 식사가 끝나고 공부하기로 했던 계획은 지켜지지 않았다. 그런데 남편이 오든 안 오든 정해진 시간에 저녁 식사를 하기 시작하자 상황은 완전히 달라졌다. 남편은 냉장고에서 남은 음식을 꺼내 혼자 저녁을 먹었다. 이런 일이 서너 번 계속되자, 남편은 결국 저녁 식사 시간에 맞춰 퇴근했다.

티나는 바운더리(제시간에 아이들과 식사한다)를 세움으로써 모욕을 당하고 손해를 본다는 생각에서 벗어날 수 있었다. 그녀는 필요를 채울 수 있었고, 아이들도 그동안 부족했던 부분을 충족시킬 수 있었다. 그리고 티나는 더 이상 분노를 느끼지 않았다. 옛 속담에 "화내지 말고, 평온한 마음을 가지라"는 말이 있다. 하지만 그 속담은 정확하지 않다. 오히려 "화내지 말고, 경계를 정하라"고 하는 편이 훨씬 맞다.

통념 6: 다른 사람들이 바운더리를 세우면, 내게 해가 된다

"랜디, 미안해. 돈을 빌려줄 수 없어." 피트가 말했다. "나도 요즘 너무 힘들거든."

랜디는 이렇게 생각했다. '가장 친한 친구에게 정말 어렵게 부탁했는데, 거절당하다니. 정말 충격이군! 지금까지 우정이라고 여겼던 것의 실상이 드러난 거야.'

랜디는 다른 사람에 대해 바운더리를 세우지 않기로 결심했다. 왜 그랬을까? '거절당한 것'에 상처받았기 때문이다. 심지어 그는 앞으로 어느 누구에게도 마음을 열지 않겠다고 맹세했다.

우리 가운데 많은 사람들이 랜디와 같은 상태에 처해 있다. 도와달라는 부탁을 거절당했을 때, 우리는 씁쓸한 감정을 갖는다. 그 감정은 고통스럽고, 거절당했다는 기분과 냉대받았다는 생각을 갖게 한다. 경계를 정하는 일이 유익하거나 도움이 된다는 마음은 완전히 사라져 버린다.

다른 사람들의 바운더리를 받아들이는 일은 분명히 유쾌한 일이 아니다. 우리 가운데 어느 누구도 "안 돼"라는 말을 듣고 싶어 하지 않는다. 그렇다면 다른 사람들의 바운더리를 받아들이는 것이 왜 그렇게 문제가 되는지 살펴보자.

첫째, 우리에게 부과된 부적절한 바운더리는 우리를 해롭게 한다. 특히 어린 시절의 경험은 오랫동안 지속된다. 부모는 자녀들에게 적절한 시기에 필요한 일정량의 감정적 친밀감을 보여 주지 않음으로써 아이들에게 상처를 입힌다. 아이들의 감정적이고 심리적 욕구를 채워 줄 책임이 부모에게 있다. 나이가 어릴수록 자신의 욕구를 충족시키기 위해 찾아갈 수 있는 곳이 적다. 자기중심적이고 미성숙하며 독립적이지 못한 부모는 부적절한 때에 "안 돼"라고 말함으로써 자녀에게 상처를 준다.

로버트는 아주 어릴 때 아기 침대에 누워 몇 시간씩 방 안에 홀로 내버려진 기억을 갖고 있다. 부모는 아이를 그렇게 혼자 내버려 두고, 아이가 울지 않으면 별 문제가 없다고 단순하게 생각해 버렸다. 결국 로버트는 유아 우울증에 걸리고 말았다. 부모가 어린 로버트의 문제를 적절한 시점에 해결해 주지 않음으로써 그에게는 바람직하지 못한 감성이 형성되었고, 그것은 평생 그를 따라다녔다.

둘째, 우리는 자신의 상처를 다른 사람들에게 투영한다. 우리가 고통을 느낄 때 드러내는 한 가지 반응은, 좋지 못한 감정을 자기 것이 아니라고 '부인'하고 그것을 다른 사람에게 전가시키는 것이다. 이것은 주관적 투영(projection)이다. 어린 시절에 부적절한 바운더리로 인해 상처받은 사람들은 나약함을 다른 사람에게 전가시킨다. 다른 사람에게서 자신의 아픔을 찾아냄으로써, 다른 이들에게 경계를 정하는 일을 회피한다. 동시에 그들은 자신이 세우는 바운더리가 상대방을 얼마나 힘들게 하고 낙망하게 하는지 상상한다.

로버트는 세 살 된 딸 앤과 함께 보내는 저녁 시간의 경계를 정하는 일을 매우 힘들어했다. 잠을 재우려 하면 울어 대는 딸을 볼 때마다 그는 매우 당황했고 이렇게 생각했다. '아이를 억지로 재우는 것은 이 아이를 돌보지 않고 버려 두는 거나 마찬가지야. 앤은 나를 원하는데 나는 지금 함께 있는 것이 아니잖아.' 실제로 로버트는 정말 좋은 아빠였다. 밤마다 책을 읽어 주고, 기도하며, 딸을 위해 노래를 불러 주었다. 그러나 로버트는 딸의 눈물에서 자신의 고통을 읽었다. 로버트의 상처는, 그가 날이 샐 때까지 밤새도록 노래하고 함께 놀아 달라는 아이의 바람에 대해 적절한 경계를 정하지 못하도록 방해했다.

셋째, 누군가의 바운더리를 받아들이지 못하는 것은 맹목적으로 누군가를 따르는 관계를 유지한다는 것을 의미하기도 한다. 캐시는 남편이 밤에 자신과 대화하는 것을 원하지 않을 때 마음의 상처를 입고 외로움을 느꼈다. 남편의 침묵은 심각한 소외감 때문에 생겨난 것이었다. 그녀는 남편의 바운더리 때문에 자신이 상처받지 않았는지 생각하기 시작했다.

하지만 문제의 핵심은 남편에 대한 캐시의 의존성에 있었다. 그녀의 감정적 행복은 남편이 그녀를 위해 함께 있는가의 여부에 달려 있었다. 알코올 의존증 환자였던 캐시의 부모가 해주지 못한 모든 것을 남편이 해주어야 했다. 그가 기분이 별로 좋지 않아 조금이라도 그녀에게 소홀히 대하면, 그녀는 말 그대로 끔찍한 하루를 보냈다.

비록 우리는 서로가 필요하지만, 하나님 외에 어느 누구도 필수 불가결한 존재는 아니다. 중요한 사람과 다퉈서 절망감에 빠져들 때, 우리는 그 사람을 하나님만이 차지할 수 있는 절대 위치에 옮겨 놓는 잘못을 할 수도 있다. 우리는 어느 특정한 사람을 이 세상에서 선의 유일한 원천으로 여기지 말아야 한다. 그런 행동은 우리의 영적, 감정적 자유를 손상시키고 성장마저 방해한다.

스스로에게 질문해 보라. "내 말을 모두 다 들어주던 그 사람이 오늘 밤 세상을 떠난다면, 나는 누구를 의지해야 할까?" 여러 단계의 심오하고 중요한 인간관계를 발전시키는 것은 매우 중대한 일이다. 그런 관계들은 주위 사람들이 아무 죄책감 없이 우리에게 "안 돼"라고 말할 수 있도록 도와준다. 왜냐하면 우리는 그 사람들 말고도 마음을 털어놓을 사람들이 더 있기 때문이다.

우리가 하는 모든 말을 들어주는 사람이 주위에 있는데, 그가 "안 돼"라고 말하는 것을 상상조차 할 수 없는 지경에 이른다면, 실제로 우리는 삶의 통제권을 그에게 넘겨준 것이나 다름없다. 그가 우리를 떠나겠다고 위협한다면, 우리는 그의 모든 요구에 응할 수밖에 없다. 이런 일은 결혼 관계에서 자주 일어난다. 부부 가운데 어느 한쪽이 떠나겠다는 다른 한쪽의 위협에 감정적으로 굴복하고 매여 있는 경우가 바로 그렇다. 그런 삶의 방식은 바람직하지 못할뿐더러, 좋은 결과를 낳지도 않는다. 지배하는 입장에 있는 배우자는 상대방이 기분 나쁠 때마다 상대방에게서 멀어지려고 한다. 바운더리를 세우지 않은 사람은 상대방을 행복하게 하기 위해 끊임없이 허둥대며 온갖 노력을 기울인다. 제임스 돕슨(James Dobbson) 박사가 쓴 『사랑은 강인해야 한다』

(Love Must Be Tough)는 바운더리 문제 가운데 앞서 말한 것을 다루고 있는 고전이다.²

넷째, 다른 사람들의 바운더리를 받아들이지 못하는 무능력은 자신에게 맡겨진 책임을 감당하는 데 문제가 있음을 가리키는 표시다. 가장 친한 친구에게 돈을 빌리려 했던 랜디는 이런 문제를 가진 대표적 예다. 그는 자신의 재정적 고통에 대한 책임을 피트에게 지우려 했다. 어떤 사람들은 다른 이들의 도움을 받아 어려움을 벗어나는 데 너무 익숙해 자신의 행복은 다른 이들의 책임이라는 잘못된 믿음을 갖기 시작한다. 그들은 상대방이 자신을 어려움에서 구해 주지 않으면 침울해하고 자신이 미움받고 있다고 생각한다. 그런 사람들은 자기 삶에 대해 책임지지 못하고 그런 사실조차 받아들이려 하지 않는다.

바울은 고린도 교회에 보낸 편지에서 강한 어조로 말했다. 그는 고린도 사람들의 반항적 태도에 대해 경계를 분명하게 정했다. 다행히 고린도 사람들은 잘 반응했다. "그러므로 내가 편지로 너희를 근심하게 한 것을 후회하였으나 지금은 후회하지 아니함은 그 편지가 너희로 잠시만 근심하게 한 줄을 앎이라 내가 지금 기뻐함은 너희로 근심하게 한 까닭이 아니요 도리어 너희가 근심함으로 회개함에 이른 까닭이라 너희가 하나님의 뜻대로 근심하게 된 것은 우리에게서 아무 해도 받지 않게 하려 함이라"(고후 7:8-9). 고린도 교회 사람들은 바울이 제시한 바운더리를 받아들이고, 인정하며, 잘 반응했다. 그런 모습은 그들이 자기 행동에 대해 책임지겠다는 일종의 표시다.

예수님이 말씀하신 황금률을 기억하면 아주 유익할 것이다. "그러므로 무엇이든지 남에게 대접을 받고자 하는 대로 너희도 남을 대접하라 이것이 율법이요 선지자니라"(마 7:12). 바운더리를 세우는 데 이것을 적용하자. 다른 사람들이 당신의 바운더리를 존중하기 원한다면, 당신도 다른 사람들의 바운더리를 존중해야 한다.

통념 7: 바운더리는 죄책감을 불러일으킨다

에드워드는 머리를 흔들었다. "제게 해당한다고 말씀하신 내용이 모두 다 맞는 것은 아닐 겁니다." 그가 말했다. "우리 가족은 언제나 저를 잘 보살펴 주었고 항상 관심을 가져 주었습니다. 더할 나위 없이 좋은 관계였지요. 그때…" 그는 무슨 말을 해야 할지 잠시 생각했다.

"그때 주디를 만나 결혼했습니다. 행복한 시절이었지요. 우리는 매주 부모님을 뵈러 갔습니다. 일주일에 한 번 이상 간 적도 있었어요. 아이들이 태어났고, 모든 일이 순조로웠습니다. 적어도 제가 다른 주에 있는 직장에서 입사 제의를 받을 때까지는 그랬습니다. 그 직장은 제가 꿈꾸던 그런 회사였습니다. 주디 역시 무척 기뻐했지요."

"하지만 제가 그런 제의를 받았다는 이야기를 부모님께 하자, 모든 일이 급변하기 시작했습니다. 부모님은 먼저 아버지의 건강을 문제 삼았습니다. 저는 아버지의 건강이 그 정도로 나쁜지 그때까지 몰랐습니다. 또한 어머니의 외로움에 대해 말했고, 우리가 그분들의 삶에서 유일한 낙이라는 말도 잊지 않았습니다. 게다가 평생 동안 제게 쏟은 헌신적 희생도 언급하셨지요."

"저는 어떻게 해야 합니까? 부모님의 말씀이 다 맞습니다. 그분들은 저를 키우기 위해 평생을 바치셨습니다. 그러니 어떻게 제가 부모님 곁을 떠날 수 있겠습니까?"

이것은 비단 에드워드만의 문제는 아니다. 우리 삶에서 다른 이들에 대해 바운더리를 세울 때 앞을 가로막는 중요한 장애물 가운데 하나는 의무감이다. 우리는 부모뿐 아니라 우리에게 사랑을 베푼 사람들에게 어떤 빚을 지고 있는가? 의무감 가운데 성경적이고 합당한 것은 무엇이며, 그렇지 않은 것은 무엇인가?

많은 사람들은 자신이 의무감을 느끼는 사람들에 대해 바운더리를 세우지 않음으로써 이 같은 딜레마를 해결하려 한다. 그들은 자신에게 친절하게 대해 준 사람에게 "안 돼"라고 말함으로써 생기는 죄책감을 그런 방법으로 해결할 수 있다고 여긴다. 그래서 결코 집을 떠나지 못하고, 학교나 교회를 바꾸지 못하며, 직업이나 친구도 바꾸지 못한다. 이런 상황은 성인이 되어도 크게 달라지지 않는다.

그런 입장에 매여 있는 사람들은 이렇게 생각한다. '우리는 무언가를 받았기 때문에, 그에 상응하는 무언가를 빚지고 있다.' 문제의 핵심은 현존하지 않는 채무다. 우리가 받은 사랑, 돈 또는 시간—또는 우리가 의무감을 느낄 만한 그 어떤 것—은 선물로 받아들여야 한다.

'선물'이란 말은 조건이나 단서가 붙지 않는다는 것을 뜻한다. 정말 되돌려주어야 할 것이 있다면 그것은 오직 감사뿐이다. 선물을 주는 사람은 그에 대한 보상이 있어야 한다고 생각하지 않는다. 선물은 누군가를 사랑하기 때문에 주는 것이며, 주는 사람은 선물을 주면서도 더 많은 것을 주고 싶어 한다.

하나님은 우리에게 베푸신 구원의 선물을 바로 그같이 여기신다. 그분은 우리에게 선물을 주기 위해 자기 독생자를 대가로 내놓으셔야 했다. 그분의 선물은 우리를 향한 사랑에서 비롯되었다. 그에 대한 우리의 반응은, 그 선물을 받고 감사하는 것뿐이다. 감사가 왜 그렇게 중요한가?

하나님이 우리를 위해 하신 일들에 대한 우리의 감사가 다른 이들을 사랑하도록 마음을 움직이게 할 것을 하나님은 알고 계셨다. "그 안에 뿌리를 박으며 세움을 받아 교훈을 받은 대로 믿음에 굳게 서서 감사함을 넘치게 하라"(골 2:7).

우리에게 사랑을 베풀고 돌보아 준 사람들에게 우리가 빚진 것은 무엇인가? 우리는 그들에게 감사해야 할 의무가 있다. 우리는 진심 어린 마음에서 또 다른 사람들을 찾아가 도와주어야 한다.

우리는 여기에서 '무언가 얻기 위해 주는' 사람과, 이기심이 없는 상태에서 진심으로 사랑을 베푸는 사람의 차이를 구분해야 한다. 두 부류의 사람들이 보여 주는 차이점을 설명하기란 그리 어렵지 않다. 무언가를 준 사람이 진심 어린 감사로 인해 상처받거나 화를 품으면, 그 선물은 빌려준 것으로 변질되고 만다. 무언가 받은 것에 대해 진심으로 감사했다면, 죄책감 없이 그 선물을 제대로 받은 것이다.

하나님은 감사와 바운더리 문제를 별개로 취급하는 유익한 일을 하신다. 요한계시록에 기록된 일곱 교회에 보낸 편지에서, 하나님은 세 교회(에베소, 버가모, 두아디라)를 가려내셨다.

1. 먼저 그 교회들이 잘한 점을 칭찬하셨다(감사).
2. 그 다음에 그 교회들을 '책망'하셨다(계 2:4, 14, 20).
3. 마지막으로 그 교회들의 무책임을 거론하셨다(바운더리).

하나님은 이 두 가지 문제를 혼동하지 않으셨다. 우리 역시 혼동하지 말아야 한다.

통념 8: 바운더리는 영구적이다

"하지만 제 마음이 변하면 어떻게 하죠?" 칼라가 물었다. "저는 친한 친구에게 바운더리를 세워야 한다는 사실이 두려워요. 혹시 그녀가 저를 버리고 기억하지 않을지도 모르잖아요."

거절 의사는 언제나 우리의 결정에 달려 있다는 것을 잊지 말라. 우리는 자신의 바운더리를 가지고 있으며, 그 바운더리가 우리를 지배하지 않는다. 어떤 사람에 대해 바운더리를 세웠는데 상대방이 성숙하고 기분 좋게 반응했다면, 우리는 바운더리를 재조정할 수 있다. 거기에 덧붙여, 우리가 좀 더 안전한 위치에 있다면 바운더리를 변경할 수도 있다.

바운더리를 변경하고 재조정하는 것에 대한 이야기가 성경에 많이 나온다. 예를 들어 보자. 하나님은 니느웨 사람들이 회개하자, 그 도시를 멸망시키지 않기로 결정하셨다(욘 3:10). 바울은 마가 요한이 전에 자신을 버린 적이 있으므로 그를 전도 여행에 데려가지 않았다(행 15:37-39). 그러나 몇 년이 지난 후, 바울은 마가 요한에게 전도 여행에 동참할 것을 부탁했다(딤후 4:11). 바울이 자신의 바운더리를 변경할 정도로 시간이 충분히 흘렀기 때문이다.

~~~~~~~~~~

앞에서 말한 통념들 가운데 몇 가지는 우리가 왜곡된 가르침을 통해 배운 잘못된 생각에서 비롯되었다. 그러나 나머지 통념들은 바운더리를 세우거나 비성경적 책임감에 대해 "아니요"라고 말하는 것을 두려워하는 태도에서 나온 것이다.

어떤 통념들이 당신을 얽어매고 유혹하고 있는지 기도하는 마음으로 살펴보라. 이 장에 나온 여러 성경 구절들을 자세히 읽어 보라. 그리고 좋은 바운더리 세우는 것을 하나님이 강력하게 원하신다는 확신을 달라고 간구하라.

2부

바운더리의 충돌

7.

바운더리와 가족

니콜은 내(헨리)가 예전에 무수히 보아 온 문제를 안고 있었다. 서른 살이 된 이 여성은 친정에 다녀와서 깊은 우울증에 빠졌다.

그녀가 자기 문제를 설명했을 때, 나는 그녀에게 친정에 다녀올 때마다 극도의 우울증을 느끼는 것에 대해 알고 있는지 물어보았다.

"친정에 가는 것이 왜 이렇게 힘든 일이죠?" 그녀는 이어서 말했다. "저는 더 이상 그곳에 살지 않는데, 왜 친정에 다녀오는 일이 저를 힘들게 할까요?"

친정에 다녀오는 여정을 설명해 달라고 부탁하자, 수지는 옛 친구들과의 만남과 가족들과 함께한 저녁 식사 등에 대해 말해 주었다. 그녀는 특히 오로지 가족들과 함께 식사하는 일만 즐거웠다고 말했다.

"'오로지 가족들과'라는 말이 무슨 뜻이죠?" 내가 물었다.

"부모님은 제 친구들을 식사에 초대하시는데, 저는 그런 자리를 좋아하지 않아요."

"친구들과 식사하는 게 왜 싫지요?"

니콜은 잠시 생각하고 나서 대답했다. "제가 죄책감을 느끼기 시작한 것 같아요." 그녀는 부모가 친구들과 자신을 비교하던 이상한 말을 그대로 털어놓았다. 그녀의 부모는 조부모가 되어 아이들을 키우면서 여러 좋은 요소들을 '전수'하는 기능을 담당하는 것이 얼마나 좋은 일인지 말했다. 또한 그녀의 친구들이 지역 사회를 위해 많은 일을 한다는 것과 그녀가 그 지역에 있었다면 친구들 못지않게 활동했을 거라고 말했다. 그녀의 부모가 한 이야기는 그 외에도 많았다.

니콜은 친정을 갈 때마다 자기가 부모와 떨어져 사는 것이 옳지 못한 일이라고 여긴다는 걸 알게 되었다. 그녀는 부모가 원하는 대로 해야 한다는 생각 때문에 몹시 괴로웠다.

니콜은 많은 사람들이 가진 일반적 문제를 안고 있다. 표면적으로 보면, 그녀는 자기 삶을 스스로 결정하고 선택했다. 고향을 떠나 타지에서 살기로 작정하고 떠났다. 직장 생활을 하기 위해 부모의 집이 있고 자신이 자라 온 곳을 떠난 것이다. 그녀는 재정적으로 독립했고, 결혼해서 아이도 낳았다. 그러나 내면을 살펴보면, 상황은 완전히 달라진다. 그녀는 독립적인 성인으로 살아갈 수 있다는 확신이 없었다. 스스로 자기 위치에 대해 감정적으로 허락하지 않은 것이다. 그녀는 자기 삶을 자유롭게 선택하고, 부모가 원하는 일을 하지 않으면서도 죄책감을 느끼지 않는다는 것은 생각하지도 못했다. 여전히 압박감에 시달릴 수밖에 없었다.

정말 심각한 문제는 내부에 있었다. 바운더리는 그 사람의 영역을 규정한다는 사실을 명심하라. 니콜을 비롯해 그녀와 비슷한 문제를 안고 있는 사람들은 자신을 진정으로 '소유'하지 못한다. 자기 삶을 소유한 사람들은 자신이 다른 어느 곳으로 가려는 결정을 내리더라도 죄책감을 갖지 않는다. 다른 사람들을 충분히 고려하지만, 죄책감이 아닌 사랑에서 비롯된 선택을 한다. 즉 그들은 나쁜 쪽을 피하기보다는 좋은 쪽을 향해 나아가는 편을 택한다.

바운더리가 부족한 표시

우리가 자라 온 가정에 대해 바운더리를 세우지 않았을 때, 생기는 일반적 문제들을 몇 가지 짚어 보자.

바이러스 감염

이 증상의 일반적 시나리오는 다음과 같다. 부부 가운데 한 사람이 자신이 자란 가정에 대해 좋은 감정적 바운더리를 세우지 못하고 있다. 이 가정은 그가 몸담았던 원래의 가정이다. 그는 부모가 있는 집에 전화를 하거나 집안 사람들을 만나고 나면, 우울해지고, 사소한 일도 잘 따지며, 비관적 모습을 보이고, 완벽주의자 기질을 드러내며, 화를 내고, 혼자 있으려 한다. 마치 부모의 집에서 무언가에 감염되어 그것을 새로 형성한 자기 가정에 옮기려는 것처럼 보인다.

부모의 가정은 그의 새 가정에 영향력을 행사한다. 바운더리에 문제가 있음을 나타내는 표시 가운데 하나는, 우리가 누군가와 맺고 있는 관계가 다른 사람과의 관계에도 영향을 미치는 것이다. 즉 삶에서 어느 한 사람과의 관계가 지나치게 많은 힘을 가진 것이다.

내가 기억하는 한 여성은 치료에서 많은 진척을 보이다가 어머니에 대한 이야기가 나오자 치료 효과가 현저히 감소하고 말았다. 그녀는 이렇게 말했다. "저는 전혀 변하지 않았어요. 나아질 기미도 보이지 않아요." 그녀는 어머니가 품고 있는 생각과 자신의 마음 상태를 혼동하고 있어서 독자적 입장에서 말하지 못했다.

이처럼 어머니의 생각과 자기 생각을 구분하지 못하고 혼동하는 태도는 다른 사람들과의 관계에도 영향을 미쳤다. 실제로 그녀는 어머니를 만나고 오면 한동안 주위 모든 사람들을 배척했다. 어머니가 그녀의 삶을 소유하고 있었다. 그녀는 그녀의 소유가 아니었다.

별 볼 일 없는 두 번째

"당신은 그녀가 그를 얼마나 위하는지 상상도 못할 겁니다." 댄이 말했다. "그녀는 그가 바라는 모든 일에 초점을 맞춥니다. 그가 제 아내를 비난하면, 아내는 전보다 더 잘하려고 온갖 노력을 기울입니다. 게다가 아내는 저를 아예 무시해 버립니다. 저는 아내의 인생에서 '두 번째 남자'로 사는 데 완전히 지쳤습니다."

댄은 메건의 애인에 대해 말하는 것이 아니다. 메건의 아버지에 대해 말하고 있었다. 그는 아내가 자기보다 장인어른의 뜻을 더 중요하게 여기는 데 완전히 지치고 실망한 상태였다.

이런 현상은 부모가 있는 원래의 가정에 대해 바운더리를 세우지 않았다는 표시다. 남편은 다른 사람이 먹다 남긴 밥을 먹는 것 같은 느낌을 받는다. 그는 아내가 진심으로 마음을 주는 사람은 친정 부모라고 생각한다. 아내는 '남편과 한 몸을 이루기 전에 부모를 떠나야 하는' 단계를 마무리하지 못한 것이다. 그녀는 바운더리 문제를 가지고 있었다. 하나님이 의도하신 부부의 결합 단계는 다음과 같다. "이러므로 남자가 부모를 떠나 그의 아내와 합하여 둘이 한 몸을 이룰지로다"(창 2:24). '떠나다'에 해당하는 히브리 단어는 '느슨해지다, 포기하다, 버리다' 등을 의미하는 단어에서 유래했다. 그들의 결혼 관계가 제대로 유지되기 위해서는, 아내 메건이 부모의 가정과 자신을 묶고 있는 끈을 느슨하게 하고 결혼을 통해 새롭게 만든 가정에 단단히 매여 있어야 한다.

이 말은 남편이나 아내가 친인척과의 관계를 완전히 단절해야 한다는 뜻이 아니다. 하지만 결혼하여 부부가 된 이상 그들은 자신이 자라온 원래의 가정에 대해 분명한 바운더리를 세워야 한다. 많은 부부들이 결혼에 실패하고 있다. 그 이유 가운데 하나가 부부 중 한 사람이 부모의 가정에 대해 명백한 바운더리를 세우지 못했기 때문이다. 그래서 배우자와 아이들은 2순위로 전락해 버린다.

제발, 용돈 좀 주세요

테리와 쉐리는 아주 매력적인 부부다. 그들은 큰 저택을 소유하고 있고 사치스러운 휴가를 즐긴다. 아이들은 피아노와 발레를 배우고, 스키와 롤러블레이드, 윈드 서핑 장비를 갖고 있다. 테리와 쉐리는 성공한 사람들이 할 수 있는 모든 것을 누리며 살고 있다. 하지만 아주 심각한 문제가 하나 있다. 그 문제란 그런 생활 방식이 테리의 수입으로 충당되지 않는다는 것이다. 테리와 쉐리는 부모에게 엄청난 재정적 도움을 받고 있다.

테리의 부모는 언제나 그에게 최고의 것을 주고 싶어 하고, 그가 원하는 것이면 무엇이든 도와준다. 테리에게 집을 사 주었고, 휴가 비용을 대며, 아이들의 취미 생활에 필요한 돈을 준다. 그런 도움으로 인해 테리와 쉐리는 그들의 능력으로는 꿈도 꾸지 못할 생활을 즐기고 있지만, 거기에는 분명한 대가가 따른다.

　부모가 정기적으로 제공하는 재정적 도움으로 인해 테리의 자존감은 무너졌다. 그리고 쉐리는 언제나 시어머니와 상의하지 않으면 돈을 함부로 쓸 수 없다고 생각했다. 왜냐하면 그 돈은 시부모에게 받은 것이기 때문이었다.

　테리는 이제 막 성인이 된 요즘 청년들―결혼을 했든 안 했든 간에―이 안고 있는 일반적 바운더리 문제를 보여 준다. 그는 재정적으로 볼 때 아직 성인이 아니다. 그의 부모는 그들이 '원하는 모든 것'을 테리와 쉐리 부부에게 채워 주려 했다. 따라서 테리는 그런 부모의 바람에 대해 바운더리를 세울 수 없었다. 또한 그는 성공에 대해 부모의 기준과 같은 기준을 갖게 되어, 자기 속에서 일어나는 무수한 기대들 때문에 "아니요"라고 말할 수 없는 지경에 이르고 말았다. 그는 성인으로서 독립된 삶을 살기 위해 부모의 도움을 과감히 끊고 거부할 만한 자신이 없었다.

　테리의 이야기는 재정적 바운더리 문제의 '겉' 부분이다. 거기에는 더욱 심각한 '속' 부분도 자리 잡고 있다. 수많은 아이 같은 성인들이 재정적 혼란에 빠져 있다. 그들의 무책임과 마약이나 알코올 의존증, 무절제한 소비 때문이다. 또한 다른 현대인들과 마찬가지로 '편히 쉴 곳'을 찾지 못한 것도 그 이유에 포함된다. 부모는 그들의 그런 실패와 무책임한 과정에 끊임없이 자금을 충당해 준다. 그러면서 '시간이 지나면 나아지겠지'라고 막연하게 생각한다. 하지만 그런 부모는 자녀들이 인생을 스스로 살지 못하게 불구로 만들고 있으며, 자녀들이 독립적 힘을 기를 수 없게 방해하는 것이나 다름없다.

　재정적으로 자립하지 못한 성인은 아직 어른이 아닌 아이다. 성인이 되려면 자기 생활을 스스로 힘으로 해결하고 실패에 대한 책임도 자신이 지는 자세가 필요하다.

엄마, 내 양말 어디 있어요?

'영속적 아이 증후군'(perpetual child syndrome)에 걸린 사람은 재정적으로는 독립했을지 모르지만, 부모가 자기 삶을 어떤 식으로든 지배하게 내버려 둔다.

이런 아이 같은 성인은 부모의 집에 자주 드나들고, 휴가도 함께 보내며, 세탁물을 맡기고, 식사도 그곳에서 자주 한다. 그들은 부모의 가장 절친한 친구이며, '모든 일'을 부모와 함께 공유한다. 30대나 40대가 되어도 그들은 이렇다 할 직업을 찾지 못하고, 저금한 돈도 없으며, 노후 대책도 세우지 않고, 건강 보험도 가입하지 않는다. 언뜻 보기에 그런 일들은 그리 심각한 문제처럼 보이지 않는다. 하지만 더욱 심각한 것은, 부모는 이 아이 같은 성인이 자기 집을 떠나는 것을 원하지 않는다는 사실이다.

이런 일들은 가족 간에 사랑이 넘치고 친밀한 가정에서 자주 일어난다. 그런 가정의 분위기가 너무 좋아 떠나기를 싫어하는 것이다. 심리학자들은 이런 가정을 '곤경에 빠진 가정'이라고 부른다. 그 안에서 아이들은 분명한 자신의 바운더리를 가지고 독립하지 않는다. 얼핏 보면 그것은 문제로 여겨지지 않는다. 왜냐하면 모든 구성원들이 너무 잘 지내기 때문이다. 가족들은 그런 생활을 행복하게 느낀다.

하지만 성인 아이들이 수행해야 하는 성인으로서의 관계는 역기능에 빠진다. 그들은 '망나니' 친구들을 사귀거나 그런 이들을 좋아한다. 또한 이성과 제대로 어울리지 못하고, 직업을 갖지 못하기도 한다.

그들은 재정적 문제에 자주 부딪힌다. 과도하게 많은 신용 카드를 소유하고, 세금을 제대로 내지 못한다. 비록 스스로 먹고 사는 문제를 해결해 나가지만 장래를 생각하지 않는다. 그들의 소비 습관은 청소년기 아이들의 모습과 비슷하다. 청소년들은 파도 타기 장비, 스테레오, 옷 등을 살 수 있을 정도의 돈을 벌지만 다가올 앞날에 대한 생각은 거의 하지 않는다. '이번 주말을 화끈하게 보내기 위해 필요한 돈이 있나?' 기껏해야 이 정도의 생각만 할 뿐이다. 이 특별한 청소년—부모에게 독립하지 않은 성인 아이—들은 아직도 부모의 보호 아래 있고, 그들의 장래에 대해 생각하는 것은 부모에게 맡겨진 분량이다.

삼각관계

역기능 가정들은 삼각관계라 부르는 바운더리 문제를 안고 있다. 삼각관계란 이렇게 설명할 수 있다. A가 B에 대해 화가 났다. A는 B에게 직접 말하지 않는다. A는 C를 불러 B에 대해 험담한다. C는 A가 자기를 신뢰하는 것이 좋아서 A가 원하면 언제나 그의 말을 들어 주고 삼각 게임을 즐긴다.

거의 비슷한 시기에 B는 외로움을 느끼며 C를 불러 A와 껄끄러운 관계라는 것을 모두 말한다. C는 B의 신임도 받았다. A와 B는 그들의 갈등을 해결하지 못했고, C는 두 '친구들'을 갖게 되었다.

삼각관계는 두 사람 사이에 일어난 갈등을 당사자들이 해결하지 못하고 제3의 인물을 끌어들임으로써 생겨난다. 이 역시 바운더리 문제다. 왜냐하면 제3자는 두 사람 사이의 갈등에 끼여들어야 하는 아무런 이유가 없기 때문이다. 그러나 삼각관계는 갈등을 겪는 당사자와 직면하는 것을 두려워하는 사람들이 다른 사람들에게서 위로와 확인을 얻기 위한 수단으로 많이 사용된다. 그렇기 때문에 갈등은 해결되지 않고 지속되며, 갈등의 당사자들은 마음을 고쳐먹지 않고, 불필요하게 적을 만들게 된다.

삼각관계에서 나타나는 현상 가운데 하나는 말과 관련된 것이다. 사람들은 거짓으로 말하고, 자신이 가진 미움을 그럴듯한 말과 아첨으로 교묘히 포장한다. A는 B에게는 친밀하고 상냥하며 부드럽게 대한다. 그러나 A가 C에 대해 말할 때는 마음속에 있는 분노가 흘러나온다.

이런 모습은 바운더리가 분명하게 설정되어 있지 않다는 확실한 증거다. 그 이유는 A가 자신의 분노를 '솔직하게 인정하지 않기' 때문이다. 오히려 A의 말을 그대로 받아들이는 사람이 분노를 느낀다. "존이 너에 대해 어떻게 말했는지 아니?" 이런 식의 말을 듣고 상처받은 적이 있지 않은가? 그런 말로 인해 지금까지 아무 문제가 없었던 존과의 관계가 멀어지기 시작한다.

그럼으로써 C는 두 사람 사이의 갈등에 개입되며, 두 사람의 갈등에 대해 알고 있는 그는 B와 원만한 관계를 유지하지 못한다. 사람들 사이에는 온갖 뒷이야기들이 떠돌기 마련이다. 그런 말들은 당사자들에게 입장을 밝힐 틈도 주지 않고 여러 사람들의 인식에 영향을 미친다. 제3자에게 들은 말들은 부정확한 것이 많다. 그렇기 때문에 성경은 한 사람의 말만 듣지 말고 적어도 두세 명의 증인에게 들으라고 명령한다.

삼각관계는 가정에서 일어날 수 있는 흔한 바운더리 문제다. 부모 가운데 한 명과 자녀, 또는 두 부모 사이에 일어나는 갈등은, 가족 가운데 누가 어느 한 사람에게 다른 사람에 대해 이야기할 때 생긴다. 이처럼 극도로 파괴적 행동은 가족 구성원들 간의 관계를 불편하게 만든다.

성경은 누군가에게 화가 났다면 그 사람과 직접 문제를 해결하라고 엄중히 권고한다.

사람을 경책하는 자는 혀로 아첨하는 자보다 나중에 더욱 사랑을 받느니라(잠 28:23).

너는 네 형제를 마음으로 미워하지 말며 네 이웃을 반드시 견책하라 그러면 네가 그에 대하여 죄를 담당하지 아니하리라(레 19:17).

그러므로 예물을 제단에 드리려다가 거기서 네 형제에게 원망 들을 만한 일이 있는 것이 생각나거든 예물을 제단 앞에 두고 먼저 가서 형제와 화목하고 그 후에 와서 예물을 드리라(마 5:23-24).

네 형제가 죄를 범하거든 가서 너와 그 사람과만 상대하여 권고하라 만일 들으면 네가 네 형제를 얻은 것이요(마 18:15).

이 성경 구절들은 삼각관계를 피할 수 있는 간단한 방법을 제시한다. 즉 당신과 갈등 관계에 있는 그 사람과 먼저 대화를 하라는 것이다. 먼저 상대방과 이야기하라. 상대방이 그 문제를 해결하는 것을 거절할 경우, 그 문제를 해결할 만한 식견을 가진 사람을 만나 이야기하라. 함부로 상대방을 헐뜯는 말을 퍼뜨리거나 화내지 않도록 주의하라. 그런 다음 다시 상대방을 찾아가 대화하며 문제를 해결하도록 노력하라.

당신이 직접 대화하지 않으려는 사람에 대한 일을 제3자에게 결코 말하지 말라.

도대체 여기 있는 아이들은 누구일까?

"어린아이가 부모를 위하여 재물을 저축하는 것이 아니요 부모가 어린 아이를 위하여 하느니라"(고후 12:14).

어떤 사람들은 부모를 극진히 보살핀다. 그들은 자식이 부모에게서 무언가를 '상속받는다'는 말에 동의하지 않는다. 오늘날 이런 사람들은 '종속적 관계'에 있다고 말한다. 그들은 아주 어릴 때부터 자신에게 부모를 모실 책임이 있다고 배웠다. 그렇게 가르친 부모는 어린이처럼 아주 무책임한 사람들이다. 그런 부모 밑에서 자란 아이들이 성인이 되면, 자신과 무책임한 부모 사이에서 바운더리를 세우는 데 많은 어려움을 겪는다. 그들은 부모에게서 독립해 살아가고자 애쓸 때마다 항상 자신이 너무 이기적이라는 생각에 사로잡힌다.

물론 성경은 연로한 부모를 잘 섬겨야 한다고 가르친다. "참 과부인 과부를 존대하라 만일 어떤 과부에게 자녀나 손자들이 있거든 그들로 먼저 자기 집에서 효를 행하여 부모에게 보답하기를 배우게 하라 이것이 하나님 앞에 받으실 만한 것이니라"(딤전 5:3-4). 부모에게 감사하며 그들이 우리에게 베푼 사랑에 보답하는 것은 좋은 일이며 마땅히 해야 할 행동이다.

그러나 거기에는 두 가지 문제가 있다. 먼저, 부모가 '정말로 어려운 처지가 아닐' 수 있다. 부모가 어렵지도 않은데 무책임하게 도움을 구하며 자식에게 순교자와 같은 희생을 요구할 수도 있다. 그런 부모는 자기 문제를 스스로 해결하는 책임감을 회복해야 한다.

둘째, 부모가 '정말로 어려운 처지'일 때, 그들에게 줄 수 있는 것과 줄 수 없는 것을 구분하는 명확한 바운더리를 세우지 못할 수도 있다. 부모에게 줄 수 있는 것의 경계를 세우지 못할 수도 있고, 또한 부모가 연로해 거동이 불편하면 큰 부담이 된다. 그런 부담은 부부 관계를 해치고 자녀들에게 상처를 입힌다. 자녀들은 부모에게 해줄 수 있는 것과 해줄 수 없는 것을 분명하게 결정해야 한다. 그러면 부모를 지속적으로 사랑하고, 감사의 마음을 잃지 않으며, 화를 내지 않게 된다.

좋은 바운더리는 분개심에 빠지지 않도록 도와준다. 주는 것은 좋은 일이다. 하지만 상황과 여건이 허락하는 범위 내에서 주어야 한다는 사실을 반드시 명심하라.

하지만 나는 네 형제/자매야
바운더리 문제는 형제 사이에서도 자주 발생한다. 무책임한 성인 아이는 스스로 일하거나 집을 떠나기 싫어해 책임감이 강한 형제에게 의존한다. 정신적으로나 육체적으로 문제가 있어서 정말로 살아가기 힘든 사람에 대해 말하는 것이 아니다. 무책임한 아이는 성인이 되어서도 가정에서 계속 어린아이처럼 대우받고 싶어 한다.

여기에서 언급하는 미묘한 문제로 인해 죄책감이나 마음의 부담을 느끼는 사람이 있다면, 집안의 형제나 자매 가운데 그런 사람이 있기 때문일 것이다. 나는 형제나 자매 때문에 거의 미칠 지경인 사람들을 많이 보았다. 가족 구성원들은 자신을 두르고 있는 울타리를 허물고 새로운 바운더리를 세워야 한다.

그런데 왜 우리는 그렇게 할까?

왜 우리는 그런 행동 방식에서 벗어나지 못할까? 도대체 무엇이 잘못되었을까?

한 가지 이유는, 우리가 원래의 가족 안에서 바운더리 법칙을 배우지 못했기 때문이다. 그러므로 우리가 성인이 되어 부딪히는 바운더리 문제는 어린 시절부터 자리 잡고 있던 과거의 바운더리 문제가 그대로 표출되는 것이다.

또 다른 이유는 우리가 성경에서 말하는 성인으로 변화되지 못했고, 하나님의 가족 안으로 영적 입양이 되지 않았기 때문이다. 이제 이 두 가지를 자세히 살펴보자.

과거의 바운더리 문제가 계속됨
외계인 이야기를 기억하는가? 그는 다른 행성에서 성장해 중력이나 화폐 제도 같은 지구의 법칙에 익숙하지 않았다.

어릴 때 가정에서 배운 삶의 양식이 성인이 될 때까지 지속된다면 이 같은 현상이 나타난다. 무책임한 행동의 심각함에 대한 인식 부족, 무슨 일이든 직면하려는 용기 부족, 적절한 경계를 정하는 능력 부족, 자신보다는 다른 사람에 대해 책임지려는 자세, 그리고 누군가를 강압에 못 이겨서 돕거나, 분노와 시기심에서 돕거나, 하기 싫지만 어쩔 수 없이 도우며 남에게 알려질 것을 두려워하는 것 등. 이런 모습은 새로운 것이 아니지만, 그런 행동을 직시하고 돌이키려는 노력은 거의 찾아볼 수 없다.

이런 행동 유형의 뿌리는 깊고 단단하다. 가족 구성원들은 현재의 모습으로 당신을 예전의 나쁜 생활 방식으로 되돌릴 수 있기 때문에, 그들은 당신의 삶에서 새롭게 인식해야 할 대상이다. 그렇지 않으면 당신은 성장하는 대신 과거의 기억에 따라 자동적으로 행동하기 시작한다.

그 상태에서 벗어나려면 그런 '죄'를 구체적으로 밝히고 그들에게서 돌아서야 한다. 가족들에게 잘못된 행동을 고백하고, 용서를 구하며, 그들을 대하던 태도를 바꿔야 한다. 바운더리를 세우는 첫 번째 단계는 당신이 현재까지 지속하고 있는 과거의 잘못된 행동 양식을 정확히 인식하는 것이다.

당신이 자란 가정에서 발생했던 바운더리 문제를 직시하라. 가정에서 지켜지지 않은 법칙들을 빠짐없이 확인하라. 그러고 나서 그로 인해 당신의 삶에 나타났던 부정적 결과를 정확히 지적하라.

양자 됨

이 책은 영적 성장에 대한 책이 아니다. 그렇지만 바운더리는 영적 성장의 본질적 영역에 속한다. 영적 성장을 이루는 처음 단계는, 부모의 권위 아래에서 벗어나 하나님의 권위 아래 들어가는 것이다.

성경은 자녀들이 성인이 될 때까지 부모의 권위 아래 있어야 한다고 말한다(갈 4:1-7). 실질적 의미에서 부모는 자녀들을 책임지고 있다. 하지만 자녀들이 성인이 되고 자기 인생에 대해 '책임져야 할 나이'가 되면, 그들은 인도자와 관리자였던 부모에게서 벗어나 자신에 대해 스스로 책임지는 존재가 된다. 그리스도인은 하나님을 아버지로 모시는 새로운 관계 속으로 들어간다. 하나님은 우리를 고아처럼 내버려 두지 않고, 우리를 가족으로 삼아 주셨다.

신약 성경의 많은 구절들은, 우리가 자라 온 원래의 가정에 집착하지 말고 하나님의 양자가 되어 그분을 아버지로 모시라고 가르친다(마 23:9). 하나님은 그분을 아버지로 모실 것과, 다른 어떤 것과도 부모 관계를 맺지 말라고 명령하셨다. 아직도 이 땅의 부모에게만 헌신하려고 집착하는 사람은 자신의 새로운 양자 신분을 제대로 깨닫지 못하는 것이다.

우리는 하나님의 말씀에 순종하지 않을 때가 많은데, 그 이유는 아직까지 영적으로 집을 떠나지 않았기 때문이다. 우리는 새로운 아버지보다는 이 땅의 아버지를 기쁘게 하며 전통적 방식을 지켜야 한다고 느낄 때가 많다(마 15:1-6).

하나님의 가족이 되면, 하나님의 뜻에 순종하다가 이 땅의 가족들과 갈등을 일으키기도 하고 그들에게 따돌림을 받기도 한다(마 10:35-37). 예수님은 우리와 하나님 사이의 영적 관계가 다른 어떤 것보다 더 긴밀하며 가장 중요하다고 말씀하셨다(마 12:46-50). 우리의 진정한 가정은 하나님과 함께 이루는 가정이다.

우리를 가장 강력하게 결속시키는 이 가정에서 모든 일들은 더욱 확실한 방법으로 완수된다. 우리는 진실을 말하고, 경계를 정하며, 책임을 맡거나 부여하고, 서로를 솔직하게 대하며, 용서하며 살아간다. 강력한 기준과 가치관이 그 가정을 이끌어 나간다. 하나님은 자기 가정이 옳지 못한 방법으로 유지되는 것을 허락하지 않으신다.

그렇다고 해서 우리가 다른 모든 관계를 끊어야 한다는 뜻은 아니다. 우리는 하나님의 가족이 아닌 사람들과 친구 관계를 맺어야 하고, 이 땅의 가족들과도 긴밀한 관계를 유지해야 한다. 하지만 다음 두 가지 질문을 항상 던져야 한다. "이런 관계들이 옳은 일을 하는 데 방해되지는 않는가?" "내가 이 땅의 가족들과의 관계에서 성인으로서 합당한 역할을 하고 있는가?"

우리가 맺은 관계들이 진실로 건강하고 애정이 깃들어 있는 것이라면, 우리는 독자적 삶의 영역에서 자유롭게 생활하며 사랑과 '결단력 있는' 마음에서 우리 것을 다른 사람들에게 나누어 줄 수 있다. 우리는 분노에서 멀어져야 하고, 일정한 경계 안에서 사랑을 베풀어야 하며, 악한 행동은 무슨 일이 있더라도 멀리해야 한다.

행여 우리가 성인이 되어서도 '인도자와 관리자'인 부모 아래 있어야 한다면, 그 안에서도 '성인다운' 결정을 내릴 수 있어야 하고, 자기 의지를 스스로 통제하며(고전 7:37), 하늘 아버지께 온전히 복종해야 한다.

가족과 관련된 바운더리 문제 해결하기

가족들에 대해 바운더리를 세우는 것은 어려운 일이지만, 그 뒤에는 엄청난 보상이 기다리고 있다. 그 작업은 특이한 몇 가지 단계를 거쳐 이루어진다.

증상을 파악하라
당신이 처한 환경을 자세히 살펴보고 부모와 형제들에 대한 바운더리 문제가 있는지 생각해 보라. 가장 중요한 질문은 바로 이것이다. "당신의 소유에 대한 통제권이 다른 사람에게 있다면, 그 영역은 몇 군데나 되는가?" 그런 영역을 자세히 파악하고, 그 영역에 대한 통제권을 갖지 않은 것이 가족들과 어떤 관련이 있는지 살펴보라.

갈등을 파악하라
어떤 역학 관계가 작용하고 있는지를 파악하라. 당신이 위반하고 있는 '바운더리 법칙'은 무엇인가? 삼각관계에 빠져 있는가? 부모나 형제들이 스스로 책임져야 할 부분까지 책임지고 있는가? 그들이 저지른 일을 그들로 하여금 책임지게 하지 않고, 결국 그들의 행동에 대한 대가를 대신 지불하는가? 가족들, 그리고 그들과의 갈등에 대해 수동적이며 민감하게 반응하는가?

당신이 하는 일을 제대로 이해하기 전까지는 그런 관계 속에서 행동할 수밖에 없다. 자기 눈에서 "들보를 빼내라." 그런 다음에야 모든 것을 밝히 보고 가족 구성원 간의 문제를 제대로 해결할 수 있다. 자신에게서 문제를 찾고 당신이 어떤 바운더리를 위반했는지 면밀하게 검토하라.

갈등을 해결하려는 욕구를 가지라

당신이 부적절한 행동을 하는 데는 합당한 이유가 있다. 당신은 가정에서 채워지지 못한 근원적 욕구를 해결하기 위해 노력하고 있다. 당신은 사랑받고 인정받으며 신뢰받고 싶은 욕구가 있기에 여전히 혼란스러워하는지도 모른다. 자신에게 부족한 부분을 회피하지 말고 직시해야 한다. 또한 그 부분들은 하나님의 새로운 가정에서만 충족될 수 있다는 사실을 인정해야 한다. 그 가정에는 당신의 진정한 '어머니, 아버지, 형제, 자매'들이 있다. 그들은 하나님의 뜻을 행하고 하나님이 의도하신 방식대로 당신을 사랑해 줄 수 있다.

좋은 것을 인정하고 받아들이라

갈등 해결을 위한 욕구를 인식하는 것만으로는 부족하다. 그 욕구를 충족시켜야 한다. 하나님은 그분의 백성을 통해 당신의 필요를 채워 주고자 하신다. 그러나 먼저 당신이 하나님 앞에 겸손히 나아가야 하고, 좋은 후원자 그룹과 만나야 한다. 그리고 좋은 것을 좋은 것으로 인정하고 받아들여야 한다. 달란트를 땅속에 묻어 두지 말고, 더 나아질 거라는 기대를 품어야 한다. 처음에는 조금 어색하겠지만, 사랑에 반응하고 사랑을 받아들이는 법을 배우라.

바운더리 기술을 연습하라

당신의 바운더리 기술은 기초가 약하고 새로운 것이다. 곤경에 처했을 때 그 기술을 즉시 발휘할 수 없다. 시작 단계에 있는 당신의 바운더리 기술이 존중받는 분위기에서 익숙해지도록 연습하라. 당신의 바운더리를 사랑하고 존중하는 후원 그룹의 사람들에게 "아니요"라고 말하는 것부터 시작하라.

몸에 큰 상처를 입었다가 회복된 사람은 처음부터 무거운 물건을 들 수 없다. 마찬가지로 당신도 무거운 짐을 들 수 있도록 충분히 연습함으로써 힘을 길러야 한다. 바운더리 기술을 익히는 과정은, 몸이 회복되는 단계와 비슷하다는 것을 기억하라.

옳지 않은 것에 대해 "안 돼"라고 말하라

안전한 환경에서 새로운 기술들을 익히면서, 해가 될 만한 상황들을 피하라. 회복이 시작되는 단계에서는 과거에 당신을 학대하고 지배하던 사람들을 피하는 것이 좋다.

과거에 당신을 괴롭히고 지배하려던 사람들과의 관계를 재정립하기 위한 준비가 되었다고 생각되면, 친구나 후원자와 함께 그 사람들을 만나라. 당신에게 해를 끼치던 관계와 환경들을 극복하기 위해 기울인 노력을 기억하라. 당신은 상당히 심각한 상태에서 회복되었다. 그러므로 완전한 바운더리 기술을 가질 때까지 기존의 관계를 재정립할 수 없다. 화해하려는 희망이 너무 강한 나머지 또다시 상대방에게 지배당하는 상황에 빠지지 않도록 주의하라.

용서하라

용서는 바운더리를 가장 명확하게 설명하는 단어다. 누군가를 용서한다는 것은 그에 대한 앙심을 풀거나 그가 진 빚을 탕감해 준다는 의미다. 용서하기를 거절한다면, 당신은 아직도 그 사람에게 무언가를 원하고 있는 것이다. 그에게 복수하고 싶다면, 그 복수심은 당신으로 하여금 그에게 지속적으로 매이게 할 것이다.

가족 구성원들이 서로 용서하지 않으려 한다면, 그 가정은 아주 오랫동안 가정의 역기능적 상태에서 벗어나지 못할 것이다. 그 가정에 속한 구성원들은 여전히 서로에게 무언가를 원하고 있다. 하나님의 은혜를 받아 누리는 것이야말로 최선의 길이다. 그분은 빚을 갚을 능력이 없는 이들에게도 아낌없이 주며 용서해 주신다. 하나님의 은혜를 받으면 당신의 고통은 끝나게 된다. 그 은혜는 도저히 불가능해 보이는 보상을 받으려는 소망을 끝내고 없애 주기 때문이다. 성경은 소망이 더디 이루어지면 그것이 마음을 상하게 한다(잠 13:12)고 말한다.

당신에게 해를 끼친 사람을 용서하지 않으면, 당신은 여전히 그에게 무언가를 요구하고 있는 것이다. 그가 자기 잘못을 인정하는 것이 당신이 가진 기대의 전부일 수도 있다. 용서하지 않으면 그에게서 완전히 '벗어나지' 못하고 바운더리의 손상을 입게 된다. 지금 속해 있는 역기능 가정의 굴레를 벗어 버리라. 그러면 자유로워질 것이다.

반발하지 말고 반응하라

어떤 사람의 말이나 행동에 대해 반발한다면, 당신의 바운더리에 문제가 있는 것이다. 누군가 말이나 행동으로 당신의 마음을 혼란스럽게 만든다면, 그 순간 그는 당신을 지배하고 있으며, 당신의 바운더리는 손상되어 무용지물이 되고 만다. 하지만 당신이 반발하지 않고 반응한다면, 자신을 관리하면서 분명한 의견과 선택을 내놓을 수 있다.

당신이 반발하고 있다는 생각이 들면, 한 발짝 물러서서 자신에 대한 통제권을 회복하라. 그러면 가족들은 당신의 독자성을 침해함으로써 당신이 말하거나 행하기를 꺼리는 그 일을 강제로 시키지 못할 것이다. 당신이 바운더리를 굳건히 지키면서 내린 선택은 최상의 것이다. 반응과 반발의 차이점은 선택에 있다. 당신이 반발하면, 주도권은 상대방에게 있는 것이다. 하지만 당신이 반응하면, 선택권은 당신에게 있는 것이다.

죄책감이 아닌 자유와 책임 안에서 사랑하는 법을 배우라

최고의 바운더리는 다른 사람들을 사랑하는 것이다. 자기 방어적 태도만 고집하는 사람은 사랑과 자유를 잃어버리게 된다. 바운더리는 사랑을 중단한다는 뜻이 아니다. 오히려 정반대다. 당신은 바운더리 안에서 사랑하는 자유를 얻게 된다. 다른 사람들을 위해 희생하며 자기를 부인하는 것은 좋은 일이다. 하지만 그런 결정을 내리려면 바운더리가 필요하다.

당신의 자유를 증진시키기 위해 의도적으로 다른 사람에게 베푸는 연습을 하라. 바운더리를 세우는 과정에 있는 사람들은 누군가에게 호의를 베푸는 것이 그에게 종속되는 거라고 느끼는 경우가 종종 있다.

하지만 사실은 그렇지 않다. 자유로운 선택에 따라 누군가에게 좋은 일을 하면 바운더리는 더욱 강화된다. 종속된 사람은 남에게 좋은 일을 해주지 않는다. 그들은 두렵기 때문에 악한 일에 굴복하고 만다.

8.

바운더리와 친구

마샤는 TV를 켜 놓았지만, 뭐가 나오는지 쳐다보지도 않았다. 가장 친한 친구인 타미와 전화로 나눈 대화에 대해 생각하고 있었다. 마샤는 타미에게 함께 영화를 보러 가자고 했는데, 타미는 선약이 있었다. 이번에도 마샤가 먼저 제안했고, 또다시 계획은 좌절되었다. 타미는 먼저 전화하는 법이 없었다. 우정으로 맺어진 친구 사이에 이런 일들이 있을 수 있는가?

우정. 이 단어는 친밀함, 좋아함, 두 사람이 서로 이끌림 등의 이미지를 떠올리게 한다. 친구는 우리 삶이 얼마나 의미 있는지를 보여 주는 상징이다. 세상에서 가장 불행한 사람은 진정으로 사랑하는 사람 한 명 없이 외롭게 이 땅을 하직하는 사람이다.

우정은 상당히 넓은 범주로 구분될 수 있다. 이 책에서 언급하는 대부분의 인간관계는 우정이라는 요소를 포함한다. 하지만 우리가 의도

하는 목적을 위해 우정은 이렇게 정의하는 것이 좋을 것이다. "기능을 바탕으로 하기보다는 애정을 바탕으로 하는 실제적 관계." 달리 말하면, 사업이나 봉사와 같은 공통적 직무 위에 바탕을 두는 관계들을 배제하자는 것이다. 꾸미지 않고 있는 그대로의 모습으로 우리 주위에 남아 주었으면 하는 사람들과의 교제를 우정으로 생각하자.

친구 사이에서 일어나는 바운더리의 갈등은 매우 다양한 양상을 보인다. 갈등의 다양한 측면을 이해하기 위해, 친구 사이에서 일어나는 몇 가지 갈등이 바운더리를 기초로 어떻게 해결되는지 살펴보자.

갈등 1: 순응형/순응형

어떤 면에서 보면 두 사람 사이의 관계는 훌륭한 우정으로 연결되어 있다. 그러나 조금 달리 생각하면, 걱정되는 부분도 많다. 션과 팀은 같은 운동을 즐기고 취미 생활도 같이 한다. 같은 교회에 출석하며 좋아하는 식당도 같다. 그들은 서로에게 지나칠 정도로 잘한다. 따라서 그들은 상대방에게 "안 돼"라는 말을 거의 하지 못한다.

그들 사이에 잠복해 있던 문제는, 급류 타기와 콘서트가 같은 날에 계획되어 있던 어느 주말에 드러났다. 션과 팀은 두 가지 다 좋아했지만, 두 가지 다 즐길 수는 없었다. 션이 팀에게 전화를 걸어 급류 타기를 하자고 제안했다. "당연히 그렇게 해야지." 팀이 대답했다. 서로에게 마음을 감추긴 했지만, 션과 팀은 급류 타기가 그리 내키지 않았다. 그들은 오래전부터 그 콘서트에 가고 싶어 했다.

강을 절반쯤 내려왔을 때, 션과 팀은 서로에게 솔직해졌다. 온몸이 물에 젖고 지쳤을 때 팀은 무심결에 이렇게 내뱉었다. "네 말을 듣고 여기 왔다가 이 고생을 하는구나."

"팀!" 션이 놀란 얼굴로 말했다. "난 네가 급류 타기를 원한다고 생각했어."

"아니야! 네가 먼저 전화해서 여기 오자고 하길래, 난 네가 급류 타기를 더 원한다고 생각했지." 팀은 애처로운 어조로 계속 말했다. "이제 우리가 서로를 좋게만 대하는 걸 그만둘 때가 된 것 같구나."

두 명의 순응형 인물들이 상호 작용한 결과, 그들이 진심으로 원하는 일을 하지 못하게 만드는 사태를 불러왔다. 두 사람은 상대방에게 본심을 말하는 것을 너무 두려워한 나머지 서로가 원하는 일을 하지 못했다.

이런 종류의 갈등에 바운더리 점검표를 적용해 보자. 몇 가지 질문으로 구성되어 있는 이 점검표는 우리가 바운더리를 어느 정도 세우고 있는지 알게 해주고, 우리가 원하는 바를 어떻게 이룰 수 있는지 가르쳐 줄 것이다.

1. 어떤 증상이 나타나는가? 순응형과 순응형 사이에서 일어나는 갈등의 증상 가운데 하나는 불만이다. 허락하지 말아야 하는 어떤 일을 허락해 버렸다고 생각하는 것이다.

2. 원인은 무엇인가? 유순한 태도는 상대방을 기쁘게 하기 위해 "안 돼"라는 말을 되도록 하지 않으려는 마음에서 비롯된다. 그들이 지금과 같은 유순한 태도를 갖게 된 원인은 비슷하기 때문에, 두 명의 순응형 인물이 어울리면 서로에게 도움이 되지 않는 경우가 종종 있다.

3. 어떤 바운더리 갈등을 겪는가? 순응형 인물들은 상대방과의 껄끄럽지 않은 관계를 유지하기 위해 자기 바운더리를 정중히 포기한다.

4. 누가 주인 의식을 가져야 하는가? 순응형 인물들은 다른 사람들에게 양

보하고 다른 사람들을 기쁘게 해주기 위해 한 행동에 대한 모든 책임을 자신에게 돌려야 한다. 션과 팀은 친절한 태도로 상대방을 지배하고 있었다는 것을 솔직하게 인정해야 한다.

5. 무엇이 필요한가? 순응형 인물들은 후원자 그룹과 성경 공부 모임을 갖거나 상담가들의 도움을 받아야 한다. 다른 사람들에게 상처 입히는 것을 두려워하는 태도는 자신의 바운더리를 정하는 것조차 어렵게 만든다.

6. 어떻게 시작해야 하는가? 순응형 인물들은 사소한 문제에 대한 경계를 정하는 일부터 연습해야 한다. 식당의 음식 맛이나, 교회 예배, 음악 등과 같은 문제에 대해 솔직하게 자기 마음을 표현하는 것부터 시작할 수 있다.

7. 서로에 대한 바운더리를 어떻게 세워야 하는가? 션과 팀은 직접 만나서 서로 대화하고, 마침내 드러난 진실과 그들의 경계에 대해 이야기하고 설정하기 시작해야 한다. 그들은 자신들에 대한 더 좋은 바운더리에 대해 동의할 것이다.

8. 이제 무엇을 해야 하는가? 션과 팀은 자신들의 관심 분야가 지금까지 생각해 왔던 것처럼 같지 않다는 것을 솔직히 인정해야 한다. 그들은 상대방에게서 좀 더 분리되어야 한다. 다른 활동 영역에서 다른 친구들을 사귀는 것은 그들의 우정에 오점을 남기지 않는다. 오히려 그런 활동은 그들의 우정이 오래 지속되도록 도와준다.

갈등 2: 순응형/공격적 지배형

순응형과 공격적 지배형 사이의 갈등은 친구 관계에서 생기는 고전적 증상을 보인다. 순응형 인물은 그 관계에서 위협을 느끼며 상대방보다 더 열등하다고 생각한다. 공격적 지배형 인물은 순응형에게 좋지 않은 소리를 들으면 화를 낸다.

"그래, 좋아. 네 생각이 그렇다면"이란 말은 순응형이 입버릇처럼 하는 말이다. 일반적으로 공격적 지배형은 순응형의 시간, 재능, 소유를 어느 정도는 쓰려고 한다. 그는 자신이 원하는 바를 요구하는 데 아무 거리낌이 없다. 가끔 상대방에게 묻지도 않고 자신이 원하는 것을 취한다. "지금 그게 필요해"라는 말 한마디가 순응형이 가지고 있는 것을 마음대로 사용하는 이유의 전부다. 그가 마음대로 사용하는 것은 자동차 열쇠, 설탕 한 컵, 자기에게 편한 서너 시간 등 모든 영역에 골고루 퍼져 있다.

이 관계에서 불편을 느끼는 쪽은 순응형이므로, 그가 먼저 관계 개선을 위해 노력해야 한다. 바운더리 점검표를 통해 이들의 관계를 자세히 살펴보자.

1. 어떤 증상이 나타나는가? 순응형은 지배받고 있다는 생각 때문에 분개한다. 공격적 지배형은 거의 언제나 기분이 좋은데, 상대방에게 기분 나쁜 소리를 듣는 것을 견디지 못한다.

2. 원인은 무엇인가? 순응형은 갈등을 피하고 오히려 상대방을 포용하라고 가르치는 가정에서 성장했다. 공격적 지배형은 남의 호의에 감사해야 하며 자기 문제는 자신이 책임져야 한다는 가르침을 한 번도 받은 적이 없다.

3. 어떤 바운더리 갈등을 겪는가? 여기에서 나타나는 바운더리 문제는 두 가지다. 순응형은 친구에 대해 분명한 경계를 정하는 능력을 갖지 못했고, 공격적 지배형은 순응형의 바운더리를 존중하지 않는다.

4. 누가 주인 의식을 가져야 하는가? 순응형은 자신이 공격적 지배형의 희생자가 되어서는 안 된다는 사실을 자각해야 한다. 그는 전혀 힘들이지 않고 자발적으로 자기 힘을 친구에게 이양한 것이다. 자기 능력을 포기하는 것이 그가 친구를 지배하는 나름의 방법이다. 순응형은 공격적 지배형을 기쁘게 함으로써 그를 지배한다. 그럼으로써 상대방의 태도가 변화되기를 바라는 것이다. 공격적 지배형은 자신이 상대방의 거절을 듣기 싫어하고 다른 사람들의 바운더리를 받아들이려 하지 않는다는 사실을 인정해야 한다. 자기 마음대로 친구를 이끌어 가는 것에 대해 분명히 책임져야 한다.

5. 무엇이 필요한가? 순응형 가운데 친구와의 우정에서 행복을 찾지 못하는 사람은 그가 당하는 이런 바운더리 문제를 해결하도록 돕는 후원자 그룹과 긴밀한 관계를 맺어야 한다.

6. 어떻게 시작해야 하는가? 순응형은 친구와 이런 문제로 직접 만나기 전에 후원자 그룹에서 경계를 정하는 연습부터 해야 한다. 공격적 지배형은 친구들의 솔직한 반응에서 이익을 얻는 법을 익히 잘 알고 있다. 그는 사람들을 대충 살펴보기만 해도 상대방의 바운더리를 존중할지 그렇지 않을지를 쉽게 파악할 수 있다.

7. 서로에 대한 바운더리를 어떻게 세워야 하는가? 순응형은 성경 원리를 친구에게 적용해야 한다(마 18장). 친구와 직접 만나서 그가 자신을 지배하고 은근히 위협한다는 사실을 말해야 한다. 그리고 또다시 자기를 지배하려고 할 때는 더 이상 친구 관계를 유지할 수 없다고 말해야 한다.

하지만 그는 친구를 지배하려 들지 않는다. 직접 만나서 말한다는 것은 상대방의 결정권을 빼앗겠다는 최후통첩이 아니다. 그는 상대방의 태도가 자신에게 해를 입히고 우정에 금이 가게 한다는 것을 상대방에게 알리기 위해 분명한 경계를 정한 것이다. 그 같은 경계는 순응형이 더 이상 해를 입지 않도록 보호하는 역할을 한다. 공격적 지배형은 그 말을 듣고 화를 내거나 협박할 수도 있다. 하지만 이제 순응형은 더 이상 상처를 입지 않으려 할 것이다. 그는 친구와 함께 있는 것이 안전하다고 느낄 때까지 우정이라는 방에서 나가 되돌아오지 않을 것이다.

공격적 지배형은 자기 행동 때문에 생긴 결과가 무엇인지 몸소 체험하게 된다. 친구가 곁에 없음으로 인해 진정한 우정을 그리워한다면, 그는 친구를 떠나게 한 잘못에 대한 책임을 인식하는 단계에 접어들기 시작한 것이다.

8. 이제 무엇을 해야 하는가? 이 시점에서 두 친구가 서로에게 마음을 연다면, 관계를 재조정할 수 있다. 그들은 "네가 비난하기를 그친다면, 나도 너를 성가시게 하지 않겠다"와 같은 근본 원칙을 새로 정하고, 더욱 새로운 우정을 쌓아 갈 수 있다.

갈등 3: 순응형/교묘한 지배형

"캐시, 나 진짜 곤란한 상황이야. 이런 상황에서 도움을 청할 사람이 너밖에 없어. 아이들을 돌봐 줄 사람을 아직 구하지 못했는데, 지금 교회 모임에 가야 하거든."

캐시는 친구 샤론의 말을 묵묵히 듣고 있었다. 굳이 듣지 않아도 뻔한 얘기였다. 샤론은 모임을 가기 위한 준비를 게을리해서, 아이들을 돌봐 줄 사람을 미리 부르지 않았던 것이다. 그녀는 자신이 만든 이런 비상 사태를 해결하기 위해 캐시를 부르곤 했다.

캐시는 자신이 그렇게 불려 다니는 것이 불쾌했다. 샤론이 의도적으로 그런 일을 꾸민 건 아니었다. 그녀는 합당한 이유 때문에 도움을 원했지만, 캐시는 여전히 자신이 교묘히 이용당한다는 느낌을 떨쳐 버릴 수 없었다. 그녀는 어떻게 해야 할까?

순응형과 교묘한 지배형 사이의 친구 관계에서는 이런 일이 자주 일어난다. 왜 우리는 샤론이 캐시를 지배한다고 말하는가? 그녀는 친구를 교묘히 조종하기 위해 의도적으로 노력하지 않았다. 하지만 아무리 의도가 선하다고 해도, 그녀는 곤경에 처하면 친구들을 이용했다. 그녀는 그런 일들을 당연하게 여기고, 친구들이 자신에게 호의를 베푸는 것을 싫어하지 않을 거라고 생각했다. 그녀의 친구들은 "샤론은 원래 그래"라는 식으로 받아넘겼다. 사실 친구들은 분노를 억누르고 있었다.

바운더리 점검표를 통해 이런 관계를 분석해 보자.

1. 어떤 증상이 나타나는가? 순응형(캐시)은 교묘한 지배형(샤론)이 다급하게 부탁할 때마다 짜증이 났다. 캐시는 우정이 이용당한다는 느낌마저 들었다. 결국 캐시는 서서히 친구를 피하기 시작했다.

2. 원인은 무엇인가? 샤론의 부모는 그녀가 곤경에 처할 때마다 구해 주었다. 그녀의 학기말 논문을 새벽 3시까지 끝내는 것부터 시작해 그녀가 편안하게 30대를 보낼 수 있도록 돈을 대 주었다. 그녀는 상당히 관대한 세상 속에서 살아왔다. 그 세상 속에서 친절한 주위 사람들은 늘 그녀를 도와주었다. 그녀는 결코 자신의 무책임이나, 훈련이나 계획을 세우지 않아 생기는 결과들을 직접 해결하는 법이 없었다.

캐시는 어릴 적에 "아니요"라는 말을 할 때마다 불쾌하게 쳐다보는 어머니의 눈빛이 싫었다. 그녀는 바운더리를 세움으로써 다른 사람에게 상처 입히는 것을 두려워하며 성장했다. 캐시는 친구들, 특히 샤론과의 갈등을 피하기 위해 무슨 일이든 다 하려 했다.

3. 어떤 바운더리 갈등을 겪는가? 샤론은 자신의 일정을 미리 계획하지 않았고, 그에 대한 책임도 지지 않았다. '책임지지 못할 상황이 생길 때마다' 주위에 있는 순응형의 친구에게 도움을 청했다. 그러면 캐시가 달려왔다.

4. 누가 주인 의식을 가져야 하는가? 샤론은 어떤 일이든 미리 계획하지 않아도 된다는 착각에 빠져 있었다. 캐시는 어떤 부탁도 거절한 적이 없는 자신의 태도가 샤론이 잘못된 믿음을 갖게 하는 데 일조했다는 걸 알고 있었다. 캐시는 자신을 피해자라고 여기지 말고, 이제부터 책임감을 가지고 분명하게 거절을 표현해야 한다.

5. 무엇이 필요한가? 캐시는 자신과 친구 사이의 바운더리 문제를 제대로 이해하도록 도와줄 수 있는 사람들과 긴밀한 관계를 맺어야 한다.

6. 어떻게 시작해야 하는가? 캐시는 후원해 주는 여러 친구들에게 "안 돼"라고 말하는 연습을 해야 한다. 그녀는 협력적인 분위기 속에서 의견을 달리하고, 자신의 견해를 밝히며, 문제를 직면하는 법을 배워야 한다. 후원자들은 그녀가 그 같은 올바른 관계를 세울 수 있도록 힘을 북돋아 주고 기도해 줄 것이다.

7. 서로에 대한 바운더리를 어떻게 세워야 하는가? 캐시는 다음 날 샤론과 함께 점심을 먹는 자리에서 자신이 지금까지 이용당했다는 느낌이 든다고 말했다. 그녀는 좀 더 발전된 친구 관계를 원한다고 설명하고, 앞으로는 갑자기 아이를 맡게 되는 '비상 사태'를 받아들이지 않겠다고 말했다.

자신이 지금까지 친구에게 얼마나 많은 상처를 주었는지 몰랐던 샤론은 그 문제에 대해 진심으로 사과했다. 그리고 자신의 시간 계획에 대해 확실하게 책임지기 시작했다. 샤론은 그 후에도 캐시에게 급하게 아이를 맡기려다 거절당했고 중요한 모임에 몇 번 빠지게 되었다. 그 후로는 일이 있을 때마다 한두 주 전에 미리 준비하는 습관을 갖게 되었다.

8. 이제 무엇을 해야 하는가? 두 사람의 우정은 더 깊어지고 성숙해졌다. 가끔씩 캐시와 샤론은 그들을 더 친하게 만들어 준 갈등에 대해 이야기하며 웃음을 짓는다.

갈등 4: 순응형/둔감형

이 장의 도입부에서 살펴보았던 마샤와 타미의 우정을 기억하는가? 한 사람이 모든 일을 도맡아 하고 나머지 한 사람은 그리 힘들이지 않고 따라가기만 하는 그런 관계는 순응형과 둔감형 사이에 일어나는 갈등을 잘 설명해 준다. 한 사람은 좌절감과 분노를 느끼고, 다른 한 사람은 도대체 무엇이 문제인지 의아하게 여긴다. 마샤는 타미가 그들의 우정을 별로 중요하게 여기지 않는다는 느낌을 받았다.

이제 그들의 상황을 분석해 보자.

1. 어떤 증상이 나타나는가? 마샤는 우울과 분노를 느끼며, 자신이 하찮은 취급을 받는다고 생각했다. 하지만 타미는 죄책감을 느끼거나 혹은 친구의 요구와 부탁 때문에 부담감을 느꼈다.

2. 원인은 무엇인가? 마샤는 항상 자신이 모든 일을 처리하고 상대방에게 호의를 표시해야 하며, 그렇지 않으면 친구가 자신을 버릴지도 모른다고 생각했다. 따라서 마리아가 되기보다는 마르다가 되었고, 사랑을 받는 사람이 되기보다는 일을 도맡아 하는 사람이 되었다(눅 10:38-42).

타미는 우정을 위해 한번도 열심을 내지 않았다. 항상 평범한 입장에서 다른 사람의 요구를 받아들이는 편이었고, 중요한 친구 관계에서도 늘 수동적 자세를 취했다. 실제로 친구들은 그녀와 친구 관계를 유지하기 위해 많은 노력을 기울였다.

3. 어떤 바운더리 갈등을 겪는가? 이런 관계에서는 두 가지 바운더리 문제가 있다. 첫째, 마샤는 우정을 유지하기 위해 너무 많은 책임을 지고 있다. 그녀는 친구가 자기 짐을 지도록 유도하지 않았다(갈 6:5). 둘째, 타미는 우정을 위해 마땅히 감당해야 할 책임을 맡지 않았다. 그녀는 자신이 선택한 일을 마샤가 충분히 감당해 줄 거라는 사실을 알고 있었다. 누군가 모든 일을 해주는 데 굳이 자신이 일할 필요가 있는가?

4. 누가 주인 의식을 가져야 하는가? 타미가 아무 일도 하지 않는 걸 편하게 여기는 것에 대한 책임은 마샤에게 있다. 그녀는 모든 일을 계획하고 전화를 하고 직접 수행하기 위한 노력이 친구와의 관계를 스스로 끌고 나가기 위해 그럴듯한 모습으로 위장한 노력임을 알고 있었다.

5. 무엇이 필요한가? 두 사람은 다른 친구들의 도움을 받아야 한다. 그들은 다른 친구들과의 관계, 그리고 주위 사람들에게 받는 무조건적 사랑 없이는 그들의 문제를 객관적으로 바라보지 못한다.

6. 어떻게 시작해야 하는가? 마샤는 후원해 주는 친구들의 도움을 받아 경계를 정하는 연습을 해야 한다. 그녀는 여전히 친구들이 서로 자기 짐을 지며 우정을 유지할 수 있음을 깨달아야 한다. 설령 그녀와 타미와의 관계가 끊어질지라도 말이다.

7. 서로에 대한 바운더리를 어떻게 세워야 하는가? 마샤는 타미에게 자신의 감정을 솔직하게 털어놓고, 앞으로 그들의 우정을 계속 유지하려면 서로 동일한 책임을 져야 한다는 것을 알려야 한다. 다른 말로 하면, 마

샤는 그런 내용을 전화로 알린 후 타미가 전화를 걸어올 때까지 먼저 전화하지 말아야 한다. 마샤는 타미가 자신을 보고 싶어 하고 전화를 걸어오기 바랐다. 만약 사태가 더욱 악화되고 두 사람의 우정이 타미의 둔감함 때문에 약화된다고 해도, 마샤는 무언가를 얻은 것이다. 그녀는 우정이 상호 관계라는 사실을 잘 알지 못했다. 이제 타미와의 멀어진 관계 때문에 조금 슬프겠지만, 진정한 친구들을 찾아나설 수 있게 되었다.

8. 이제 무엇을 해야 하는가? 약간의 위기는 우정의 성격을 완전히 바꿔놓았다. 그동안에 겪었던 어려움은 감추어져 있던 비정상적 우정의 실체를 드러내고, 그 관계를 발전된 모습으로 다시 세우기 위한 밑거름이 되었다.

친구 사이에 일어나는 바운더리 갈등에 대한 질문

친구 사이의 바운더리 갈등은 다루기 어렵다. 우정이라는 관계를 유지시키는 유일한 규범은 친구 간의 애정이기 때문이다. 결혼 반지도 없고, 직업적 연결 고리도 없다. 단지 우정만 있을 뿐이다. 그러므로 우정은 깨지기 쉽고 유지하기 힘든 것처럼 보일 때가 많다.

앞에서 살펴본 것과 같은 갈등에 빠진 사람들은 우정에 대해 바운더리를 세우고자 할 때 다음과 같은 질문들을 던진다.

질문 1: 우정은 쉽게 깨질 수 있는 것 아닌가?
대부분의 우정은 결혼이나 직장 또는 교회와는 달리 구성원들 사이의 결속력을 다지기 위한 형식적인 약속 없이 맺어진다. 전화 통화를 오랫동안 하지 않는 경우도 생기고, 친구 관계가 각자의 삶에 아무 영향을 끼치지 못하고 슬며시 끊어지기도 한다. 그러므로 바운더리 문제가 생기면 우정은 쉽게 깨어질 위험을 많이 내포하고 있는 것 아닌가?

이런 유형의 사고 방식은 두 가지 문제점을 안고 있다. 첫째, 이런 사고 방식을 가진 사람들은 결혼이나 직장 또는 교회처럼 형식을 갖춘 모임이야말로 인간관계를 굳게 결속시키는 접착제라고 생각한다. 친구들 사이의 사랑이 아니라 친구가 되자는 약속이 우정을 더 굳게 한다는 것이다. 그러나 성경적으로나 실제적으로 그런 주장은 결코 타당하지 않다.

이런 생각들은 그리스도인들의 모임에서 많이 나타난다. "누군가를 좋아하지 않는다면, 네가 원하는 대로 행동하라." "억지로라도 그들을 사랑하라." "누군가를 사랑하겠다고 약속하라." "누군가를 사랑하기로 마음먹으면, 감정도 생길 것이다."

선택과 약속은 좋은 친구 관계를 이루는 중요한 요소다. 우리는 모든 일이 잘 풀릴 때만 친구인 척하는 사람들 이상의 진실한 친구를 원한다. 하지만 성경은 우리가 약속이나 대단치 않은 결단력에 의존할 수 없다고 가르친다. 왜냐하면 그런 요소들은 언제나 우리를 의기소침하게 만들기 때문이다. 바울은 자신이 원하지 않는 일을 행하고, 원하는 일은 행하지 않는다고 울부짖었다(롬 7:19). 그는 곤경에 빠져 있었다. 우리는 모두 그런 갈등을 경험해 보았다. 우리가 친구와의 관계에 전념할 때도, 예상하지 못한 나쁜 일들이 생긴다. 우리는 침울해지고, 걷잡을 수 없을 정도로 기분이 나빠진다. 그러면 그 친구와의 관계를 예전처럼 되돌리는 일은 거의 불가능해진다.

우리는 바울이 자신의 문제를 해결했던 것과 같은 방법으로 우리 문제를 해결할 수 있다. "그러므로 이제 그리스도 예수 안에 있는 자에게는 결코 정죄함이 없나니"(롬 8:1). 문제의 해답은 '그리스도 예수 안에서' 주어졌다. 달리 말하면, 그리스도와의 관계 속에서 수평적, 수직적 관계에서 일어나는 모든 문제의 답을 찾았다는 것이다. 우리가 하나님, 친구들, 후원자 그룹 등과 긴밀하게 연결되어 있다면, 그런 관계들을 잘 유지하고 그 속에서 일어나는 바운더리 갈등을 해결하는 데 필요한 은혜를 충만히 받아 누릴 수 있다. 이처럼 우리의 관계들을 굳건히 이어 주는 외적 요소가 없다면, 우리는 하찮은 의지만 갖고 있으면서도 자신이 무슨 일이든 다 할 수 있다고 착각하며 살아갈 수밖에 없을 것이다.

성경은 전적 헌신이 사랑의 관계를 지탱해 주는 기초라고 가르친다. 일단 사랑을 받으면 다른 사람들과의 관계에 헌신하며 의지적으로 결정하는 일도 가능해진다. 이 순서가 뒤바뀌는 법은 없다.

이 원리를 우정에 어떻게 적용할 것인가? 가장 친한 친구가 다가와 이렇게 말한다면 어떻겠는가? "우리가 친구로 지내는 이유는 우리 관계를 위해 내가 온 힘을 기울이기 때문이야. 다른 이유는 없어. 나는 솔직히 너와 지내는 것이 썩 내키지 않아. 하지만 너를 친구로 택한 결정을 끝까지 지킬 거야."

그런 관계가 견고해지거나 오래갈 거라고 생각하는 사람은 아마 없을 것이다. 그 친구가 사랑이 아닌 의무감에서 당신을 친구로 여기고 있다는 의심을 품게 된다. 어느 누구에게도 바보 취급을 당하지 말라. 모든 우정은 사랑을 바탕으로 이루어져야 한다. 사랑이 아닌 다른 모든 요소들은 우정을 지탱하기에는 너무 미약하다.

우정이 결혼이나 교회나 직장처럼 조직화된 관계보다 미약하다는 사고 방식이 갖는 두 번째 문제는, 그런 생각 속에 이 세 가지 관계가 사랑을 바탕으로 하지 않는다는 가정이 내포되어 있는 것이다. 하지만 그것은 전적으로 사실이 아니다. 정말로 그런 관계가 사랑을 바탕으로 하지 않는다면, 결혼 서약은 이혼율 0퍼센트를 분명히 보장해야 한다. 신앙 고백 역시 충실한 교회 출석률을 확실하게 보장해야 한다. 직장인들 역시 출근율 100퍼센트를 달성해야 한다. 이 세 집단은 인간의 삶에서 아주 중요한 부분을 차지하고 있으며, 모두 광범위한 차원에서 사랑을 기초로 이루어져 있다.

우정을 유지시키는 유일한 요소는 우리의 선행이나 사랑할 수 있는 능력이 아니며, 친구 사이의 죄책감이나 의무감도 아니다. 친구들에게 전화를 걸고, 그들과 함께 시간을 보내는 것을 가능하게 하는 유일한 요소는 바로 사랑이다. 사랑이야말로 우리가 의도적으로 지배할 수 없는 유일한 것이기도 하다.

언제나 그리고 누구나 친구와의 관계를 끊을 수 있다. 하지만 사랑에 기초한 삶으로 점점 더 깊이 나아갈수록, 우리는 사랑의 힘을 신뢰하는 법을 배우게 된다. 진정한 우정의 끈은 쉽게 끊어지지 않는다는 것을 배운다. 우리는 좋은 관계 속에서 바운더리 세우는 법도 배운다. 건강한 관계 속에 형성된 바운더리는 그 관계를 해치기보다는 더욱 강하게 한다.

질문 2: 남녀 사이의 깊은 우정에서 어떻게 바운더리를 세울 수 있는가?
이성 교제를 하는 미혼의 그리스도인들은 상대방에게 솔직히 말하고 경계를 정하는 일을 익히는 데 많은 어려움을 겪는다. 그들이 겪는 대부분의 바운더리 갈등은 상대방과의 관계가 깨지지 않을까 하는 두려움으로 인해 주기적으로 일어난다. 한 청년이 이런 말을 했다. "무척 좋아하는 사람이 있어요. 하지만 제가 그에게 '안 돼'라고 말하면, 그를 다시는 만나지 못할지도 모른다는 두려움이 있어요."

남녀 관계에서 작용하는 독특한 두 가지 원칙이 있다.

1. 남녀 사이란 본래 위험한 것이다. 다른 사람과 애정 관계를 발전시키지 못하거나 자신의 바운더리를 존중하지 않는 수많은 청년들은 데이트를 통해 성경적 우정의 원리를 배우려고 애쓴다. 그들은 남녀 관계에서 오는 안전함으로 인해 다른 사람을 사랑하고, 사랑을 받으며, 경계를 정하는 법을 배우게 될 거라는 희망을 갖는다.

하지만 그런 청년들은 이성 교제를 시작한 지 몇 달이 되지 않아 전보다 훨씬 더 많은 상처를 받게 된다. 그들은 낙담하고 완전히 소진되었다는 느낌을 떨쳐 버리지 못한다. 그것은 이성 교제의 목적을 이해하는 데 문제가 있었다는 증거다.

이성 교제의 목적은 사랑을 연습하고 실천하는 것이다. 일반적으로 이성 교제의 목표는 상대방과 결혼할지의 여부를 결정하는 것이다. 이성 교제는 자신을 보완해 줄 수 있고 영적으로 그리고 감정적으로 함께할 수 있는 사람이 누구인지를 발견해 가는 과정이다. 즉 결혼을 위한 훈련 과정이다.

이런 사실은 언제나 갈등을 불러일으킨다. 우리는 이성 교제를 할 때 언제라도 "우리는 서로 잘 맞지 않아"라고 말하며 그 관계를 끊을 자유가 있다. 상대방 역시 그런 자유를 가지고 있다.

바운더리가 손상된 사람에게 그런 일들은 어떤 의미가 있을까? 그런 사람은 자신이 가진 미숙하고 발전되지 못한 인격의 한 측면을 이성 교제에 무리하게 대입시키는 경우가 많다. 또한 서로를 구속하는 힘이 약하고 다분히 깨질 위험이 있는 관계 속에서 자신이 안고 있는 상처에 필요한 안정과 긴밀함과 지속성을 구한다. 그런 사람은 이성 교제를 하는 상대방에게 너무 빨리 자신을 의탁한다. 그가 지닌 필요의 강도가 너무 강하기 때문이다. 따라서 이성과의 관계가 '잘 풀리지 않으면' 극도의 좌절감에 빠진다.

이것은 마치 세 살짜리 아이를 전투가 한창인 최전선에 투입하는 것과 다름없다. 이성 교제는 성인들이 결혼하기 위해 상대방이 적합한지를 알아보기 위한 방편이다. 이성 교제는 결코 어리고 상처받은 영혼이 치료를 받는 영역이 아니다. 그런 치료는 후원자 그룹이나 교회 모임 또는 치료 모임이나 동성 친구들과의 교제처럼 일반적 관계에서 추구해야 한다. 우리는 이성 교제와 다른 우정 관계의 목적을 분명하게 구분해야 한다.

일반적인 우정 관계에서 바운더리 세우는 기술을 배우는 것이 가장 최상의 방법이다. 그런 관계에서는 애정이나 서로에 대한 헌신이 더욱 깊어질 수 있다. 일단 우리가 성경적 바운더리를 세우고 지켜 나가는 법을 배우면, 그것을 이성 교제라고 부르는 성숙한 영역에서도 사용할 수 있다.

2. 이성 교제에도 경계를 정해야 한다. 성숙한 바운더리를 가진 사람들은 이성 교제를 시작하는 초기 단계에서 상대방을 기쁘게 하기 위해 자신의 바운더리를 잠시 덮어 두기도 한다. 하지만 자신의 바운더리를 솔직하게 말하면, 관계를 더욱 분명하게 하는 데 도움이 된다. 그것은 자신이 어디에서 시작해야 하고 상대방이 어디에서 멈춰야 하는지를 알게 한다.

상대방의 바운더리에 대해 알지 못한다는 것은, 남녀 관계가 건강한 상태가 아님을 보여 주는 가장 확실한 증거다. 결혼을 앞둔 사람들에게 이런 질문을 한 적이 있다. "당신들은 어떤 부분에서 의견이 맞지 않습니까? 어떤 때 다투게 되지요?" 만약 "정말 놀랍게도 저희는 의견이 맞지 않는 경우가 거의 없어요"라고 대답한다면, 우리는 그들에게 과제를 내준다. 상대방에게 어떤 거짓말을 했는지 생각해 보라고 말이다. 그들의 관계가 조금이라도 희망이 있다면, 그런 과제는 큰 도움이 될 것이다.

질문 3: 나의 가장 절친한 친구가 가족들이라면?

바운더리 세우는 법을 배우는 단계에 있는 사람들은 종종 이렇게 말한다. "하지만 어머니(아버지, 누나, 형)가 가장 친한 친구예요." 그들은 자신이 자란 가정에 가장 친한 친구들이 있다는 사실을 다행이라고 생각한다. 부모나 형제 자매 외에는 절친한 친구 집단이 필요 없다고 생각한다.

그러나 그들은 성경적 가족의 기능을 제대로 이해하지 못하고 있는 것이다. 하나님은 가정을 우리가 성인이 되고, 살아가는 데 필요한 도구와 능력을 갖출 때까지 안전하게 보호받는 인큐베이터로 삼으셨다. 인큐베이터의 역할이 끝나면, 부모는 자녀들이 자신의 영적, 감정적 가족 체계를 세울 수 있도록 보금자리를 떠나 외부 세계와 접촉하도록 격려하고 내보내야 한다(창 2:24). 성인이란, 하나님이 그 사람을 위해 계획하신 모든 일을 행할 자유가 있는 남자나 여자를 일컫는다.

나이가 들수록 우리는 하나님의 사랑을 세상에 널리 전하고, 모든 민족을 제자로(마 28:19-20) 삼는 일을 수행해야 할 책임을 점점 더 많이 담당해야 한다. 자신이 자라 온 가정에 정서적으로 매어 있다면 그 같은 목적을 절대로 성취할 수 없다. 한 집안에만 계속 머물러 있다면 바깥 세상이 어떻게 변화되고 있는지 깨닫기란 도저히 불가능할 것이다.

몇 가지 경계를 정하고, 어릴 적부터 자라 온 가정을 떠나, 미지의 세계를 개척하며 나아가는 자세 없이는 성경이 말하는 진정한 성인이 될 수 없다. 자라 온 가정을 떠나지 않으면 우리는 자신의 가치관과 믿음과 확신을 속이고 있으며, 가족들의 생각을 은연중에 흉내 내고 있다는 것을 깨닫지 못한다.

가족들이 친구가 될 수 있는가? 물론 될 수 있다. 그러나 가족 구성원들에 대해 바운더리를 세우지 않고 그들과 어떠한 갈등도 경험하지 않았다면, 당신은 가족들과 성인 대 성인의 관계를 형성하지 못하고 있는 것이다. 가족들 외에 절친한 친구가 없다면, 가족들과의 관계를 유심히 살펴봐야 한다. 당신은 가족들을 떠나 독립하고 자율적인 성인이 되는 것을 두려워하고 있는지도 모른다.

질문 4: 어려운 처지에 있는 친구에게 어떻게 경계를 정할 수 있는가?
어느 날 나는, 극도로 외로움을 느끼며 자신을 제대로 통제하지 못하는 한 여성과 대화를 나누게 되었다. 그녀는 친구들에 대해 경계를 정하는 일이 불가능하다고 여겼다. 친구들이 계속해서 위기에 처해 있었기 때문이다.

나는 그녀에게 자신과 연관된 관계들의 특징을 설명해 달라고 부탁했다. "저는 친구가 많아요. 일주일에 이틀은 교회 모임에 자발적으로 참여합니다. 또 일주일에 한 번은 성경 공부 모임을 인도하지요. 두 개의 위원회에 소속되어 있고 성가대 활동도 합니다."

"당신이 한 주를 어떻게 보내는지 설명하는 것을 듣기만 했는데도 벌써 지치네요." 내가 말했다. "하지만 그 많은 관계들의 특징은 아직 설명해 주지 않았습니다."

"너무 좋은 모임들이에요. 사람들은 서로에게 많은 도움을 받고 있지요. 그들은 믿음 안에서 성장하고, 어려움에 처한 가정들은 그들로부터 치유를 받습니다."

"저는 당신의 친구 관계에 대해 질문했는데, 당신은 사역에 대한 이야기만 하고 있군요. 우정과 사역은 동일한 것이 아닙니다."

그녀는 두 가지 관계의 차이점을 생각해 본 적이 없었고, 우정이란 것을 어려움에 처한 사람들을 찾아내 그들과의 관계에 헌신하는 것으로 알고 있었다. 그녀는 자신을 위해 도움을 청하는 법을 전혀 모르고 있었다.

바로 그것이 그녀의 바운더리 문제를 불러일으킨 원인이었다. 그 같은 '사역 관계'를 배제하면, 그녀에게 남는 것은 아무것도 없었다. 그녀는 "아니요"라는 말을 하지 못했다. "아니요"라는 말은 그녀를 극도의 외로움 속으로 밀어 넣었고, 그런 상태는 정말 견디기 어려웠다.

하지만 문제는 결국 터지고 말았다. 그녀는 완전히 소진되어 도움을 구하러 왔다.

성경은 우리로 하여금 하나님께 받는 위로로써 모든 환난 중에 있는 자들을 능히 위로하게 하신다고(고후 1:4) 말한다. 우리는 다른 사람을 위로할 수 있는 상태에 이르기 전에 먼저 위로를 받아야 한다. 이 말은, 우리의 사역에 바운더리를 세움으로써 우리가 친구들의 도움에 힘입어 자양분을 공급받을 수 있다는 말이다. 우리는 우정과 사역을 구분해야 한다.

친구들과의 관계를 기도하는 마음으로 살펴보면, 친구들에게 바운더리 세우는 일을 정말 해야 하는지 그 여부를 결정할 수 있을 것이다. 바운더리를 세움으로써 당신과 연관된 중요한 몇몇 관계가 퇴보하거나 멀어지지 않도록 방지할 수 있다. 이성 교제가 결혼으로 이어지는 경우, 결혼이라는 가장 친밀한 인간관계에서도 바운더리를 세우고 유지하는 법을 잊지 말고 기억해야 한다.

9.

바운더리와 배우자

바운더리를 혼동할 수 있는 관계가 있다면, 그것은 바로 결혼 관계일 것이다. 결혼 관계에서 남편과 아내는 "한 몸이 된다"(엡 5:31). 바운더리는 개별성을 촉진시킨다. 결혼은 개별성을 포기하고 대신 두 사람이 하나가 되는 것을 목표로 한다. 이 얼마나 혼란스러운 상황인가! 특히 처음부터 분명한 바운더리가 없는 사람들에게는 더욱 그렇다.

    빈약한 바운더리를 가진 사람들이 만나서 결혼했기 때문에 그 결혼 관계가 오래가지 못하는 비율이 점점 높아지고 있다. 이 장에서는 바운더리 법칙들과 여러 통념들을 결혼 관계에 적용하고자 한다.

당신 것인가, 내 것인가, 아니면 우리 것인가?

결혼은 신랑이신 그리스도와 신부인 교회 사이의 관계를 잘 보여 주는 거울과 같다. 그리스도는 오직 그분만이 하실 수 있는 일을 맡으며, 교회 역시 자신이 해야 하는 일을 담당하고 있다. 그리고 그리스도와 교회가 함께 힘을 모아 해야 할 일도 있다. 오직 그리스도만이 우리 죄를 대신 지고 죽으실 수 있다. 오직 교회만이 그리스도가 없는 이 땅에서 그분을 드러내며 그분의 명령에 순종할 수 있다. 그리고 그리스도와 교회는 잃어버린 자를 찾는 것과 같은 많은 일들을 공동으로 수행한다. 남자와 여자가 결혼하여 하나가 되었다 해도, 자신의 개인적인 정체성을 잃지 않는다. 두 사람은 부부 관계에 참여하지만, 각자 나름대로 인생을 살아간다.

누가 드레스를 입고 누가 넥타이를 매야 하는지를 결정하는 일은 어느 누구에게도 문제가 되지 않는다. 누가 수입과 지출을 관리하고 누가 잔디를 깎을지 결정하는 일은 약간 까다롭다. 하지만 그런 일들은 배우자의 개인적 능력과 관심에 따라 적절히 배분될 수 있다. 바운더리를 혼동하는 부분은 개성이라는 영역이다. 개성은 각 사람이 소유하고 있는 영혼의 영역이며 어느 정도 다른 사람들과 공유할 수 있는 분야이기도 하다.

문제는 어느 한 사람이 다른 배우자의 개성을 침범했을 때 생긴다. 상대방의 선을 넘어 그의 감정과 태도, 행동과 결정, 가치관을 통제하려고 할 때 문제가 생긴다. 그런 영역들은 오직 자신만이 통제할 수 있는 부분이기 때문이다. 상대방에게 속한 고유한 요소들을 조종하려고 하는 것은 그의 바운더리를 침범하는 것이나 다름없고, 결국 그런 시도는 실패로 끝나고 만다. 우리와 그리스도의 관계―그 밖의 여러 중요한 관계―들은 자유에 기초하고 있다.

몇 가지 일반적인 사례들을 살펴보자.

감정

두 사람 사이의 친밀감을 더해 주는 가장 중요한 요소는, 두 사람이 서로의 감정에 대해 책임질 수 있는 능력이다.

남편의 술버릇 때문에 불화를 겪고 있는 부부와 상담한 적이 있었다. 부인에게 남편이 술을 마셨을 때 어떤 감정을 갖게 되는지 남편에게 말한 적이 있는지 물어보았다.

"저는 그가 자신이 하는 일에 대해 깊이 생각하지 않는다고 느꼈어요. 제가 보기에 남편은…"

"아니요. 당신은 지금 남편의 음주에 대해 평가하고 있습니다. 거기에 대해 어떻게 느꼈습니까?"

"저는 남편이 가정을 돌보지 않는다고…"

"아니요." 내가 말했다. "당신이 그에게 어떤 감정을 느꼈느냐는 말입니다. 그가 술을 마셨을 때 어떤 느낌을 받았나요?"

그녀는 울기 시작했다. "저는 외로움과 두려움을 느꼈어요." 그녀는 결국 자신이 어떤 감정을 느꼈는지 털어놓았다.

바로 그때 남편이 그녀에게 다가가 어깨를 감싸며 안아 주었다. "난 당신이 두려워할 거라는 생각은 전혀 하지 못했어." 그가 말했다. "결코 당신에게 두려움을 주려고 했던 건 아니야."

이런 대화는 그 부부 관계에 진정한 전환점이 되었다. 여러 해 동안 아내는 남편의 행동 방식에 대해 잔소리를 해왔고, 그가 마땅히 어떻게 행동해야 하는가에 대해 말했다. 남편은 아내를 비난하며 자기 행동을 정당화시키는 말로 응수했다. 몇 시간에 걸쳐 이야기를 나눴음에도 불구하고, 그들은 일방적으로 자기 말을 상대방에게 퍼붓기만 했다. 두 사람은 자신이나 상대방의 감정에 대한 책임에 대해서는 말하지 않았고 그런 부분들을 함께 나누려고 하지도 않았다.

우리는 "나는 네가… 했다고 느낀다"고 말하는 것으로 자기 감정을 전달할 수 없다. "나는 슬프다, 상처받았다, 외롭다, 무섭다"라는 식으로 자기 감정을 전할 수 있다. 그 같은 나약함은 친밀감과 보살핌의 시작이 된다.

감정은 우리가 무언가를 해야 할 필요가 있음을 알려 주는 경고 신호이기도 하다. 예를 들어, 누군가 한 일 때문에 화가 났다면 그에게 가서 당신이 화가 났으며 그 이유가 무엇인지를 말해야 할 책임이 당신에게 있다. 자신의 분노가 상대방의 문제 때문이며 그가 문제를 해결해야 한다고 생각한다면, 당신은 몇 년을 기다려야 할지도 모른다. 분노는 비통함으로 변할 수 있다. 누군가의 잘못으로 화가 났다고 해도, 그 분노의 감정을 해소하기 위해 무언가를 해야 할 책임은 당신에게 있다.

수잔은 교훈을 배워야 했다. 남편 짐이 직장에서 너무 늦게 돌아왔기 때문에 그들이 함께 보낼 시간이 거의 없었다. 수잔은 화가 났다. 그녀는 남편에게 그런 사실을 직접 말하지 않고, 남편이 돌아온 늦은 저녁부터 아예 말을 하지 않았다. 짐은 수잔이 왜 입을 다물고 있는지 알려고 그녀를 성가시게 했다. 결국 그는 뿌루퉁해 있는 수잔의 모습이 싫어서 그녀를 그냥 내버려 두었다.

상처나 분노를 해결하지 않으면 관계가 완전히 단절될 수도 있다. 수잔은 짐이 자신을 이끌어 주기를 기다리기보다는, 자신이 느끼는 감정을 짐에게 솔직하게 털어놓아야 했다. 비록 짐이 자신에게 상처를 주는 유일한 사람이라고 느꼈을지라도, 그녀는 자신의 상처와 분노에 대한 책임을 스스로 감당해야 했다.

수잔이 자신의 분노를 남편에게 표현하지 않았기 때문에, 그들은 문제를 해결할 수 없었다. 그녀는 한 단계 더 앞으로 나아가야 했다. 갈등 속에서 자신의 희망을 명백하게 밝혀야 했다.

희망

희망은 배우자가 각자 책임져야 할 영역인 개성의 또 다른 요소다. 수잔은 짐이 집에 빨리 돌아오기를 원했기에 화가 났다. 그녀는 늦게 돌아오는 남편을 비난했다. 그들이 함께 상담을 받으러 왔을 때, 우리 사이에서 이런 대화가 오갔다.

"수잔, 왜 짐에게 화가 났는지 말해 보세요." 내가 말했다.

"그가 집에 늦게 돌아왔기 때문이에요." 그녀가 대답했다.

"그건 이유가 될 수 없어요. 사람은 다른 사람을 화나게 만들 수 없어요. 당신의 분노는 당신 내면에 있는 무언가에서 비롯되었습니다."

"무슨 말씀이세요? 그는 언제나 집에 늦게 돌아왔다고요."

"그래요, 그런 날들 가운데 당신이 친구들과 외출하려는 계획을 세웠다면 어떻게 되었을까요? 그래도 짐이 늦게 돌아오는 것 때문에 화가 날까요?"

"아니요. 하지만 그건 경우가 다르죠."

"뭐가 다르죠? 당신은 짐이 늦게 돌아왔기 때문에 화가 났다고 말했어요. 그런데 지금은 그가 여전히 늦게 돌아오는데, 당신은 화가 나지 않을 거라고 말하지 않았습니까?"

"글쎄요, 그런 상황이라면, 그는 제게 상처를 입힐 만한 또 다른 일을 했을 거예요."

"그렇지 않습니다. 두 가지 경우의 차이점은, 그가 해주었으면 하는 그 무언가를 당신이 원하지 않게 되었다는 것입니다. 좌절된 희망이 당신에게 상처를 입힌 것이지, 결코 그가 늦게 돌아온 사실이 화를 내게 만든 것은 아닙니다. 문제는 그런 바람에 대한 책임이 누구에게 있는가 하는 것입니다. 그것은 당신의 바람이지 그의 희망 사항은 아닙니다. 당신은 그 희망을 달성할 책임이 있습니다. 그것이 인생의 법칙이지요. 우리는 원하는 것을 다 가질 수는 없어요. 우리는 자신이 가진 희망 때문에 남을 비난하기보다는, 그 희망을 이루지 못한 실망에 대해 슬퍼할 수밖에 없지요."

"상호 존중이라는 측면에 대해 어떻게 생각하세요? 사무실에 늦게까지 남아 있는 건 정말 이기적인 행동이에요." 그녀가 말했다.

"글쎄요. 그는 저녁 늦게까지 일하고 싶어 하고, 당신은 그가 집으로 돌아오기를 원하고 있습니다. 두 분은 모두 자신을 위해 무언가를 원하고 있지요. 아마 짐 못지않게 당신도 이기적이라고 말하는 사람이 있을 겁니다. 하지만 사실 두 분은 이기적이지 않습니다. 단지 상반되는 희망을 가지고 있을 따름이지요. 그것이 바로 부부 관계입니다. 서로 충돌하는 기대들을 풀어 나가는 것입니다."

이런 상황에서 특별히 '나쁜' 쪽은 없다. 짐이나 수잔은 나름대로 필요를 가지고 있었다. 짐은 늦게까지 일해야 하는 필요를 가지고 있었고, 수잔은 그가 일찍 집에 돌아오기를 원했다. 문제는 자신의 욕구와 바람에 대한 책임을 다른 사람에게 지우려 할 때 생긴다. 또한 우리가 실망한 것을 남의 탓으로 돌릴 때 생긴다.

내가 줄 수 있는 것의 경계

우리는 유한한 피조물이므로 "그 마음에 정한 대로"(고후 9:7) 주어야 하고, 누군가에게 무언가를 줄 때 우리의 사랑 수치가 분노 수치를 앞지르고 있다는 것도 인식해야 한다. 우리가 경계를 정하지 못한 책임을 다른 사람에게 돌리려 할 때 관계의 문제가 생긴다. 결혼한 사람들은 종종 자신이 진심으로 원하는 것 이상의 일을 하려 하고, 그 다음에 자신의 행동을 상대방이 말리지 않은 것에 대해 분개한다.

밥은 이런 문제를 안고 있었다. 그의 아내 낸시는 집 안을 완벽하게 꾸미고 싶어 했다. 집에서 직접 만든 스페인식 테라스와 뛰어난 조경, 내부 개조 등을 기대했다. 그녀는 늘 밥에게 집 꾸미는 일들을 제안했고, 그는 아내의 계획을 싫어하기 시작했다.

밥이 나를 만나러 왔을 때, 그에게 화가 난 이유를 물어보았다.

"아내가 너무 많은 것을 바라기 때문이죠. 저를 위한 시간이 전혀 없어요." 그가 말했다.

"'없다'는 말이 무슨 뜻이지요? '하려 하지 않는다'는 뜻 아닌가요?"

"그렇지 않습니다. 저는 그럴 수 없습니다. 제가 그런 일들을 하지 않겠다고 말하면 아내는 화를 냅니다."

"바로 그게 낸시의 문제군요. 화를 내는 것 말이죠."

"그렇습니다. 하지만 저는 그녀의 말을 들어야 합니다."

"아니요, 그렇지 않습니다. 당신은 아내를 위해 그 모든 일을 하는 편을 택했습니다. 그리고 아내의 말을 들어 주지 않는다면 온갖 험한 말을 듣는 쪽을 택하는 것이겠지요. 아내를 위한 일들을 하기 위해 소비하는 시간은 당신이 그녀에게 주는 선물과 같은 것이지요. 당신이 그 시간을 주고 싶지 않다면, 주지 말아야 합니다. 이런 모든 일 때문에 아내를 나쁘게 말하는 일은 더 이상 하지 마세요."

밥은 지금까지 그렇게 하지 않았다. 그는 "안 돼"라고 말하는 법을 배우기보다는 아내가 그런 요구들을 더 이상 하지 않기를 원했다.

"아내가 원하는 대로 집을 꾸며 주는 데 시간을 어느 정도 할애하고 싶습니까?" 내가 물었다.

그는 잠시 생각했다. "일주일에 4시간 정도요. 저는 그녀를 위해 일하느라 취미 생활을 할 시간조차 없습니다."

"그렇다면 시간 활용에 대해 당신이 생각하는 바를 아내에게 말하고, 당신이 가정을 위해 하는 다른 여러 가지 일들도 말해 주세요. 그리고 집 안을 꾸미기 위해 일주일에 4시간 정도를 기쁜 마음으로 아내에게 할애하세요. 그러면 그녀는 자신이 원하는 대로 그 시간을 자유롭게 사용할 수 있을 겁니다."

"하지만 아내가 4시간은 부족하다고 하면 어떻게 하죠?"

"그녀가 원하는 모든 일을 끝내기에는 4시간으로 부족하다는 걸 당신도 안다고 설명해 주세요. 하지만 그것은 그녀의 기대일 뿐, 당신의 희망 사항은 아닙니다. 그녀는 자신의 바람에 대한 책임이 있으므로, 그 시간을 어떻게 활용할지 자유롭게 결정할 겁니다. 돈을 절약해 사람을 고용할 수도 있겠지요. 아니면 그녀가 직접 집 안을 꾸미는 일을 배울지도 모릅니다. 친구에게 부탁을 하든지, 아니면 자신의 기대치를 줄여 나갈 수도 있어요. 당신이 아내의 바람에 대해 책임지지 않으려 한다는 사실을 그녀가 깨닫게 되는 것이 중요합니다. 당신이 스스로 결정한 시간만 제공하면, 나머지는 그녀가 알아서 책임질 겁니다."

내 말을 듣고 밥은 낸시에게 그렇게 말하기로 결심했다. 처음에는 그의 생각대로 일이 풀리지 않았다. 낸시는 어느 누구한테도 "안 돼"라는 말을 들어 본 적이 없었기 때문에, 밥의 말을 쉽게 받아들이려 하지 않았다. 하지만 시간이 지나면서 밥은 낸시가 너무 많은 바람을 털어놓지 않기를 바라는 대신, 자신이 정해 놓은 경계에 책임을 졌다. 그리고 그가 세워 놓은 바운더리는 효력을 발휘하기 시작했다. 그녀는 이전에 전혀 알지 못했던 새로운 사실을 배우게 되었다. 즉 세상이 그녀를 위해 존재하지 않는다는 사실을 말이다. 다른 사람들은 그녀의 바람이나 욕망의 수행 도구가 아니며, 다른 사람들도 각자의 바람과 필요들을 가지고 있다. 따라서 우리는 공정하고 사랑이 넘치는 관계를 추구해야 하며, 다른 사람들이 정해 놓은 범위를 존중해야 한다.

여기에서 열쇠는, 우리 자신의 범위에 대한 책임이 다른 사람이 아니라 각자에게 있다는 것이다. 자기가 할 수 있고 남에게 주기 원하는 것이 무엇인지 아는 사람은 바로 자기 자신이다. 또한 그런 바람과 능력의 범위를 명확하게 책임질 수 있는 사람도 자기 자신밖에 없다. 그런 범위 설정을 제대로 하지 않는다면, 곧 후회하게 된다.

부부 관계에 바운더리 법칙 적용하기

바운더리의 10가지 법칙은 이미 5장에서 살펴보았다. 그중 몇 가지 법칙을 문제가 있는 부부 관계에 적용해 보자.

파종과 수확의 법칙

부부 가운데 무절제한 생활을 하는 사람이 있지만, 그런 행동의 결과로 고통당하지 않는 경우가 많다. 남편이 아내에게 소리를 지르면, 아내는 남편을 더 사랑하려고 노력한다. 실제로 소리를 지르는 나쁜 행동이, 그를 더욱 사랑하는 더 좋은 결과를 가져오는 것이다. 또는 아내가 지나치게 낭비벽이 심하면, 남편이 돈을 지불하는 경우도 있다. 남편은 아내가 쓴 돈을 충당하기 위해 부업까지 한다.

이런 문제를 해결하려면, 당사자로 하여금 자기 행동으로 인해 어떤 결과가 생기는지 깨닫게 해야 한다. 앞에서 언급한 아내는 지나칠 정도로 심한 말을 일삼는 남편에게, 계속 꾸짖는 투로 말한다면 그가 이성적으로 문제를 논의할 수 있을 때까지 다른 방에 들어가서 나오지 않겠다고 분명히 말해야 한다. 아니면 이렇게 말할 수도 있다. "이 문제에 대해 다시는 당신과 말하지 않겠어요. 나는 상담가에게 가서 말하겠어요." "당신이 또다시 나에게 소리를 지른다면, 나는 친구네 집에 가서 자고 오겠어요." 낭비벽이 심한 아내의 남편은 신용 카드를 말소하거나, 아내에게 부업을 해서라도 카드 대금을 직접 내라고 말해야 한다. 여러 가지 나쁜 습관에 빠져 있는 사람들은 자신의 행동으로 인해 생기는 고통을 직접 겪어 봐야 한다.

한 친구는 상습적으로 늦는 아내가 그 습관 때문에 고통당하도록 내버려 둔 적이 있었다. 그는 늦는 일을 정상처럼 받아들이는 아내에게 끊임없이 잔소리를 했지만, 아무 소용이 없었다. 결국, 그는 자신이 그녀를 바꾸지 못한다는 사실을 깨달았다. 하지만 아내에 대한 자신의 반응을 바꿀 수는 있었다. 아내의 나쁜 습관 때문에 지칠 대로 지친 그는 자신이 겪는 고통을 당사자인 아내에게 돌려주기로 결심했다.

어느 날 밤 부부는 연회에 참석하기로 되어 있었고, 그는 그 모임에 늦고 싶지 않았다. 그는 아내에게 자신은 약속을 정확히 지키고 싶으니까 오후 6시 정각까지 준비하지 않으면 혼자라도 가겠다고 미리 말해 두었다. 그의 아내는 또 늦었고, 그는 혼자 가 버렸다. 그가 연회를 마치고 집으로 돌아왔을 때, 아내는 소리를 질렀다. "어떻게 나를 두고 혼자 갈 수 있어요?" 그는 그녀가 제시간에 오지 않아 연회에 참석하지 못했으며, 자신은 마음이 내키지 않았지만 할 수 없이 혼자 가야 했다고 말했다. 이런 일들이 몇 번 더 있자, 그녀는 자신의 잘못된 습관이 바로 자신에게 나쁜 영향을 미친다는 걸 깨닫고, 늦는 습관을 고쳤다.

나쁜 습관을 가진 사람으로 하여금 자기 행동에 대해 책임지게 하는 것은 그를 교묘하게 속이는 일이 아니다. 그런 사례들은 그 당사자가 얼마든지 자기 문제를 직접 해결하며 자제심을 보일 수 있다는 것을 가르쳐 준다. 상대방이 저지른 일의 결과를 떠맡았던 배우자의 어깨는 점점 가벼워질 것이다.

책임의 법칙

우리는 자신에 대한 책임과 다른 사람에 대한 책임을 지고 있다. 바로 앞에서 살펴본 예들이 그 사실을 말해 준다. 경계를 정하는 사람들은 자제력을 보이며 자신에 대한 책임감을 드러낸다. 그들은 배우자를 회피하지 않고 직접 대면함으로써 책임감 있게 행동한다. 경계를 정하는 것은 부부 관계에서 나타낼 수 있는 사랑의 행동이다. 좋지 못한 것을 속박하고 제한함으로써 옳고 선한 것을 지키는 것이다.

상대방의 요구나 지배적 행동에 굴복해 분노, 토라짐, 실망 등에 대해 책임지는 태도는 오히려 부부 관계에서 사랑을 파괴하는 결과를 가져온다. 사랑하는 사람을 대신하여 책임지거나 무분별하게 상대방을 도와주려 하지 말라. 옳지 못한 일을 목격했을 때는 그것을 회피하지 말고 정면으로 맞섬으로써 상대방에게 책임감이 무엇인지 보여 주어야 한다. 배우자를 진심으로 사랑한다면 그렇게 하라. 책임감 있는 행동에는 그 정도의 어려움이 따르게 마련이다.

힘의 법칙

우리는 지금까지 다른 사람을 변화시키지 못하는 우리 자신의 근본적인 무능력을 살펴보았다. 잔소리만 일삼는 사람은 문제를 지속시키는 역효과를 가져온다. 상대방을 있는 그대로 받아들이고 그의 선택을 존중하라. 그리고 상대방으로 하여금 자기 행동이 가져오는 적절한 결과를 받아들이게 하라. 그것이 훨씬 더 좋은 방법이다. 그렇게 하면, 우리는 자신이 가진 힘을 사용할 수 있으며, 출처가 불분명한 힘의 남용을 차단할 수 있다. 이런 반응의 법칙을 비교해 보자.

바운더리를 세우기 전	바운더리를 세운 후
1. "내게 소리를 지르지 마세요. 좀 다정하게 대해 줄 수 없어요?"	1. "원한다면 계속 소리를 지르세요. 하지만 계속 그런 식으로 행동한다면, 당신과 함께 있지 않겠어요."
2. "제발 술 마시지 말아요. 당신 술버릇 때문에 집안이 엉망이에요. 말 좀 들어요. 당신이 식구들의 삶을 망치고 있단 말이이에요."	2. "그렇게 하고 싶다면 술버릇을 고치지 말고 계속 술을 마시세요. 하지만 나와 아이들은 더 이상 이렇게 혼란스러운 상태에 있지 않겠어요. 다음에도 술을 먹고 들어오면, 우리는 윌슨 씨 집으로 갈 것이고, 왜 늦은 밤에 그 집에 가게 되었는지 말하겠어요. 술 마시는 건 당신 마음이에요. 더 이상 참는 것도 지쳤어요."
3. "당신은 포르노에 너무 빠져 있어요. 그건 너무 수치스러운 일이에요. 도대체 사람이 왜 그래요?"	3. "나는 온라인이나 잡지 속의 벌거벗은 여자들에게 빠져 있는 당신과 부부관계를 갖지 않겠어요. 당신은 포르노 중독에 대한 도움을 받아야 해요."

이 표의 내용은 자신이 가진 힘을 되찾으면서 다른 사람들을 통제하거나 제압하기 위해 애쓰는 노력을 중단하는 것을 잘 설명하고 있다.

평가의 법칙

배우자에게 당당히 맞서 자신의 바운더리를 세우려고 할 때, 상대방은 상처를 입게 될지도 모른다. 당신이 바운더리를 세움으로써 배우자에게 가져다줄 고통을 평가하면서 잊지 말아야 할 사실은, 사랑과 경계는 함께 움직인다는 것이다. 바운더리를 세울 때, 고통을 느낄 상대방에게 사랑으로 대하는 것을 잊지 말라.

지혜롭고 사랑이 넘치는 배우자는 상대방의 바운더리를 잘 받아들이고 그에 대해 책임감 있게 행동할 것이다. 상대방을 통제하려 하고 자기중심적으로 행동하는 사람은 상대방의 바운더리에 대해 화를 내며 반발할 것이다.

바운더리는 언제나 자신과 관련된 것임을 기억하라. 비록 배우자가 당신의 바운더리를 존중하더라도, 그에게 무언가를 하도록 요구하지 말라. 당신은 앞으로 하려는 일들 또는 하지 않으려는 일들을 구체화시키기 위해 자신의 바운더리를 세우는 것이다. 이 같은 바운더리만이 효력을 발휘할 수 있다. 왜냐하면 자기 자신을 통제하기 때문이다. 바운더리가 배우자를 통제하는 새로운 방법인양 착각하지 말라. 오히려 그와 정반대다. 바운더리를 세우는 것은 통제하기를 포기하고 사랑하기 시작한다는 것을 의미한다. 이제 배우자를 당신 마음대로 조종하는 것을 그만두고 그로 하여금 자기 행동에 대해 책임지게 하라.

노출의 법칙

다른 관계와 달리 부부 관계에서 바운더리를 분명하게 드러내는 일은 반드시 필요하며 매우 중요하다. 뒤로 물러나는 것, 삼각관계, 시무룩함, 개인적 문제, 소극적-공격적 행동 등과 같은 수동적 바운더리는 관계에 치명적인 악영향을 끼친다. 다른 사람들이 당신을 통제하는 것을 원하지 않는다는 것을 소극적 태도로 표현하는 것은 관계 회복에 전혀 도움이 되지 않는다. 그들은 당신의 속마음을 알 수 없기 때문이다. 결국 그들과의 관계만 더욱 멀어지게 된다.

바운더리는 맨 처음에는 말로 전달하다가 그 다음에는 행동으로 드러내야 한다. 바운더리는 분명하고 변명의 여지 없이 표출되어야 한다. 앞에서 열거한 바운더리 목록을 기억하라. 피부, 말, 진리, 물리적 공간, 감정적 간격, 시간, 다른 사람들, 결과 등. 이런 모든 바운더리는 부부 관계에서도 존중되어야 하며 적절하고 확연하게 드러나야 한다.

피부. 남편과 아내는 상대방의 육체적 바운더리를 존중해야 한다. 육체적 바운더리의 침해는 잘못된 애정 표현에서부터 육체적 학대에 이르기까지 광범위하게 일어난다. 성경은 남편과 아내가 서로의 몸을 '주장'한다고 말한다(고전 7:4-6). 이것은 자유롭게 주어진 상호 권한이다. 우리는 늘 예수님의 원리를 기억해야 한다. "그러므로 무엇이든지 남에게 대접을 받고자 하는 대로 너희도 남을 대접하라"(마 7:12).

말. 말은 사랑하는 마음으로 상대방이 알아들을 수 있도록 분명하게 해야 한다. 배우자를 직접 대면하라. 아닌 것은 아니라고 말하라. 소극적으로 저항하는 태도를 보이지 말라. 토라지거나 뒤로 물러서지 말라. 그리고 떳떳하게 말하라. "나는 별로 마음에 들지 않아요. 그렇게 하고 싶지 않군요. 하지 않을 거예요."

진리. 바울은 "그런즉 거짓을 버리고 각각 그 이웃으로 더불어 참된 것을 말하라"(엡 4:25)고 했다. 솔직하게 자기 생각을 전달하는 것이 최선의 길이다. 여기에는 누군가 하나님이 정하신 기준을 위반했다는 것을 깨닫지 못할 때 그 사실을 솔직하게 알려 주는 것도 포함된다. 또한 자신의 감정과 상처의 진상을 숨기지 말고 배우자에게 사랑의 마음으로 그런 감정들을 숨김없이 말하라.

물리적 공간. 홀로 있고 싶을 때 배우자에게 그 사실을 알리라. 때로는 휴식을 위해, 그리고 바운더리를 세우기 위해 홀로 있을 공간이 필요하다. 어떤 경우든, 자신이 잠시 상대방에게서 벗어나고 싶어 하는 이유를 배우자가 섣불리 추측하지 않도록 성심껏 배려해야 한다. 당신의 생각을 분명히 밝혀 그가 벌을 받는 것이 아니라, 이치에 벗어난 행동으로 인한 결과를 마땅히 받는다는 것을 알려 주어야 한다(마 18:17, 고전 5:9-13).

감정적 간격. 배우자가 가정에 충실하지 못해 부부 관계가 원활하지 않으면, 감정적으로 배우자에게서 일정한 간격을 유지하고 떨어져 있어야 한다. 신뢰감이 회복되기를 기다리는 것은 현명한 태도다. 배우자가 진심으로 뉘우치고, 자기 행동에 대한 대가를 치렀는지 확인해야 한다. 배우자는 당신의 행동을 자기 잘못에 대한 처벌로 이해할 것이다. 하지만 성경은 우리가 말이 아닌 행동으로 판단받는다고 가르친다(약 2:14-26).

덧붙이자면, 상처받은 마음이 치유되려면 일정한 시간이 필요하다. 여전히 미심쩍은 마음을 가지고 상대방을 신뢰해야 하는 자리로 섣불리 돌아가지 말라. 마음의 상처는 표면으로 표출되어야 하고 상대방에게 분명히 알려야 한다. 상처를 입었다면, 그 상처를 자기 것으로 인정하라.

시간. 남편과 아내는 서로 떨어져 있을 시간이 필요하다. 앞에서 말한 대로, 단지 바운더리를 세우기 위해서 뿐만 아니라 자기 반성과 회복을 위해 서로 떨어져 있는 시간이 꼭 필요하다. 잠언 31장에서 말하는 현숙한 여인은 자신의 삶을 갖고 있었다. 그녀는 여러 가지 일들을 했고, 남편도 마찬가지였다. 이 부부는 자신이 좋아하는 일을 하고 친구들을 돌보기 위해 자기 시간을 보냈다.

많은 부부들이 이런 부분에서 어려움을 겪는다. 그들은 배우자가 자신과 떨어져 시간을 보내고 싶어 할 때 버림받았다는 느낌을 갖는다. 하지만 실제로 남편과 아내는 서로 떨어져 혼자 보내는 시간이 필요하다. 혼자 보내는 시간은 그들로 하여금 함께 있는 시간이 더욱 소중함을 느끼게 해준다. 건강한 관계를 유지하는 부부는 각자의 공간을 소중하게 지켜 주고 서로가 하는 일들을 적극적으로 후원해 준다.

다른 사람들. 바운더리를 세우기 위해 다른 사람들의 도움을 받아야 하는 부부도 있다. 그들이 스스로 바운더리를 세우지 못한다면, 친구들이나 교회 모임 등을 통해 바운더리 세우는 법을 익힐 수 있다. 바운더리를 세우고 실행할 능력이 없다면, 외부의 후원자 그룹에게 도움을 요청해야 한다. 하지만 이성에게 도움을 구하는 일은 오해를 불러일으킬 수 있으므로 가급적 하지 않는 것이 바람직하다. 상담가나 후원자 그룹처럼 확고한 바운더리를 세워 놓고 있는 사람들과의 관계에서 도움을 구하라.

결과. 바운더리를 세운 후 일어날 결과를 배우자에게 정확히 설명하고 이전에 마음먹었던 대로 바운더리를 실행하라. 결과를 먼저 글로 기록한 다음 실행한다면, 배우자가 그런 결과가 일어나는 것을 원할 것인지의 여부를 결정할 수 있도록 배려하는 효과를 거둘 수 있다. 사람들은 누구나 자신의 행동을 스스로 결정하기 때문에, 그 행동으로 인해 생기는 결과를 자기 것으로 받아들인다.

바운더리는 복종과 다른가?

바운더리를 세운 아내에 대한 이야기를 들을 때마다, 성경에서 말하는 복종의 개념에 대해 묻는 사람들이 있다. 다음에 제시된 내용은 복종에 대한 전체 논문은 아니다. 하지만 마음 깊이 새겨야 할 내용이다.

첫째, 남편과 아내는 서로 복종해야 한다. 아내만 복종하는 것이 아니다. "그리스도를 경외함으로 피차 복종하라"(엡 5:21). 복종은 언제나 한 사람이 다른 한 사람을 위해 자발적으로 선택하는 덕목이다. 아내는 남편에게 복종하고, 남편은 아내에게 복종하기로 결심하는 것이다.

그리스도와 교회의 관계는 남편과 아내 사이가 어떠해야 하는지를 보여 주는 좋은 모범이다. "그러므로 교회가 그리스도에게 하듯 아내들도 범사에 자기 남편에게 복종할지니라 남편들아 아내 사랑하기를 그리스도께서 교회를 사랑하시고 그 교회를 위하여 자신을 주심같이 하라 이는 곧 물로 씻어 말씀으로 깨끗하게 하사 거룩하게 하시고 자기 앞에 영광스러운 교회로 세우사 티나 주름 잡힌 것이나 이런 것들이 없이 거룩하고 흠이 없게 하려 하심이라"(엡 5:24-27).

복종의 문제가 나올 때마다, 가장 첫 번째로 제기되는 문제는 이것이다. "부부 관계의 본질은 무엇인가?" 아내에 대한 남편의 관계는 교회에 대한 그리스도의 관계와 비슷한가? 아내는 자유로운 선택권을 가지고 있는가, 아니면 '율법 아래'에서 종 노릇하고 있는가? 부부 사이에서 일어나는 많은 문제들은 남편이 아내를 '율법 아래' 두려고 할 때 생긴다. 성경은 율법으로 말미암아 분노, 죄책감, 불안감, 적대감 등이 생겨난다고 하는데, 법 아래 있는 아내는 그런 감정에서 벗어나지 못한다 (롬 4:15, 약 2:10, 갈 5:4).

자유 역시 점검해야 할 요소다. 은혜도 빠지지 않는다. 아내에 대한 남편의 관계 속에 은혜와 무조건적인 사랑이 가득 차 있는가? 아내는 교회처럼 '정죄함'이 없는 상태(롬 8:1)에 있는가? 남편은 그녀의 모든 죄책감을 '제거하는' 일을 제대로 했는가? 일반적으로 남편들은 에베소서 5장을 인용해 아내를 종의 상태로 끌어내리고 아내가 복종하지 않는다고 비난하려 한다. 아내가 복종하지 않는다는 이유로 비난을 받거나 분노의 대상이 된다면, 그녀와 남편은 그리스도가 원하는 은혜로 충만한 결혼 생활을 하지 못하고 있는 것이다. 그들은 '율법 아래'에서 가정생활을 하고 있는 것이다.

이런 환경에서, 남편은 종종 아내에게 해가 되거나 그녀의 의지와 상관없는 일을 시키려고 애쓴다. 남편의 그런 행동은 모두 결국 자신에게 피해를 끼치는 죄악이다. "이와 같이 남편들도 자기 아내 사랑하기를 자기 자신과 같이 할지니 자기 아내를 사랑하는 자는 자기를 사랑하는 것이라 누구든지 언제나 자기 육체를 미워하지 않고 오직 양육하여 보호하기를 그리스도께서 교회에게 함과 같이 하나니"(엡 5:28-29). 이런 성경의 교훈을 깨닫는다면, 노예와 같은 복종의 개념은 도저히 생각할 수 없다. 그리스도는 결코 우리의 의지를 무력화시키거나 우리에게 해가 되는 일을 요구하지 않으신다. 그분은 우리가 할 수 있는 이상의 수준을 성취하라고 강요하지 않으신다. 그분은 우리를 물건처럼 여기지 않으신다. 그리스도는 우리를 위해 '자기 자신'을 주셨다. 그분은 우리를 마치 자기 몸처럼 돌보신다.

지배적 성향을 가진 남편은 근본적으로 '복종'에 대한 잘못된 개념을 가지고 있다. 아내가 분명한 바운더리를 세우기 시작하면, 지배적인 남편이 그리스도를 닮지 못했다는 사실은 극명하게 드러난다. 왜냐하면 아내가 더 이상 성숙하지 못한 남편의 행동을 내버려 두지 않기 때문이다. 아내는 진리에 입각해 남편의 해로운 행동에 대해 성경적 경계를 정한다. 아내가 바운더리를 세울 때 남편이 성숙해지는 경우가 종종 있다.

균형의 문제

"남편은 도무지 저와 함께 시간을 보내지 않아요. 그가 원하는 것은 친구들하고 스포츠를 즐기는 거예요. 제가 보기 싫은가 봐요." 메리디스가 불평했다.

"정말입니까?" 내가 그녀의 남편에게 물었다.

"사실이 아니에요." 폴이 대답했다. "저는 우리가 늘 함께 있다고 느낍니다. 아내는 하루에 두세 번씩 직장으로 전화를 합니다. 제가 집에 도착하면 문 앞에서 기다리고 있다가 계속 이야기하기를 원해요. 아내는 저녁 시간과 주말 계획을 모두 세워 놓습니다. 그런 행동이 저를 미치게 합니다. 그래서 저는 밖으로 나가 스포츠를 즐기거나 골프를 치려고 애씁니다. 그러면 기분이 좀 나아지거든요."

"얼마나 자주 나가십니까?"

"시간이 허락하면 언제나 나갑니다. 일주일에 이틀 밤 정도, 그리고 주말 오후 정도입니다."

"그 시간에 당신은 무엇을 합니까?" 메리디스에게 물었다.

"글쎄요. 저는 집에서 남편을 기다려요. 정말 많이 보고 싶거든요."

"당신 자신을 위해 하고 싶은 일은 없습니까?"

"없어요. 우리 가족이 곧 제 인생이거든요. 저는 가족들을 위해 살고 있어요. 저는 가족들이 밖에 나가 함께 시간을 보내지 못하는 게 너무 싫어요."

"가족들과 함께 보내는 시간이 전혀 없는 것은 아니군요. 하지만 두 분이 모든 시간을 함께 보내지 않는다는 것도 사실이구요. 그런데 두 분이 함께 있지 않을 때 폴은 편안한 느낌을 갖는 것 같은데, 당신은 오히려 괴로워하는군요. 왜 그런 불균형이 일어나는지 설명해 주시겠습니까?"

"'불균형'이라는 말이 무슨 의미지요?" 그녀가 물었다.

"모든 부부 관계는 두 가지 요소로 구성되어 있습니다. 일체감과 개별성이 그것이지요. 원만한 부부 관계에서는 두 사람이 그 짐을 동등하게 나누어 짊어지고 있습니다. 일체감과 개별성을 각각 100으로 놓고 생각해 봅시다. 건강한 부부라면 한 사람이 일체감 50과 개별성 50을 표현하고, 나머지 한 사람도 그 정도로 표현합니다. 그들은 모두 자기에게 주어진 일을 합니다. 그럼으로써 서로가 상대방을 동경하게 되지요. 또한 일체감은 개별성의 필요를 느끼게 합니다. 그러나 두 분의 관계에서는 200을 각기 다르게 나누고 있습니다. 아내는 일체감 100을, 그리고 남편은 개별성 100을 표현하고 있어요."

"남편을 당신 쪽으로 이끌고 싶다면," 나는 계속 말했다. "당신이 그에게서 좀 멀어지고 그에게 그리움의 공간을 마련해 줘야 합니다. 당신은 폴이 당신을 그리워할 수 있는 기회를 주지 않았습니다. 언제나 당신이 그를 따라다녔고, 폴은 일정한 공간을 만들기 위해 멀어졌지요. 당신이 먼저 두 사람 사이에 공간을 만든다면, 그는 당신을 그리워할 수 있는 공간을 확보함으로써 당신을 먼저 찾게 될 것입니다."

"제대로 보셨습니다." 폴이 끼어들었다. "여보, 당신이 학위를 취득하기 위해 정신 없이 바쁜 때가 있었지. 기억나? 나는 그때 당신을 너무 보고 싶어 했지. 지금은 당신을 그리워할 틈이 없어. 당신이 언제나 내 곁에 있으니까."

메리디스는 내 말에 동의하는 것이 썩 내키지 않았지만, 폴과 함께 균형 잡힌 부부 관계를 이루어 가려는 열망을 품게 되었다.

균형. 그것은 하나님이 인간의 모든 조직을 묶어 놓으신 요소다. 그러므로 모든 집단은 균형을 잡기 위해 노력한다. 부부 관계도 다양한 차원—힘, 능력, 일체감, 성관계 등—에서 균형이 필요하다. 부부 사이의 문제는 이런 여러 차원에서 적절한 균형이 이루어지지 않고, 한쪽이 언제나 우세하고 다른 한쪽이 그렇지 못할 때 생긴다. 한쪽은 언제나 강하고 다른 한쪽은 언제나 약하다. 한쪽은 일체감을 원하고, 다른 한쪽은 개별성을 원한다. 한쪽은 언제나 성관계를 원하고, 다른 한쪽은 원하지 않는다. 그런 모든 경우에 부부는 균형을 유지해야 한다. 하지만 그것이 상호 균형은 아니다.

바운더리는 부부가 개별적으로 이해하는 분열된 균형이 아니라 함께 이루어 가는 상호 균형을 이룰 수 있도록 도와준다. 즉 부부가 서로 생각을 나누고 자기 의지를 설명할 수 있도록 돕는다. 누군가 바운더리를 세우지 않고, 부부 관계 속에서 일체감을 함께 이루어 가는 것 같은 일을 혼자 힘으로 해나가기 시작한다면, 그 사람은 상대방에 대해 종속적인 위치에 서게 될 것이다. 그 사람의 배우자는 완전히 분리되어 반대편에서 외롭게 살아가게 된다. 바운더리는 부부로 하여금 자신의 결정에 대해 명백한 설명을 제공하게 하고, 둘 사이의 균형이 적절히 이루어지도록 돕는 역할을 한다.

전도서 기자는 이렇게 말했다. "범사에 기한이 있고 천하 만사가

다 때가 있나니"(전 3:1). 인생과 인간관계에는 잘 균형 잡힌 두 극단이 자리 잡고 있다. 불공평한 관계에 처해 있다면, 그것은 당신에게 바운더리가 결여되어 있다는 증거다. 바운더리를 세우면 불균형은 해소된다. 예를 들어, 폴이 메리디스의 요구에 대해 바운더리를 세운다고 하자. 그러면 그는 아내에게 좀 더 독립적으로 살아가라고 강하게 말할 것이다.

해결책

문제를 발견하는 것은 쉽지만, 그 문제를 해결하기 위해 힘든 결정을 내리고 행동의 변화가 가져올 위험을 감수하는 일은 결코 쉽지 않다. 부부 관계에서 각각의 배우자가 개인적인 변화를 겪는 단계들을 살펴보자.

1. **증상을 조사하라.** 먼저, 당신은 문제를 인식하고 그것을 해결하기 위해 행동해야 한다. 마음속의 바람으로만 문제를 해결할 수 없다. 문제를 자기 것으로 인정하라. 그 문제가 성적인 것이든, 자녀 교육에 대한 것이든, 일체감의 부재에 대한 것이든, 무절제한 소비에 대한 것이든 상관하지 말고 모두 인정하라.

2. **특정한 바운더리 문제를 파악하라.** 일반적 증상을 파악하고 나면 특정한 바운더리 문제를 지목하는 것이 다음 단계다. 예를 들어, 아내가 성관계를 원하지 않는다고 가정해 보자. 그녀의 바운더리 문제는 남편과 관계를 맺는 여러 영역에서 "아니요"라는 말을 제대로 하지 못함으로 인해 오직 성관계 영역에서만 거절하는 힘을 발휘하는 것이다. 아니면 그녀는 성적 영역에서도 자신이 충분한 지배력을 행사하지 못한다고

느낄 수 있다. 그녀는 무력감에 빠져 있을 수도 있고, 자신의 선택이 존중되지 않는다고 느낄 수도 있다.

3. **갈등의 원인을 찾으라.** 바운더리 문제는 부부 관계에서 일어난 것이 아닐 수도 있다. 어쩌면 당신이 자라 온 가정에서 문제의 원인을 찾아낼 수도 있다. 성장기 때 마음속에 생겨난 두려움이 아직까지 영향을 끼치는 것일 수도 있다. 그 같은 근본적 요소들을 자세히 열거하라. 더 이상 부모와 배우자를 혼동하지 말라. 부모와 겪었던 갈등이 가장 많이 재연되는 관계가 바로 부부 관계다.

4. **좋은 것은 받아들이라.** 이 단계에는 후원 시스템을 세우는 과정이 포함된다. "바운더리는 진공 상태에서 세워지지 않는다"는 것을 명심하라. 바운더리를 세우기 전에 결속과 후원이 선행되어야 한다. 다른 사람에게 버림받을지도 모른다는 두려움 때문에 많은 사람들이 첫 번째 단계에서 벗어나지 못한다.

그렇기 때문에 부부 관계 속에서 바운더리를 세우는 데 힘과 용기를 줄 후원 시스템을 반드시 구축해야 한다. 후원 그룹에는 알코올 중독자 구제회, 임상 치료사, 부부 관계 전문 상담가, 목회자 등이 포함될 수 있다. 혼자서 바운더리를 세우려 하지 말라. 두려움 때문에 바운더리를 세우지 못했던 경험이 있을 것이다. 후원 그룹의 도움을 받는 것이 가장 좋다. "한 사람이면 패하겠거니와 두 사람이면 맞설 수 있나니 세 겹 줄은 쉽게 끊어지지 아니하느니라"(전 4:12). 바운더리는 근육과 같다. 바운더리는 안전한 후원 시스템 안에서 강건하게 성장해야 한다. 너무 무거운 짐을 한꺼번에 지려고 힘을 쓴다면, 근육이 파열되거나 손상될 것이다. 도움을 받으라.

5. **연습하라.** 당신을 무조건적으로 사랑하는 사람들과의 관계에서 새

로운 바운더리를 실험적으로 사용해 보라. 점심 식사를 함께할 수 없을 때 친한 친구에게 "안 돼"라고 말하고, 당신의 생각이 그녀와 다르다는 것을 알게 하라. 또한 무언가를 되돌려 받고 싶다는 생각 없이 친구에게 주는 연습도 하기 바란다. 든든한 사람들과 함께 경계를 정하는 연습을 하고 나면, 부부 관계에서도 경계를 정하는 능력이 향상될 것이다.

6. **옳지 않은 일에 대해 "아니요"라고 말하라.** 부부 관계에서 옳지 않은 일에 대한 경계를 분명히 정하라. 배우자가 욕설을 하지 못하게 하라. 비이성적인 요구에 대해 거절을 분명히 표현하라. 달란트 비유를 기억하기 바란다. 위험을 감수하지 않고 두려움에 맞서지 않으면 발전이란 있을 수 없다. 과감히 앞으로 나아가고 노력을 기울이는 자세는 성공 자체보다 더 중요하다.

7. **용서하라.** 용서하지 않는 것은 바운더리가 없다는 표시다. 다른 사람을 용서하지 못하는 사람은 다른 사람들로 하여금 자신을 지배하도록 허용하는 것이다. 당신에게 상처를 준 사람들이 범한 과거의 잘못을 용서하는 것은 그들에게 무언가를 바라는 일을 그만둔다는 것을 뜻한다. 따라서 용서는 당신을 자유롭게 한다. 용서는 과거로부터 무언가를 바라는 수동적인 바람 대신, 현재의 시간 속에서 해야 하는 바람직한 행동을 이끌어 낸다.

8. **순향적인 인물이 되라.** 다른 사람이 당신을 지배하도록 허용하지 말라. 자신이 하고 싶은 일이 무엇인지 스스로 판단하고, 방향을 설정하라. 그리고 그 길에서 벗어나지 말라. 당신의 경계를 분명하게 정하라. 어떤 입장을 취할 것인지, 앞으로 어떤 것을 배격할 것인지, 그리고 어떤 결과를 원하는지 결정하라. 자신의 입장을 분명하게 밝히라. 그러

면 어느 정도 시간이 흐른 다음 자신의 바운더리를 유지할 수 있는 준비를 갖추게 될 것이다.

9. 자유와 책임에 입각해 사랑하는 법을 배우라. '자유에서 비롯된 사랑'이라는 바운더리의 목표를 기억하라. 이것이야말로 신약 성경에서 말하는 진정한 자기 부인이다. 자신을 통제할 수 있게 되면, 당신은 자기중심적인 자세로 상대방에게 무언가를 억지로 주려 하지 않고, 사랑하는 사람을 위해 기꺼이 자기 것을 주고 희생할 수 있다. 이런 자유는 주는 사람으로 하여금 아름다운 열매를 거두게 한다. "사람이 친구를 위해 자기 목숨을 버리면 이에서 더 큰 사랑이 없나니"라는 말씀을 기억하라. 이 말씀은 서로 사랑하고 섬기라는 그리스도의 새 계명을 잘 보여 준다. 하지만 그런 행동은 무분별한 유순함이 아닌 참된 자유에서 비롯되어야 한다.

~~~~~

자신의 바운더리를 세우고 배우자의 바운더리를 받아들이는 일은 이전과는 비교할 수 없을 정도로 큰 친밀감을 가져다준다. 하지만 자신이 세운 바운더리를 배우자뿐만 아니라 자녀들에게도 분명히 알려야 한다. 바운더리를 세우는 일은 빠를수록 좋다.

10.

바운더리와 자녀 양육

세넌은 눈물을 그칠 수가 없었다. 유치원에 다니는 두 아이를 둔 그녀는 스스로를 통제하지 못해 자신이 화를 내고, 욕설을 할 거라고는 상상조차 하지 못했다. 하지만 일주일 전에, 그녀는 세 살 된 노아를 들어 올려 마구 흔들어 댔다. 아이에게 소리도 질렀다. 그것이 처음은 아니었다. 몇 해 동안 수 차례에 걸쳐 그렇게 행동했다. 단지 차이가 있다면, 이번에는 그녀가 물리적으로 아들에게 상처를 입히려 했다는 것이다. 그녀는 자기 모습에 스스로도 놀랐다.

이 사건으로 너무 놀란 세넌과 그녀의 남편 마이클은 내(존)게 전화를 걸었고 지금까지 일어난 일들에 대해 의논하고 싶다며 만날 약속을 정했다. 세넌의 수치심과 죄책감은 극에 달해 있었다. 그녀는 자신이 저지른 일을 설명하면서 나와 시선이 마주치는 것을 피했다.

세넌은 노아를 대하기 몇 시간 전부터 마음이 상해 있었다. 아침 식사 문제 때문에 세년은 마이클과 사소한 말다툼을 했다. 마이클은 인사도 하지 않고 출근해 버렸다. 그때 이제 한 살밖에 되지 않은 소피가 시리얼을 모두 바닥에 엎질렀다. 그리고 노아는 지난 3년 동안 하지 말라고 해왔던 모든 일들을 그날 아침에 한꺼번에 저질렀다. 고양이 꼬리를 밟고, 현관문을 열고 뜰로 달려 나가 곧바로 차도까지 내달았다. 세년의 립스틱을 하얀 거실 벽에 잔뜩 발라 놓고, 소피를 바닥에 넘어뜨렸다.

소피를 넘어뜨린 일 때문에 세년은 도저히 참을 수 없는 상태였다. 소피는 바닥에 엎드려 울고 있었고, 노아는 재미있다는 표정으로 거만하게 동생을 내려다보고 있었다. 세년은 완전히 이성을 잃고 화난 얼굴로 노아를 향해 달려갔다. 그 다음 이야기는 앞에서 말한 대로다.

세년의 마음이 가라앉기를 기다린 후, 노아를 평소에 어떻게 교육시키는지 그들 부부에게 물었다.

"우리는 노아를 외롭게 하거나 억압하지 않았습니다." 마이클이 말문을 열었다. "하지만 노아는 너무 소극적이었어요. 우리는 아이를 설득하기 위해 애썼습니다. 어떤 때는 '자꾸 그러면 오늘 밤엔 아이스크림 없어'라고 경고도 하고, 아이의 행동에 대해 칭찬하기도 했습니다. 그리고 좋지 않은 행동을 할 때는 모르는 체했습니다. 그러면 자신이 알아서 그만두기도 했지요."

"아이가 일정한 경계를 넘지는 않았습니까?"

그들은 고개를 가로저었다. "우리 말이 믿어지지 않으실 거예요." 세년이 말했다. "그 아이는 우리 말을 도대체 들으려고 하지 않아요. 언제나 자기가 하고 싶은 일만 해요. 그리고 우리 부부 가운데 한 사람이 그만하라고 소리 지를 때까지 그 일을 계속해요. 아무리 생각해 봐도 노아는 문제가 많은 아이 같아요."

"정말 문제가 있군요." 내가 대답했다. "하지만 노아는 부모님 두 분 가운데 한 사람이 심하게 화를 낼 때까지 반응하지 않아도 된다는 식으로 길들여진 것 같군요. 이제 바운더리와 아이들에 대해 이야기해 볼까요.…"

바운더리는 우리 삶의 모든 영역에서 중요한 역할을 한다. 그중에서도 자녀 양육이라는 영역에서 바운더리의 영향력은 실로 지대하다. 바운더리와 자녀 양육 문제에 접근하는 방법은 아이들의 성격에 막대한 영향을 준다. 아이들의 가치관 형성, 학교에 적응하는 정도, 친구와의 관계, 배우자 선택, 취업과 같이 아이들의 성장 과정 전반에 영향을 끼친다.

가정의 중요성

하나님은 사랑이시다(요일 4:8). 그분은 관계 지향적이며 관계에 따라 이끌리신다. 그분은 우리가 태어나서 죽을 때까지 우리와 관계를 유지하기 원하신다. "내가 영원한 사랑으로 너를 사랑하기에 인자함으로 너를 이끌었다"(렘 31:3). 하나님이 가지신 사랑의 본질은 수동적이지 않다. 사랑은 그 자체로 점점 늘어나는 속성을 가지고 있다. 관계를 중시하며 사랑을 베푸시는 하나님은 활동적으로 창조를 완성한 분이시다. 그분은 자신이 만든 온 우주를 자신과 상호 돌봄의 관계에 있는 존재로 가득 채우기를 원하신다.

가정은 하나님이 사랑이라는 자신의 성품을 드러내시기 위해 고안한 사회 단위다. 아이들이 가족을 떠나 성인으로서 다른 환경에서 살아갈 수 있을 때까지 그들을 양육하고 돌보는 곳이다.

하나님은 이스라엘 민족을 자녀로 택하셨다. 하지만 이스라엘이 하나님께 반역하자, 오랜 시간이 흐른 다음 하나님은 교회를 자녀로 삼으셨다. "그들(이스라엘)이 넘어짐으로 구원이 이방인에게 이르러 이스라엘로 시기나게 함이니라"(롬 11:11). 그리스도의 몸 된 교회는 이스라엘이 담당했던 것과 같은 역할을 맡고 있다. 즉 하나님의 사랑과 그분의 성품을 널리 확산시키는 일이다.

교회는 종종 가족으로 묘사된다. 우리는 모든 이에게 착한 일을 하되 '더욱 믿음의 가정들에게' 해야 한다(갈 6:10). 성도들은 모두 '하나님의 권속'(엡 2:19)이다. 우리는 "하나님의 집에서 어떻게 행하여야 할지를"(딤전 3:15) 알아야 한다.

이런 여러 성경 구절들은 하나님이 '가정을 어떻게' 생각하시는지 잘 보여 준다. 하나님은 자신의 마음이 부모의 심정과 같다고 말씀하셨다. 그분은 우리 '아빠'시다. 또한 아버지라는 자리를 좋아하신다. 하나님에 대한 이런 성경의 묘사들은, 부모의 역할이 하나님의 성품을 이 땅에 드러내는 데 얼마나 중요한 부분을 담당하는지 보여 준다.

바운더리와 책임감

좋은 부모이신 하나님은 자녀인 우리가 잘 성장하는 것을 돕기 원하신다. 하나님은 "우리가 다 하나님의 아들을 믿는 것과 아는 일에 하나가 되어 온전한 사람을 이루어 그리스도의 장성한 분량이 충만한 데까지"(엡 4:13) 이르기를 원하신다. 이 같은 양육 과정을 통해 하나님은 우리가 삶에 대한 책임감을 갖도록 도와주신다.

이 원리가 자녀들을 양육할 때도 적용된다. 견고한 애정 관계를 형성하기 위해 가족 간의 유대를 강조하는 일은 다른 무엇보다 더 중요하다. 그 밖에 부모가 자녀에게 베풀어 줄 수 있는 가장 중요한 일은 책임감을 심어 주는 일이다. 무엇을 책임져야 하고, 책임지지 말아야 하는지 가르쳐야 한다. 자신의 거절을 분명하게 표현하는 것과 다른 사람들의 거절을 받아들이는 법을 가르쳐야 한다. 책임감은 무한한 가치를 지닌 좋은 선물이다.

아무리 나이가 많은 사람이라 할지라도 그가 가지고 있는 바운더리는 18개월 때 이미 형성된 것이다. 어른들도 다른 사람이 자신에 대해 경계를 정하면 화를 내거나 토라진다. 또한 그들은 평안한 상태를 유지하기 위해 다른 이들의 뜻을 받아들이기도 하고 요구에 응하기도 한다. 그들에게도 어린 시절이 있었다는 것을 명심하라. 어릴 때 바운더리를 두려워하거나 싫어하던 사람이 다시 바운더리를 세우고 받아들이는 법을 배우려면 어릴 때보다 훨씬 더 힘들고 고통스러운 과정을 견뎌야 한다.

바운더리 가르치기와 교정하기

지혜로운 어느 노부인이 자기 딸이 손자와 다투는 광경을 목격하게 되었다. 아이는 엄마 말을 듣지 않으려 했고, 젊은 엄마는 참지 못하고 화를 냈다. 아이 혼자 의자에 앉게 하려고 애쓰는 딸에게 그녀는 이렇게 말했다. "지금이 기회야. 아이를 지금 가르쳐야 한다. 그래야 청소년이 되어서도 네 말에 순종할 거야."

어린아이가 바운더리를 갖게 하는 것은 그 아이가 곁길로 빠지지 않도록 예방하는 최선의 방책이다. 아이에게 책임감과 경계를 정하는 법과 일시적인 쾌락을 멀리하는 자세를 가르친다면, 그 아이의 인생은 훨씬 순탄해질 것이다. 바운더리를 가르치는 시기가 늦어질수록, 더 힘들고 해야 할 일도 그만큼 많아진다.

좀 더 자란 아이를 둔 부모라면, 긴장을 늦추지 말아야 한다. 이 말은 아이에게 바운더리를 가르치려 할 때 수많은 저항에 부딪히게 된다는 뜻이다. 아이들은 자신이 바운더리를 배우더라도 그리 이로울 것이 없다고 생각하기 때문이다. 따라서 어느 정도 성장한 아이들에게 바운더리를 가르치려면 더 많은 시간을 투자해야 하고, 더 많은 친구들의 도움을 받아야 한다. 그리고 더 열심히 기도해야 한다. 이 장의 후반부에서는 아이들의 성장 단계와 나이에 맞는 바운더리 과제에 대해 다룰 것이다.

어린 시절의 바운더리 형성

어린아이에게 바운더리를 가르치는 일은 곧 아이에게 책임감을 가르치는 일이다. 아이에게 책임감의 장점과 경계를 가르치면, 은연중에 자율성에 대한 교육도 병행된다. 그런 교육은 아이가 성년이 되어 자신에게 주어지는 직무를 맡아 수행할 수 있게 하는 준비 과정이다.

성경은 아이를 양육할 때 바운더리를 세우는 일이 중요하다고 거듭 말한다. 일반적으로 우리는 그것을 훈련이라 부른다. '훈련'이라 번역된 히브리어와 헬라어 원문은 '가르침'이라는 뜻을 담고 있다. 이 가르침은 긍정적 측면과 부정적 측면을 다 갖고 있다.

훈련의 긍정적 측면에는 순향성, 예방, 교육 등이 포함된다. 적극적 교육은 아이를 앞에 앉혀 놓고 가르치며 훈련하는 것이다. 곧 아이들을 '주의 교훈과 훈계로 양육'(엡 6:4)하는 것이다. 훈련의 부정적 측면에는 교정, 징벌, 결과 등이 포함된다. 소극적 교육은 아이에게 책임감을 가르치기 위해 자신이 한 행동의 결과로 인해 고통을 당하게 하는 것이다. "도를 배반하는 자는 엄한 징계를 받을 것이요"(잠 15:10).

아이를 잘 양육하려면, 미리 예방하는 훈련과 행동의 결과로 인한 징계가 병행되어야 한다. 예를 들어, 열네 살 된 자녀의 취침 시간을 밤 10시로 정해 놓았다고 하자. "네가 학교에서 수업 시간에 졸지 않으려면 그 시간에는 자야 해." 이것은 아이를 긍정적으로 훈련시키는 것이다. 그러나 아이가 밤 11시 30분까지 잠을 안 자고 빈둥거리며 시간을 보냈다고 하자. 그 다음 날 아이에게 이렇게 말한다. "네가 어젯밤에 취침 시간을 지키지 않았으니까, 오늘은 하루 종일 전화를 쓰면 안 돼." 이것은 부정적 훈련 방법이다.

좋은 바운더리를 세워 주기 위해 당근과 채찍이 함께 필요한 이유는 무엇인가? 그 이유는 하나님이 우리의 성장과 성숙을 돕기 위해 시련과 우리의 실수를 모두 사용하셨기 때문이다. 우리는 훈계를 받을 때, 그것을 바르게 적용하지 못하고 실수를 통해 성숙함을 배운다. 실수를 통해 교훈을 얻고, 다음 번에 같은 실수를 하지 않고 더 나은 모습을 보여 주게 된다.

연습은 삶의 모든 영역에서 필요하다. 스키 타는 법, 에세이 쓰는 법, 컴퓨터 쓰는 법도 배워야 한다. 또한 깊은 사랑의 관계를 발전시키고, 성경을 공부하는 데도 연습이 필요하다. 영적, 감정적 성장도 예외는 아니다. "단단한 음식은 장성한 자의 것이니 그들은 지각을 사용함으로 연단을 받아 선악을 분별하는 자들이니라"(히 5:14). 바운더리와 책임감을 배울 때 반드시 연습이 선행되어야 한다. 실수는 곧 우리의 스승이다.

훈련은 아이들로 하여금 내적 바운더리를 만들어 주려는 의도로 고안된 외적 바운더리다. 훈련은 아이들이 충분한 내적 구조를 갖게 될 때까지 안전한 준거의 틀을 제공해 준다. 올바른 훈련은 아이들이 자신의 내적 구조와 책임감을 가질 수 있도록 도와준다.

훈련과 징계는 구분해야 한다. 징계는 잘못된 행위에 대한 징벌이다. 법적으로 말하면, 법을 위반한 것에 대해서는 형벌을 받는다. 징계는 연습을 위해 많은 공간을 제공하지는 못한다. 징계는 훌륭한 교사가 아니다. 대가가 너무 엄청나다. "죄의 삯은 사망"이다(롬 6:23). 또한 "누구든지 온 율법을 지키다가 그 하나를 범하면 모두 범한 자가" 된다(약 2:10). 징계는 실수를 용납하지 않는다.

하지만 훈련은 다르다. 훈련은 잘못된 행위에 대한 보응이 아니다. 훈련은 하나님이 정하신 자연 법칙이다. 즉 우리의 행동은 그에 상응하는 결과를 거둔다는 것이다.

훈련이 징계와 다른 이유는 하나님이 우리에 대한 징계를 끝내셨기 때문이다. 징계는 그리스도를 구주로 영접하는 모든 자들을 위해 십자가 위에서 종결되었다. 그리스도는 "친히 나무에 달려 그 몸으로 우리 죄를 담당하셨다"(벧전 2:24). 그리스도의 고난은 우리가 범한 죄악의 대가로 지불되었다.

게다가, 훈련과 징계는 각각 시간과 다른 관계를 맺고 있다. 징계는 과거를 돌아본다. 과거에 저지른 악행에 대한 보응에 초점을 맞춘다. 예를 들어, 그리스도의 고난은 우리의 범죄에 대한 보응이었다. 하지만 훈련은 미래를 내다본다. 훈련을 통해 얻는 교훈은 같은 잘못을 다시

범하지 않게 한다. "오직 하나님은 우리의 유익을 위하여 그의 거룩하심에 참여하게 하시느니라"(히 12:10).

우리에게 훈련이 어떻게 도움이 되는가? 우리는 훈련을 통해 형벌에 대한 두려움이나 관계를 잃을 것에 대한 두려움 없이 자유롭게 실수할 수 있다. "그러므로 이제 그리스도 예수 안에 있는 자에게는 결코 정죄함이 없나니"(롬 8:1). 십자가로 말미암은 자유가 우리로 하여금 끔찍한 형벌을 대가로 치르지 않고도 연습할 수 있는 기회를 준다. 연습하는 데 있어서 유일한 위험은 우리의 행동으로 인해 생기는 결과다. 그러나 단절이나 형벌의 위험은 기다리지 않는다.

한 엄마가 열 살 된 아이에게 이렇게 말했다고 가정해 보자. "잘못을 뉘우치지 않으면, 다시는 너를 사랑하지 않겠어." 아이는 바로 그 순간부터 절망에 빠진다. 아이가 엄마에게 반항한다면 인생에서 가장 중요한 관계를 잃게 될 것이다. 그러나 엄마의 말에 따른다면 겉으로는 순종하는 것처럼 보일지 모르지만, 문제를 직시할 수 있는 기술을 연습할 기회는 영원히 사라져 버린다. 그 엄마가 이렇게 반응한다면, 앞의 경우와 어떤 차이가 있을까? "나는 변함없이 너를 사랑할 거야. 그 마음은 언제나 변함없어. 하지만 네가 잘못을 뉘우치지 않으면, 3일 동안 컴퓨터는 못 쓸 거야." 그들의 관계는 손상되지 않고 그대로 남아 있다. 잘못에 대한 지나친 질책도 없다. 그리고 아이는 책임질 것인지, 아니면 옳지 못한 행동의 결과로 어려움을 겪게 될 것인지 선택할 기회가 있다. 사랑이나 안전함을 잃어버릴 위험도 없다. 이것이야말로 단단한 식물을 먹는 법을 배워 성숙에 이르는 길이며, 안전하게 훈련받는 방법이다.

아이들에게 바운더리가 필요한 이유

바운더리는 아이들에게 어떤 특정한 필요를 채워 줄 수 있을까? 경계를 정하는 능력은 평생 엄청난 이익을 가져다줄 수 있는 몇 가지 요소로 구성된다.

자기 보호
어린아이들처럼 나약한 존재를 본 적이 있는가? 어린아이들은 동물 새끼와 비교할 때 스스로 자신을 돌볼 수 있는 능력이 훨씬 뒤처진다. 하나님은 아이가 태어난 후 몇 달이라는 기간을 아이와 부모가 견고하게 연결될 수 있는 시간으로 계획해 놓으셨다. 잠시라도 부모가 아이를 돌보지 않는다면, 아이는 혼자 힘으로 살아갈 수 없다. 그 기간에 쏟는 모든 시간과 힘은 영속적인 사랑으로 변화되고, 그런 사랑 속에서 아이는 세상에서 가장 편안한 느낌을 갖게 된다.

그렇지만 하나님의 양육 프로그램은 거기에서 그치지 않는다. 엄마와 아빠는 아이를 돌보고 필요한 것을 채워 주기 위해 언제까지 그 자리에 있을 수 없다. 보호 기능은 궁극적으로 아이 자신에게 이양되어야 한다. 아이들은 자라면서 다른 사람의 도움 없이 자신을 보호해야 한다.

바운더리는 영혼을 지키고 방어하는 수단이다. 바운더리는 내부에 있는 좋은 것은 잘 간직하고 외부의 좋지 못한 것은 들어오지 못하도록 막아 준다. "아니요"라고 말하고, 진실을 말하며, 물리적 거리를 유지하는 것과 같은 기술은 가정에서 터득할 수 있어야 한다. 아이들은 그로 인해 자기 보호의 책임을 맡을 수 있다.

다음에 나오는 열두 살짜리 두 아이의 예를 살펴보자.

잭이 저녁 식사 시간에 부모와 이야기를 나누고 있다. "어떤 아이들이 나에게 담배를 한 모금 피워 보라고 했어요. 내가 싫다고 하니까, 나를 겁쟁이라고 놀렸어요. 나는 그 아이들에게 멍청이라고 했구요. 그 아이들 가운데 내가 좋아하는 아이들도 있지만, 담배를 피우지 않는다는 이유로 나를 싫어한다면, 진정한 친구가 아니라고 생각해요."

학교에서 돌아왔을 때, 테일러의 눈은 충혈되어 있었다. 그는 잔뜩 인상을 쓰면서 분명하지 않은 발음으로 투덜거렸다. 그 모습을 보고 부모가 왜 그러냐고 묻자, 귀찮다는 듯이 대꾸도 하지 않다가 결국 무심결에 한마디 던졌다. "그런 것은 누구나 다 해요. 그런데 왜 제 친구들을 미워하시는 거죠?"

잭과 테일러는 신앙 있는 가정에서 많은 사랑을 받으며 성경적 가치관에 따라 양육되었다. 하지만 두 아이가 이토록 상반된 모습을 갖게 된 이유는 무엇일까? 잭의 가족들은 부모와 자녀 사이에 의견이 일치하지 않을 수 있다는 사실을 인정했고, 아이로 하여금 바운더리 세우는 기술을 익힐 수 있게 했다. 심지어 자신들에 대해서도 분명한 경계를 정하는 것을 인정했다. 두 살 때 엄마가 꼭 껴안아 주면 잭은 숨이 막혔다. 그러면 잭은 "내려 주세요"라고 말했다. 그 말은 '엄마, 내가 숨을 쉴 수 있도록 내려 주세요'라는 뜻이었다. 엄마는 아이를 계속 안아 주고 싶었지만, 아이를 바닥에 내려놓으며 이렇게 말했다. "트럭 가지고 놀고 싶니?"

잭의 아빠도 같은 철학을 가지고 있었다. 아빠는 잭과 방에서 장난칠 때도 아들의 의견을 존중하려고 항상 노력했다. 장난이 심해지거나 힘들면, 잭은 "그만해요, 아빠"라고 말했다. 그러면 아빠는 곧바로 장난을 멈추고 일어났다. 그리고 다른 게임을 하며 놀았다.

잭은 바운더리 훈련을 받았다. 그는 겁에 질리거나 편하지 않을 때, 또는 변화를 원할 때 "싫어요"라고 말하는 법을 배웠다. 그 짧은 말 한마디가 그의 삶에서 큰 힘이 되었다. 그 말은 잭이 무기력하고 우유부단한 상태에 빠지지 않도록 지켜 주었다. 잭은 분노나 상처를 받지 않으면서도 "싫어"라는 말을 할 수 있었다. 또한 "잭, 엄마는 지금 너를 안고 싶어, 알았지?"와 같은 교묘한 대응 수단 때문에 고생하는 경우도 없었다.

잭은 어릴 적부터 바운더리는 좋은 것이며 그것을 사용해 자신을 보호할 수 있다는 것을 배웠다. 자신에게 유익하지 않은 일을 거부하는 법을 배웠다.

잭의 가족들이 가진 남다른 장점은, 의견이 다를 수 있음을 인정한 것이었다. 예를 들어, 잭이 취침 시간 때문에 부모와 다툴 때, 그들은 잭이 자신들과 의견이 다르다는 이유로 벌을 주거나 혼내는 법이 없었다. 그 대신 부모는 잭의 주장을 모두 듣고 나서, 그 주장이 타당하다고 여겨지면 마음을 바꿨다. 그러나 잭의 생각이 옳다고 여겨지지 않을 때는 세워 놓은 바운더리를 고수했다.

잭은 가정 문제에서도 자기 의견을 얼마든지 관철시킬 수 있었다. 가족들이 함께 저녁 시간을 보내기로 약속한 날이 다가오면, 부모는 잭의 의견을 듣고 영화를 보러 갈 것인지, 보드 게임을 할 것인지, 아니면 함께 야구를 할 것인지 결정했다. 잭의 가정은 아무 제한이 없는 가정인가? 오히려 그와 정반대다! 잭의 부모는 자녀들이 바운더리를 세우는 능력을 가질 수 있도록 항상 신경을 썼다.

그런 가정 환경은 악한 때(엡 5:16)에 옳지 못한 일을 거절할 수 있도록 연습하는 기회를 주었다. 친구들이 억지로 담배를 피우도록 윽박지를 때, 잭은 분명하게 거절했다. 어떻게 잭은 단호하게 거절할 수 있었을까? 잭은 10여 년에 걸쳐 자신에게 중요한 사람들과 의견이 일치하지 않을 경우, 그들의 사랑을 잃지 않으면서도 거절을 표현하는 연습을 해왔기 때문이다. 친구들과 맞설 때도 잭은 그들에게 따돌림당할 것을 두려워하지 않았다. 잭은 사랑을 잃지 않으면서도 가족들에게 거절 의사를 성공적으로 표현한 적이 여러 번 있었기 때문이다.

그와 반대로, 테일러는 전혀 다른 가정 환경에서 자랐다. 그의 가정에서는 부모가 원하지 않는 다른 반응은 허용되지 않았다. 엄마는 쉽게 상처를 받고 테일러와 시선을 맞추지 않고 잘 토라졌다. "어떻게 너를 사랑하는 엄마에게 '싫어요'라고 말할 수 있니?" 이런 식으로 엄마는 테일러에게 죄책감을 유발시키는 말을 서슴지 않았다. 아빠는 화를 잘 내고 위협하며 "대꾸하지 마"라는 말을 자주 했다.

테일러가 겉으로 유순한 척하는 표리부동한 성격을 갖게 되기까지 그리 오랜 시간이 걸리지 않았다. 테일러는 부모가 어떤 말을 하든지 쉽게 "예"라고 대답했으므로, 가족들의 생각과 통제에 전적으로 동의하는 것처럼 보였다. 부모는 저녁 식사 메뉴에서부터 TV 시청 시간 제한, 교회 선택, 옷, 귀가 시간에 이르기까지 모든 것을 그에게 주입시켰다.

한번은 엄마가 안아 주려는 것을 테일러가 거부하자, 그녀는 곧 아이를 밀쳐 내며 말했다. "언젠가 엄마 마음을 이처럼 상하게 한 것에 대해 후회하게 될 거다." 시간이 갈수록 테일러는 경계를 정하지 못하는 것에 익숙해졌다.

바운더리 세우는 법을 배우지 못한 결과, 테일러는 언제나 만족해

하는 공손한 아들처럼 보였다. 그러나 10대는 아이들이 견디기 힘든 혹독한 기간이다. 우리는 그 험난한 시기에 아이들에게 어떤 성격이 형성되는지 잘 알고 있다.

테일러는 극복하지 못했다. 그는 친구들의 압력에 굴복하고 말았다. 그가 열두 살이 되어서야 부모에게 처음으로 "싫어요"라고 말했다는 사실이 놀랍지 않은가? 테일러가 마음에 품고 있었던 분노와, 바운더리 없이 지낸 오랜 시간은 그가 살아남기 위해 갖게 되었던 유순해 보이지만 왜곡된 자아를 차츰 손상시키기 시작했다.

자기 필요에 대해 책임지기

그룹 치료 과정에 참석한 사람들은 모두 입을 다물고 있었다. 제니스에게 대답하기 어려운 질문을 했기 때문이다. 그 질문은 "당신에게 필요한 것은 무엇인가요?"였다. 당황한 것처럼 보였다. 그녀는 한참 생각하더니 자기 자리에 앉았다.

내 질문을 받기 전에 제니스는 지난 한 주 동안 겪은 고통스러운 일을 말하고 있었다. 남편은 별거하겠다며 집을 나가고, 아이들은 통제 불능 상태에 이르렀고, 그녀의 일자리도 위태로운 상황이었다. 그 자리에 모인 참석자들의 얼굴에는 걱정이 가득했다. 하지만 어느 누구도 그녀를 도울 특별한 방법을 제시하지 못했다. 바로 그때 내가 그 질문을 했다. 사실 나는 그 자리에 참석한 모든 사람에게 그 질문을 던진 것이었다. 하지만 제니스는 대답할 수 없었다.

제니스가 처한 상황은 그녀의 성장 배경과 거의 흡사하다. 그녀는 어린 시절 내내 부모의 감정에 대해 자신이 책임지려고 애썼다. 가정의 평온함을 유지하기 위해 그녀는 부드러운 말로 부모의 모나고 뒤틀린 성격을 다독거려야 했다. "엄마, 아빠도 처음부터 소리를 지르려 한 건 아니잖아요. 아빠가 힘든 하루를 보내셔서 그러니까 이해하세요."

가족들의 모든 문제를 혼자 책임지는 그런 비성경적 태도는 결과적으로 제니스의 인생에서 선명하게 나타났다. 다른 사람의 행동에 대한 지나친 책임감과 자신의 필요에 대한 애정 결핍이었다. 제니스는 다른 사람들의 상처를 감지하는 뛰어난 레이더를 갖고 있었다. 하지만 자신을 살피는 레이더는 망가져 있었다. 그녀가 내 질문에 대답하지 못한 것은 놀라운 일이 아니다. 제니스는 하나님이 자신에게 주신 정당한 필요를 깨닫지 못하고 있었다. '필요'라는 말조차도 그녀에게는 생소했다.

그러나 다행히 그 사태는 좋은 방향으로 해결되었다. 참석자 가운데 한 사람이 말했다. "제가 당신의 입장에 처했다면, 저는 무엇이 필요한지 알 것 같아요. 저는 이 방에 있는 분들이 정말로 저를 보살펴 줄 용의가 있는지 알고 싶을 것 같아요. 저를 회복이 불가능하고 부끄러운 실패자로 여기지 않는다는 걸 알아야 할 필요가 있습니다. 그리고 저를 위해 기도해 주신다는 것과 도움을 구하는 전화를 해도 괜찮은지 확인할 필요가 있을 것 같아요."

제니스의 눈가에 눈물이 고이기 시작했다. 제니스의 상황을 마치 자기 상황처럼 가정해 대답한 그 친구의 말이 제니스 자신도 어찌 할 수 없었던 부분을 건드린 것이었다. 제니스는 자기 내면에 있는 영역을 치유하기 위해 이미 위로를 받은 적이 있는 사람들의 위로를 받아들였다(고후 1:4).

제니스의 이야기는 아이들에게 바운더리를 세워 줌으로써 얻을 수 있는 두 번째 열매를 잘 설명해 준다. 즉 자신의 필요에 대한 소유권 또는 책임을 인정하고 받아들이는 능력이다. 우리는 배고프고, 외롭고, 곤경에 처하고, 무기력하고, 휴식이 필요할 때를 정확히 알아야 한다. 그리고 다른 무엇보다도 먼저 그 필요들을 충족시켜야 한다. 성경은 예수님이 이런 사실을 정확히 이해하고 계셨다는 것을 보여 준다. 그분은 군중 사이에서 빠져나와 배에 오르셨다. 왜냐하면 "오고 가는 사람이 많아 (그와 제자들이) 음식 먹을 겨를도 없"었기 때문이다(막 6:31).

바운더리는 이런 과정에서 중요한 역할을 한다. 우리가 정해 놓은 경계는 우리와 다른 사람들 사이에 영적이고 감정적 공간과 홀로 있을 기회를 준다. 바로 그때가 우리 자신의 필요에 귀를 기울여 정확한 실태를 파악할 수 있는 기회다. 바운더리에 대한 분명한 인식이 없으면 우리의 필요를 다른 사람의 것으로부터 걸러 내는 데 어려움을 겪게 된다. 자신의 필요에 대한 인식이 부족한 것은 인간관계를 해치는 걸림돌이 된다.

아이들이 자신의 필요를 인식하는 법을 일찍 터득한다면, 살아가면서 참으로 유익한 결과를 거두게 될 것이다. 아이들은 자아를 돌보지 않음으로써 생기는 '탈진'을 얼마든지 피할 수 있는 능력을 갖추게 된다.

자녀들이 자신의 필요를 인식할 수 있도록 어떻게 도와야 할까? 부모가 택할 수 있는 최선의 방법은 아이들로 하여금 자신의 필요를 말로 표현하도록 격려하는 것이다. 심지어 아이들이 '가족들의 전반적인 흐름'에 역행하는 필요를 가지고 있을 때도 당당히 말할 수 있게 해주어야 한다. 아이들이 충족시키고 싶은 것을 요구할 수 있도록 허용할 때 비록 원하는 것을 갖지 못했다 해도, 아이들은 자신에게 필요한 것이 무엇인지 생각할 수 있는 힘을 기르게 된다.

자녀들이 자신의 필요를 표현할 수 있도록 도와주는 방법은 다음과 같다.

- 아이들이 화가 난 것을 말할 수 있도록 허용하라.
- 슬픔, 상실감, 괴로움 등의 감정을 숨기지 말고 표현하도록 허용하고, 그런 감정이 쌓여 말하는 것을 기꺼이 들어주라.
- 궁금한 것은 언제든지 묻도록 격려하고, 부모의 말을 성경 말씀과 동등하게 여기지 않게 하라.
- 아이들이 외롭거나 우울해 보일 때 어떤 감정을 품고 있는지 물어보라. 그들이 부정적인 감정조차 말로 표현할 수 있도록 도와주라. 잘못된 협력 의식이나 가족의 친밀감을 내세워 아이들의 사정을 소홀히 여기지 않도록 주의하라.

자신의 필요에 대한 주인 의식을 갖는 첫 번째 단계는 자기 안에 있는 필요를 확인하는 것이다. 바로 이때 영적 레이더가 작동해야 한다. 제니스의 레이더는 망가진 후로 고쳐지지 않았으므로, 그녀는 자신의 필요를 정확히 밝혀 낼 수 없었다.

자신의 필요에 대한 주인 의식을 갖는 두 번째 단계는 자신에 대한 책임 있는 보살핌을 시작하는 것이다. 이것은 자기 짐을 다른 사람에게 지운다는 말이 아니다. 자녀들이 자신의 무책임과 실수 때문에 생기는 고통스러운 결과를 직접 경험하도록 허용해야 한다는 것이다. 이것이 바로 히브리서 5장 14절의 '연단'이며 히브리서 12장의 '징계'다. 자녀들이 가정을 떠날 준비를 마칠 때까지, 그들은 자기 삶에 대한 개인적 책임감을 완전히 내면화해 자기 것으로 만들어야 한다. 또한 다음과 같은 확신을 가져야 한다.

- 내가 살아가면서 거두는 성공이나 실패는 모두 내 책임이다.
- 내가 위로와 교훈을 구하기 위해 하나님이나 다른 사람을 찾을 때도 있겠지만, 내가 선택한 일에 대한 책임은 전적으로 내가 감당해야 한다.
- 내 삶에서 중요한 몇몇 관계 때문에 많은 영향을 받을 수도 있겠지만, 내 문제에 대한 책임을 다른 사람에게 전가해 그들을 비난하면 안 된다. 나 스스로 책임져야 한다.
- 내가 계속 실패해서 도움이 필요하더라도, 나를 영적, 감정적, 재정적, 관계적 위기에서 끊임없이 구출해 주려는 특정 개인에게 의존해서는 안 된다.

"내 인생은 내 책임"이라는 인식은 우리가 각자의 삶을 책임져야 한다는 하나님의 뜻에서 발견할 수 있다. 하나님은 우리가 자기 달란트를 생산적으로 사용하기 원하신다. 예수님도 그 사실을 달란트 비유에서 말씀하셨다(마 25:14-30). 이런 책임 의식은 평생 동안 우리를 따라다닐 것이며, 죽음 이후에도 그리고 그리스도의 심판대까지 따라다닐 것이다.

자기 삶을 책임지지 못한 것에 대해 주님 앞에서 늘어놓을 변명을 몇 가지 상상해 볼 수 있다. "하지만 저는 완전히 엉터리 가정에서 자랐습니다." "하지만 저는 외로웠습니다." "하지만 그럴 만한 힘이 없었습니다." 이처럼 '하지만'으로 시작되는 변명들은 한 달란트 받은 사람의 변명 못지않게 그럴듯하게 들린다. 이 말은 우리가 성장 배경이나 우리를 압박하는 사람들에게 깊은 영향을 받지 않는다는 의미가 아니다.

우리는 분명히 그런 요소들에서 많은 영향을 받는다. 하지만 우리는 궁극적으로 상처 입고 성숙하지 못한 자신의 마음 상태에서 행한 일들에 대해 책임져야 한다.

현명한 부모는 자녀들이 '안전한 고통'을 경험하도록 허용한다. '안전한 고통'이란 아이들이 제 나이에 맞는 어려움을 경험하도록 허용하는 것을 의미한다. 여섯 살짜리 아이에게 어두운 밤길을 혼자 가라고 하는 것은 성숙을 위한 훈련이라고 할 수 없다. 그런 일을 시키면 아이는 어른이 되는 것을 두려워할지도 모른다. 첫 단계부터 아이들로 하여금 그런 선택을 하는 자리에 있게 해서는 안 된다.

에밀리의 부모는 딸이 안전한 고통을 겪도록 허용했다. 딸이 고등학교에 입학하자, 그들은 에밀리에게 한 학기 동안 써야 할 용돈을 한꺼번에 주었다. 에밀리는 그 돈으로 학교에 급식비를 내고, 옷을 사고, 친구들과 어울리고, 과외 활동비를 내야 했다. 그녀가 받은 돈은 그 모든 비용을 지불하고 조금 남는 정도였다. 겉으로 보기에 그 일은 모든 10대들의 꿈처럼 보였다. 큰 돈을 한꺼번에 받고 그 돈을 어떻게 사용하든 아무도 상관하지 않았다!

첫 학기에 에밀리는 멋진 옷을 몇 벌 샀다. 친구들과 재미난 사교 모임에도 여러 번 참석했다. 심지어 그 가운데 몇 번은 에밀리가 계산했다. 그 결과, 한 달이 채 되기도 전에 한 학기 동안 써야 할 돈의 절반 이상을 써 버리고 말았다. 이후로 두 달 반의 기간은 궁핍함의 연속이었다. 에밀리는 집에 있는 시간이 많아졌고, 점심 값을 위해 나머지 돈을 저금해 두었다. 그리고 새로 샀던 옷들을 입고 또 입었다.

다음 학기는 좀 나아졌다. 그리고 2학년이 되자, 에밀리는 예금 통장을 만들고 실행 가능한 예산안을 마련했다. 그녀는 바운더리를 세우기 시작했다. 쇼핑 중독이었던 그녀는 최소한의 옷, 음악, 음식, 잡지 등을 구입하는 것 외에는 "안 돼"라고 말하기 시작했다. 이제 아이는 자기 인생에 대해 책임지는 법을 배우기 시작한 것이다. 게다가 그녀는 대부분의 졸업생들과는 뭔가 다른 사람이 되어 학교를 떠났다. 대부분의 학생들은 여러 해 동안 부모님의 도움에만 의지해 살았기 때문에, 간단한 요리나 청소를 못하는 것은 물론이고 예산과 결산 같은 일은 아예 손도 대지 못했다.

아이가 한 일과 그에 대한 결과를 가능한 한 긴밀하게 묶어 주는 일은 아주 중요하다. 그것은 아이가 앞으로 살아갈 인생을 미리 연습하는 최선의 방법이다.

학교에 제출해야 하는 과제는 아이가 책임감을 갖도록 도울 수 있는 또 다른 영역이다. 아이 스스로 과제를 해결하는 힘을 길러 주지 않고 부모가 해준다면, 아이는 늘 자신을 따라다니며 곤란한 일을 도맡아 해주는 영원하고 전능한 부모에 대한 환상을 품게 될 것이다. 아이가 다가와 눈물을 흘리며 "10페이지나 되는 보고서를 내일까지 내야 하는데 이제 막 시작했어요"라고 말할 때, 냉정하게 그 부탁을 거절하기란 쉽지 않다. 사랑이 많은 부모라고 자처하며 아이 대신 조사를 해주거나, 자료들을 보고서 형식에 맞게 구성해 주거나, 적어도 타이핑이라도 해주고 싶은 충동을 느낄 것이다. 아니면 세 가지 모두 해주고 싶을지도 모른다.

왜 그런 일을 할까? 자녀들을 사랑하기 때문이다. 하나님이 우리에게 가장 좋은 것을 주려고 하시는 것처럼 우리 역시 자녀들에게 가장 좋은 것을 주려고 한다. 하지만 하나님이 우리가 범한 실수의 대가를 우리로 하여금 직접 경험하게 하시는 것처럼, 우리 역시 자녀들이 자기 잘못으로 보고서를 엉망으로 제출해 낮은 점수를 받도록 내버려 두어야 한다. 미리 계획을 세우지 않으면 이런 결과들이 종종 생긴다.

통제와 선택에 대한 인식

"치과에 가지 않을래요. 아무도 저를 치과에 데려가지 못하게 할 거예요." 열한 살인 클로에는 거실에 꼼짝 않고 서서, 현관에서 기다리고 있는 아빠를 노려보며 말했다.

아빠 에단은 그런 일이 있을 때마다 매번 같은 방법으로 클로에를 데리고 갔다. 그는 "좋아, 알았어"라고 말한 다음, 강제로 클로에를 끌고 나가 차에 태웠다. 그러면 클로에는 요란하게 소리를 질렀다.

하지만 여러 번에 걸쳐 가족 상담을 받고 이런 문제를 다루는 책을 읽고 난 후에 에단은 이전과 다르게 반응했다. 그는 조용히 딸에게 말했다. "얘야, 네 말이 옳아. 난 너를 억지로 치과에 데려갈 수 없어. 네가 가기 싫다면, 가지 않아도 돼. 하지만 우리가 정한 규칙은 꼭 기억하렴. 네가 치과에 가지 않으면, 오늘 밤 파티에도 가지 않겠다고 약속했었지. 나는 너의 모든 결정을 분명히 존중한다. 병원 예약을 취소할까?"

클로에는 당황한 표정으로 한참 동안 생각했다. 그러고 나서 천천히 대답했다. "치과에 갈게요. 하지만 가고 싶어서 가는 건 아니에요." 클로에 말이 맞았다. 그녀는 파티에 참석하고 싶었기 때문에 병원에 가는 쪽을 선택했다.

아이들은 자기 삶에서 통제와 선택의 문제를 인식해야 한다. 자신을 부모에게 종속되어 있고 무기력한 볼모처럼 여기는 것이 아니라, 스스로 선택하고 의지적으로 행동하며 자기 삶에 대한 주도권을 지닌 주체로 여겨야 한다.

아이들은 무력하고 의존적인 모습으로 삶을 시작한다. 하지만 하나님의 뜻에 따라 양육하는 부모라면 아이들이 스스로 생각하고 결정하며, 어떤 환경에서도 주인 의식을 갖는 법을 익히도록 도와주어야 한다. 아이들이 아침에 입을 옷을 결정하고 학교에서 듣고 싶은 수업을 결정하는 일이 모두 여기에 포함된다. 나이에 걸맞는 결정을 내리는 법을 배운 아이들은 살아가면서 안정감과 균형감을 잃지 않게 된다.

걱정이 많고 마음씨 좋은 부모는 아이들이 고통스러운 결정을 내리는 일을 하지 않도록 미리 예방해 준다. 아이들이 몸에 더러운 것을 묻히지 않고 무릎이 까지지 않도록 항상 보호해 준다. 그들은 이런 표어를 내걸고 있다. "내가 여기 있다. 내가 모든 결정을 내려 주마!" 그 결과 아이들은 하나님의 형상 가운데 매우 중요한 부분—자기 주장 또는 변화를 가져오는 능력—이 현저하게 떨어진다. 아이들은 자기 인생이나 운명은 하나님의 주권적인 섭리 안에서 주로 자신이 결정해야 한다는 사실을 인식해야 한다. 그런 인식은 선택의 기로에서 피하기보다는 심사 숙고해 자신이 원하는 쪽을 선택하는 능력을 길러 줄 것이다. 아이들은 자신이 내린 선택의 결과를 싫어하지 않고 거기에 적절히 대처하는 법을 배우게 된다.

목표를 이루었다는 만족감 뒤로 미루기

'지금'이라는 단어는 어린아이들을 위해 만들어진 것처럼 보인다. 아이들은 바로 그 안에서 살고 있다. 두 살짜리 아이에게 내일 맛있는 과자를 사 준다고 말해 보라. 절대로 기다려 주지 않을 것이다. 아이에게 그 말은 '절대' 과자를 사 주지 않겠다는 말과 같기 때문이다. 갓 태어난 아이들은 '나중'이라는 개념을 이해할 만한 능력이 없다. 바로 그런 이유 때문에 여섯 달 된 아이는 엄마가 잠시 자리를 비워도 공포에 떤다. 아이는 엄마가 다시는 돌아오지 않을 것이라고 생각한다.

그러나 조금 더 자라면 아이는 더 좋은 것을 위해 지금의 것을 '나중'으로 미룰 수 있는 법을 배운다. 우리는 이 기술을 '만족감 뒤로 미루기'라고 부른다. 그것은 더 나은 것을 얻기 위해 지금의 충동과 바람과 희망에 대해 "안 돼"라고 말하는 능력이다.

성경은 이런 능력에 대단한 가치를 부여한다. 하나님은 우리가 계획과 준비를 통해 어떤 유익을 얻을 수 있는지 깨닫도록 이런 기술을 사용하신다. 예수님은 우리에게 뛰어난 모범을 보여 주셨다. "그는 그 앞에 있는 기쁨을 위하여 십자가를 참으사 부끄러움을 개의치 아니하시더니 하나님 보좌 우편에 앉으셨느니라"(히 12:2).

이런 기술은 한 살 된 아이에게는 적절하지 않다. 그때는 필요를 곧바로 충족시키는 것이 우선이기 때문이다. 하지만 두 살이 될 때부터 만족감을 뒤로 미루는 법을 가르치는 일이 가능해진다.

그보다 좀 더 자란 아이들도 이런 기술을 배워야 한다. 아이가 어느 정도 성장할 때까지 부모는 옷이나 게임기 등을 사 주지 않을 수 있다. 이런 과정에서 터득한 바운더리는 나중에 성인으로서 살아가는 동안에 이루 헤아릴 수 없을 정도로 귀한 가치로 남을 것이다. 부모는 자녀가 변화가에서 불안정하고 무질서하며 충동에 이끌려 살아가는 노예로 성장하지 않도록 예방할 수 있다. 우리 자녀들은 늘 위기에 처해 있는 게으름뱅이가 아니라 스스로 삶을 책임지며 해결해 나가는 개미(잠 6:6-11)와 같은 사람으로 자랄 수 있다.

만족감을 뒤로 미루는 법을 배우면 아이들은 목적 의식을 갖게 된다. 아이들은 자기에게 중요한 일을 위해 시간과 돈을 절약하는 법을 배우고, 자기가 사려고 선택한 것을 귀하게 여긴다. 내가 알고 있는 한 가정의 아들은 어릴 때부터 저금해서 모은 돈으로 자신의 첫 차를 구입했다. 그는 열세 살 때부터 아버지의 도움을 받아 차를 구입할 계획을 세우기 시작했다. 주말과 여름 방학 때 아르바이트를 해서 모은 돈으로 열여섯 살 때 차를 구입했고, 자기 차를 마치 도자기 만지듯 소중하게 다루었다. 그는 앞날을 내다보았고, 그로 인해 값진 결과를 얻었다(눅 14:28).

다른 사람들의 경계 존중하기

아이들은 어릴 때부터 부모, 형제, 자매, 친구들에게 속한 경계를 인정하고 받아들일 줄 알아야 한다. 다른 사람들이 언제나 자기들과 노는 것만을 좋아하지 않는다는 것과, 자신이 보고 싶어 하는 TV 프로그램을 보고 싶어 하지 않을 수도 있다는 것과, 자신이 가고 싶은 식당이 아닌 다른 곳에서 저녁을 먹고 싶어 한다는 것을 알아야 한다. 이 세상이 그렇게 자신을 중심으로 돌아가지 않는다는 것을 알아야 한다.

　이것은 두 가지 이유 때문에 중요하다. 첫째, 다른 사람의 경계를 받아들이는 법을 배우면 자신에 대해 책임지는 법도 배우게 된다. 다른 사람들에게 전화해서 언제라도 자기 마음대로 불러내 함께 시간을 보내는 것이 쉽지 않다는 걸 알게 되면, 외부적인 것에 이끌리지 않고 자신의 내면을 직시하게 된다. 그렇게 되면 자기 짐을 스스로 짊어질 수 있다.

　"안 돼"라는 말을 도저히 받아들이지 못하는 아이 곁에 있어 본 적이 있는가? 그런 아이는 자기가 원하는 것을 손에 넣을 때까지 계속 칭얼거리고, 응석을 부리며, 화를 내고, 토라진다. 다른 사람의 경계를 미워하고 거부하는 일이 지속될수록, 다른 사람에게 의존하는 정도는 그만큼 더 커진다. 자기 스스로를 돌보려 하기보다는 다른 사람들이 돌봐 주기를 기대하기 때문이다.

어쨌든, 하나님은 이 법칙을 우리에게 가르치기 위해 삶을 허락하셨다. 이 법칙이야말로 우리가 이 지구상에서 함께 공존하며 살아갈 수 있는 유일한 길이다. 살다 보면 어떤 사람들이 우리에게 "안 돼"라고 말하지만, 우리는 그들의 의사를 무시하지 못하는 경우가 많다. 그런 경우들이 모여 우리의 삶을 구성한다. 다른 사람의 바운더리를 거부하려는 사람도 살아가면서 많은 사람들에게서 "안 돼"라는 말과 더불어 거절당하는 경우가 생긴다. 어떤 사람과 더불어 환경의 영향을 받게 되는지 그 과정을 살펴보자.

1. 부모
2. 형제 자매들
3. 교사
4. 학교 친구들
5. 사장과 직장 상사
6. 배우자
7. 과식, 알코올 의존증 또는 무책임한 생활 습관으로 생기는 건강 문제
8. 경찰, 법원, 교도소

어떤 이들은 인생의 초기 단계, 심지어 한 살 같은 아주 어린 나이에 다른 사람의 바운더리를 받아들이는 법을 터득한다. 하지만 어떤 이들은 여덟 살이 될 때까지도 자신의 삶에서 여러 경계들을 받아들여야 한다

는 사실을 깨닫지 못한다. "내 아들아 지식의 말씀에서 떠나게 하는 교훈을 듣지 말지니라"(잠 19:27).

자기 마음대로 방종하며 살아가는 청년들은 30대가 될 때까지도 성숙하지 못한 모습을 보인다. 그들은 그 정도 나이가 되어도 특별한 직업이 없고 거주지가 일정하지 않은 현실에 지치기 시작한다. 재정적으로 파산하거나, 일정 기간 동안 집 없는 떠돌이가 되어 거리에서 지내기도 한다. 그러다가 어느 정도 시간이 흐르면 정신을 차리고 직업을 갖고, 돈을 모으며, 성인으로 성장하기 시작한다. 그들은 점차 삶에서 부딪히는 경계를 받아들이기 시작한다.

아무리 삶이 고단할지라도, 언제나 그보다 더 고달픈 삶을 살아가는 사람이 있게 마련이다. 자녀들에게 경계를 받아들이도록 가르치지 않는다면, 다른 누군가 그들의 일자리를 차지해 버릴 것이다. 대부분의 부모는 자녀들이 이런 고통을 겪는 것을 원하지 않을 것이다. 자녀들에게 경계를 일찍 가르칠수록, 그들은 훨씬 더 나은 삶을 살아가게 될 것이다.

다른 사람들의 경계를 받아들이는 것이 아이들에게 중요한 두 번째 이유는 바로 이것이다. "다른 사람들의 바운더리를 존중하고 조심하도록 가르치면 아이들은 사랑의 마음을 갖게 된다." 다른 사람들의 바운더리를 존중해야 한다는 생각은 상대방을 이해하게 되고 사랑하게 되는 기초가 된다. 자신이 다른 사람에게 받고 싶은 사랑을 베푸는 것이다. 아이들은 자신의 거절이 존중된다는 사실을 깨닫고, 동시에 다른 사람들의 거절도 존중해야 함을 알아야 한다. 아이들이 다른 사람들의 필요에 공감할 때, 그들은 성숙해져서 하나님과 다른 사람들에 대한 깊은 사랑을 실천하게 된다. "우리가 사랑함은 그가 먼저 우리를 사랑하셨음이라"(요일 4:19).

예를 들어, 여섯 살짜리 아이가 일부러 그런 것은 아니지만 실수로 야구공으로 당신의 머리를 세게 때렸다고 하자. 그 행동을 모르는 체 하거나, 전혀 아프지 않은 것처럼 보여 주는 것은 아이로 하여금 자신의 행동이 다른 사람에게 아무 해를 끼치지 않는 것으로 여기게 만든다. 그러면 아이는 다른 사람들의 필요나 상처에 대한 책임감을 인식하지 못하게 될지도 모른다. 그러나 아이에게 "네가 일부러 그러지 않았다는 걸 알아. 하지만 그 공은 나를 다치게 할 수도 있단다. 다음부터는 공으로 다른 사람을 때리지 않도록 주의하렴"이라고 가르친다면, 아이는 죄책감을 느끼지 않으면서 자기 행동으로 인해 사랑하는 사람을 다치게 할 수도 있음을 깨닫게 될 것이다.

이런 원칙을 가르치지 않으면, 아이들이 다른 사람을 사랑하고 배려하는 인물로 자라기란 거의 불가능하다. 이 원칙을 배우지 못하고 자란 아이들은 자기중심적이거나 고집 센 사람이 되는 경우가 많다. 그러면 성숙을 위해 하나님이 준비하신 프로그램을 실행하기란 더욱 어려워진다. 내 고객 가운데 한 사람은 다른 사람의 바운더리를 무시하도록 교육받으며 자랐다. 결국 그는 절도죄로 감옥에 갔다. 나는 치료 과정에서 그에게 고통이 따르더라도 다른 사람을 이해하고 다른 사람의 사정에 공감하는 법을 가르쳤다.

"저는 다른 사람들이 나름대로 어려움과 상처를 안고 있다는 것을 전혀 알지 못했습니다." 언젠가 그가 나에게 말했다. "저는 오직 1등을 하는 데만 집중하도록 양육받았습니다. 그리고 제가 다른 사람들의 어려움을 존중하지 못한다는 사실을 직시했을 때, 제 속에서 이상한 일이 일어났습니다. 제 마음이 다른 사람들을 향해 열렸습니다. 제가 가진 어려움들도 무시하지 않았습니다. 그러자 난생처음으로 무언가 나아지고 있다는 걸 깨달았습니다. 정말로 저는 지금까지 제가 저지른 행동이 아내와 가족들에게 상처를 입혔다는 것에 대해 죄책감을 느끼기 시작했습니다."

그가 가야 할 길은 아직도 많이 남았을까? 물론이다. 하지만 그는 옳은 길에 접어들었다. 뒤늦게라도 바운더리를 배우는 것은 성경적인 사랑의 사람이 되는 출발점이다.

나이에 맞는 바운더리 훈련

이 책의 차례를 살펴보다가 가장 먼저 펼친 것이 이 장이라면, 아마 당신은 아이를 둔 부모일 것이다. 더 나아가 자녀들의 바운더리 문제로 어려움을 겪었던 부모일 것이다. 혹시 아이들의 문제를 예방하기 위한 노력의 일환으로 이 부분을 읽을지도 모르겠다. 하지만 십중팔구 당신은 다음과 같은 자녀들 때문에 겪는 여러 고통에서 벗어나기 위한 해결책을 구하는 사람일 가능성이 높다. "갓 태어난 아이가 계속 소리를 질러 댄다. 걸음마를 시작한 아이가 온 집 안을 헤집고 다닌다. 초등학교에 다니는 아이가 학교에 적응하지 못하고 문제를 일으킨다. 중학생이 된 아이가 다른 아이들 수준에 미치지 못한다. 아이가 고등학교에 진학하더니 술을 마시기 시작한다."

이런 모든 문제들은 충분히 일어날 수 있는 바운더리 문제의 대표적 사례다. 이 장에서는 아이들이 마땅히 배워야 하는 나이에 맞는 바운더리 훈련에 대해 간략하게 설명하려고 한다. 부모는 자녀들에게 그들이 할 수 없는 일을 요구하거나, 그들이 가진 능력보다 지나치게 쉬운 일을 요구하지 않아야 한다. 그러려면 아이들의 연령에 맞는 필요와 능력이 무엇인지 깊이 생각해야 한다.

아이들의 성장 단계에 맞는 여러 단계의 기본 직무는 다음과 같다. 이것에 대해 좀 더 자세히 알고 싶다면, 4장에 제시된 유년 시절의 바운더리 발달 과정을 참고하라.

출생에서 생후 5개월까지

이 단계에서 신생아는 엄마나 아빠 또는 주로 자기를 돌봐 주는 사람과 애정 관계를 확립해야 한다. 아이는 어딘가에 속해 있다는 소속감, 안전하고 환대받는다는 인식을 분명히 가져야 한다. 이 단계의 아이에게는 경계를 정하는 것보다 안전하다는 의식을 심어 주는 것이 더 중요하다.

여기에서 유일한 바운더리는 엄마의 존재다. 엄마는 아이를 보호한다. 엄마가 하는 일은 아이가 긴장하고, 놀라며, 모순되는 감정을 참을 수 있도록 돕는 것이다. 아이는 홀로 남겨지면 주위에 아무도 없다는 사실과 내적 구조의 결핍으로 인해 공포에 빠지게 된다.

예수님의 어머니를 포함해 오랜 세월 동안 엄마들은 아기를 강보로 싸거나 천으로 단단히 둘렀다. 강보로 아이의 몸을 감싸면 온도가 유지된다. 천으로 아이를 싸는 것은 아이에게 편안한 마음을 심어 준다. 이런 것은 외적 바운더리의 일종이다. 아이는 자신이 어디에 있는지 안다. 신생아가 옷이 벗겨진 채 방치되어 있을 때는, 자신을 둘러싼 것을 상실했기 때문에 공포에 휩싸이는 경우가 많다.

일부 그리스도인 학자들은 아이에게 젖을 먹이고 안아 주는 시간을 정해 놓고 반드시 그 시간을 지켜야 한다는 아이 양육 이론을 주장한다. 그 이론은 아이가 울거나 칭얼거리는 것을 그만두는 법을 가르치려 한다. 왜냐하면 "아이가 자기 마음대로 부모에게 요구하는 것은 이기적이고 죄악된 본성의 증거"이기 때문이라는 것이다. 그런 이론은 성경적으로 또는 발전적으로 이해되지 않으면 끔직할 정도로 파괴적 결과를 가져올 수 있다.

큰소리로 울어 대는 4개월 된 아이는 이 세상이 안전한지 그렇지 않은지 알기 위해 애쓰고 있는 것이다. 아이는 깊은 공포와 고립 상태에 빠져 있다. 주위에 아무도 없을 때도 편안함을 느끼는 법을 아직 배우지 못한 것이다.

아이의 욕구를 무시하고 부모의 계획에 맞춰 안아 주고 젖을 주는 것은, 예수님의 말씀대로 '무죄한 자를 정죄'하는 것이나 다름없다(마 12:7). 그런 이론을 주장하는 학자들은 그들의 프로그램이 효과를 거두기 때문에 성공적이라고 말한다. 그들은 이렇게 말할 것이다. "아이를 한밤중에 안아 주는 일을 중단하자, 4개월 된 아이는 울음을 멈췄습니다." 어떤 면에서 그 말은 사실이다. 하지만 울음을 그친 진짜 이유는 아이가 유아 우울증에 빠졌기 때문이다. 즉 아이가 희망을 포기하고 스스로 물러선 것이다. "소망이 더디 이루어지면 그것이 마음을 상하게 하거니와"(잠 13:12).

아이에게 만족감을 뒤로 미루는 법을 가르치는 것은 다섯 살 이후에나 시작해야 한다. 그 정도 나이가 되어야 아이와 엄마 사이에 든든한 안전함의 기초가 형성되기 때문이다. 은혜가 언제나 진리보다 선행하는 것처럼(요 1:17), 사랑은 독립보다 항상 우선해야 한다.

5개월에서 10개월까지

우리가 4장에서 살펴보았듯이, 태어난 지 반 년 정도 지난 아이는 이제 겨우 '부화' 단계에 접어든다. 그들은 "엄마와 나는 같지 않다"는 것을 알게 된다. 아이들은 두렵지만 매력적인 세상을 향해 기어 나간다. 비록 아이들은 엄마에게 깊이 의존하고 있지만, 이제 자신과 엄마가 하나라는 일체성에서 벗어나기 시작한다.

이 단계의 아이들이 건강한 바운더리를 세워 나가는 것을 돕기 위해, 부모는 아이들이 서서히 독자적으로 행동하는 것을 시도하도록 계속해서 격려해야 한다. 아이들이 부모 외의 사람들과 사물들에 대해 호감을 갖게 해주라. 집안 전체가 아이들이 탐험하기에 안전한 장소가 되게 해주라.

아이들이 '부화'하도록 돕는다는 말은 그들의 내적 기초와 뿌리와 바탕을 위해 필요한 깊은 애정을 소홀히 하라는 의미가 아니다. 애정은 아이에게 가장 중요한 일이다. 부모는 아이에게 필요한 것을 주의 깊게 살피며 아이가 정서적으로 안정된 상태에 있도록 해야 한다. 그와 동시에 아이가 부모 외에 바깥 세상을 바라보도록 해야 한다.

많은 엄마들은 아이들의 사랑이 자신에게서 외부의 커다란 세상으로 옮겨 가는 것을 매우 힘들어한다. 그처럼 깊은 애정의 상실은 아주 큰 상처를 남기는데, 특히 임신과 출산 시기를 보낸 후에 더욱 그렇다. 하지만 분별력 있는 엄마들은 아이가 다른 사람들과 가까워지려는 욕구를 충족시킬 수 있도록 도와준다. 그런 엄마는 아이가 '부화'하도록 힘을 북돋아 주고, 아이가 부모를 '떠나 홀로' 설 수 있도록 준비시켜 주려 한다.

이런 시점에 있는 대부분의 아이들에게는 "안 돼"라는 말을 이해하거나 그런 말에 적절히 대처할 능력이 아직은 없다. 그러므로 이 시기의 아이들을 안전하지 않은 곳에서 구해내 위험에 빠지지 않도록 해야 한다.

10개월에서 18개월까지

이 시기를 '연습' 단계라고 하는데, 아이는 말을 하기도 하고 혼자 걷기도 한다. 그 외에도 여러 일들을 할 수 있는 가능성이 아이 앞에 놓여 있다. 아이는 바깥 세상을 아주 좋아하며, 문을 열고 그 세상과 함께 어울릴 수 있는 방법을 찾는 데 많은 시간을 들인다. 이제 아이는 "안 돼"라는 말을 이해하고 거기에 반응하는 정서적, 인식적 능력을 갖추었다.

이 단계에서 바운더리는 점차 중요성을 더해 가는데, 자신의 바운더리를 세우고 다른 사람들의 바운더리를 인식하는 두 가지 일이 동시에 진행된다. 거절을 분명히 하도록 허용하는 일은 이 단계에서 특히 중요하다. 아이들은 "안 돼"라는 말을 통해 자신에게 좋은 결과를 가져올 일에 대해 책임질 것인지 결정하고, 원하지 않는 사람들에게서 벗어나는 법을 발견하기도 한다. 부모들은 아이들이 "안 돼"라고 말하는 것을 기뻐하는 법을 배워야 한다.

그와 동시에 부모가 맡아야 하는 미묘한 일 가운데 하나는 아이로 하여금 자신이 이 세상의 중심이 아님을 깨닫도록 돕는 것이다. 살다 보면 여러 경계에 부딪힌다. 문에 낙서를 하거나 교회에서 소리를 지르면 그에 합당한 결과가 뒤따른다는 사실을 깨우쳐 주어야 한다. 하지만 아이가 이제 막 갖기 시작한 세상에 대한 흥미와 놀라움의 감정을 억누르지 않도록 주의해야 한다.

18개월에서 36개월까지

이제 아이는 독립된 존재로서, 그러나 관계 속에 있는 존재로서 자신에게 부여된 책임을 감당해야 한다는 중요한 사실을 깨닫기 시작한다. 인생에는 여러 경계가 있다는 것을 알아차린 아이는 다른 아이에 비해 앞서 나간다. 하지만 독립적 태도를 취하는 것이 다른 사람들과 관계를 맺지 못한다는 뜻은 아니다. 이 단계에서 부모는 아이들이 다음과 같은 능력을 갖추도록 도와야 한다.

1. 자아의식과 독립된 자유를 포기하지 않으면서도, 정서적으로 다른 사람들과 어울릴 수 있는 능력.
2. 사랑을 잃어버릴 것을 두려워하지 않으면서도, 다른 사람들에게 "안 돼"라고 적절히 말할 수 있는 능력.
3. 감정적으로 멀어지지 않으면서도, 다른 사람들의 거절을 적절히 받아들일 수 있는 능력.

18개월에서 36개월의 기간 동안, 아이는 자발성을 배워야 한다. 아이는 부모의 규율에서 벗어나고 싶어 하지만 그런 바람은 부모에 대한 깊은 의존성과 충돌한다. 현명한 부모는 아이가 부모에 대한 사랑을 잃지 않으면서도, 독자성에 대한 의식을 갖고 자신이 전능하지 않다는 사실을 인정하도록 도와줄 것이다.

이 단계에서 아이들에게 바운더리를 가르치려면, 아이가 "안 돼"라고 말하는 것이 적절할 때는 부모가 언제나 존중하면서도, 부모 자신의 확고한 거절 의사도 흔들림 없이 유지해야 한다. 아이들과의 사소한 충돌에서 항상 이기는 일은 쉽다. 하지만 그런 일이 너무 자주 반복되면 좋지 않다. 부모는 결국 그 전쟁에서 지게 될 것이다. 왜냐하면 아이들에 대한 사랑이라는 더욱 크고 중요한 사항을 놓쳐 버렸기 때문이다. 이리저리 불어 대는 회오리 바람을 통제하는 데 너무 많은 힘을 쏟지 않도록 주의하라. 여러 전투 가운데 승리에 지대한 영향을 끼치게 될 중요한 몇 가지를 조심스럽게 정하라.

지혜로운 부모는 아이들이 재미있게 보내는 것을 즐거워하면서도, 끊임없이 그리고 한결같이 아이들에게 분명한 경계를 가르쳐 주려 할 것이다. 이 정도 나이가 되면 아이들은 가정의 규율이 무엇이며 그 규율을 어겼을 때 어떤 결과가 생기는지 배운다. 효과적인 훈련 과정은 다음과 같다.

1. **첫 번째 위반**. 아이에게 침대보에 낙서하지 말라고 말하라. 아이가 자기 욕구를 다른 방법으로 해소할 수 있도록 도와주라. 침대보 대신 스케치북이나 종이에 색칠하게 하라.

2. **두 번째 위반**. 다시 한번, 아이에게 "안 돼"라고 말하고 아이의 행동으로 인해 생긴 결과를 분명히 알려 주라. 1분 정도 밖에 서 있게 하거나 하루 종일 크레용을 사용하지 못하게 하라.

3. **세번째 위반**. 잘못된 행동에 대한 결과가 무엇인지 분명히 가르쳐 주고, 그 이유를 설명해 주라. 그 다음에 아이에게 몇 분 동안 화를 내고 부모에게서 떨어져 있게 하라.

4. **위로와 재결합**. 아이를 안아 편안하게 해주라. 아이가 다시 부모를 좋아할 수 있게 도와주라. 이 과정은 아이로 하여금 자기 행동의 결과와 사랑의 상실을 구분할 수 있게 도와준다. 고통이 따르는 처벌에는 절대로 관계의 상실이 포함되어서는 안 된다.

3세에서 5세까지

이 단계에서 아이들은 성(性)을 구별하기 시작한다. 아이들은 부모 가운데 자기와 동일한 성을 가진 이에게 일체감을 느낀다. 남자아이들은 아빠처럼 되고 싶어 하고, 여자아이들은 엄마처럼 되고 싶어 한다. 동시에 아이들은 동성의 부모에게 경쟁심을 품기 시작한다. 이성의 부모와 결혼하고 싶어 하고, 그런 과정에서 동성의 부모를 실망시키기도 한다. 아이들은 더 성장한 후에 감당할 성적 역할을 미리 준비하고 있는 것이다.

이 시기에 바운더리와 관련해 부모가 감당하는 역할은 아주 중요하다. 엄마는 부드럽지만 확고하게 딸들이 자신과 일체감을 느끼면서 동시에 경쟁하도록 인정해야 한다. 엄마는 남자아이들의 소유욕도 간과하지 말아야 한다. 그리고 "난 네가 엄마와 결혼하고 싶어 하는 걸 알아. 하지만 엄마는 아빠와 이미 결혼했어"라고 말해 주어야 한다. 아빠 역시 아들이나 딸에게 이 같은 일을 해야 한다. 이런 과정은 아이들이 이성의 부모와 일체감을 느끼며 균형 잡힌 올바른 인격을 형성하는 법을 배우도록 도와준다.

어린 자녀들의 그런 성향을 두려워하는 부모들은 종종 자녀들이 지닌 강렬한 열망에 대해 비판적 태도를 취한다. 그들은 두려움 때문에 아이들을 못살게 굴거나 모욕을 주며, 아이들이 자신의 성을 부끄러워하게 만든다.

그런 현상이 극에 달하면, 그 부모는 자신과 이성인 자녀를 정서적으로 또는 육체적으로 자기에게 끌어오려 한다. "아빠는 엄마를 이해하지 못한단다. 엄마를 이해해 줄 수 있는 사람은 너밖에 없어"라고 아들에게 말하는 엄마는 그 아들이 올바른 성 역할에 대해 혼동하게 만드는 것이다. 성숙한 부모라면 성 역할을 이해하도록 허용하는 것과, 자녀와 부모 사이에 분명한 선을 지키는 것 사이의 바운더리를 잘 유지해야 한다.

6세에서 11세까지

잠복기 또는 생산기라고 불리는 이 시기 동안, 아이는 청소년기로 진입하기 위해 준비한다. 이 기간은 유년기의 마지막에 해당한다. 아이들은 학교 공부와 놀이를 통해 앞으로 나아가야 할 방향을 알게 되고 동성 친구들과 관계를 형성하는 것을 배우게 된다. 그러므로 이 시기는 아이들에게 아주 중요하다.

학교 공부를 하고 친구들과 어울리느라 정말 바쁜 시기이므로, 이때는 부모가 따로 바운더리를 세워 주기 위해 의도적으로 간섭하지 않아도 된다. 단, 아이들이 여러 일들을 하면서 지켜야 할 기본 원칙을 세우도록 도와주어야 한다. 숙제를 하고, 집안일을 거들고, 자기 계획을 세우는 일 등이 자녀의 일에 포함된다. 아이들은 계획하는 법을 배우고 어떤 일을 마칠 때까지 꾸준히 해나가는 것을 훈련해야 한다. 또한 만족감 뒤로 미루기, 목표 설정, 예산 수립 등과 같은 바운더리 직무도 배워야 한다.

11세에서 18세까지

성년에 이르기 전 마지막 단계인 청소년기에는 성적 성숙, 어떤 환경에서든 자기 입장을 분명히 밝히는 태도, 직업 교육, 이성 교제 등과 같은 중요한 직무가 많이 포함되어 있다. 이 시기는 아이와 부모 모두에게 흥미롭지만 불안한 시기가 될 수 있다.

이때부터 '부모 배제'(deparenting) 과정이 시작된다. 모든 일의 무게 중심은 부모에서 자녀에게로 옮겨지기 시작한다. 이제 부모는 자녀를 마음대로 통제하기보다는 영향력을 행사한다. 부모는 자녀의 책임감뿐만 아니라 자유도 확대시켜 준다. 또한 자녀에 대한 규제와 제한을 완화시키고, 자녀가 한 행동의 결과 등을 좀 더 유연하게 대하기 위해 자신의 태도와 생각을 재조정해야 한다.

이 모든 변화는 미 항공 우주국이 우주선을 발사하기 위해 세는 카운트다운과 흡사하다. 부모는 자녀를 세상으로 내보내기 위해 준비한다. 현명한 부모는 늘 마음속으로 언제라도 자녀들을 보내려고 준비하고 있다. 부모는 항상 "어떻게 하면 아이들을 얌전하게 만들 수 있을까?"라는 질문보다는, "어떻게 하면 아이들이 혼자 힘으로 살아갈 수 있도록 도울까?"라는 질문을 던져야 한다.

10대 청소년들은 인간관계, 시간 계획, 가치관, 재정 등에 대한 바운더리를 가능한 한 많이 세워 두어야 한다. 또한 자신이 세워 놓은 바운더리를 침범했을 때, 그에 따른 실제적 결과로 고통당해 봐야 한다. 열일곱 살이나 되었는데도, TV나 전화 사용 제한으로 부모에게 제재를 당하는 아이가 대학에 진학하면, 최소한 1년 정도는 현실적인 문제에 부딪히게 될 것이다. 교수들, 학장, 기숙사 사감 등은 부모가 하는 것 같은 제약을 부과하지 않기 때문이다. 그들은 낙제, 정학, 퇴학 등과 같은 현실적이고 강경한 수단을 사용한다.

당신이 바운더리 훈련이 제대로 되지 않은 아이의 부모라면, 도대체 무엇을 해야 할지 몰라 당황할 것이다. 먼저 당신은 자녀의 상태가 어떤지 정확히 인식하는 단계부터 시작해야 한다. 자녀들이 "아니요"라는 말을 하거나 "아니요"라는 말을 받아들이는 능력을 갖지 못했다면, 가정의 규율을 명확하게 세우고 자녀로 하여금 자기 행동에 대한 결과를 직시하게 하라. 그러면 아이가 가정을 떠나기 전 수년 동안 그것을 바로잡을 수 있을 것이다.

다음과 같은 증상은 심각한 문제가 있다는 것을 보여 주는 징조다.

- 가족 구성원들에게서 10대 자녀가 고립되어 있는 것
- 우울한 기분
- 반항적 행동
- 가정에서 지속적으로 문제를 일으키는 것
- 나쁜 친구들
- 학교에서 문제를 일으키는 것
- 잘못된 식사 습관
- 음주
- 마약
- 스스로를 파멸시키는 생각이나 행동

이런 문제들에 부딪힌 많은 부모들은 너무 과도한 바운더리를 부여하거나 지나치게 미미한 바운더리를 부여하는 극단적인 반응을 보인다. 지나친 제약을 가하는 부모는 이제 거의 성인이 된 자녀들을 가정에서 소외시킬 위험이 있는 모험을 감행하는 것이다. 너무 많은 관대함을 보이는 부모는 10대 자녀들에게 존경할 만한 인물이 필요한 시기에도 계속 그들의 친구가 되고 싶어 한다. 그런 상황에 놓인 부모는 10대 청소년의 문제를 잘 이해하는 전문가에게 상담을 의뢰하는 것이 좋다. 전문가의 도움을 받지 않기에는 자녀들의 문제가 너무 심각하다.

징계의 유형

많은 부모들은 아이들에게 바운더리를 존중하는 법을 어떻게 가르칠지 몰라 당황한다. 그들은 체벌, 시간 제한, 규제, 용돈 등에 대한 책들과 글을 많이 읽는다. 그런 질문들은 이 책에서 다루려는 범위 이상이지만, 다음의 몇 가지 사항들은 자녀 문제로 고민하는 부모에게 어느 정도 도움이 될 것이다.

1. 자신이 한 행동의 결과를 직접 당하게 되면, 자기 삶에 대한 책임감과 주인 의식이 향상된다. 아이의 무기력감을 더 느끼게 만드는 징계는 도움이 되지 않는다. 열여섯 살이나 된 소녀를 학교로 억지로 끌고 오는 행동은 그녀가 2년 후 대학에 진학하기 위해 필요한 내적 동기를 부여할 수 없다. 그녀가 자기 유익을 위해 학교를 선택하도록 돕는 데는 상과 벌을 주는 시스템이 성공할 가능성이 더 많다.

2. 징계는 나이에 맞게 해야 한다. 부모는 자신의 징계에 어떤 의미가 담겨 있는지 항상 생각해야 한다. 예를 들어, 때리는 것은 10대 자녀에게 굴욕감을 주고 분노를 심어 준다. 하지만 네 살짜리 아이에게는 적절하게 매를 사용해 잘못을 바로잡을 수 있다.

3. 징계는 잘못된 행동의 심각함과 긴밀하게 관련되어야 한다. 각기 다른 범죄에 대해 다른 형법 조항을 적용하는 것과 마찬가지로, 부모는 자녀들의 잘못 가운데 사소한 것과 중대한 것을 가려낼 수 있어야 한다. 그렇게 하지 않으면, 중대하게 적용한 형벌이 무의미해지는 경우가 종종 생긴다.

어떤 사람이 내게 이런 말을 한 적이 있다. "저는 사소한 일이든 중대한 일이든 구분하지 않고 아이에게 매질을 했습니다. 하지만 점차 심각한 잘못에 대해서만 아이에게 매를 들기 시작했습니다. 오히려 그 방법이 아이의 버릇을 고치는 데 더 효과적이었습니다." 일단 사형 선고를 받은 사람은 선한 일을 한다고 해도 더 나은 결과를 얻을 수 없다. 아이들의 잘못은 경중을 가려 대해야 한다.

4. 바운더리의 목표는 스스로 잘못을 깨닫고 내적 동기 의식을 갖도록 하는 데 있다. 부모 역할을 성공적으로 감당한다는 것은 무엇을 의미하는 것일까? 그것은 아이들이 부모를 위해서가 아니라 자기 자신에게 중요하기 때문에, 스스로 침대에서 나와서 학교에 가고, 책임감을 가지며, 다른 사람의 사정을 이해하고, 그들을 돌보는 일을 하도록 만드는 것을 말한다.

사랑과 적절한 경계가 아이들의 인격 속에 자리 잡고 있을 때, 아이들은 진정으로 성숙할 수 있다. 이 두 가지 요소가 아이들의 인격 속에 없다면, 우리는 언젠가 스스로 파멸하게 될 유순한 앵무새를 기르고 있는 것이나 다름없다.

―――

부모에게는 분명한 책임이 주어져 있다. 자녀들에게 바운더리에 대한 내적 의식을 갖게 하고 다른 사람들의 바운더리를 존중하게 하는 것이 부모의 책임이다. 성경은 그것이 분명한 사실이라고 언급한다. "내 형제들아 너희는 선생 된 우리가 더 큰 심판을 받을 줄 알고 선생이 많이 되지 말라"(약 3:1).

부모의 교육을 자녀들이 모두 다 마음에 새길 것이라는 보장은 없다. 아이들은 부모의 가르침에 귀를 기울이고 배워야 한다. 나이가 들수록 더 많은 책임을 지게 된다. 부모도 자기 바운더리 문제를 인식하고, 그 문제들에 대해 책임지며, 스스로 성숙을 이루어 가야 한다. 그런 중에도 자녀들이 앞으로 세상을 살아가기 위해 필요한 바운더리를 익힐 수 있는 기회를 제공해야 한다.

11.

바운더리와 직업

 우리는 주일학교에서 아담과 하와, 그리고 인간의 타락에 대해 배웠다. 타락이 모든 '악한' 것의 시작이라고 배웠던 날, 나는 집으로 돌아가 어머니에게 이렇게 말했다. "나는 아담과 하와가 싫어요. 그들이 타락하지 않았다면, 제 방을 깨끗하게 치우지 않아도 되잖아요."

 여덟 살짜리 아이에게 일이란 재미없는 것이다. 그리고 재미없기 때문에 나쁜 것이라고 여긴다. 일은 나쁜 것이기 때문에, 그것은 아담의 책임이다. 어린아이들을 위해 쉽게 설명한 신학 이론이지만, 어린아이들을 이단에 빠지게 하는 이론이기도 하다. 일은 인간이 타락하기 전부터 존재했다. 그것은 인간을 위한 하나님의 계획에 포함된 일부였다. 하나님은 인간으로 하여금 두 가지 일을 하도록 계획하셨다. 인간은 땅을 정복하고 다스려야 했다(창 1:28). 인간은 땅을 자신의 활동 영역에 포함시키고 그것을 다스렸다. 즉 처음부터 인간이 일을 했다는 말이다.

하지만 에덴 동산은 낙원이었기 때문에, 일과 관련된 우리의 어려운 문제는 타락 이후에 생겨난다. "아담에게 이르시되 네가 네 아내의 말을 듣고 내가 네게 먹지 말라 한 나무의 열매를 먹었은즉 땅은 너로 말미암아 저주를 받고 너는 네 평생에 수고하여야 그 소산을 먹으리라 땅이 네게 가시덤불과 엉겅퀴를 낼 것이라 네가 먹을 것은 밭의 채소인즉 네가 흙으로 돌아갈 때까지 얼굴에 땀을 흘려야 먹을 것을 먹으리니 네가 그것에서 취함을 입었음이라 너는 흙이니 흙으로 돌아갈 것이니라 하시니라"(창 3:17-19).

타락에 대한 다른 관점은 우리의 일에도 영향을 미친다. 첫째는, 책임을 회피하려는 경향이다. 우리는 앞 장에서 자신이 감당해야 할 책임을 회피하는 바운더리 문제에 대해 다루었다. 그런 경향은 에덴 동산에서 아담과 하와가 죄를 유발시킨 책임을 상대방에게 떠넘기려 했을 때부터 시작되었다. 아담은 하와를 비난했고, 하와는 뱀에게 책임을 떠넘겼다(창 3:11-13). 그들은 자신의 책임을 회피하고 다른 사람을 비난했다. 그들은 한결같이 "저에게서 관심을 끊어 주세요"라고 요구했다. 다른 사람들을 비난하려는 이런 경향은 일과 관련된 문제를 풀어 나가는 열쇠다.

또한 타락은 일에서 사랑을 분리시켰다. 아담이 타락하기 전에는 하나님의 사랑에 굳게 연결되어 있었고 그 사랑 안에서 일을 했다. 타락한 후에는 완전한 사랑에 의해 동기 부여받기보다는 타락한 세상의 저주와 법의 일부로써 일을 해야 했다. 사랑에서 비롯되어 스스로 '원해서' 하던 일이 법의 이끌림을 받아 '억지로라도' 해야 하는 것으로 변해 버렸다.

바울은 "율법이 들어온 것은 범죄를 더하게 하려 함이라"(롬 5:20)고 말했다. 율법은 우리로 하여금 진노하게 한다(롬 4:15). "우리가 육신에 있을 때에는 율법으로 말미암는 죄의 정욕이 우리 지체 중에 역사하여 우리로 사망을 위하여 열매를 맺게" 한다(롬 7:5). 이런 모든 사실과 더불어, 인간은 자신의 행위와 재능과 선택으로 자기 문제를 책임지거나 일을 효과적으로 할 수 있는 능력이 없다. 그러니 우리가 일과 관련된 여러 문제들을 안고 있는 것은 당연하다.

이 장에서는 바운더리가 일과 관련된 많은 문제들을 어떻게 해결할 수 있는지 살펴볼 것이다. 또한 바운더리가 어떻게 당신이 하는 일을 통해 당신에게 행복과 성취감을 가져다줄 수 있는지도 살펴볼 것이다.

직업과 인격 계발

직업에 대해 왜곡된 시각을 가지고 있는 그리스도인이 많다. '목회 사역'과 관련된 일을 하지 않으면, 세속적인 일을 하고 있다고 여기는 그리스도인도 있다. 하지만 이런 직업관은 성경 원리를 왜곡시키는 것이다. 목회자뿐만 아니라 모든 사람이 은사와 달란트를 받았다. 또한 우리 모두는 소명, 즉 섬김을 위한 '부르심'을 받았다. 어디에서 일을 하든, 무슨 일을 하든, 우리는 '주께 하듯' 해야 한다(골 3:23).

예수님은 영적으로 성장하는 법을 가르치기 위해 일에 대한 여러 가지 비유들을 사용하셨다. 이 비유들이 다루는 소재에는 돈, 맡은 소임의 완수, 충성스러운 청지기, 일에 임하는 정직한 마음 등이 포함된다. 모든 비유들은 하나님과 다른 사람들과의 관계라는 정황 속에서 인격이 성숙해 가야 함을 가르친다. 또한 하나님의 사랑에 기초한 직업 윤리를 가르친다.

일은 영적 활동이다. 우리가 하는 일 속에서, 우리는 하나님의 형상대로 만들어져 간다. 하나님 자신도 일꾼, 관리자, 창조주, 개발자, 청지기, 치료자시다. 그리스도인이 되는 것은 인간 공동체에서 하나님의 협력자가 되는 것을 의미한다. 우리의 힘과 노력을 통해 우리는 진정한 완성을 발견할 수 있다.

신약 성경은 직업이 세속적인 성취와 이 땅에서 받는 보상 이상의 것을 가져다준다고 가르친다. 일은 우리가 영원히 하게 될 일을 준비하기 위해 우리 인격을 계발시키는 준비 과정이다. 그런 마음으로 직장에서 바운더리를 세우는 것이 어떻게 영적으로 성장하는 데 도움이 되는지 살펴보자.

직장 내의 문제

직장 내에서 바운더리가 제대로 형성되어 있지 않으면 문제가 생긴다. 나(헨리)는 여러 회사에서 상담하는 가운데, 바운더리의 결여가 회사 경영에 중요한 문제로 등장하는 것을 자주 보았다. 직원들이 자기 일에 대한 책임감을 갖고 분명한 경계를 정해 놓았다면, 상담했던 문제들 가운데 대부분은 아예 생기지도 않았을 것이다.

이제 바운더리를 적용함으로써 직장 내에서 어떤 문제들이 해결되는지 살펴보자.

문제 1: 다른 사람이 책임져야 할 일을 떠맡음
한나는 다른 기업체 사원들의 연수 과정을 기획하는 작은 회사에서 일하고 있었다. 그녀가 맡은 일은 연수 기간을 미리 정하고 강사들의 시간표를 조정하는 것이었다. 동료인 잭은 연수 과정에 필요한 시설을 담당했다. 그는 물건들을 제자리에 가져다 놓고 장비를 설치하며 음식을 주문하는 일을 맡고 있었다. 한나와 잭은 각자의 일을 하며 행사를 진행했다.

정말 그 일이 좋아서 몇 달 동안 열심히 일했지만, 한나는 차츰 힘이 빠지기 시작했다. 결국 친구이자 회사 동료인 린다가 무슨 일이냐고 물었다. 한나는 자기 문제가 무엇인지 알 수 없었다. 하지만 시간이 지나면서 깨닫게 되었다. 문제는 잭이었다!

잭은 한나에게 여러 일을 부탁했다. "밖으로 나갈 때 이것도 함께 가져가 주세요." "이 박스를 행사장에 가져다 주세요." 잭은 자기 책임을 점점 한나에게 떠넘기고 있었다.

"너는 잭이 해야 할 일을 하지 말아야 해." 린다가 한나에게 말했다. "네가 맡은 일만 하고, 그에 대한 걱정은 하지 마."

"하지만 그러다가 일이 잘못되면 어쩌지?" 한나가 물었다.

린다가 어깨를 으쓱하며 말했다. "그러면 사람들은 잭을 욕할 거야. 그건 네 책임이 아니야."

"잭은 내가 자기를 도와주지 않았다고 화를 낼 텐데."

"신경 쓰지 마." 린다가 말했다. "아무리 그가 화를 내더라도 그의 잘못된 습관으로 네게 주는 상처보다 더 큰 상처를 받지는 않을 거야."

그때부터 한나는 잭에 대해 경계를 정했다. 그녀는 잭에게 말했다. "이제부터 당신이 옮겨야 하는 물건을 대신 나르지 않겠어요." 그리고 잭이 개인적인 일 때문에 밖으로 나가려 하면, 한나는 이렇게 말했다. "잭, 아직도 그 일을 끝내지 못해 유감이군요. 당신은 곤란해질지도 몰라요. 아마 계속 그렇게 하지는 못할 걸요. 그건 내 일이 아니거든요."

어떤 강사들은 설비가 제대로 갖춰져 있지 않아 화를 냈고, 참석자들은 휴식 시간에 간식이 제공되지 않자 거칠게 항의했다. 사장은 그 문제의 책임이 잭에게 있다는 걸 금방 알아차리고, 다음에 또 한 번 그런 일이 있으면 해고하겠다고 경고했다. 마침내 한나는 다시 일을 좋아하게 되었고, 잭은 자기가 맡은 부분을 책임지고 하기 시작했다. 이 모든 일은 한나가 바운더리를 세우고 그것을 끝까지 지켰기 때문에 가능했다.

다른 사람의 책임을 대신 떠맡고 분노를 느끼고 있다면, 자신의 감정에 대해 스스로 책임져야 한다. 당신의 불행은 동료의 잘못이 아니라 바로 자신의 잘못 때문에 비롯된 것이다. 다른 모든 바운더리 문제와 마찬가지로, 이 같은 직장 내의 바운더리 문제에서도 우리가 가장 먼저 취해야 할 일은 자신에 대해 책임지는 것이다.

그런 다음 동료에 대해 책임 있게 행동하라. 그에게 당신의 상황을 설명하라. 그가 당신의 책임이 아닌 일을 해달라고 또다시 부탁하면, 분명히 거절하고 그가 원하는 일은 무엇이든 해주지 말라. "안 됩니다"라고 말해서 그가 화를 내더라도, 당신의 바운더리를 확고하게 지키고, 그를 이해하라. 그가 화를 낸다고 해서 당신도 그에게 화를 내서는 안 된다. 분노에 대해 분노로 대응하는 것은 그에게 휘말리는 것이다. 감정적 거리를 유지하고 이렇게 말하라. "화나게 했다면 유감이에요. 하지만 이 일은 내 책임이 아니에요. 당신이 잘 해결하기 바랍니다."

그가 계속 싸움을 걸어온다면, 더 이상 말하지 않겠다고 하라. 그리고 일에 대해 할 말이 있다면 언제든지 찾아오라고 말하라. 왜 당신이 그의 일을 대신해 줄 수 없는지를 정당화시키려는 함정에 빠지지 말라. 당신이 그의 일을 해줄 수 있는 여지를 보인다면, 그는 어떤 방법을 쓰더라도 당신으로 하여금 그의 일을 하도록 만들 것이다. 그렇게 되면, 당신은 그의 생각에 슬그머니 빠져들게 될 것이다. 당신의 책임이 아닌 일을 하지 않겠다는 것을 굳이 설명할 이유가 없다.

자기 책임을 회피하려는 사람들 곁에서 남의 책임까지 떠맡는 사람들은 동료가 저지른 잘못까지 뒤집어쓴다. 그런 사람들은 지나치게 많은 일을 떠안고 주위 사람들의 어려움까지 해결하려 하므로, 자기 일을 좋아하지 못하고 동료들과의 관계도 원만할 수 없다. 바운더리의 결여는 그들 자신에게 상처를 줄 뿐 아니라, 주위 사람들의 발전과 성장도 저해한다. 당신이 그런 사람이라면, 무엇보다도 먼저 바운더리 세우는 법을 배워야 한다.

하지만 때때로 동료들에게 정말로 도움이 필요할 때가 있다. 책임감 강한 동료를 어려움에서 구해 주는 것은 지극히 당연하고 마땅히 해야 할 일이다. 또한 평소에 동료들을 책임감 있게 도와준 사람들을 특히 신경 써서 돕는 일이야말로 이치에 맞는 행동이다. 이것이 바로 사랑이다. 좋은 회사는 사랑의 힘으로 움직인다.

같은 병원에 근무하는 정신과 의사들인 우리도 급한 일이 생기면 서로 일직 근무나 당직 근무를 서 주기도 한다. 하지만 누군가 다른 사람들을 이용해 자기 이익을 챙기기 시작한다면, 우리는 지금까지 해오던 일을 중단할 것이다. 그런 시점에서 다른 사람의 일을 대신해 주는 것은 상대방에게 도움이 되지 않으며, 오히려 좋지 못한 습관만 길러 주게 된다.

호의와 희생은 그리스도인의 삶에서 중요한 부분이다. 하지만 남이 해야 하는 일까지 떠맡는 것은 거기에 포함되지 않는다. 다른 사람들을 돕는 것이 그에게 해가 되는지, 아니면 말 그대로 돕는 것인지 그 차이를 구분하는 법을 배우라. 성경은 책임 있는 행동을 요구한다. 어느 정도 시간이 흐른 후 상대방의 무책임이 드러나거든, 경계를 분명히 정하라(눅 13:9).

문제 2: 근무 시간 외의 지나친 업무

처음 개업했을 때, 나는 사무실에 출근해 일주일에 20시간 일해 줄 여직원을 고용했다. 그녀가 출근한 두 번째 날, 나는 그녀에게 해야 할 일을 기록해 놓은 파일을 건네주었다. 10분 정도 지난 후, 그녀는 서류 뭉치를 들고 내 방으로 들어왔다.

"무슨 일이죠, 로리?" 내가 물었다.

"선생님은 문제가 있어요." 그녀가 말했다.

"내가? 무슨 문제요?" 나는 그녀가 무슨 말을 하는지 전혀 알지 못한 채 되물었다.

"선생님은 일주일에 20시간 일하라고 저를 고용하셨어요. 그런데 지금 선생님이 주신 일의 분량은 40시간 정도가 걸리는 일입니다. 20시간 안에 어떻게 이 모든 일을 끝낼 수 있겠어요?"

그녀의 말이 옳았다. 내게 문제가 있었다. 나는 표준 작업량을 제대로 산출하지 못했다. 나는 더 많은 시간을 투자하거나, 계획을 축소시키거나, 아니면 다른 사람을 더 고용해야 했다. 그녀의 말대로, 그것은 그녀의 문제가 아니라 바로 내 문제였다. 나는 그에 대한 책임을 지고 일의 분량을 바로잡았다. 로리가 그때 해준 말은 아직도 생생하게 내 마음에 남아 있다. "선생님이 잘못 세우신 계획 때문에 제가 일을 급하게 처리할 수는 없는 노릇이죠."

사업체를 운영하는 사람들 가운데 이 사실을 깨달을 수 있는 기회를 만나는 운 좋은 사람은 별로 없다. 많은 고용주들이 계획을 잘못 세우고 경계를 정해 놓지 않은 것에 대한 책임을 직원들이 짊어지는 경우가 많다. 그들은 자신의 계획 속에 바운더리가 결여되어 있다는 것을 뒤늦게 발견하지만, 이미 그때는 모든 직원이 지치고 탈진해서 회사를 떠난 뒤다. 그런 고용주들은 명확한 경계를 정해야 한다. 고용인의 위치에 있는 사람들은 로리가 한 것처럼 업무에 분명한 경계를 정하는 일을 두려워한다. 그들은 일자리가 필요하고 사장에게 비난받을 것을 두려워하기 때문이다.

일자리가 필요하고 회사에서 쫓겨나는 것이 두려워서 지나치게 많은 일을 하고 있다면, 당신에게 문제가 있는 것이다. 정해진 시간보다 지나치게 많은 시간 동안 일하고 있다면, 그것은 그 일에 속박되어 있는 것이다. 그런 경우, 당신은 노예이지 계약에 따라 일하는 고용인이 아니다. 명확하고 확실한 계약 조항에는 계약 당사자에게 요구하는 일들이 자세히 기록되어 있다. 그 조항은 정확하게 지켜져야 한다. 모든 직업에는 의무와 자격이 명확히 기술되어 있어야 한다.

말처럼 쉬운 일은 아니지만, 우리는 스스로에 대한 책임을 지고 자신의 상황을 변화시키기 위한 단계들을 밟아 나가야 한다. 우리가 취해야 할 몇 가지 단계는 다음과 같다.

1. 일에 대한 당신의 바운더리를 세우라. 규정 시간 외에 어느 정도 일할 것인지 결정하라. 가끔씩 규정 시간 외에 연장 근무를 해야 할 만큼 다급한 경우가 있게 마련이다.

2. 당신의 직무 내용 설명서를 자세히 살펴보라.

3. 당신이 다음 달에 완수해야 하는 직무 목록을 만들어 보라. 그 목록을 복사해 각 항목 중에서 우선 순위를 정하라. 그 내용 가운데 직무 내용 설명

서에 포함되지 않은 요소들을 표시하라.

4. 당신에게 할당된 과중한 업무에 대해 논의하기 위해 사장과 만날 약속을 정하라. 당신이 다음 달에 완수해야 하는 직무 목록을 사장과 함께 자세히 살펴보라. 사장이 그 직무 목록 중에서 우선 순위를 정하게 하라. 사장은 그 모든 직무가 완수되기 원하는데, 당신이 정해진 시간에 그 모든 일을 할 수 없다고 하면, 사장은 임시직을 고용해야 할 것이다. 또한 당신의 영역에 속하지 않은 일이 주어졌다면, 바로 그 자리에서 직무 내용 설명서를 사장과 함께 살펴보는 것이 좋다.

사장이 여전히 당신에게 비이성적인 기대를 걸고 있다면, 마태복음 18장에 제시된 성경의 모델을 따라 동료 한두 사람을 데리고 가서 다시 사장과 면담하는 것이 좋다. 그렇지 않으면 인사과 담당 직원과 그 문제를 상의하는 것이 바람직하다. 그런데도 사장이 무모하게 많은 직무를 맡기려 한다면, 회사 내에서 부서를 옮기든지 아니면 다른 직장을 찾아보는 것이 좋을 것이다.

당신은 다른 기회를 찾기 위해 야간 학교에 다니거나 온라인 교육 과정을 이수할 수도 있다. 아니면 온라인 취업 사이트들을 살펴보고 이력서를 여러 군데에 제출할 수도 있다.(리처드 볼스가 쓴 취업 안내서인 『파라슈트』[What color is your parachute?] 최신판을 참고하라.) 당신은 자기 사업을 시작할 수도 있다. 현재 직업을 그만두고 새로운 직업을 얻을 때까지 생활하는 데 필요한 긴급 자금도 마련해야 한다.

무슨 일을 하든지 간에, 당신의 과중한 업무는 당신의 책임이며 당신의 문제라는 것을 명심하라. 직업 때문에 견디기 힘들다면, 그것을 바로잡기 위해 무슨 일이든 하라. 문제를 자기 것으로 받아들이라. 곤란한 상황의 피해자가 되지 말고, 적절한 경계를 정하기 시작하라.

문제 3: 잘못된 우선 순위

지금까지 우리는 누군가에 대해 경계를 정하는 문제를 살펴보았다. 우리는 자신에 대한 경계도 정해야 한다. 자신이 어느 정도의 시간과 힘을 가지고 있는지 정확히 인식하고, 그에 따라 자신이 맡은 일을 알맞게 해야 한다. 어떤 일을 할 수 있고, 언제 할 수 있는지 정확히 파악해, 그 밖의 것은 분명하게 거절하라. 로리가 한 것처럼 자신의 경계를 먼저 인식하고 그에 따라 행하라. 동료들이나 사장에게 말하라. "만약 A를 오늘 해야 한다면, B를 수요일까지 끝내지 못할 겁니다. 그래도 좋다면 상관없지만, 그렇지 않으면 제가 할 일에 대해 다시 한번 생각해 보는 것이 좋지 않겠습니까?"

유능한 직원은 두 가지 일을 한다. 즉 그들은 중요한 일을 잘 완수하기 위해 노력하면서, 동시에 가장 중요한 일에 시간을 투자한다. 많은 사람들이 중요한 일을 한다. 그러나 중요하지 않은 일 때문에 곁길로 빠지는 경우가 많다. 중요하지 않은 일까지 매우 훌륭하게 처리한다! 그들은 자신들이 훌륭한 일을 이루어 냈다고 생각하지만, 사장은 근본적인 목표가 달성되지 않았으므로 당황한다. 그렇게 되면 직원들은 자신의 노고가 인정받지 못했다고 느끼며 분노한다. 그만큼 엄청나게 노력했기 때문이다. 그들은 열심히 일했지만, 자신에게 주어진 시간에 하라고 부여된 일에 대한 바운더리를 세우지 않았다. 그래서 정말 중요한 일은 그들의 관심조차 끌지 못하게 되었다.

중요하지 않은 일은 단호하게 거절하라. 당신이 가진 모든 능력을 최대한 발휘하지 못할 것 같은 경향이 농후한 일도 받아들이지 말라. 가장 중요한 일들에 최선의 노력을 기울인다면, 반드시 목표를 달성할 것이다.

중요하지 않은 일을 거절하는 것과 더불어, 중요한 일을 완수할 수 있는 계획을 세우며 당신의 직무를 보호하기 위해 바운더리를 세워야 한다. 자신의 경계를 인식하고, 당신의 삶을 통제할 만한 일들은 받아들이지 않도록 각별히 주의하라. 경계를 정하면 자연히 우선 순위를 정하게 될 것이다. 당신이 일주일에 정해진 시간에만 열심히 일하면, 그 시간을 더욱 지혜롭게 사용할 것이다. 시간이 무한대로 있다고 생각한다면, 모든 일을 제한 없이 받아들이게 된다. 할 수 있는 일을 무작정 받아들인다면, 언젠가는 반드시 해야 하는 좋은 일을 거절해야 하는 경우가 생길 것이다.

한 남자는 직업 특성상 여행을 많이 해야 했다. 그래서 그와 아내는 머리를 맞대어 상의한 후, 1년에 100일 이상 여행하지 않겠다는 결정을 내렸다. 그는 여행할 일이 생기면 먼저 자신의 시간 계획에 여행 일정이 맞는지 확인하고 미리 정한 여행 일수를 넘지 않게 했다. 이런 계획은 그로 하여금 더욱 신중하게 여행을 결정하게 했고, 결과적으로 많은 시간을 절약할 수 있었다.

회사에서 너무 많은 일을 하느라 집에 갈 시간조차 없었던 한 경영자는 일주일에 40시간만 사무실에서 일하기로 마음먹었다. 그녀는 이런 식으로 시간을 보낸 적이 없어서 처음에는 무척 애를 먹었다. 하지만 시간이 흐르면서 자신이 그동안 너무 많은 시간을 일하는 데 할애했다는 것을 서서히 깨닫게 되었고, 시간을 현명하게 사용하기 시작했다. 그녀는 이전보다 더 많은 일을 완수했는데, 그만큼 일을 빨리 처리할 수 있었기 때문이다.

일이란 정해 놓은 시간을 가득 채울 만큼 늘어나게 마련이다. 회의 시간을 정해 놓지 않으면, 토론은 끝없이 이어진다. 일에 따라 시간을 할당하고, 정해진 경계를 반드시 지키라. 그러면 일을 더욱 깔끔하게 처리하게 되고, 일을 더욱 좋아하게 될 것이다.

모세의 장인 이드로에게서 교훈을 얻으라. 그는 모세에게 바운더리가 결여된 것을 보고, 왜 그렇게 혼자서만 열심히 하는지 물었다(출 18:14-27).

그러자 모세는 "백성이 하나님께 물으려고 내게로 옴이라"고 대답했다.

"네가 하는 것이 옳지 못하도다." 이드로가 대답했다. "너와 또 너와 함께한 이 백성이 필경 기력이 쇠하리니 이 일이 네게 너무 중함이라 네가 혼자 할 수 없으리라"(출 18:17-18). 비록 모세는 좋은 일을 하고 있었지만, 이드로는 모세가 하는 일이 너무 중해 기력이 쇠한 것을 알고 있었다. 모세는 좋은 일이라고 무한정 받아들였다. 좋은 일에 대해 적절한 경계를 정하는 것이 그 일을 좋은 것으로 남게 만든다.

문제 4: 까다로운 동료

우리가 상담 프로그램을 진행할 때, 회사의 인사과 담당자들은 직장에서 스트레스를 받는 직원들로 인해 우리에게 자주 문의했다. 해결하기 곤란한 이런 문제들을 곰곰이 살펴보면, '직장 내의 스트레스'는 사무실에서 자신을 괴롭히는 다른 동료 때문에 생기는 경우가 많다. 그런 동료는 사무실이나 작업장에서 고통당하는 그 사람의 정서에 막대한 영향을 끼치고, 피해를 입는 당사자는 어떻게 그 상황을 대처해야 할지 전혀 모른다.

이런 경우에는 우리가 5장에서 살펴보았던 힘의 법칙을 기억해야 한다. 우리는 오직 자신을 변화시킬 힘만 가지고 있다. 다른 사람을 변화시킬 수는 없다. 당신은 다른 사람이 아닌 자신에게 문제가 있다고 여겨야 한다. 다른 사람에게 문제가 있다고 여긴다면, 당신은 자신과 자신의 행복을 좌우할 힘을 그에게 주는 것이나 마찬가지다. 당신은 다른 사람을 변화시킬 수 없기 때문에, 통제 불능 상태에 빠지게 된다. 진짜 문제는, 당신이 문제로 여기는 그 사람과 어떤 관계를 맺고 있는가에 있다. 당신은 고통당하는 사람이고, 그것을 해결할 힘은 오직 당신에게 있다.

자신이 다른 사람에게 속해 있지 않고 그 사람에 대한 자신의 태도를 변화시키는 데 초점을 맞춰야 한다는 사실에 큰 위안을 받는 이들이 많다. 다른 사람이 자신에게 영향을 끼치도록 더 이상 내버려 두지 말라. 이런 생각은 인생의 변화를 가져오고, 진정한 자기 관리의 출발점이 된다.

문제 5: 비판적 태도

스트레스는 극도로 비판적인 사람과 함께 일함으로써 생기기도 한다. 사람들은 그런 부류의 동료들에게서 벗어나려 하지만 거의 뜻을 이루지 못하며, 그들 때문에 치밀어 오르는 분노에 빠지기도 한다. 어떤 사람들은 동료의 비난을 그대로 받아들여 자신을 혐오하는 지경까지 이른다. 이런 모든 반응들은 비난을 일삼는 동료에게서 멀어지거나 자신의 바운더리를 지킬 능력이 없음을 보여 주는 증거다.

비판적인 사람들의 모습을 있는 그대로 받아들이되, 그들에게서 떨어져 있고 그들의 의견을 사실처럼 받아들이지 말라. 당신에 대한 평가는 자신이 더 정확하게 내리고 있다는 사실을 확신하라. 그러면 그들의 말에 동의하는 일은 없을 것이다.

또한 지나치게 비난을 일삼는 사람에게 당신은 성경적 모델(마 18장)을 본받아 정면으로 대항할 수도 있다. 먼저 상대방에게 그의 태도와 행동 방식에 대해 어떻게 느끼는지 말하라. 지혜로운 사람이라면, 당신의 말을 들을 것이다. 만약 그가 말을 듣지 않는다면, 그의 태도는 다른 이들에게도 옳지 않게 여겨질 것이므로, 두세 사람을 데리고 가서 그에게 말하는 것이 바람직하다. 상대방이 지금까지 했던 태도를 바꾸려 하지 않으면, 그가 올바른 태도를 보일 때까지 절대 말하지 않겠다고 분명하게 말하라.

또는 회사의 고충처리위원회에 보고할 수도 있다. 반드시 기억해야 할 사실은, 당신이 상대방을 통제할 수 없다는 것이다. 그러나 당신은 상대방에게 노출되지 않도록 제한할 수 있으며, 물리적으로나 정서적으로 그에게서 멀리 떨어져 있어야 한다. 이것이 바로 자기 관리다.

이런 부류의 사람에게 인정받으려고 애쓰는 일은 삼가라. 그런 행동은 아무 유익이 없으며, 오히려 그에게 당신을 마음대로 통제하게 만들 빌미만 제공할 따름이다. 말다툼이나 토론에 말리지 않도록 주의하라. 당신은 결코 이길 수 없다. 잠언의 말씀을 기억하라. "거만한 자를 징계하는 자는 도리어 능욕을 받고 악인을 책망하는 자는 도리어 흠이 잡히느니라 거만한 자를 책망하지 말라 그가 너를 미워할까 두려우니라 지혜 있는 자를 책망하라 그가 너를 사랑하리라"(잠 9:7-8). 변화시킬 수 있다는 잘못된 생각으로 그들을 당신의 영역에 들어오도록 허용한다면, 그것은 그들에게 당신 삶에 들어와 소란을 피워 달라고 부탁하는 것과 다름없다. 그들과 떨어져 있으라. 당신의 바운더리를 굳게 지키라. 그들의 게임에 휘말리지 말라.

문제 6: 권위자와의 갈등

사장과 그리 좋지 못한 관계로 지내 왔다면, 아마 당신은 '전이 감정'을 가지고 있을지 모른다. '전이'란 당신이 과거에 겪었던 일이지만 아직 마무리되지 않은 어떤 일과 관련된 감정을 현재에 경험하는 것이다.

전이는 사장과의 관계에서 자주 나타난다. 그 이유는 그들이 권위를 가진 인물이기 때문이다. 사장과 고용인의 관계는 당신이 가지고 있을지 모를 권위와 관련된 아픔을 건드릴 수 있다. 그렇게 되면 당신은 현재의 관계로 비추어 볼 때 적절하지 않은 지나친 반응을 보일 수 있다.

상사가 어떤 사안에 대해 당신과 다른 입장을 가지고 있다고 하자. 그 즉시 당신은 '비굴한' 감정을 느끼게 될 것이다. 그리고 속으로 이런 생각을 한다. '저 사람은 단 한 번도 내가 잘했다고 생각한 적이 없어. 이번 기회에 제대로 보여 줘야 해.' 상사는 그저 지나가는 말로 자기 의견을 말했을 뿐인데, 당신은 과민 반응을 보인다. 그 이유는 사장과의 현재 문제를 과거에 부모나 선생님처럼 권위를 가진 사람들과 맺었던 관계에서 해결되지 않은 상처에 투영시키기 때문이다.

전이 관계가 시작되면, 당신은 부모를 대하던 과거의 모든 습관에 따라 행동하기 시작한다. 이런 행동은 전혀 유익하지 않다. 당신은 직장에서 어린아이가 되어 버린 것이다.

바운더리를 세우는 것은 당신의 전이에 대해 책임지는 것이다. 당신이 누군가에게 강력하게 반발하는 자신의 모습을 발견한다면, 어느 정도 시간 여유를 가지고 그 감정이 일상적인 것인지 곰곰이 생각해 보라. 그런 감정들이 과거의 어떤 인물을 떠올리게 하지는 않는가? 엄마나 아빠가 당신을 그런 식으로 대했는가? 부모가 사장과 동일한 성격을 가지고 있었는가?

이런 감정들에서 벗어나야 할 책임이 당신에게 있다. 자신의 감정을 솔직하게 대면하지 않으면, 주위 사람들의 진짜 모습을 제대로 바라볼 수 없다. 당신은 자신의 왜곡된 마음을 통해 그들을 바라보고 있으며, 아직 완성되지 못한 자신의 문제로 그들을 판단한다. 전이 없이 다른 사람들을 선명하게 바라볼 수 있을 때, 당신은 그들을 어떻게 대해야 할지 알게 될 것이다.

동료들에게 강한 경쟁심을 느끼는 것도 심각한 문제다. 그런 감정은 과거에 형제 자매 사이에서 형성되었던 경쟁 관계를 그대로 드러낸 것일 수 있다. 격렬한 감정을 느낄 때마다, 그 감정이 다른 사람이 아닌 바로 자신의 책임 아래 있다는 사실을 기억하라. 그러면 아직 끝나지 않은 채 남아 있는 과거의 일과 상처가 치유되는 것은 물론이고, 동료들과 사장에게 비이성적으로 행동하는 일은 없을 것이다. 과거는 지나간 시간 속에 묻어 두라. 과거가 현재의 관계를 방해하지 못하게 하라.

문제 7: 일에 대한 지나친 기대

사람들은 점점 동료가 '가족'처럼 되기를 바라며 직장에 출근한다. 가정, 교회, 지역 공동체가 예전처럼 제대로 된 구조를 제공하지 못하자, 사람들은 과거에 가족들과 나누었던 정서적 지지를 회사 동료들에게 구하고 있다. 이처럼 개인 생활과 회사 생활의 바운더리가 약화되는 현상은 여러 종류의 문제들을 내포하고 있다.

이상적으로 볼 때 직장은 협력적이고, 안전하며, 삶의 자양분을 공급해 주는 곳이어야 한다. 그러나 이처럼 이상적인 환경은 직원들에게 주로 일과 관련된 요소들만 공급해 주어야 한다. 즉 그들이 더 많은 것을 배우고, 향상되며, 일을 능숙하게 처리할 수 있도록 도와주어야 한다. 부모가 제공하지 않은 것을 직장이 채워 주기를 바랄 때 문제가 생긴다. 거기에는 양육, 인간관계, 자존감, 인정 등이 포함된다. 직장은 그런 역할을 담당하는 기관이 아니므로, 그런 것을 요구하는 것은 바람직하지 않다. 여기에서 생기는 갈등은 다음과 같은 것이다. 회사는 성인에게 합당한 기능을 담당하는데, 문제를 안고 있는 사람은 어린 시절부터 품었던 요구를 충족시키고 싶어 한다. 이처럼 각기 다른 기대는 필연적으로 충돌할 수밖에 없다.

충족되지 않은 어린 시절의 욕구를 있는 그대로 인정하고 그것에서 벗어날 때 진정한 건강성을 유지할 수 있다. 직장은 충족되지 않은 어린 시절의 욕구를 채워 주는 곳이 아니다. 직장은 나름대로 많은 기대치를 제시한다. 회사는 당신에게 여러 가지를 요구한다. 왜냐하면 회사는 당신이 한 업무에 대해 임금을 지불하기 때문이다. 직장은 우리에게 필요한 모든 정서적 지지를 제공할 의무가 없다.

직장이 아닌 다른 곳에서 당신의 욕구를 충족시키고 정서적 안정을 추구하라. 후원과 치료를 제공하는 조직에 가입하라. 그러면 그들의 도움을 받아 정서적 상처와 충족되지 않은 욕구에서 벗어날 수 있을 것이다. 그러면 다시 힘을 회복해 직장에서 맡은 일을 잘 감당할 수 있다. 직장은 성숙한 기대치를 제시하는 성숙한 세계이기 때문이다. 인간관계에 대한 욕구는 회사 밖에서 충족시키라. 그러면 자신의 욕구와 자신에 대한 회사의 요구를 혼동하지 않으면서 직무를 잘 수행할 수 있다. 바운더리를 굳건히 지키라. 자신의 개인적인 상처를 직장에서 노출시키지 않도록 주의하라. 직장은 개인의 상처를 치유하는 기관이 아닐 뿐만 아니라, 더 나아가 부지불식간에 우리에게 상처를 입힐 수 있는 곳이기도 하다.

문제 8: 일과 관련된 스트레스를 집까지 가져오는 것

우리는 개인적 문제에 대해 좋은 바운더리를 세우고 그것이 직장의 범위까지 넘어가지 않도록 지켜야 한다. 이와 마찬가지로 직장에 대한 몇 가지 바운더리를 세우고, 그것이 가정 문제에 영향을 미치지 않도록 늘 유념해야 한다. 여기에는 일반적으로 두 가지 구성 요소가 포함되어 있다.

첫째는 감정적인 것이다. 직장 내의 갈등은 직장에서 다루고 해결해야 한다. 그러면 그 문제가 직장 외의 다른 삶의 영역에 영향을 미치지 못한다. 직장 문제가 직장의 범위를 벗어나면, 삶의 다른 영역에서 우울증과 질병을 유발시키는 원인이 될 수 있다.

일과 관련된 문제를 제대로 이해하고 직접 대면해 처리하라. 그러면 일이 우리 인생을 감정적으로 통제하지 못할 것이다. 동료가 왜 당신의 문제에 간섭할 수 있는지, 또는 사장이 왜 당신의 나머지 삶을 통제할 수 있는지 생각해 보라. 직장에서의 성공과 실패가 당신의 기분을 좌우하는 이유가 무엇인지 생각해 보라. 이렇게 중요한 문제는 반드시 해결하고 넘어가야 한다. 그렇지 않으면 직장이 우리 삶을 송두리째 차지하고 말 것이다.

두 번째 요소는 시간, 힘, 그 밖의 다른 방편들처럼 한정된 요소들이다. 일이 개인적인 삶의 영역으로 흘러들어 당신의 인간관계와 중요한 문제를 망치는 일이 없도록 주의하라. 평소보다 더 많은 시간을 요구하는 특별한 프로젝트가 일정한 선을 넘지 않게 하고, 업무 시간 외에 일하는 것이 습관이 되지 않도록 조심하라.

우리가 아는 어떤 회사는 가정의 가치를 높이 인정해, 근무 시간 외에 일하는 직원들에게 감봉 처분을 내린다. 그 회사의 경영주는 직원들이 일에 대한 분명한 경계를 정해 놓고 가정에서 가족들과 많은 시간을 보내기 원한다. 자신이 정한 경계를 다시 한번 확인하고 거기에 맞춰 살라. 바로 이것이 좋은 바운더리다.

문제 9: 직업을 싫어함

바운더리는 우리의 정체성을 확립시킨다. 바운더리는 무엇이 나이고 무엇이 내가 아닌지를 규정한다. 우리의 특정한 은사를 직업에서 사용하며, 공동체에서 그 은사를 사용한다. 바로 그런 점에서 직업은 우리의 정체성을 이루는 일부다.

하지만 많은 사람들이 진정한 직업 정체성을 찾지 못하고 있다. 여러 직업을 전전하며, '자기 것'이라고 내세울 만한 일을 발견하지 못한다. 그리 흔한 현상은 아니지만, 이 역시 바운더리 문제에 속한다. 그들은 자신이 가진 은사, 달란트, 바람, 희망, 꿈 등을 자기 것으로 소유하지 못한다. 그 이유는 다른 사람들이 그런 요소에 대해 내리는 정의와 자신이 그런 요소에 대해 가지고 있는 기대에 대한 바운더리를 설정하지 못하기 때문이다.

이런 현상은 가족들에게서 독립하지 못한 사람들에게 자주 나타난다. 한 목회자는 교회와 당회원들과 심한 마찰을 빚고 있었다. 그 목사는 당회 중에 이런 말까지 했다. "저는 목사가 되고 싶은 마음이 없었습니다. 목사가 되는 것은 우리 어머니의 소망이었지, 저의 바람은 아니었습니다." 그는 자기 진로를 결정하는 데 있어서 어머니에 대해 올바른 바운더리를 세워 놓지 않았던 것이다. 결과적으로 그는 어머니의 소망에 흡수되어 버렸고 비참한 결과를 맞고 말았다. 그의 마음은 시작부터 거기에 있지 않았다.

이런 일들은 친구들과의 관계에서도 자주 일어난다. 다른 사람들의 기대가 자신에게 강력한 영향을 미치는 것이다. 자신의 바운더리를 굳건히 지켜 다른 사람들이 당신을 규정하고 통제하지 못하도록 해야 한다. 자신이 누구이며 무슨 일을 위해 창조되었는지 정말 알고 싶다면 하나님과 함께 일하라. 로마서 12장 2절은 다른 사람들에게서 오는 이런 압박감에 대해 바운더리를 분명히 세우라고 말한다. "너희는 이 세대를 본받지 말고 오직 마음을 새롭게 함으로 변화를 받아 하나님의 선하시고 기뻐하시고 온전하신 뜻이 무엇인지 분별하도록 하라."

당신은 자신이 누구이며 자신의 특별한 은사가 무엇인지 정확히 파악한 후에 자신에 대한 실질적인 기대를 품어야 한다. 이런 일은 굳건한 바운더리가 있을 때 가능하다. 그런 상태에 있는 사람은 자신 있게 말할 수 있다. "바로 이것이 내 모습이야. 저건 내가 아니야." 당신에 대한 다른 사람들의 기대에 끌려다니지 말고 꿋꿋하게 대항하라.

평생 할 일을 찾으라

당신이 평생 할 일을 구하는 데는 위험이 따른다. 먼저 당신은 자기 정체성을 확고하게 세워야 한다. 지금까지 의존했던 주위 사람들에게서 독립하고 자신이 원하는 소망을 따라가라. 자신의 감정, 생각, 바람 등에 대해 분명한 소유권을 가져야 한다. 자신의 달란트와 경계를 정확히 평가하라. 그러고 나서 하나님이 이끄시는 대로 발걸음을 내딛으라.

하나님은 우리가 은사를 발견해 하나님의 영광을 위해 사용하기 원하신다. 하나님은 그 모든 과정에서 우리가 자신을 그분께 맡기기를 요구하신다. "여호와를 기뻐하라 그가 네 마음의 소원을 네게 이루어 주시리로다 네 길을 여호와께 맡기라 그를 의지하면 그가 이루시고"(시 37:4-5).

하지만 하나님은 우리가 행한 일에 대해 스스로 책임질 것을 요구하신다. "청년이여 네 어린 때를 즐거워하며 네 청년의 날들을 마음에 기뻐하여 마음에 원하는 길들과 네 눈이 보는 대로 행하라 그러나 하나님이 이 모든 일로 말미암아 너를 심판하실 줄 알라"(전 11:9).

달란트와 기술을 개발하는 과정으로서의 직업은 우리가 하나님께 협력하는 것임을 기억하라. 하나님은 우리에게 은사들을 주셨고, 우리가 그 은사들을 개발하기 원하신다. 우리 길을 여호와께 맡기면, 우리는 자신의 직업 정체성을 발견하게 될 것이다. 하나님께 도와달라고 간구하라.

# 12.

바운더리와 디지털 시대

어렸을 때 나(헨리)는 승부욕 넘치는 골퍼였고, 골프장에서 많은 시간을 보냈는데, 특히 여름에 그랬다. 골프장에 정기적으로 오는 사람 중에 의사가 한 명 있었다. 그는 언제나 한낮에 들르곤 했다. 사실 매일 나오는 것도 아니고 하루 종일 있는 것도 아닌데, 내 눈에는 그가 '백수'처럼 보였다. 그는 골프장에서 오랜 시간을 보냈다. '매일 골프를 쳐도 되는 좋은 직장에 다니나 보다'라고 나는 생각했다.

어느 날 나는 마침내 그에게 물어보았다. "이 시간에 일을 안 하고 어떻게 이곳에 계세요?"

"나는 근무 중이란다." 그는 허리 벨트에 달린 무선 호출기를 가리키며 말했다. "응급외과에서 근무하는데, 필요할 때 사람들이 나를 호출하거든. 병원은 여기서 2분 거리에 있어. 연락을 받고 병원에 앰뷸런스가 도착하기 전에 먼저 가 있으면 돼. 아주 좋지!"

'와, 직장에 머물지 않고도 일할 수 있다니 그거 괜찮다! 나중에 나도 그런 직업을 갖고 싶어!'

말이 씨가 된다고 했던가. 몇십 년을 빨리감기로 해서 와 보니 내 삶은 언제든, 어디서든, 거의 누구에 의해서든 '비상 호출'이 가능한 일상이 되어 있다. 나만 그런 것이 아니라 우리 모두가 그렇다. 어른들뿐 아니라 아이들도 그렇다.

비상 호출 세계에 온 것을 환영한다

어릴 적 골프장에서 그 외과의사처럼 일하면 좋겠다고 소원했을 때, 나는 본질적으로 이렇게 말한 것이다. "물리적 공간에 묶여 있는 일을 하고 싶지 않아. 장소에 구애받지 않고 어디든 갈 수 있고 완전한 자유를 누릴 수 있는 일을 하고 싶어." 그것은 멋진 소원이다. 하지만 지금 우리 모두가 알듯이, 그 결과가 좋지만은 않다.

당시에는 비상 호출을 받는 사람이 제한되어 있었고, 연락받을 준비가 되어 있다는 것은 대부분 긴급하거나 돌발 상황을 다뤄야 하는 사람들의 몫이었다. 호출기가 있어야 연락받을 수 있는데, 당신을 호출할 수 있는 사람은 당신의 호출 번호를 아는 선택된 몇몇 사람들이었다. 여기에는 사무실 직원이나 부재시 전화 응답 서비스, 병원 같은 곳이 포함된다. 누가 당신을 찾고, 어디서 당신을 찾는가에는 모두 바운더리가 있었다.

무선 호출기의 뒤를 잇는 것은 휴대폰이다. 처음 출시되었을 때 휴대폰은 사용 요금이 비싸서 저마다 한 대씩 갖지 못했다. 사람들은 휴대폰을 아껴서 썼다. 하지만 몇 년 지나지 않아 기술이 발전하면서 가격이 낮아지고, 누구나 휴대폰을 한 대씩 가지고 다니기까지 그리 오랜 시간이 걸리지 않았다. 이제 당신의 전화번호를 알면 누구든, 언제든, 어디서든 당신을 찾을 수 있게 되었다.

그 다음은 데스크탑 컴퓨터로 누구나 쉽게 이용할 수 있는 인터넷과 이메일의 시대가 도래했다. 이제 당신은 응급 상황이 아니어도 거의 언제라도 '호출'될 수 있다. 직장 상사가 (또는 다른 누구라도) 밤낮 가리지 않고 당신에게 연락하거나 일을 맡길 수 있게 되었다. 친구가 보낸 이메일에도 반드시 답신하거나 뭔가 다른 조치를 취해야 한다는 느낌을 받는다. 더 이상 피할 데가 없다. 업무는 이제 공공연하게 직장의 콘크리트 벽을 넘고 당신의 사적 공간과 시간 속으로 들어와 말 그대로 '재택근무'를 만들어 냈다.

인터넷과 이메일 시대 다음의 상황은 훨씬 더 악화되었다. 어떻게? 휴대폰과 인터넷이 결혼해서 아이를 하나 낳았는데, 이른바 스마트한 사람들의 '스마트폰'이다. 이제 사람들은 무슨 이유에서든, 어디서든, 언제든 당신을 찾고 당신에게 연락하기 위해 이메일과 문자를 보낼 수 있게 되었다. 심지어 통화까지 할 수 있다. 비상 호출의 삶은 당신이 책상 앞에 앉아 컴퓨터를 사용하고 있을 때로 제한되지 않는다. 이제 당신은 이 첨단기술의 침입자를 늘 주머니에 넣고 다니기 때문이다.

통신 기술이 마침내 경계가 허물어지는 한계점에 이르렀다고 생각되는 때, 누군가는 전화기가 당신의 삶에 있어야 할 뿐 아니라 당신의 삶 또한 전화기 안에 들어 있어야 한다고 결정했다. 소셜 미디어(SNS에 가입한 이용자들이 서로 정보와 의견을 공유하며 대인관계망을 넓혀 가는 플랫폼)를 통해 이제 당신이 접속한 (그리고 당신에게 접속한) 사람들의 수가 폭발적으로 늘어난다. 이들 플랫폼을 몇 가지만 생각해 보자. 페이스북, 유튜

브, 트위터, 링크드인, 구글 플러스, 스냅챗, 왓츠앱, 핀터레스트, 인스타그램. 모두 사람들의 혼을 쏙 빼놓는 것들이다. 소셜 미디어가 처음 시작되었을 때, 마이크로소프트 창업자 빌 게이츠조차 페이스북 계정을 닫으며, 친구 요청이 너무 많고 시간이 너무 많이 든다고 이유를 밝혔던 것이 기억난다.

오늘날 소셜 미디어는 우리에게 참 많은 것을 가져다주지만, 거기에는 우리를 지켜 줄 기술적 바운더리가 없다. 스마트폰과 인터넷이 보급되기 전, 당신은 '직장에서만' 또는 '집에서만' 연락이 닿았다. 이 사실은 사적 공간이나 시간과는 물리적으로 분리된 당신의 실제 업무 공간과 시간이 있었음을 의미한다. '시간'과 '공간'은 당신을 지키는 당연하고도 이미 정해진 바운더리였다. 업무 시간이 끝나면 당신은 그곳에서 '벗어날' 수 있었다. 일을 직장에 남겨두고 집에 돌아와 원하는 어떤 일이든 할 수 있었다. 시간과 공간에 의해 근무로부터 보호된 어떤 일이든 말이다.

이 같은 당연한 바운더리는 업무 범위 밖에 있는 관계와 활동에도 적용되었다. 일가 친척이나 친구, 이웃이 당신과 대화하고 싶으면, 직접 집에 찾아와 현관 초인종을 누르거나 당신에게 전화하거나, 아니면 편지를 보낸 후 당신이 그 편지를 받을 때까지 몇 날 며칠을 기다려야 했다. 시간과 공간이라는 바운더리가 자연스럽게 당신을 보호했다. 하지만 더 이상은 아니다.

지금까지 우리는 업무 시간과 개인 시간의 관계에 대해 이야기했다. 하지만 이 같은 바운더리 침해는 그 이상으로 일어나고 있다. 업무적으로든 사적으로든 사람들은 당신에게 바로 연락할 수 있다. 예전에는 그러려면 몇 가지 채널을 통해야만 했는데 말이다. 예를 들어, 당신이 회사에서 일하는 경우에는 비서를 거치거나 음성 사서함을 남겨야 했다. 사적으로 연락하기 위해서는, 대화하거나 만날 방법을 찾기 위해 서로가 알고 있는 친구를 통해야 했다. 그러나 지금은 그저 다른 사람들이 당신의 이메일이나 휴대폰 번호를 알려 주면 된다. 그러면 누구라도 막힘 없이 당신에게 직접 접근할 수 있다.

이 같은 최근의 발전을 모두 돌아보면, 이런 일들이 단순히 '직장 생활'의 균형을 뒤집어엎는 것보다 훨씬 이상으로 모든 생활을 침해하고 있음을 알게 된다. 침투당하지 않은 영역이 없다.

이 모든 일은 무엇을 의미하는가? 아주 중요한 사실은, 과학 기술과 소셜 미디어 영역의 바운더리가 지금 전적으로 당신에게 달려 있다는 것이다.

그럴 바에야 안 하는 게 낫지요

나(헨리)는 한 부부의 결혼생활에 대해 상담하면서 그들에게 금요일 밤 데이트를 한번 해보라고 제안했다. 그러자 그의 아내가 어이없다는 표정을 지으며 이렇게 말했다. "그거 절대 효과 없을 거예요. 난 하지 않겠어요."

그녀는 아예 마음을 닫은 것처럼 보였다. 그래서 나는 물었다. "왜 안 되지요?"

그녀는 곧바로 대답했다. "데이트한다고 나가서 남편이 '이렇게' 할 게 뻔하니까요." 그녀는 휴대폰 자판을 두드리며 문자 메시지나 이메일을 보내는 남편을 흉내 냈다. 이어서 그녀는 말했다. "그런 모습을 보면 더 짜증나요. 그럴 바에야 안 하는 게 낫지요."

이제 사람들은 언제든 당신을 찾을 수 있다. 그것은 당신이 늘 24시간 대기 상태에 있음을 의미한다. 누구든 언제든 어디서든 어떤 이유로든 '당신에게 접근할' 수 있다. 왠지 노출된 느낌이 들지 않는가? 맞다, 당신은 그렇게 느껴야 한다. 왜냐하면 노출되어 있기 때문이다.

자유를 선택하고, 파멸을 피하라

과학 기술과 소셜 미디어는 본질적으로 나쁘지 않다. 사실 많은 방식으로 우리의 삶과 관계를 향상시킨다. 하지만 삶의 다른 영역에서 그렇듯이 그런 것에 휘둘리지 않게 디지털 생활을 잘 관리하고 있는지 점검하는 것이 중요하고, 바로 이 대목에서 우리는 바운더리를 생각해야 한다. 바운더리가 적절한 선을 정하기 위해 존재한다는 점을 기억하라. 바운더리는 당신에게 속한 것이 무엇이고 속하지 않은 것이 무엇인지를 규정한다. 바운더리는 문이 달린 일종의 울타리와 같다. 당신의 선택에 따라 사람들이 들어오거나 밖에 그대로 있도록 문을 열거나 닫을 수 있다. 문제는 디지털 생활에서 '문'을 열고 닫는 규정을 정하는 데 어려움이 따른다는 것이다. 문을 언제 열고, 언제 단단히 닫아야 하는가? 이런 결정은 하기 어려울 때가 많고, 모두가 수긍하는 방법이 있는 것도 아니다. 몇 년 전에 두 딸이 중학교에 들어갔을 때, 나는 그런 현실에 정면으로 부딪혔다.

소셜 미디어 드라마

나(헨리)의 딸들은 소셜 미디어가 한창 달아오르던 시절에 중학교에 다녔다. 딸들은 인스타그램 계정을 가지고 있었고, 거기서 할아버지와 할머니, 사촌들, 친한 친구들을 만났다. 딸들은 인스타그램을 좋아했고, 나 역시 딸들이 소셜 미디어를 통해 가까운 사람들과 삶을 공유하는 방식이 좋았다. 그런데 하루는 루시가 단단히 뿔이 나서 학교에서 돌아왔다.

학교에 교장이 새로 오면서(나는 그를 상당히 존경했고 지금도 존경한다) 새로운 교칙을 하나 만들었는데, 학교에서는 아무도 소셜 미디어 계정을 가져서는 안 된다는 것이었다. '사용해서는 안 된다'가 아니라 '가져서는 안 된다'였다. 학교 안은 물론이고 밖에서조차 소셜 미디어를 사용하는 것을 엄격히 금지했다.

나는 화가 났다. 새로 만든 이 교칙은 지나친 처사로 보였다. 중학교 시절은 아이들이 소셜 미디어를 책임감 있게 사용하는 법을 배우기에 가장 좋은 시기라고 나는 생각한다. 그 시기에는 부모와 교사가 아이들 가까이에서 모니터링을 해줄 수 있기 때문이다. 고등학교에 들어갈 때까지 내버려 둔다면 이 귀한 훈련 시간을 놓칠 수 있다. 학교는 소셜 미디어를 금함으로써 이 시기에 필요한 준비를 아예 뛰어넘는 정책을 세운 것이다. 이것은 운전 면허증 없이 바로 운전대를 잡게 하는 것과 다를 바 없는 조치다. 학교가 그럴 권리가 전혀 없는 방식으로 학생들의 사생활에 개입하는 것은 무리수처럼 보였다. 할아버지나 할머니, 사촌 같은 가족과의 대화를 막아도 된다는 생각을 도대체 어떻게 할 수 있을까? 우리가 지금 공산주의 국가에서 살기라도 한단 말인가? 심리와 발달상의 이유로, 뇌신경학적 차원의 자제력 형성을 이유로, 양육과 가족의 이유로, 공동체적 교류를 이유로, 그리고 내가 앞으로 '정부'의 개입이라고 부를 이유로 나는 그 정책에 반대했다.

그래서 생전 하지 않던 일을 했다. 교장을 만나 대화하기로 한 것이다. 교장을 만나기 전에 몇 가지 사실을 알아보고, 경험 많은 청소년 지도자와 기독교학교 전국연합회 회장과 이야기를 나누며 만남을 준비했다. 그들과 이야기하면서 내 생각은 더 분명해졌다. 나는 교장을 만나서 새 교칙이 지나칠 뿐 아니라 아이들의 양육과 교육에 어떻게 해가 될 수 있는지 이야기했다. 교내에서 휴대폰과 소셜 미디어 사용을 금하는 규칙은 전적으로 이해할 수 있다. 하지만 학생들의 사생활에서 이루어지는 활동은 부모의 영역이다.

그 교장의 인식은 기본적으로 이랬다. 학생들이 소셜 미디어 활동을 하면, 방과 후 학교 밖에서 드라마 같은 일들이 많이 생겨 다음 날 학교생활에 부정적 영향을 미친다는 것이다. 학교는 그 일에 간섭하고 싶지 않고, 그래서 원천 봉쇄 원칙을 고수하기로 했단다.

내 입장에서는 바로 그 점이 교칙을 반대하는 이유다. 아이들이 잘못 행동했다면 훈육과 훈련으로 바로잡는 것이 학교의 역할 아닌가. 그것은 이제 곧 고등학생이 될 아이들에게 과학 기술과 소셜 미디어를 책임감 있게 다루는 법을 가르칠 아주 좋은 기회이기도 하다. 아이들이 더 많은 자유를 갖기 전에 말이다. 그렇지 않으면 그들은 불과 2년 안에 아무 준비나 훈련 없이 소셜 미디어의 자유를 누리기 시작할 것이다.

아이들이 그런 자유를 다루기에는 두뇌가 아직 충분히 개발되지 않았다는 교장의 주장에 나는 답하며, 두뇌에서 자제심을 담당하는 영역은 지켜보고 지지하며 훈련하고 바로잡는 관계에서 발달한다는 과학적 사실을 환기시켜 주었다. 정확히 말해, 학생과 교사 같은 종류의 관계에서 그렇다. 부모는 자라나는 자녀의 두뇌에 자제력을 심어 주고 싶어 하지 않는가.

교장의 입장은 여전히 '반대'였다. 그는 학생들의 소셜 미디어 세계에서 일어난 일들이 학교에 영향을 미치는 것을 원하지 않았다. 바운더리의 문은 닫혔고 단단히 잠기고 말았다.

나는 교장의 결정에 동의하지 않았고, 지금도 여전히 동의할 수 없다. 이런 종류의 규칙이 효과가 있다고 생각하지 않는다. 이러한 규칙으로 몇몇 시끄러운 드라마 같은 일들을 차단할 수 있을지 모르지만 아이들을 성숙하게 키울 수 없다. 사람은 무언가를 선택하고 시행착오를 겪으며 성숙해지지 않는가. 사도 바울도 이런 원리를 염두에 두고 골로새 교회에 먹고 마시는 일에 엄격한 규칙을 두지 말라고 가르치지 않았을까. "붙잡지도 말고 맛보지도 말고 만지지도 말라." 한때 쓰였다가 사라질 모든 것과 관련된 이 규칙은 단순히 사람의 명령과 가르침을 따른 것이다. 이러한 규정은 지혜를 나타내 보이지만, 육체의 욕망을 억제하는 데는 아무 유익이 없다(골 2:21, 16-23절 참조).

한편으로, 교장이 그런 결정을 내린 이유가 이해되는 면도 있다. 골로새서 구절을 한 예로 들면, 그는 이렇게 말하는 것인지도 모른다. "우리가 먹고 마시는 규칙을 반드시 따라야 하는 것은 아니다(그런 규칙으로는 성숙을 이룰 수 없으므로). 그럼에도 먹고 마시는 일이 아주 파괴적이 될 수 있다는 것은 여전히 사실이다. 실제로 당신을 망칠 수 있다." 마찬가지로 아이들은 소셜 미디어를 무책임하게 사용함으로써 학교생활을 그르칠 수 있다. 그 교장은 많은 사람들이 때로는 성숙함이나 자제력 부족을 방어할 때 하는 일을 했다. 문제를 일으킬 소지가 있다면 무엇이든 아예 싹을 자르는 엄격한 규칙을 만드는 것이다. 그것이 과학 기술을 포함해 먹는 것이든, 마시는 것이든, 노는 것이든, 이성이든, 데이트든, 삶의 어떤 영역이든 부정적 결과가 일어날 기미가 조금이라도 보인다면 말이다.

좋은 것은 받아들이고, 나쁜 것은 몰아내라

맥락이 어떻든, 바운더리는 자유와 자제력, 책임 그리고 사랑에 관한 것이다. 동시에 자유는 우리 자신이나 다른 사람을 해치는 데 사용되어서는 안 된다. 우리는 자유롭도록 부르심을 받았다. 단, 다음과 같은 경고도 함께 받았다! "그 자유로 육체의 기회를 삼지 말고 오직 사랑으로 서로 종 노릇 하라"(갈 5:13). 이것이 원칙이다. 우리는 자유의 몸이다. 바운더리는 그 자유를 지키도록 되어 있다. 우리 자신이나 다른 사람을 해치는 데 자유를 사용해서는 안 된다. 사랑하는 데 우리의 자유를 사용하라.

이제 바운더리와 과학 기술 사용에 대해 이야기하려고 한다. 우리는 과학 기술을 사용할 자유가 있다. 하지만 그로 인해 자신이나 다른 사람에게 해가 돌아가서는 안 된다. 바운더리를 세우는 이유는, 우리 삶에서 좋은 것은 받아들이고 나쁜 것은 몰아내기 위해서다.

과학 기술에 휘둘리지 않고 그것을 잘 이용하는 한 가지 방법은, 예수님이 안식일을 지키신 원리를 따르는 것이다. 이집트에서 수백 년간 노예생활을 하던 이스라엘 백성을 해방시키신 하나님은 그들에게 안식일을 주셨다. 안식일은 하나님의 사람들이 일을 하는 데 얼마나 많은 시간을 쓸 것인지에 대한 하나의 바운더리를 세운다. 그래서 사람들은 일주일에 하루를 쉬며 하나님을 예배하는 데 전념할 수 있었다. 안식일은 사람들의 유익을 위한 선물이었다.

하지만 안타깝게도, 아무리 좋은 선물로 시작된 것이라도 시간이 지나면서 완고한 규칙으로 퇴보할 수 있다. 복된 것이 때로는 짐스럽게 여겨지기도 한다. 예수님이 안식일에 병자를 치료하신 것을 두고 종교 지도자들은 비난했다. 안식일에 '일을 함'으로써 안식일을 범했다고 여긴 것이다. 이에 대한 예수님의 대답은 아주 간단하고 적절했다. "안식일에 선을 행하는 것과 악을 행하는 것, 생명을 구하는 것과 죽이는 것, 어느 것이 옳으냐?"(막 3:4) 또 다른 경우에, 예수님은 이 규칙을 이런 식으로 요약하셨다. "안식일이 사람을 위하여 있는 것이요 사람이 안식일을 위하여 있는 것이 아니니"(막 2:27). 달리 말해, 모든 건강한 바운더리와 같이 안식일 준수에 관한 규칙은 우리를 섬기고 안전하게 지키며, 하나님을 최우선에 둠으로써 하나님과 동행하는 삶을 강화시킨다는 것이다.

요점은 이렇다. 구조나 바운더리, 규칙을 고수하는 것은 매우 유익할 수 있다. 하지만 규칙 자체가 자신이나 다른 사람을 위해 좋은 일을 하려는 자유를 빼앗으며 주인 노릇을 해서는 안 된다. 그래서 나는 이런 제안을 하고 싶다. "고통을 찾아서 규칙을 만들라."[1] 살면서 고통받고 있는 어떤 영역이 있는가? 그렇다면 거기서 상처를 받지 않기 위한 규칙을 만들라. 어떤 음식을 먹을 때마다 배가 아프거나 발진이 올라온다면, 그 음식을 가까이하지 않는 규칙을 만들라. 알코올 의존증 환자가 와인을 한 모금도 입에 대서는 안 되는 것처럼 그 음식을 입에 대지 말라. 과학 기술과 소셜 미디어에 바운더리를 세울 때도 이 같은 원리를 적용할 수 있다. 그것이 당신의 삶과 관계를 침해하고 있다면, 그것에서 당신을 보호할 규칙을 만들라.

나(헨리)의 경우에는, 업무 이메일과 글쓰기가 너무 많아서 나 자신과 가족의 시간을 침해하고 있음을 일찌감치 깨달았다. 그래서 나는 밤에는 이메일을 작성하지 않고, 집에서는 글을 쓰지 않는다는 규칙을 세웠다. 우리 집의 또 다른 규칙은 가족과 함께 저녁을 먹는 동안에는 휴대폰이나 그밖의 기기를 사용하지 않는 것이다. 이유가 무엇이겠는가?

가족이 유대감을 나누는 시간과 공간을 지키려고 노력하는 것이다. 가끔은 통화를 하거나 문자 메시지를 보내거나 뭔가를 찾아보지 않느냐고? 물론이다. '안식일에 누군가를 치료하기' 위해서라면 말이다. 하지만 웬만해서는 규칙을 그대로 지킨다.

고통을 찾아서 규칙을 만드는 또 다른 예를 들어보겠다. 업무상 나는 먼 곳에 여행을 가서 강연할 일이 상당히 많다. 그래서 내가 언제 강연 여행을 두려워하는지 관심 있게 들여다보았다. 내가 두려워하는 것은 강연 자체가 아니라 강연과 관련해 주최 측에서 원하는 필요 이상의 만남, 저녁식사, 그 밖의 활동들이었다. 좋은 뜻에서 하는 일이지만 일정이 너무 빡빡하면 나의 본업, 즉 강연과 메시지 전달에 집중하기가 힘들었다. 그래서 규칙을 하나 만들었다. 강연 어간에는 절대로 만남을 갖거나 다른 활동을 하지 않는 것이다. 가끔 규칙을 어기지 않느냐고? 물론이다. 하지만 규칙을 세운 덕분에 괴로움에서 나 자신을 보호하고 더 이상 강연 여행을 두려워하지 않게 되었다.

다시 말하지만, 원칙은 뭔가가 당신이나 다른 사람에게 고통을 일으킬 때, 그에 대응하는 규칙을 만드는 것이다. 좋은 것은 받아들이고, 나쁜 것은 몰아내라. 이것이 바운더리에 관한 모든 것이다. 이 원칙을 과학 기술과 소셜 미디어에 적용하는 몇 가지 예는 다음과 같다.

- 휴대폰은 일상적으로 꺼놓고, 다른 사람을 만나는 중요한 시간(예를 들어 가족과 함께하는 저녁, 금요일 밤 데이트, 친목 모임, 친구와의 대화)에는 아예 치워 둔다.
- 집중과 생산력, 완성도가 필요한 주요 업무를 할 때는 이메일과 소셜 미디어를 꺼 놓는다.

- 소셜 미디어 활동은 특정 시간에만 하는 것으로 제한한다(예를 들어, 한 번 할 때 15분 또는 하루에 두 번)
- 취침 전후로 30분 동안은 통신 기기를 사용하지 않는다.

이러한 규칙은 고통으로부터 당신을 지켜 줄 뿐 아니라 생산력을 높여 준다. 예를 들어, 글쓰기를 할 때 나는 외부의 방해를 받지 않기 위해 이메일을 꺼 놓는다. 실제로 깊은 사고가 필요한 프로젝트에 참여할 때, 이메일 같은 외부 방해물이 20분간의 생산성에 맞먹을 수 있음을 보여 주는 연구 결과가 있다.

그런가 하면 용이한 접근성이 시간과 에너지를 아껴 주는 경우도 있다. 예를 들어, 신경을 써야 할 또 다른 긴급한 일이 있는데 다른 회의에 들어가야 할 경우에는, 회의 중에라도 휴대폰을 켜 놓는 편이 실제로 회의에 집중하는 데 도움이 된다. 무슨 일이 생기지는 않았는지 점검하기 위해 회의 중에 틈틈이 밖에 나가 전화할 필요가 없기 때문이다. 필요하다면 사무실이나 전화 자동 응답기로부터 연락이 올 것이다. 그것은 일종의 화재 경보기 역할을 한다. 경보기가 울리지 않는 한 건물에 불이 났는지 안 났는지 궁금해할 필요가 없다.

요점은 당신과 당신의 관계, 삶, 사명, 또는 당신의 목적에 도움이 되는 방식으로 과학 기술을 관리하는 것이다. 여기에 절대적인 규칙은 없다. 하지만 우리 자신을 위해 유용한 규칙을 세울 수 있다. 나는 이 글을 쓰기 직전에, 3시간 동안 가족 모임을 가지면서 우리의 내년 계획을 세우고, 할 일을 나누며, 많은 사안들에 대해 이야기했다. 가족 모임을 시작하기 전에 자녀들에게 이렇게 일러두었다. "휴대폰은 금지야. 꺼 두렴." 잘한 일이었다.

당신은 무엇에 중독되어 있는가?

심리학자로서 우리는 수년간 많은 중독자들을 치료하고 훈련해 왔다. 1980년대 말 우리가 처음 치유센터를 시작했을 때, 사람들이 생각하는 중독이란, 알코올이나 다양한 약물 같은 물질에 삶이 다 망가지도록 의존하는 것이었다. 중독이라는 용어는 점차로 문제 있는 일체의 행동, 이를테면 강박적 섹스, 도박, 식사, 심지어 과로에 이르기까지 그 범위가 확대되었다.

특정한 물질에 중독되든, 활동에 중독되든 중독의 원리는 다음과 같다. 특정 물질이나 활동이 두뇌의 보상센터에 충격을 가해 잠시 불안을 줄여들게 함으로써 그 물질의 사용이나 활동의 반복을 강화한다는 것이다. 화학 물질의 경우, 계속 사용하다 보면 그 물질에 내성이 생긴다. 이전과 동일한 결과를 얻기 위해서 화학 물질을 더 많이 사용해야 한다는 의미다. 그러다 그 물질을 사용하지 않으면 신체적, 정서적으로 금단 현상을 겪는다. 과민 반응으로 인한 오한, 식욕 상실, 구토, 불면증, 공황을 일으킨다. 이것이 중독의 실체다. 어떤 사람들은 특정한 강박적 행동을 금했을 때 이런 현상을 겪는다.

이런 현상은 과학 기술 사용에도 적용된다. 평소 IT 기기를 과용하는 사람들은 알코올이나 약물 중독자와 많은 부분에서 같은 특징을 보인다. 소셜 미디어나 이메일, 문자 메시지 또는 디지털적으로 참여한 무슨 일이든 반복적으로 체크하면서 정신적 충격이나 보상(또는 불안 완화)을 받는다. 자극적인 느낌 또는 안도감이 지나고 나면 그는 또 다른 '충격'을 찾게 되며, 그렇게 '중독'의 사이클이 시작된다.

여기서 말하려는 바는 자제력 상실이다. 당신이 더 이상 과학 기술을 통제하지 못하면, 그 기술이 당신의 주인이 된다. 사도 바울은 바로 그 점을 경고하고 있다. "모든 것이 내게 가하나 내가 무엇에든지 얽매이지 아니하리라"(고전 6:12). 동일한 원칙을 디지털 생활에 적용할 수 있다. 그것을 사용하지 않고는 배길 수 없다면, 당신은 지배당하고 있는 것이다.

어떤 사람들은 잠시라도 자기 휴대폰을 확인하지 않고는 못 견딘다. 금세 예민해지거나 '확인해야 한다'는 강박에 시달린다. 그것이 어떤 기기이든 소셜 미디어든, 다른 무엇이든지 간에 '해야 한다'는 생각을 떨칠 수 없다면, 당신은 더 이상 자유롭지 못한 것이다. 하지 않고서는 견딜 수 없는 그 일이 당신에게 가장 소중한 다른 무언가에 대해 우위를 차지하게 된다.

그러니 스스로를 시험해 보라. IT 기기와 소셜 미디어를 24시간 동안 금했을 때 자신이 어떻게 행동하는지를 보라. 금단 현상이 일어나는가? 당장이라도 게임을 해야 할 것 같고, 어플을 사용해야 할 것 같고, 뭔가를 검색해야 할 것 같고, 다른 사람이 뭘 하는지 알아 봐야 할 것 같지 않은가? 자신이 제한을 지킬 수 있는지 보라. 만약 지킬 수 없다면, 당신은 기기 사용에 대해 통제력을 빼앗아 가는 심각한 문제로 다루어야 한다.

효과적인 또 다른 시험은, '디지털 음주'가 당신의 인간관계에 문제를 일으키는 것은 아닌지 주위의 소중한 사람들에게 묻는 것이다. 그들이 말하는 바에 마음을 열라. 변명을 하거나 별 말 아닌 것으로 여기고 싶은 충동을 참으라. 중독자가 스스로를 중독자라고 여기는 경우는 없다. 그러니 그들의 말에 귀를 기울이고, 후속 질문을 하며, 당신이 들은 바를 마음 깊이 새기라.

10대와 IT 기기의 바운더리

책임져야 할 사람이 자신밖에 없을 때, 규칙을 만들고 과학 기술의 바운더리를 세우는 것은 충분히 도전할 만한 일이다. 하지만 부모라면, 특히 10대 자녀를 둔 부모라면 어떻겠는가?

10대 딸아이 둘을 둔 아버지로서 나(헨리)는 이 문제를 생각하면 좀 민망해지면서 자신이 없어진다. 나의 고등학교 시절로 돌아가 가정해 본다. 우리가 원하는 때 언제라도 누구에게라도 무엇이든 보낼 수 있음은 물론이고 친구와 항상 곧바로 연락하고 만날 수 있었다면, 우리는 얼마나 더 많은 문제에 빠졌을까? 통신 기술은 위험한 10대들의 행동에 또 다른 채널을 제공한다. 하지만 한번 떠난 말은 마구간으로 다시 돌아오지 않는 법이고, 오늘날 10대들은 이미 디지털 시대를 살고 있다. 그렇다면 우리는 무엇을 할 수 있을까?

디지털 사용에 대해 아주 엄격한 바운더리를 정해야 할까, 아니면 더 많은 자유를 허용해야 할까? 의견은 여러 갈래로 나뉘지만 모든 양육 전문가들이 동의하는 것이 하나 있다. 바로 당신의 자녀를 알아야 한다는 것이다. 자녀를 안다는 것은 자녀에게 가까이 다가가며, 그들의 친구가 누구인지 알고 긴밀한 관계를 갖는 것을 의미한다. 이것이 최선의 모니터링 도구다. 디지털은 언제 어디서나 접근할 수 있기 때문에 사실상 지속적으로 모니터링 하기가 불가능하다. 그러나 10대 자녀와 긴밀한 관계를 유지하며 평소 자녀가 무슨 생각을 하는지 알고 소통하는 것은 가능하다.

긴밀한 관계를 맺고 있다는 전제 아래, 당신이 10대 자녀와 과학 기술의 바운더리를 세우는 두 가지 중요한 원칙은, 신뢰에서 시작하고 사생활을 특권으로 다루는 것이다.

신뢰 얻기와 증명하기

신뢰는 10대와 함께하는 모든 것의 열쇠다. 10대는 신뢰에 반응한다. 그런데 그들은 또한 신뢰받을 만한 가치가 있는지 스스로를 증명할 수 있어야 한다. 이런 신뢰를 키우는 가장 좋은 방법에 대해서는 이 책에서 이미 말했다. 사랑 안에서의 파종과 수확의 법칙 말이다. 딸들이 10대가 되었을 때, 우리는 이런 대화를 나누었다.

    얘들아, 너희가 어느덧 10대가 되었구나. 먼저 내가 너희를 얼마나 자랑스러워하는지 말하고 싶다. 앞으로 너희가 맞이할 날들과 우리가 함께할 시간을 생각하면 가슴이 두근거려. 지나온 그 어느 날보다 멋지고 흥미진진한 일들이 너희를 기다리고 있단다. 그런 일이 어떻게 일어나는지 얘기해줄게.

    자유를 원하고, 점점 더 많은 자유가 주어지는 때가 10대 시절이지. 너희는 스스로 여기저기를 다닐 수 있을 테고, 여태껏 한 번도 해보지 못한 일들을 하게 될 거야. 스스로 결정할 일도 더 많아진단다. 나는 너희에게 더 많은 자유를 주고 싶어. 때가 되면 너희는 운전면허도 따서 차를 타고 여기저기 다니게 될 거야. 잘 들으렴. 내가 너희에게 가장 하고 싶지 않은 일은 너희를 통제하는 거야. 그러니 너희가 자기 관리를 잘하길 바란다. 어깨 너머로 항상 너희를 지켜보며 뭔가를 못하게 하는 일은 하고 싶지 않아. 누군가가 그래야만 한다면, 실제로 너희 행동을 통제할 수 있는 유일한 사람이 바로 너희가 되길 바란다. 그러니 내가 지나치게 너희를 통제하거나 사이코 같은 부모가 될까 봐 두려워할 필요는 없어. 나는 너희의 자유를 환영하니까.

    하지만 너희가 책임질 수 있는 만큼만, 잘 사용할 수 있는 만큼만 자유를 누릴 수 있다는 사실을 알기 바란다. 여기엔 공식이 있어.

    자유 = 책임 = 사랑

    이 세 가지는 항상 같아야 해. 너희는 책임감 있게 사용하는 만큼 자유를 얻을 것이고, 책임은 항상 사랑으로 표현되지. 그것은 너희가 자유를 오직 너희 자신이나 다른 누구도 해치지 않는 방식으로만 사용할 수 있다는 의미야.

특정 영역에 주어진 자유를 책임감 있게 사용한다면, 너희는 그 자유를 계속해서 가질 뿐 아니라 더 많이 갖게 될 거야. 반대로 주어진 자유를 책임감 있게 사용하지 않고 자신과 다른 사람에게 해가 되는 방식으로 사용한다면 자유는 줄어들겠지. 나는 너희를 믿고, 너희가 감당할 수 있을 만큼 자유를 줄 거야. 자유를 남용하지 않고 이 신뢰를 존중한다면, 너희는 더 많은 자유를 누리게 될 거야.

질문 있니?

이와 동일한 신뢰 공식을 디지털 생활에 적용할 수 있다. 휴대폰, 태블릿 PC, 휴대용 게임기, 소셜 미디어 계정 등 특권이 주어질 때마다 그것을 책임감 있게 사용해야 한다. 그렇지 않으면 그 특권은 사라지고 말 것이다. 이것이 바로 이 책 초반에서 말한 파종과 수확의 법칙이다. 성경 또한 이렇게 단언한다. "무릇 많이 받은 자에게는 많이 요구할 것이요 많이 맡은 자에게는 많이 달라 할 것이니라"(눅 12:48).

만병통치약은 없지만 10대들의 디지털 생활에 바운더리를 세우고 지도할 수 있는 실용적인 방안들이 있다. 다음은 많은 부모들이 선택하고 유용하게 실천한 사례들이다.

- 디지털 생활의 지침을 정하라. 사이버 괴롭힘, 지나친 개인 정보 노출, 소셜 미디어 게시물의 영속성, 게시물이 평판에 미치는 영향 등 실재하는 위험을 알리고 이야기를 나누라. 위험하거나 수상한 행동을 감

지하고, (포식자들이 우글거리는) 채팅방에 들어가지 말며, 원래 알던 사람이 아닌 누구와도 개인 정보를 절대 공유하지 않도록 10대 자녀를 교육하라.

- 온라인에서 어떤 내용이 읽고 보기에 적절한 것인지 혹은 부적절한 것인지, 실제로 위험한 것인지 대화를 나누라. 영화에 등급을 매기는 이유가 있다! 10대들이 무분별하게 아무 사이트에나 접속한다면 두뇌가 오염되고, 사고방식에 부정적인 영향을 받으며, 심지어 위험한 사람들과의 관계에 빠질 수 있다.

- 10대 자녀의 이메일 및 소셜 미디어 비밀 번호를 알아두고, 자녀가 어떤 게시물을 올리고 누구와 교류하는지 살펴보라. 또한 개인 정보 설정을 점검하고, 온라인으로 누구에게든 개인 정보를 내주지 않음으로써 스스로를 보호하도록 자녀를 교육하라. 이것이 포식자로부터 자녀를 지키고 자녀의 신원을 도용당하지 않는 길이다.

- 자녀가 방문하는 웹사이트를 점검하라. 팝업 광고나 모르는 사람에게서 온 이메일 또는 문자 메시지에 포함된 링크를 절대로 클릭하지 않도록 교육하라.

- 자녀가 속해 있는 소셜 미디어에 문제가 없는지 확인하라.

- 필요한 경우, 사이트 차단 소프트웨어나 인터넷 모니터링 어플리케이션 같은 도구를 사용하라.

- 자녀에게 문제가 있거나 신뢰에 금이 간 경우, 신뢰가 회복될 때까지 집 안의 트인 공간에서 컴퓨터를 사용하도록 제한하라.

- 자녀가 하는 온라인 멀티 플레이 게임을 해보라. 그것이 어떻게 작동하고 게임 안에서 아이들이 어떻게 교류하는지 이해하기 위해서다. 어떤 게임은 다른 10대들뿐 아니라 낯선 어른들과 교류하는 경우도 많

다. 그 위험성에 대해 이야기하고 그런 일을 피하도록 10대 자녀들을 교육하라.
- 온라인에 접속하거나 컴퓨터 앞에서 보내는 시간에 대해 자녀와 의논한 다음 적정선을 정하라. 자녀가 정한 시간을 지키는지 지켜보라.
- 10대 자녀들이 온라인에서 위험하거나 화나는 일을 겪으면 무엇이든 당신에게 이야기하도록 격려하라.
- 신뢰가 깨지거나 선을 넘는 행동을 했을 때 제재를 가하라. 어떤 가르침이 자녀에게 효과적인지 다른 부모들을 만나 이야기를 나누라.

사생활을 특권으로 다루라

한번 생각해 보라. 10대 때 당신은 친구와 하는 통화를 부모가 듣기를 원했는가? 일기장을 읽는 것은? 집에 친구를 데려올 때마다 자리를 비켜 주지 않는 것은? 당신이 10대 자녀들의 IT 기기나 소셜 미디어 근처를 맴돌면 아이들도 옛적의 당신과 똑같이 느낄 것이다. 부모에게서 떨어져 나와 하나의 개체로 성장하는 것은 이 시기에 이뤄야 하는 매우 중요한 발달 과제다. 이 시기에 자녀가 어른으로 잘 자라도록 교육하는 것은 부모가 할 일이다. 이 시기가 끝날 무렵 자녀는 당신에게서 독립할 텐데, 그때까지 이 과도기를 잘 보내기를 바라는 것이 부모의 마음이다.

그러나 어른이라 할지라도 사생활의 특권을 상실하는 경우가 있다. 예를 들어, 경찰은 '상당한 근거'가 있다는 판단 아래 우리의 사생활을 침해하여 우리나 우리 소유물을 수색할 수 있다. 혹은 판사가 영장을 발부해 법 집행관이 집을 수색하거나 컴퓨터 또는 문서 등을 압수할 수 있다. 그런데 그런 일에는 정당한 이유가 있어야 한다. 범죄나

테러가 의심된다는 이유 말이다. 그래야 누군가를 수색하고 체포할 수 있다. 정당한 이유가 있을 때 나서서 점검하는 것이 당국이 할 일이다.

자녀가 10대에 접어들면 어른이 되어 가는 중이므로 그들이 다룰 수 있을 만큼의 사생활을 존중받아야 한다. 그러나 무언가 잘못되고 있다는 의심이 드는 확실한 이유가 있다면, 주저하지 말고 자녀의 사생활에 개입하여 부모의 권위를 행사하라. 자녀가 낯선 사람과 대화를 하거나, 동일한 시간 또는 수상한 시간에 온라인에 접속하거나, 은밀히 사용하거나 사용하는 것과 관련해 (긍정적이든 부정적이든) 분위기가 달라짐을 느꼈다면, 이 모든 것이 다 이상하게 여길 만한 이유다. 그럴 때 당신 안에 있는 '판사'의 촉을 발동하여 수색 영장을 발부하라. 위험 신호를 더 잘 파악하고 이해하기 위해 도움이 필요하다면, 10대의 인터넷 사용에 대한 워크숍에 참석하거나 관련 자료들을 찾아보라. 자녀에 대해 알아야 한다.

'자유 = 책임 = 사랑'의 공식을 잊지 말라. 이 공식으로 부모 자녀 간에 신뢰가 형성되었다면, 자녀의 사생활에 개입하기가 이전보다 훨씬 수월할 것이다. 그렇다 하더라도 자제심을 발휘하라.

자녀가 자신에게 책임이 있음을 스스로 증명하고 자신의 자유를 사랑한다면, 도리에 어긋난 수색과 압수는 신뢰를 손상시키고 반항심만 불러일으킬 수 있다.

자녀와 함께 이 여정에 오르는 것을 두려워하지 말라. 바운더리는 관계에 관한 문제이고, 신뢰는 서로 무언가를 알아가는 데서 형성된다. 자녀가 당신의 마음을 안다면, 즉 당신이 자녀의 성장을 돕고 자녀에게 자유를 주며 자녀를 보호하기 원한다는 것을 안다면 이 모든 일이 훨씬 나아질 것이다. 내 딸들이 디지털 세계에 발을 들이기 시작했을 때, 나는 딸들에게 디지털의 위험에 대해 알아보고 정리해서 발표하게 했고 그런 위험을 피할 수 있는 방안도 제시하게 했다. 덕분에 우리는 아주 좋은 대화와 방안들을 나눌 수 있었다.

그러므로 자녀에 대해 알라. 그들에 대해 더 많이 알아 가라. 자녀가 일상적으로 누구와 어울리고 대화하는지 알기 바란다. 교회나 학교 같은 집 밖에서 누가 그들을 교육하는지 알아보라. 그리고 이 기관들이 당신이 중요하게 여기고 실천하고 있는 바를 강화시키는지 확인하라. 신뢰를 세웠다면 잘 지켜 가라. 여기에는 자녀의 필요를 이해하는 일, 자녀에게 디지털 생활이 얼마나 중요한지 이해하는 일, 자녀를 안전하게 지키고 신뢰의 실적을 쌓는 일이 포함된다.

FoMO: 일부는 놓쳐도 최고의 것은 놓치지 말라

자녀뿐 아니라 어른인 당신 자신을 위한 과학 기술 규칙을 개발한 후에도, 두 세대 모두가 비슷하게 맞서 싸워야 할 문제가 하나 있다.

최근에 나(존)는 근사한 식당에서 다른 주에서 온 내담자와 함께 저녁 식사를 했다. 그의 아내도 그 자리에 함께했다. 분주하게 한 주를 보낸 끝이라 그들 부부와 여유롭게 나누는 시간이 즐거웠다. 나는 그들이 참 좋았다.

그런데 한창 식사를 하던 중에 내담자 아내의 휴대폰이 진동했다. 그녀는 곧바로 휴대폰을 집어들었고 양해를 구하며 밖으로 나가 전화를 받았다. 나는 그에게 말했다. "무슨 일인지는 모르지만 잘 되길 바랍니다."

그러자 그는 약간 얼굴을 찡그리며 말했다. "아마 급한 일은 아닐 겁니다. 아내는 아무 전화나 다 받거든요."

"음성 메일을 이용하지 않나요?" 나는 놀라서 물었다.

"우리 부부는 이 문제로 여러 번 대화를 나누었지만, 아내는 음성 메일을 이용하지 못하겠답니다. 어디선가 전화가 올 것 같은 느낌이 들어 아무 일도 못하겠다나요. 이제 저는 어느 정도 포기했습니다." 그는 말했다.

참으로 딱한 일이 아닐 수 없었다. 그녀가 나가서 급하게 받은 전화는 다음 주 모임을 확인하는 친구에게서 온 것이었다. 그리 급하거나 중요한 용건도 아닌 일로 화기애애한 저녁 시간을 방해받은 것이다. 내가 보기에 그의 아내는 FoMO 상태를 겪고 있었다.

FoMO(Fear of Missing Out, 고립 공포감)는 '놓치면 어떻게 하나 하는 두려움'이다. 그것은 뭔가 중요한 일이 자신이 알지 못하는 사이에 일어날지 모른다고 걱정할 때 느끼는 불안을 말한다. 대개는 개인의 사회생활과 관련이 있고, 친구들과 매 시간마다 또는 매 분마다 계속해서 연락 상태에 있으려는 특징을 보인다. 자신이 지금 아무것도 놓치지 않고 있음을 확인하려는 것이다.

당신도 몇 분 지나지 않아 계속해서 페이스북이나 이메일, 문자 메시지를 확인하고 있지는 않은가? 어쩌면 하루에도 수십 번 아니 수백 번 인스타그램이나 스냅챗과 같은 사진 기반의 어플을 사용하는 10대 자녀를 두고 있을지도 모르겠다. 그런 어플을 사용하는 이유는 친구들이 무슨 옷을 입고 무슨 가게에 있는지 확인하고, 양치질을 하거나 아침을 먹는 자신의 모습을 사진으로 찍어 올리기 위함이다. 자, FoMO에 온 것을 환영한다.

아들들이 고등학생일 때 파티나 모임에 가게 해달라고 조르는 일이 종종 있었다. 문제는 다음 날 수업이 있는 평일 밤에, 때로는 가족과 함께하는 시간을 빼먹고 가려 한다는 것이었다. 그때마다 부자간에 대화가 오고갔다.

얼마 지나지 않아 나는 이런 대화에 어떤 패턴이 있음을 알아차렸다. 많은 대화들이 이렇게 흘렀다. "제발 마지막으로 한 번만요." "겨울 방학을 맞아 헤어지기 전에 만날 마지막 기회예요." "이제 모두가 열여섯 살이 되는 마지막 밤이라고요." 나는 누구보다 추억에 약한 편이지만 결국 이렇게 대답했다. "마지막 시간이란 것이 더 이상 평일 밤에 외출하거나 가족 행사에 빠지는 합당한 이유가 될 수 없어. 그 친구들이 네게 정말 중요하고, 다시는 그들을 못 만날 것 같은 때 그런 말을 쓰는 거란다." 가끔 예외가 있었지만 이 말은 도움이 되었다. 아들들이 되풀이했던 '마지막'은 FoMO의 또 다른 표현이다.

내게 중요한 사람들과 함께하는 행사에 참여하고 관계를 맺고 싶은 것은 정상이다. 우리는 모두 다른 사람들과의 관계와 애착에 동기 부여된다. 그리고 디지털 시대에 그러한 참여는 상당히 간단하고 쉽게 이루어진다. 하지만 FoMO는 결과적으로 삶의 질을 파괴하는 방향으로 이러한 필요성을 강화해 가는 잠재력을 갖고 있다. FoMO로 인해 우리가 디지털이 아닌 눈앞에 펼쳐진 세상에 온전히 참여할 수 없고, 실제로 함께하는 사람들과 더불어 즐거워하지 못하는 것은 문제가 된다. 나의 내담자와 FoMO 상태에 있던 그의 아내와 함께했던, 다소 어수선했던 저녁 식사의 예에서 보듯 그런 일은 실생활에서 일어난다.

FoMO는 두 가지 이유에서 디지털 시대 전에는 그리 큰 문제가 아니었다. 첫째, 우리는 우리가 무엇을 놓치고 있는지 깨닫지 못했다. 우리가 관심 있는 모든 일과 모든 사람에 대해 실시간으로 정보를 주는 소셜 미디어에 접근할 수 없었기 때문이다. 자신이 모르고 있는 것을 놓칠 수는 없지 않은가. 하지만 이제 우리는 친구가 가까운 식당에서 식사하고 있음을 알 수 있고, 당신의 자녀는 한 블럭 떨어진 곳에서 굉장한 파티가 열리고 있음을 알 수 있다. 둘째, 우리가 무엇을 놓치고 있는지 안다 해도 그것에 대응해서 할 수 있는 일이 별로 없었다. 저 멀리 다른 지역에 사는 친구를 위한 축하 행사에 참석한다는 것은, 장거리 운전을 한다거나 비싼 비행기 표를 끊어야 한다는 의미가 될 수 있다. 그것은 아주 큰 일이 될지도 모른다. 하지만 세상이 점점 더 작아지고 더 쉽게 여행할 수 있게 되어 극단적으로 많은 문제가 따른다거나 경비가 들지는 않는다.

그 결과, 우리는 우리가 놓치고 있는 것이 무엇인지 깨달았다. 우리가 실제로 아는 것에 반응하는 무언가를 행하는 수단을 가지고 있음을 깨달았다. 결과적으로, 우리가 원했던 일을 하지 않게 되리라고 예상할 때 우리는 불안해지고 충동적이 된다. FoMO 상태에 들어가는 것이다.

아내와 외식하러 가서 내가 양해를 구하고 화장실에 갔을 때, 내게 FoMO가 다소 있음을 느끼게 되었다. 내가 자리로 돌아오자 아내는 말했다. "여보, 화장실에서 이메일 확인했죠?" 나는 손을 내려다보았다. 스마트폰이 들려 있었다. 나는 말했다. "오, 이런. 당신 말이 맞아요. 나 FoMO에 걸렸나 봐!" 아내와 외식하는 동안, 나는 그리 시급하지 않은 이메일과 문자 메시지를 놓친 것은 아닐까 하는 염려가 있었다. 간단한 해결법은, 화장실에 가면서 내 자리에 스마트폰을 두고 가는 것이다.

스마트폰과 인터넷이 FoMO의 기저에 흐르는 전반적인 문제는 아니다. FoMO에는 심리학자들이 '의존성'이라고 부르는 더 깊은 측면이 있다. 자신에 대해 확고함이 없고 완전함을 느끼지 못할 때, 그래서 타인과의 접촉이 끝없이 필요할 때 FoMO는 일어난다. 지속적인 접촉은 내면에 안정감과 평안을 가져다준다.

의지한다는 것은 좋은 일이다. 우리는 모두 우리에게 필요한 사랑과 지원을 위해 서로에게 의지한다. 하지만 건강한 의존은 우리가 대부분의 시간 동안 서로 온라인으로 연결되어 있어야 함을 의미하지 않는다. 우리는 연결해야 하고, 세상으로 나가야 하며, 다시 연결하고 재충전하여 다시 세상으로 나가야 한다. 건강한 삶이란 디지털이든 디지털이 아니든 관계를 통해 '연료를 채울' 수 있고, 그런 다음 성취하려는 것을 이루는 삶이다. 디지털 연료 충전 없이는 중요한 작업에 몇 시간을 몰두할 수 없는 사람이라면, 미디어에 지나치게 의존하고 있다고 보아야 한다.

그렇다면 당신이 FoMO인지 아닌지 어떻게 알 수 있을까? 화장실에 가서 문자 메시지를 확인하는 것 말고도 당신이 FoMO인지 아닌지 어떻게 알 수 있을까? 자기 점검을 도와줄 몇 가지 특징은 다음과 같다.

- 어떤 일을 하는 틈틈이 스마트폰부터 확인한다(누군가와 대화하거나 스트레칭을 하거나 산책하거나 생각하는 등의 일을 하는 대신에).
- 막간에 휴대폰을 확인할 수 없을 때, 내가 뭘 놓치고 있는 것은 아닐까 하는 불안과 의심이 든 적이 있다.
- 어디서 급한 연락이 올 일이 없는데도 왠지 기다려지며 불안할 때가 있다.
- 회의가 너무 길어져 휴대폰을 확인할 수 없을 때면 초조해진다.
- 기본적으로 실제 주변보다는 디지털 세계에 끌린다.
- 디지털 세계에 너무 빠져 있다고 주위 사람들이 걱정한 적이 있다.

- 하루를 돌아보면 생각나는 일이 별로 없다. 실제로 사람들과 만나 관계를 맺으며 일하지 않았기 때문이다. 그저 디지털 기기를 통해 친구를 만나고 뉴스를 보고 취미 활동을 했을 뿐이다.

다음은 FoMO 문제를 해결하는 데 유용한 몇 가지 지침이다.

　1. **함께하는 사람들과 관계를 맺으라.** 관심 있는 사람들과 실제로 함께하며 그들과의 상호 작용에 집중하라. 그들이 당신을 어떻게 대하고, 그들과 대화하는 것이 어떤 느낌인지 집중하라. 그들을 바라보며 그들에게 온전히 관심을 기울이라. 그럴 때 당신은 관계에 '연료를 채우고', 다른 모든 사람이 지금 뭘 하는지 내가 놓치고 있는 건 아닐까 하는 걱정을 덜하게 된다. 관계와 사랑은 우리 안에 있는 두려움과 불안을 몰아내고, 그 자리를 대신 채운다. "사랑 안에 두려움이 없고 온전한 사랑이 두려움을 내쫓나니"(요일 4:18).

　2. **자유로운 삶을 만드는 데 집중하라.** 성공하는 사람들은 자율적이고 자기 주도적이다. 당신이 가장 존경하고 동경하는 사람들을 생각해 보라. 아마 그들에게는 좋은 직업과 가족이 있을 것이다. 그들은 누가 뭘 하는지, 자신이 뭔가를 놓치고 있는 것은 아닌지 노심초사하지 않는다. 그들은 "누가 내게 연락하지 않을까?"의 노예가 아니다. 대신에 그들은 자율적으로 또는 자유롭게 자신에게 중요한 일을 한다.

　3. **디지털과 떨어져 있는 시간을 정하고 지키라.** 이 이야기는 앞에서도 했지만, 당신은 디지털 세상에 아예 발을 들여놓지 않는 시간을 가져야 한다. 나의 내담자 중 한 명은 일주일에 한 번 아내와 자녀들과 이른바 '노 픽셀'(No Pixel)의 밤을 갖기로 했다. 이런 일을 꾸준히(매일) 할수록 당신은 FoMO를 덜 경험하게 될 것이다.

4. 당신이 왜 FoMO를 느끼는지 생각하라. 이치에 맞는 실체에 도달할 때까지 불안의 기저에 흐르는 생각의 흐름을 따라가 보라. 예를 들면 이렇다.

몇 분마다 전화를 확인하지 않으면 걱정돼.
'왜?'
누군가 내게 말하고 싶어 하는 것을 놓칠까 봐 그래.
'왜 그게 큰 문제야?'
중요한 일 때문에 연락한 건지도 모르잖아.
'지난 일주일을 생각해 봐. 네가 받은 디지털 연락 중에 몇 분마다 확인해야 할 만큼 중요한 것은 몇 퍼센트였어?'
1퍼센트 정도.
'그 정도의 비율이라면 항상 확인하는 것이 맞는 일일까?'
아니, 이치에 맞지는 않지. 내게 도움이 안 돼.

'왜'를 따라가며 현실에 비추어 그 문제에 접근하다 보면 FoMO가 줄어들 것이다.

사람들이 당신에게 즉시 응답을 기대하지 않도록 훈련하라. FoMO에 걸리면 당장 전화하거나 문자를 회신하지 않고는 못 견디게 된다. 우리가 저녁 식사를 할 때 내담자의 아내가 그랬듯 말이다. 한두 번 즉시 응답하게 되면, 사람들은 우리가 언제 어디서든 그들의 연락을 받을 만반의 준비가 되어 있다고 기대하게 된다. 즉시 응답하는 대신에 잠시 기다리라. 정말 급한 일이 아니라면 상황에 따라 몇 분, 몇 시간 또는 며칠을 기다릴 수 있다. 아예 응답하지 않아도 되는 몇 가지 메시지를 받을 수도 있다. 위기 상황이 아니라면, 당신에게 관심 있는 사람들은 당신이 즉시 응답하거나 회신하지 않는다고 짜증을 내서는 안 된다. 누군가가 내게 항상 즉시 전화를 하면, 나는 그가 할 일 없는 은퇴자인지, 아니면 누군가의 생명을 구하려고 1분 1초라도 서두르는 사람은 아닌지 궁금해진다.

결국 우리는 모두는 성공하기 위해 인생에서 무언가를 놓칠 수밖에 없다. 멋진 결혼을 위해서는 가능성 있는 많은 데이트들을 놓칠 수밖에 없다. 제대로 된 직장에 들어가기 위해서는 몇몇 좋은 직장들을 떠나보내야 한다. 당신에게 맞는 최적의 장소에서 살기 위해서는 세상 어느 곳에서나 사는 일을 놓칠 수밖에 없다. 그리고 마음이 바르고 건강한 아이를 키우기 위해서는 당신이 사랑했던 모든 자유를 놓치지 않을 수 없다. 당신이 어떤 사람이 되어 가는지 좀 더 집중해서 바라보고, 최고의 삶을 갖기 위해 어떤 옳은 일을 놓치고 있는지 인식하라.

가장 가치 있는 자산인 관계를 지키라

나(존)의 아들 베니가 중학생일 때의 일이다. 어느 토요일, 나는 부엌에서 점심을 만들고 있었고, 베니는 거실에서 공부를 하고 있었다. "아빠," 아들이 큰 소리로 나를 불렀다. "사람들은 왜 하품을 해요?"

"몰라." 나는 말했다. "구글에서 찾아봐."

"구글이 내 진짜 아빠구나!" 베니는 대답했다.

그 대화 덕분에 우리는 실제로 아버지에게 주어진 역할과 기대가 무엇인지에 대해 멋진 토론을 하게 되었다. 기본적으로 구글은 아들과 레슬링을 한다든지, 함께 영화를 보러 간다든지, 관계에 대한 조언을 한다든지, 용돈을 준다든지 하는 일을 할 수 없다. 그런데 이 이야기는 바운더리 문제를 다음과 같이 지적한다. 디지털 통신은 편리하긴 하지만 궁극적으로는 직접 만나서 의사소통하는 것보다 못하다는 것이다. 전화, 이메일, 문자 메시지, 영상을 통한 모든 연락은 나름의 가치가 있다. 하지만 직접 만나는 것보다는 이런 식으로 소통한다면, 결국에는 우리가 살아내고 건강하게 가꿔야 할 친밀함을 최대한 이용할 수 없다. 직접 만나는 만남이 디지털 만남을 이기는 몇 가지 이유를 살펴볼 것이다. 이것은 더 건강한 상호 작용을 만들기 위해 당신이 세울 수 있는 바운더리이기도 하다.

친밀함은 사치품이 아니라 생필품이다

하나님은 우리가 하나님뿐 아니라 다른 사람들과도 친밀하고 가까운 관계를 맺도록 우리를 창조하셨다. 관계는 인생의 연료다. 관계는 우리에게 수용과 격려, 공감, 지혜, 그 밖의 관계적 영양소를 제공한다. 우리는 이러한 영양을 섭취함으로 건강을 유지하고 성장한다. 실제로 많은 연구들이 충분한 친밀함 없이 살아온 사람들이 그렇지 않은 사람들보다 사망률이 더 높을 뿐 아니라 의학적으로나 정신학적으로 문제가 더 많음을 보여 준다. 작사가들의 노랫말이 맞다. 사랑이 부족하면 말 그대로 우리는 죽고 만다. 그러니 디지털 시대를 어떻게 보든, 우리가 관계에서 영양을 얻고 있음을 분명히 할 필요가 있다. 요점은, 기회가 날 때마다 직접 만나는 것을 기본으로 하고, 디지털 사용에 제한을 두는 것이다.

친밀함은 다양한 수준의 정보 교환이 필요하다

다소 건조하거나 기술적으로 들릴 수 있으나 사실이다. 만족스럽고 안전하며 속 깊은 관계를 맺으려면, 우리는 자신이 어떤 사람인지 많은 수준에서 표현할 필요가 있고, 그와 동일한 수준에서 다른 사람들을 경험해야 한다. 가장 좋은 관계는 기분과 열정, 생각, 의견에 대해 서로 정보를 주고받는 것이다. 누군가를 깊이 그리고 많이 알수록 실제로 그를 '안다'고 말할 수 있다.

이런 일을 이루기 위해 하나님은 우리를 말과 눈 맞춤, 표정, 몸짓 등 언어적, 비언어적 표현을 사용해 상호 '정보 교환'을 할 수 있는 존재로 설계하셨다. 연구에 따르면, 말은 기껏해야 관계에서 소통되는 정보 총량에서 절반에도 못 미치는 정보를 제공할 뿐이라고 한다.

또한 친밀함을 통해 우리는 자신과 다른 사람 사이의 미묘한 차이를 경험한다. 10대 자녀가 자기 방에 가서 숙제를 하겠다고 말하면서 눈을 흘긴다면, 당신에게 뭔가 다른 말을 하고 있는 것이다. '당장은 시키는 대로 하겠지만, 엄마(아빠)는 그런 말을 할 자격이 없어요.' 직장에서 팀 회의를 하는데, 한 사람이 대답은 잘하지만 회의 내내 한숨을 쉰다면, 그는 자신이 이 회의를 얼마나 쓸데없는 것으로 생각하는지를 말하는 것이다.

따라서 다양한 수준에서 더 많은 정보를 교환하는 것은, 우리의 친밀함이 더 올라가는 것을 의미한다. 그리고 당신이 지금 디지털 세상의 어떤 한계를 볼 수 있음을 의미한다. 통신 기술은 유익할 때가 많지만, 결코 관계의 황금 기준이 될 수 없다. 다음과 같은 형태의 소통에서 각각 무엇을 얻고 무엇을 잃는지 생각해 보라.

- 직접 만나서 하는 대화: 사용 가능한 정보가 많은 수준에서 교환된다. 시각, 청각, 촉각, 후각, 미각을 모두 활용할 수 있다.
- 화상 대화: 사용 가능한 대부분의 정보가 교환된다. 하지만 시각과 청각으로만 가능하며, 상대방이 앞에 있을 때보다 더 제한된다.
- 전화 대화: 전화 대화는 청각만 사용하지만, 자연스럽게 상대방과 이야기를 주고받는다는 점에서 긍정적이다. 목소리를 통해 서로가 상대방의 온기와 사랑, 유머, 불안, 스트레스, 분노, 그 밖의 모든 감정 상태를 들을 수 있다. 단점은 관계에서 엄청나게 많은 정보를 담고 있는 표정을 볼 수 없다는 것이다. 또한 기계를 통한 음색이 얼굴을 마주보며 이야기할 때만큼 또렷하고 '인간답지' 못하다.
- 이메일: 이메일은 아이디어나 계획, 기분을 즉시 타이핑해서 보내기에 아주 좋다. 그러나 시각과 청각이 배제되어 소통 형태로는 한계가 있다. 그리고 이메일은 사적으로 연락하는 데 문자 메시지보다 점점 덜 쓰이고 있다. 사용하기가 덜 편리하기 때문이다. 비지니스 왕래에는 여전히 더 많이 사용되고 있다. 하지만 문자 메시지 또한 이 분야에서 더 약진하고 있다.
- 문자 메시지: 스마트폰에서 짧은 문장을 자동실행하는 기능은 매우 편리하다. 점심을 먹으러 가거나 운동하러 가면서도 문자 메시지를 보낼 수 있다. 구두점에 제한이 있기 때문에 더 복잡한 아이디어를 전달하는 것은 여전히 어렵지만, 그것도 기술의 발전으로 나아지고 있다.
- 소셜 미디어(예를 들어 페이스북, 인스타그램, 스냅챗). 문자와 영상이 결합된 정보를 제공하는 디지털 세계의 영역은 가족과 친구, 관심 있는 조직과 연락을 유지하는 재미있는 방법이다. 영상은 그 경험에 상당한 즐거움을 더해 준다.

처음 세 항목, 즉 직접 만나는 것, 영상, 전화는 동기식(synchronous) 의사소통이라고 부른다. 나머지 항목, 즉 이메일, 문자 메시지, 소셜 미디어는 비동기식(asynchronous) 의사소통이다. 동기식 의사소통에서 우리의 말은 시간 지연 없이 즉시 이어지고 수신된다. 그것은 당신이 점심을 먹으면서 누군가와 이야기하는 것과 같이 보통의 대화에서 일어나는 일이다. 비동기식 의사소통에서는 말을 하는 쪽과 받는 쪽 사이에 시간 차가 있다. 예를 들어, 당신이 몇 분 늦을 것이라고 누군가에게 문자 메시지를 보내면, 그들은 몇 초 혹은 몇 분 후에 그 문자를 받는다. 하지만 당신은 그들의 응답을 즉시 받지 못한다.

비동기식 또는 디지털 의사소통은 그저 동기식 의사소통의 대체물이 아니다. 직접 만나는 하는 대화에서 화상 대화, 그리고 화상 대화에서 전화 대화로 정보 교환의 질과 양이 줄어들지만, 이들 세 개의 의사소통에서 디지털 의사소통에 이르는 하락은 훨씬 더 크다.

태어날 때부터, 우리는 직접 그리고 동시에 의사소통하도록 지어졌다. 당신이 A라고 말하면, 다른 사람은 즉시 A라고 듣는다. 그런 다음 B라고 응답하는데, 이를 당신은 즉시 듣는다. 양측 다 상대방이 자기를 이해했다고 느끼기를 바랄 뿐이다.

당신은 아마도 어떤 형태의 비동기식 의사소통을 통해서 관계적 문제 해결이 얼마나 어려운지 경험했을지도 모른다. 상대방이 오해하고, 일이 불필요하게 확대되고 과장되기 쉽다. 왜냐하면 어려운 진실일수록 전달하기 위해서는 온기가 필요하기 때문이다. 온기는 상대방의 얼굴을 보거나 그 사람의 목소리에서 묻어나는 억양을 들을 수 없을 때는 생겨나지 않는다. 당신이 신용카드 사용에 대해 이야기할 때 배우자를 진정 어린 시선으로 바라보거나 따뜻한 목소리를 들려준다면, 배우자는 아마도 이메일 몇 줄을 보냈을 때보다 훨씬 더 당신의 말에 동의하며 문제를 풀게 될 것이다. 그것이 바로 내가 회사 임원들에게 가능하다면 문화적, 관계적 문제를 디지털 방식으로 풀려 하지 말라고 조언하는 이유다. 개인적인 상호 작용은 언제나 이러한 문제를 다루는 가장 효과적인 방법이다.

인간이 어떻게 공감하는 법을 배우는가를 위한 신경학적 기초에 대한 최근의 연구는, 우리가 다른 사람의 감정적 표현을 경험함으로써 그 방법을 배운다고 말한다. 예를 들어, 슬픈 느낌에 관심 있는 사람을 볼 때, 거울 뉴런(mirror neurons)이라고 불리는 뇌 속의 어떤 세포가 당신에게 그와 동일한 감정을 활성화시키고 만들어 낸다. 그 결과 당신은 다른 사람의 고통과 즐거움에 진정으로 공감하는 능력을 개발하게 된다. 이것이 내가 신경과학을 사랑하는 이유다. 다시 반복하지만, 그 연구의 결과는 성경이 오랜 세월 동안 우리가 서로 어떻게 관계를 맺어야 하는지에 관해 가르치고 있는 것과 맥을 같이한다. 아들이 죽은 과부에 대한 예수님의 연민은 위대한 한 예이다. "주께서 과부를 보시고 불쌍히 여기사"(눅 7:13).

따라서 우리 두뇌가 잘 자라고 발달하며 기능을 발휘하려면, '성육신'이 필요하다. '성육신'은 신학자들이 예수님이 육신을 입고 우리와 함께하신 방법을 설명하는 데 사용하는 단어다. 나는 우리가 '육신을 입고' 서로와 함께하는 방법을 설명하기 위해 성육신이라는 말을 사용한다. "내가 너희를 사랑한 것같이 너희도 서로 사랑하라"(요 15:12). 지지하는 방식으로 우리가 서로 함께할 때 스트레스가 줄어들고 행복감이 증진된다. 거듭 말하지만 실제로 함께하는 것은 우리 모두가 번성하는 기초가 된다.

이 연구는 또한 부정적 측면에 대해서도 다루는데, 사람을 직접 만나는 것보다는 디지털로 더 많이 관계를 맺는 어린이와 10대들은 다른 사람의 고통과 아픔에 공감하는 데 더 많은 문제가 있다고 말한다. 공감 능력의 부족은 결과적으로 직장과 가족, 우정, 결혼 생활에서 심각한 문제를 일으킬 수 있다.

그러므로 비동기식 의사소통은 특정 수준에서는 접촉을 유지하는 데 좋지만, 가능한 대로 중요한 관계의 주요 이벤트, 즉 동기식 의사소통을 지원하고 보완하는 데 사용해야 한다.

나(존)의 내담자는 회사 임원인데, 최근에 개인적인 위기를 맞아 내게 전화를 했다. 그는 자신과 아내가 곤란한 상황이라고 밝혔다. 그는 그 문제에 대해 내게 이메일이나 전화, 심지어 커피숍에서 만나는 것까지 꺼렸다. 우리는 사적인 장소에서 만나야 했다. 그들 부부의 성인 딸이 알코올 의존증과 끔찍한 선택으로 심각한 어려움에 처한 문제를 털어놓고 이야기할 수 있을 만한 곳이어야 했다. 나는 왜 그들이 이런 식의 만남을 원하는지 충분히 이해한다. 부부는 자신들의 딜레마를 설명했다. 그들이 딸의 문제를 어떻게 느끼고 있는지, 그 문제에 대한 그들 부부의 서로 다른 두 가지 인식이 어떻게 그들의 관계에 영향을 미치는지 말이다. 매우 복잡한 목표와 감정적인 정보를 정리해야 했다. 우리가 직접 만나 이야기하지 않았더라면 문제의 실체를 파악하고 정교한 해결책에 이르는 데 훨씬 더 오랜 시간이 걸렸을 것이다.

분명히 디지털 만남이 유일한 선택이 될 때가 있다. 나는 전 세계에 선교사 친구들이 있다. 그들은 오직 화상 대화나 이메일을 통해서만 사랑하는 사람들과 만날 수 있다. 군 복무를 하는 친구들도 마찬가지다. 그것은 어쩔 수 없는 현실이다. 하지만 원칙은, 의심스러울 때는 직접 만나서 대화를 나누거나 동기식 의사소통을 기본으로 해야 한다는 것이다.

이 원칙을 실생활에 활용할 수 있는 몇 가지 요령은 이렇다.

1. **중요한 관계를 일정표에 넣으라.** 우리는 모두 바쁜 세상에서 살고 있다. "언제 한번 봐요"는 점점 더 실현되기 어려운 말이 되고 있다. 누군가를 안다는 것은 좋은 일이다. 그저 충동적으로 전화해서 만나자고 할 수 있는 것도 좋은 일이다. 하지만 오늘날에는 이렇게 하기가 쉽지 않다. 업무 일정과 운동, 저녁 약속 시간을 잡듯 당신에게 소중한 사람들과 함께하는 시간을 매달 얼마간 일정으로 잡아 놓으라. 진짜 (동기식) 대화를 나누는 시간을 떼어 놓으라. 소중한 사람들과 함께하는 기회를 놓치지 말라. 그들과의 관계를 위해 노력하라.

2. **동기식 의사소통을 시작하는 사람이 되라.** 식당에 가면 가족이나 친구들과 함께 왔는데도 서로 이야기를 나누기보다는 스마트폰만 들여다보는 풍경이 다반사가 되었다. 시간과 에너지와 돈을 들여 함께 나온 이유가 도대체 뭐란 말인가?

나의 아들 리키는 대학 친구들과 만났을 때, 각자의 휴대폰을 꺼내 테이블 위에 쌓아 올려놓고 동기식 의사소통을 시작했다. 서로 대화하며 시간을 보내는 것을 보장하기 위해서였다. 자기 휴대폰에 손을 대서 테이블 위의 휴대폰 탑을 무너뜨리는 사람이 저녁을 사기로 했다. 주머니가 가벼운 대학생들에게 그것은 효과적인 동기가 되었다. 요점은 관계에서 적절한 변화와 성장을 보기 위해서는 필요한 변화를 시작해야 한다는 것이다. 한 걸음을 내딛고 그런 사람이 되라.

3. **비동기식 의사소통은 보완책으로 사용하라.** 간헐적으로 문자 메시지, 이메일, 소셜 미디어를 사용해 당신의 생각을 나누고 사람들에게 원하는

바를 알려라. 다만 이러한 소통으로 동기식 의사소통을 대신하지 말고 보완하는 방법으로 사용하라.

가장 바람직한 바운더리: 온전하고 의미 있는 삶

우리는 지금 디지털 시대를 살고 있으며, 사람들이 살아가고 일하고 관계 맺는 방식에서 대체로 긍정적인 발전을 이루고 있다. 하지만 당신의 삶에서 이것이 유익하게 작용하려면 약간의 노력과 몇 가지 합리적인 규칙이 필요하다.

덧붙이자면, 디지털 세상에서 건강하기 위해 당신이 만들 수 있는 가장 좋은 바운더리 중 하나는 '온전한 삶'을 갖는 것이다. 온전한 삶이란 당신에게 의미 있고 즐거우며 가치 있는 관계와 활동에 당신의 시간과 에너지를 투자하는 삶이다. 당신의 삶에서 하나님이 주신 사명을 발견하고 따르는 것, 사랑하는 사람들과 깊은 대화를 나누는 것, 열정을 찾고 표현하며 다른 사람들을 위해 사용하는 것 등이 온전한 삶에 포함된다. 자연은 진공을 싫어한다. 우리의 삶을 충만하게 채우고 영위할수록 디지털 세상이 끼어들거나 우리가 그것에 중독될 여지는 줄어든다. 예수님은 말씀하셨다. "도둑이 오는 것은 도둑질하고 죽이고 멸망시키려는 것뿐이요 내가 온 것은 양으로 생명을 얻게 하고 더 풍성히 얻게 하려는 것이라"(요 10:10). 우리를 향한 하나님 계획의 일부인 충만함은, 우리가 일어나 디지털 침입자를 포함해 우리의 시간과 자유와 목적을 훔치고 죽이거나 파괴할 수 있는 여타의 것들을 막을 때 이루어진다.

나(존)는 지금 집에서 멀리 떨어진 곳으로 와서 이 장을 마무리하고 있다. 노트북 컴퓨터로 작업하고 있으며, 내 옆에는 스마트폰이 놓여 있다. 나는 두 기기 모두에 있는 문자와 이메일 기능을 비활성 상태로 해놓았다. 전화기는 내 인생에서 중요한 몇몇이 급한 일로 나를 필요로 할 때에만 울리도록 설정되어 있다. 그렇게 한 것은, 이 책에서 전하는 올바른 개념과 이야기, 그리고 그것을 전달하는 단어는 만드는 데 오롯이 집중하기 위해서다.

이제 몇 분이 흘렀다. 나는 글을 쓰다가 휴식을 취했고, 그제서야 업무 이메일을 확인하면서, 아내와 자녀 및 여러 친구가 내게 연락하려고 전화와 문자 메시지와 이메일을 보냈다는 것을 알았다. 내가 멀리 떨어져 있는 동안에도 내가 관심을 갖는 사람들과 '함께' 디지털 시대를 누릴 수 있다는 것은 참 좋은 일이다.

적절한 경계와 규칙을 지킨다면, 만나고자 하는 사람들을 만나고 완수해야 하는 일들을 수행하는 데 필요한 시간을 얼마든지 가질 수 있다. 그것은 당신의 시간과 수고를 앞지르지 않을 것이고, 그 결과는 그만한 가치가 있다.

13.

바운더리와 자아

사라는 깊은 한숨을 쉬었다. 그녀는 치료 과정에서 몇 가지 중요한 바운더리 문제를 바로잡기 위해 애쓰고 있었다. 그녀는 부모와 남편, 그리고 자녀들과 겪었던 책임감의 갈등을 해결하기 위한 과정에 막 접어들었다. 하지만 오늘 새로운 문제에 부딪혔다.

"미리 말씀드렸어야 하는데, 아직 말하지 못한 관계가 또 있어요. 저는 이 여성과 무수한 바운더리 문제를 겪고 있습니다. 그녀는 과식하고, 다른 사람에게 상처 주는 말을 함부로 내뱉습니다. 그녀는 신뢰할 수 없고, 항상 저를 힘들게 하지요. 그리고 그녀는 제 돈을 함부로 쓰면서 수년이 지나도록 갚지 않고 있습니다."

"왜 지금까지 그녀에 대해 말하지 않았지요?" 내가 물었다.

"왜냐하면 그녀는 바로 제 자신이기 때문이죠." 사라가 대답했다.

사라는 대부분의 사람들이 겪고 있는 갈등을 그대로 반영하고 있다. 우리는 바운더리가 성경적이라고 배웠기 때문에 다른 사람들에 대해 경계를 정한다. 또한 지나치게 과다한 책임을 맡는 어리석음에서 벗어나 적절한 분량의 책임을 맡는 쪽으로 바뀌기 시작한다. 그러나 우리가 자신에 대해 경계를 정하는 일은 어떻게 시작할 수 있을까? 만화가 월트 켈리(Walt Kelly)의 작품에 등장하는 포고 포숨(Pogo Possum)의 대사 중에 이런 대목이 있다. "우리는 적군을 만났어. 그런데 그 적은 바로 우리였어."

이 장에서는 다른 사람들의 통제와 조종이 아닌 우리 자신의 몸을 통제하기 위한 책임에 대해 살펴볼 것이다. 다른 사람들과의 관계에서 생기는 외적 바운더리 갈등을 잠시 옆으로 밀어 두고, 우리 자신이 안고 있는 내적 바운더리 갈등을 점검할 것이다. 이것은 다루기 힘든 문제일 수 있다. 불만이 많았던 한 신자는 주일 설교를 마치고 돌아가는 목사에게 이렇게 말했다. "이제 당신은 설교를 중단하고, 남의 일에 참견하기 시작했군요."

이런 말에 대해 방어적 자세를 취하기보다는 자신을 겸손히 돌아보는 태도가 훨씬 바람직하다. 주위 사람들의 반응을 무시하지 말라. 우리를 신뢰하는 사람들의 말에 귀를 기울이라. 그리고 솔직하게 "내가 잘못했다"라고 고백하라.

통제 불능의 영혼

건강하고 만족하며 행복한 사람들은 이른바 '자기 통제'를 할 줄 아는데, 이는 성경과 모든 심리학 연구가 확증하고 있는 중요한 사실이다. 갈라디아서 5장은 그것이 성령의 열매 중 하나라고 말한다. 우리는 절제(자기 통제)를 하라는 부르심을 받았다. 사실 분야가 달라서 그렇지 스스로를 절제하고 바람직한 바운더리를 유지하기 위해 애쓰지 않는 사람은 없다. 우리는 더 공통된 분야를 찾아 살펴볼 텐데, 이 개념을 적용할 수 있는 다른 많은 사람들이 분명 있다.

음식

테레사가 감추고 싶어 하는 수치심은 시간이 흐를수록 점차 드러났다. 162센티미터의 키는 비만 상태를 다소 감춰 주었지만, 차츰 늘어나는 몸무게는 몇 달 후 100킬로그램에 육박했다. 그녀는 그 사실이 싫었다. 그녀의 데이트 생활이나 체력 또는 자신에 대한 태도 등 모든 부분에 영향을 미쳤다.

그녀는 자신을 통제하지 못했다. 성공적이지만 스트레스를 많이 받는 검사라는 직업 때문에, 그녀의 주위를 둘러싼 모든 것들이 허무하게 느껴질 때 그녀가 쉽게 접할 수 있는 것은 사탕뿐이었다. 쉬는 날에는 고립되어 있다는 느낌이 더 심해져서, 그 공허감을 채우는 데 기름기 많은 음식처럼 좋은 것이 없었다. 테레사는 그 음식을 먹으면서, '편안함을 주는 음식이라 불러도 전혀 이상하지 않겠어'라고 생각했다.

과식이 고통스러운 이유는, 필요 이상으로 살찌는 것을 다른 사람에게 보여 주기 때문이다. 비만인 사람들은 자기 상태에 대해 과한 자기혐오와 수치심을 느낀다. 통제 불능의 행동으로 인해 고통당하는 다른 사람들처럼, 살찐 사람들은 자기 행동에 대해 지나친 수치심을 느낀다. 그래서 인간관계를 멀리하고 다시 음식을 찾는다.

만성적으로 폭식하고 과식했던 사람들은 대부분 내적 자아 바운더리 문제로 고통당한다. 과식하는 사람들에게 음식은 잘못된 바운더리를 제공한다. 몸무게가 늘어나고 매력을 잃어버림으로써 다른 사람들과의 친밀감을 피하려는 방편으로 음식을 사용한다. 또는 왜곡된 친밀함을 얻으려고 떠들썩한 파티를 이용한다. 파티에 참석하는 사람들은 음식에서 '편안함'을 구한다. 왜냐하면 바운더리가 필요한 진정한 인간관계에 대한 기대보다 음식이 덜 무섭기 때문이다.

돈

자동차 범퍼 스티커 중에 "난 끄떡없어. 아직 은행 잔고가 빵빵하거든!"이라는 유명한 문구가 있다. 사람들은 돈과 관련된 여러 다른 영역에서 수많은 문제들을 안고 있다. 그 가운데 몇 가지만 살펴보자.

- 충동 구매
- 부주의한 예산 설정
- 분수에 넘치는 생활
- 신용 문제
- 습관적으로 친구들에게 돈을 빌리기
- 실천하지 않는 예금 계획
- 모든 비용을 지불하기 위해 시간외 근무를 하거나 여러 직장을 갖기
- 무책임하게 금전을 지출하는 사람들을 반복적으로 구제하기

하나님은 우리와 다른 사람들에게 축복이 되라고 돈을 주셨다. "주라 그러면 너희에게 줄 것이니 곧 후히 되어 누르고 흔들어 넘치도록 하여 너희에게 안겨 주리라"(눅 6:38). 실제로 성경은 돈에 문제가 있는 것이 아니라, 돈을 사랑함이 "일만 악의 뿌리"(딤전 6:10)가 된다고 경고했다.

대부분의 사람들은 자신의 재정 상태를 관리해야 한다는 데 동의한다. 저금을 하고, 비용을 절감하며, 할인점에서 쇼핑하는 것은 모두 바람직한 모습이다. 단순히 수입을 더 올리려는 욕구만 돈에 관련된 문제로 여길 수도 있다. 하지만 생활을 위한 높은 비용이 문제가 아니라, 지나치게 사치스러운 삶을 위한 비용이 돈과 관련된 진짜 문제다.

수입을 능가하는 지출에 대한 문제는 그 사람의 자아 바운더리 문제다. 필요 이상으로 소비하는 것에 대해 "안 돼"라고 말하지 못할 때, 그것은 다른 사람의 종이 되는 모험을 감행하는 것과 같다. "부자는 가난한 자를 주관하고 빚진 자는 채주의 종이 되느니라"(잠 22:7).

시간

많은 사람들이 자신에게 주어진 시간을 마음대로 할 수 없다고 여긴다. 끊임없이 마감 시간에 쫓겨 살아간다. 노력하고 있지만, 시간이 자신에게서 점점 멀어져 간다는 것을 알게 될 따름이다. 그들은 자신이 맡은 일을 끝내려고 애쓰지만 늘 시간이 부족하다. '일찍'이라는 말은 도저히 그들에게서 찾아볼 수 없다. 이런 유형의 사람들이 정해 놓은 시간 계획은 고작 이런 것들이 전부다.

- 미리 준비해서 업무 회의에 참석하기
- 점심 약속 시간 지키기
- 업무 마감일 지키기
- 교회나 학교 활동에 꾸준히 참석하기
- 카드 대금이나 세금 제때 내기

이런 사람들은 회의 장소에 15분 늦게 숨을 헐떡이며 뛰어들어 가며 변명을 늘어놓는다. 교통이 혼잡해서, 맡은 일이 너무 많아서, 아니면 아이가 급히 병원에 입원해서 등의 이유를 댄다.

시간을 제대로 지키지 않는 사람들은 고의든 그렇지 않든 다른 사람에게 폐를 끼치는 것이다. 시간과 관련된 문제는 다음의 이유 가운데 한 가지 또는 몇 가지 때문에 일어난다.

1. **전능함.** 이런 사람들은 주어진 시간 안에 자신이 완수할 수 있는 일에 대해 비현실적이고 어느 정도 과장된 기대치를 세운다. "문제 없어. 내가 할 거야"가 그들의 좌우명이다.

2. **다른 사람들에 대한 지나친 책임감.** 그들은 연회장을 너무 빨리 떠나는 것은 연회를 주최한 사람에 대한 예의가 아니라고 생각한다.

3. **현실적 염려의 부재.** 그들은 현재에 완전히 빠져 살기 때문에, 차가 막힐 것이나 주차하는 것, 외출하기 위해 옷을 고르는 일 등을 염려하지 않고 게을리한다.

4. **합리화.** 그들은 자신이 늦음으로써 다른 사람들이 느낄 고통과 불편을 아무렇지 않게 여긴다. "다 내 친구들이니까, 이해해 주겠지"라고 생각한다.

시간에 대해 자기 바운더리를 세우지 못한 사람은 다른 사람을 힘들게 할 뿐만 아니라 스스로도 좌절감을 느낀다. 그들은 "소원을 성취하면 마음에 달다"(잠 13:19)는 사실을 전혀 알지 못한 채 인생을 마감한다. 비현실적인 욕망과 어중간한 계획 속에 머물며, 내일도 오늘보다 그리 나을 것이 없다고 생각한다.

업무 완성

이것은 시간과 관련된 바운더리 문제와 가장 가까운 요소로, 일의 '마무리를 잘하는 것'을 주로 다룬다. 우리는 사랑과 삶의 활동 영역에서 이루고자 하는 목표를 가지고 있다. 수의사나 변호사가 되고 싶어 하고, 자기 사업을 하며 자기 집을 소유하기 원한다. 성경 공부 프로그램이나 식이 요법을 시작하고 싶을 수도 있다.

우리 모두는 크든 작든 어떤 일을 시작하면서 바울처럼 말하기를 좋아한다. "나는 선한 싸움을 싸우고 나의 달려갈 길을 마치고 믿음을 지켰으니 이제 후로는 나를 위하여 의의 면류관이 예비되었으므로 주 곧 의로우신 재판장이 그날에 내게 주실 것이며 내게만 아니라 주의 나타나심을 사모하는 모든 자에게도니라"(딤후 4:7-8). 예수님이 십자가에서 마지막으로 남기신 "다 이루었다"(요 19:30)는 말씀은 아주 짧지만 엄청난 호소력이 있다.

많은 그리스도인들이 시작은 잘하지만 마무리는 잘하지 못하는 자신을 발견한다. 이런저런 이유 때문에 창조적인 생각은 결과를 제대로 이끌어 내지 못한다. 조직적인 활동 계획도 무위로 돌아가 버린다. 희미하게나마 성공이 보이는 것 같더니, 갑자기 사라져 버린다.

일의 마무리를 못하는 사람들이 가진 문제는 다음과 같다.

1. **구조에 대한 저항**. 마무리를 못하는 사람들은 계획을 이루기 위해 규율에 복종하는 것이 비난받을 일이라고 생각한다.

2. **성공에 대한 두려움**. 마무리를 못하는 사람들은 성공이 다른 이들로 하여금 자신에 대한 질투와 비난을 일삼게 할 거라고 필요 이상으로 염려한다. 친구들을 잃느니 차라리 실패를 감수한다.

3. **실행의 결여**. 마무리를 못하는 사람들은 계획을 실행시키기 위해

필요한 실질적 '활동'을 싫어한다. 아이디어를 만들어 내고, 그것을 다른 사람으로 하여금 실행하도록 하는 데 관심이 더 있다.

4. 산만함. 마무리를 못하는 사람들은 계획이 마무리될 때까지 거기에 집중하지 못한다. 한 가지 일에 집중하는 기술을 터득하지 못한 것이다.

5. 만족감을 뒤로 미루지 못함. 마무리를 못하는 사람들은 어떤 일을 잘 마쳤을 때 만족감을 얻기 위해 견뎌야 하는 중간 단계의 고통을 이기지 못한다. 곧바로 만족하고 싶어 한다. 영양 성분이 골고루 조화된 식사를 하기도 전에 디저트를 먹고 싶어 하는 어린아이와 같다.

6. 외부의 압력을 거절하지 못함. 마무리를 못하는 사람들은 다른 사람들의 부탁이나 계획을 거절하지 못한다. 그들은 어떤 일이든 훌륭하게 끝맺을 시간이 없다.

업무 완성의 문제를 안고 있는 사람들은 자기가 좋아하는 장난감으로 가득한 곳에 있는 두 살짜리 아이들과 비슷하다. 그 아이들은 장난감 망치를 잠시 두들기다가, 장난감 차를 끌며 부릉부릉 소리를 낸다. 장난감 로봇에게 말을 하다가, 또 그림책을 펼쳐서 본다. 2분 이상 지속적으로 하는 놀이가 거의 없다. 업무 완성과 관련된 바운더리 문제는 인간이라면 누구나 태어날 때부터 안고 있는 것처럼 보인다. 이들은 원하지 않는 것에 대해 내면적으로 거절하는 능력을 충분히 기르지 못해 일을 마무리하는 데 집중하지 못한다.

말

내가 인도하는 치료 모임에서, 한 남자가 마룻바닥을 한참 동안 응시하고 있었다. 그는 갑자기 대화에 끼어들어 주제를 바꾸더니, 별로 중요하지 않은 사소한 이야기를 지나치게 오랫동안 털어놓았다. 주제가 뭔지 아예 잊어버린 것처럼 보였다. 다른 사람들은 멍하게 그를 바라보다가 완전히 지쳐 버렸다. 주제로 돌아가려고 애쓰는 그에게 내가 말을 하려는 순간, 모임에 참석한 한 여성이 갑자기 말문을 열었다. "빌, 요점을 말하세요, 아시겠어요?"

"요점을 말하라." 말을 조리 있게 하고 일정한 바운더리를 세워 놓는 것을 힘들어하는 사람들이 많다. 언어를 사용하는 습관은 우리가 맺고 있는 여러 관계의 질적 부분에 영향을 미친다. 혀는 축복의 근원이 될 수도 있고 저주의 근원이 될 수도 있다(약 3:9-10). 우리가 다른 사람들의 사정에 공감하고, 일체감을 표시하며, 격려하고, 솔직하게 대하며, 다른 사람들을 훈계하기 위해 혀를 사용하면 복이 된다. 하지만 다음과 같은 것을 위해 혀를 사용하면 저주가 될 수밖에 없다.

- 쉬지 않고 떠들며 친밀감 외면하기
- 다른 사람을 통제하기 위해 대화의 우위 차지하기
- 험담하기
- 빈정대는 말을 하며 간접적으로 적대감 드러내기
- 누군가를 위협하며 직접적으로 적대감 드러내기
- 아부로 환심 사기
- 침묵 요법(누군가를 혼내 주기 위해 입 다물기)
- 더 좋게 보이려고 진실을 조작하기
- 꼬드기고 조종하기

언어 사용의 바운더리를 세우는 데 어려움을 겪는 사람들은 자기 문제를 제대로 인식하지 못한다. 그들은 친구가 "너는 가끔씩 내가 하는 말 가운데 쉼표를 마침표로 이해하는 것 같아"라고 말하면 깜짝 놀란다.

내가 알고 있는 한 여성은 다른 사람들이 자신에 대해 알게 되는 것을 매우 두려워했다. 그녀는 먼저 질문을 하고 재빨리 말을 이어 나갔다. 그럼으로써 아무도 대화의 주제를 그녀에게 돌리지 못하게 했다. 다만 한 가지 문제가 있었다. 말을 계속 하려면 숨을 쉬어야 했는데, 그러면 다른 사람이 의견을 제시할 틈이 생겼다. 하지만 그 여성은 아주 재치 있는 방법으로 그 문제를 해결했다. 한 문장을 끝내고 숨을 쉬지 않고는 다음 문장 중간에서 멈추고 잠시 숨을 쉬었다. 그러면 사람들이 완전히 균형을 잃게 되어, 그녀는 거의 방해를 받지 않았다. 그것은 효과적인 전략이었지만, 또 다른 문제가 있었다. 그녀의 뒤를 이어 말할 사람을 찾는 일이었다. 그녀가 계속 말을 이어 나가면, 사람들은 하나둘 그 자리를 떠났다.

성경은 우리에게 말을 조심해서 하라고 명령한다. "말이 많으면 허물을 면하기 어려우나 그 입술을 제어하는 자는 지혜가 있느니라"(잠 10:19). "말을 아끼는 자는 지식이 있고 성품이 냉철한 자는 명철하니라"(잠 17:27). 『구약 성경 신학 용어집』(*The Theological Wordbook of the Old Testament*)에 따르면, '아끼다'(restraint)에 해당하는 히브리 단어는 '어떤 것 또는 누군가에 대해 자제하는 자유로운 행위다. 행위자는 그 대상을 능가하는 권한을 가진다'[1]를 나타낸다. 이 말은 바운더리와 밀접한 관련이 있다. 우리는 입술에서 나오는 말에 바운더리를 세울 힘을 가지고 있다.

우리가 입술을 통해 나오는 말들을 자제하지 못하거나 바운더리를 세우지 못하면, 그 말은 이제 우리 것이라 할 수 없다. 하지만 여전히 우리는 그 말들에 대해 책임져야 한다. 우리가 한 말들은 우리 자신이 아닌 다른 어디에서 솟아난 것이 아니다. 누군가 뒤에서 조종하는 인형극에서 인형이 떠들어 대는 말들처럼 될 수 없다. 그 말들은 우리 마음에서 나온 것들이다. 우리가 "나는 그런 뜻으로 말한 게 아니야"라고 말하는 것은 아마도 '내가 너에 대해 생각하는 걸 네가 몰랐으면 좋겠어'라는 의미일 것이다. 우리는 우리 말에 대해 책임져야 한다. "내가 너희에게 이르노니 사람이 무슨 무익한 말을 하든지 심판 날에 이에 대하여 심문을 받으리니"(마 12:36).

성생활

그리스도인들이 교회에서 영적, 감정적 갈등에 대해 솔직하게 털어놓을 때, 성적 문제가 주요 관심사로 떠오를 때가 많다. 특히 남성들의 경우에 더욱 그렇다. 다음과 같은 여러 사항들이 포함된다. 과도한 자위 행위, 동성애 또는 이성애에 대한 지나친 집착, 포르노, 매춘, 노출, 관음증, 음란 전화, 성적 방종, 어린이 학대, 근친 상간, 강간 등.

통제 불능의 성적 행동에 사로잡힌 사람은 일반적으로 깊은 고독감이나 수치심을 느낀다. 그들은 자기 영혼 속의 파괴된 부분을 어둠 속에 격리시킨다. 하나님과 다른 사람들과의 관계라는 빛에서 멀어져 도움이나 해결책을 전혀 얻지 못한다. 그 같은 성적 행동은 비현실적이고 환상에 이끌리는 또 다른 인생을 형성하게 한다. 어떤 사람은 그것을 '나 아님(not-me)의 경험'이라 묘사했다. 마치 건넛방에서 자신의 성적 행동을 보고 있는 것 같은 느낌이라고 한다. 다른 일들은 생명력이 없거나 고립된 것처럼 느껴지므로, 성생활은 자신이 살아 있음을 느끼는 유일한 길이다.

하지만 문제는, 대부분의 내적 바운더리 갈등과 마찬가지로, 성적 바운더리의 부재는 자기 마음대로 하려 하고, 지나친 요구를 하며, 탐욕스러운 인간이 되게 한다. 아무리 성적 흥분 상태를 많이 경험했다 해도 성에 대한 욕망은 더욱 깊어만 가고, 정욕을 거부하지 못하는 무력함은 그 사람으로 하여금 더욱 깊은 절망과 불행으로 끌어간다.

약물 남용

내적 바운더리에 문제가 있음을 가장 분명하게 보여 주는 예는 바로 약물 남용일 것이다. 중독에 걸린 사람의 인생은 황폐해진다. 이혼, 실업, 재정적 위기, 건강 문제, 죽음 등은 그런 부분에 대해 경계를 정하지 못한 무능함의 결과다. 비록 의사의 처방전이 필요한 의약품부터 거리의 마약, 술, 담배 또는 대마초에 이르기까지 어떤 약물이든 간에 통제하지 못한다면, 개인은 물론 주변과의 관계에 재앙이 될 수 있다.

너무나 안타깝게도, 실험 삼아 약물을 시도하는 청소년들이 점점 늘어나고 있다. 약물 중독은 인격과 바운더리를 갖춘 성인에게도 극복하기 어려운 문제다. 그러므로 바운더리가 미약하고 이제 막 형성되고 있는 어린 아이에게 그 결과가 평생 영향을 미치고 당사자를 쇠약하게 만드는 것은 당연한 일이다.

나의 "아니요"가 효력을 발휘하지 못하는 이유

"나는 '아니요'라는 말은 절대로 하지 않겠습니다." 저스틴이 내게 말했다. "그 말은 다른 사람에 대한 바운더리를 세우는 데는 적절하지만, 제가 맡은 일들을 완수하려고 애쓸 때마다 늘 방해가 됩니다. 그 말을 어디에다 치워 버렸으면 좋겠습니다. 좋은 장소 없습니까?"

정말 그런 곳이 있을까? 앞에서 제시한 통제 불능의 여러 영역을 읽으면서, 자신에 대해 무력함과 좌절감을 느꼈을 것이다. 하나나 그 이상의 문제 영역에 자신이 포함된 것을 알게 되면, 그 같은 내적 영역에서 성숙한 바운더리를 형성하지 못한 것 때문에 낙담하지 않겠는가? 무엇이 문제인가? 우리가 말하는 "아니요"라는 거절이 자신에게 효력을 미치지 못하는 이유는 무엇인가?

여기에는 적어도 다음과 같은 세 가지 이유가 있다.

1. 우리는 자기 자신에 대항하는 가장 강력한 적이다. 외적 문제는 내적 문제보다 처리하기가 훨씬 쉽다. 우리가 다른 사람에 대해 경계를 정하는 것에서 자기 자신에 대한 바운더리를 세우는 쪽으로 관심의 초점을 옮길 때, 가장 큰 변화를 겪는 부분은 책임감의 영역이다. 다른 사람에 대한 경계를 정할 때, 우리는 자신이 아닌 다른 부분에 대해 책임지면 된다. 하지만 자신에 대한 경계를 정하려 할 때, 우리는 그 과정에 전보다 훨씬 더 많이 관계된다. 스스로 대상이 되기 때문이다. 우리는 자기 자신에 대한 책임이 있다.

사소한 잘못이라도 찾아내려고 혈안이 되어 비판을 일삼는 사람들에게 둘러싸여 있다면, 그들의 끊임없는 비난에 노출되어 있는 자기 모습에 대해 분명한 경계를 정할 수 있다. 주제를 바꾸거나, 아예 그곳을 떠나 다른 곳으로 가면 된다. 우리는 떠날 수 있다. 하지만 그런 비판적인 인물이 바로 당신의 머릿속에 있다면 어떻게 할 것인가? 그 문제를 지닌 사람이 바로 당신이라면 어떻게 하겠는가? 적군을 만났는데, 그 적이 바로 당신이라면 말이다.

2. 우리는 다른 사람과의 관계가 가장 필요할 때 그 관계에서 멀어진다. 제시카

는 불규칙한 식사 습관을 치료받으려고 내게 왔다. 그녀는 서른 살이었는데, 10대부터 먹는 것을 지나치게 좋아했다. 나는 그녀에게 이런 내적 바운더리 문제를 해결하기 위해 시도했던 경험이 있는지 물어보았다.

"일을 하면서 적당한 분량만 먹으려고 노력했어요." 그녀가 말했다. "하지만 항상 원래대로 돌아가고 말았어요."

"이 문제에 대해 누구와 이야기를 나눈 적이 있나요?" 내가 물었다.

"무슨 말씀이시죠?" 제시카는 당황한 눈빛으로 되물었다.

"폭식 습관을 더 이상 견디지 못할 때 그 문제를 누군가에게 이야기해 보았느냐는 말입니다."

제시카의 눈에 눈물이 고였다. "너무 심한 질문을 하시네요. 이것은 사적인 문제입니다. 다른 사람에게 알리지 않고 이 문제를 해결할 수는 없을까요?"

피하여 숨는 것은 비단 오늘날의 문제가 아니다. 실제로 그 시작은 에덴 동산에서 찾을 수 있다. (아담과 하와가 선악과를 따 먹고 하나님을 피했던 일을 기억하는가?) 타락 이후로 곤경에 처했을 때, 다른 사람들의 도움이 절실하게 필요할 때 관계에서 도피하려는 것은 인간의 본능이 되었다. 거기에는 안전함에 대한 확신 부족, 은혜의 상실, 수치심, 교만 등의 문제가 있었다. 이런 요소들로 인해 우리는 곤경에 처했을 때 외부로 나아가기보다는 자신의 내부로 들어가 침잠한다. 바로 그것이 문제다. 전도서 기자는 이렇게 말한다. "혹시 그들이 넘어지면 하나가 그 동무를 붙들어 일으키려니와 홀로 있어 넘어지고 붙들어 일으킬 자가 없는 자에게는 화가 있으리라"(전 4:10).

우리 병원의 치료 프로그램에 참여한 환자들에게도 그런 도피 현상은 자주 나타난다. 상처를 가지고 입원한 사람들은 병원 직원들이나 다른 환자들에게 애정을 갖는다. 처음에는 다른 사람과 관계를 맺으려는 욕구를 드러낸다. 강한 비바람 후에 꽃잎을 드러내는 장미처럼, 그들은 하나님과 다른 사람들에게 받은 은혜의 빛 아래서 관계를 형성해 나간다.

그러다 갑자기 예기치 못한 어려운 문제가 생긴다. 내면에 있는 고통이 노출될 때 그들의 우울 증세는 일시적으로 악화된다. 어떤 때는 고통스러운 아픔의 기억들이 표면에 드러난다. 심지어 가족 구성원들과 심각한 갈등을 일으키기도 한다. 그들은 이처럼 고통스럽고 위급한 감정들과 문제들을 새로 형성된 인간관계 속으로 가져오지 않고, 스스로 그 문제를 해결하기 위해 자신의 공간 속으로 숨어 버린다. 자신의 상태를 되돌리기 위해 할 수 있는 모든 일들을 하느라 몇 시간 또는 하루를 소모한다. '기분을 전환하려는' 노력의 일환으로 자신에게 긍정적인 말을 하거나 억지로 성경을 읽는다.

이런 영적 고통과 짐은 혼자서 해결할 수 없고 그리스도를 따르는 사람들의 모임으로 가져가야 함을 깨달을 때, 비로소 스스로 문제를 해결하려던 온갖 시도를 포기하게 된다. 관계에서 도피해 고립된 이들은 더 극심한 두려움과 불안을 느낀다. 그들은 자신의 영적, 감정적 문제들을 다른 사람들에게 털어놓는 모험을 하기 전까지 안전하다는 느낌을 거의 갖지 못한다.

이 문제에 대한 답을 제시하는 성경의 교훈도 지금까지 우리가 말한 것과 다르지 않다. 효력이 있고 치료의 능력을 지닌 은혜는 우리 밖에서 온다. 가지가 포도나무에 붙어 있지 않으면 마르는 것처럼(요 15:1-6), 우리는 하나님과 다른 사람들에게 붙어 있지 않으면 생명을 유지할 수 없고 정서적 회복도 불가능하다. 하나님과 그분의 백성들은 연료와 같으며 어떤 문제라도 해결해 주는 힘의 근원이다. 우리는 치유받고 성장하기 위해 그리스도의 몸의 "각 마디를 통하여 도움을 받음으로 연결되고 결합되어"(엡 4:16) 있어야 한다.

바운더리 문제가 음식, 돈, 시간, 업무 완성, 말, 성생활, 약물 남용 또는 다른 어떤 것이든, 우리는 그 문제를 진공 상태에서 해결할 수 없다. 만약 우리가 할 수만 있다면 얼마든지 그렇게 할 것이다. 하지만 우리가 스스로를 고립시킬수록, 우리가 당하는 고통은 그만큼 더 심해진다. 치료가 불가능한 암이 단시간에 생명을 위협하는 것처럼, 자아 바운더리 문제는 혼자 있을수록 더욱 악화된다.

3. 우리는 바운더리 문제를 해결하기 위해 의지를 사용하려 한다. "이제 드디어 해결했어요!" 피트는 자신의 낭비 습관에 대해 새로운 승리를 거둔 것이 너무 좋아 소리를 질렀다. 헌신된 그리스도인이며 교회에서 리더로 섬기는 그는 통제할 수 없는 자신의 낭비 습관을 깊이 염려했다. "하나님과 나 자신에게 앞으로는 예산 범위를 넘어 절대로 소비하지 않겠다고 맹세했습니다! 간단한 맹세이지만, 진심입니다!"

나는 피트의 들뜬 기분을 망치고 싶지 않아, 좀 더 기다리며 지켜보기로 했다. 하지만 그리 오래 기다릴 필요가 없었다. 그 다음 주에 그는 낙담하고 절망한 표정으로 왔다.

"나 자신을 통제할 수가 없어요." 그는 비탄에 잠겨 말했다. "저는 그때 나가서 운동 장비를 샀습니다. 그러고는 아내와 함께 새 가구를 구입했어요. 전부터 사려고 마음먹었던 것입니다. 가격도 적당했구요. 한 가지 문제가 있다면, 우리가 그 대금을 지불할 능력이 없는 것이었지요. 정말 저는 어쩔 수 없는가 봅니다."

피트는 절망적이지 않았다. 그러나 그의 철학과 많은 그리스도인들 사이에서 누리는 인기는 절망적이었다. 그는 바운더리 문제를 자기 의지로 해결해 보려고 노력했다. 아마도 그 방법은 사람들이 통제 불능의 행동을 해결하기 위해 사용하는 가장 일반적인 방법일 것이다.

의지력 접근법은 간단하다. 문제가 되는 행동이 무엇이든 간에, 그저 그 행동을 멈추면 된다. 다른 말로 하면, "그저 '안 돼'라고 말하면 된다." 이 방법에는 "그만하기로 결정하세요." "'안 돼'라고 말하겠다고 결심하십시오." "다시는 그 일을 하지 않겠다는 서약하세요." 등의 명령문이 많이 등장한다.

이 접근법의 문제는 의지로부터 우상을 만들어 낸다는 것이다. 이것은 하나님이 의도하신 것이 결코 아니다. 타락으로 인해 인간의 마음과 생각이 왜곡된 것처럼, 올바른 결정을 내리는 능력 역시 왜곡되었다. 의지는 오직 관계에 의해 강화된다. 우리는 혼자 서약할 수 없다. 하나님은 모세에게 여호수아를 "담대하게 하며 그를 강하게 하라"고 명하셨다(신 3:28). 모세로 하여금 여호수아에게 "그저 '아니요'라고 말하면 돼"라고 말하라고 명하지 않으셨다.

우리가 의지에 의존한다면, 반드시 실패가 뒤따른다. 그것은 십자가에서 약속된 관계의 능력을 부인하는 행동이다. 악함을 극복하기 위해 우리에게 필요한 것이 오직 의지뿐이라면, 우리에게 구주는 필요없을 것이다(고전 1:17). 의지 자체만으로는 자아 바운더리 문제를 해결하는 데 아무 효과가 없다.

너희가 세상의 초등학문에서 그리스도와 함께 죽었거든 어찌하여 세상에 사는 것과 같이 규례에 순종하느냐 (곧 붙잡지도 말고 맛보지도 말고 만지지도 말라 하는 것이니 이 모든 것은 한때 쓰이고는 없어지리라) 사람의 명령과 가르침을 따르느냐 이런 것들은 자의적 숭배와 겸손과 몸을 괴롭게 하는 데는 지혜 있는 모양이나 오직 육체 따르는 것을 금하는 데는 조금도 유익이 없느니라(골 2:20-23).

흠정역 성경(KJV)은 '자의적 숭배'에 해당하는 헬라어를 '의지 숭배'(will worship)라고 번역했다. 다른 말로 하면, 이같이 상당히 영적으로 보이는 자기 부정의 연습을 통해 통제 불능의 행동을 멈추게 할 수 없다는 것이다. 인간의 영혼 가운데 바운더리가 없는 부분은 의지의 지배 아래 더욱 반항적인 모습을 드러낼 것이다. 특히 "나는 결코…하지 않을 것이다." "나는 언제나…할 것이다"와 같은 말을 하고 나면, 우리는 복수심을 품은 채 행동하게 된다. 음식에 대한 제시카의 욕심, 돈에 대한 피트의 탐닉, 비방하는 대화에 몰입하는 태도, 언제나 모임에 늦는 습관 등은 '아무리 굳게 결심하더라도' 절대 고쳐지지 않을 것이다.

자아에 대해 바운더리 세우기

자아 바운더리 영역에서 성숙함을 이루기란 쉽지 않다. 무수한 장애물이 우리 앞길을 가로막는다. 하지만 하나님은 우리가 지금보다 더 성숙하고 스스로를 다스릴 수 있는 사람이 되기를 원하신다. 그분은 우리를 권면하고 위로하고 경계하는 우리 팀이시다(살전 2:11-12). 통제 불능의 행동에 대해 경계를 정하는 한 가지 방법은, 우리가 8장에서 사용했던 바운더리 점검표의 수정판을 적용하는 것이다.

1. 어떤 증상이 나타나는가? 자신에게 "안 돼"라고 말하지 못함으로써

드러났던 파괴적 결과를 직시하라. 당신은 아마 우울증, 근심, 당황, 공포심, 분노, 고립, 직장 문제, 정신적 문제, 신체적 문제 등의 결과를 겪었을 것이다.

이런 모든 증상은 자기 행동에 대해 경계를 정하는 데 어려움을 겪는 것과 관련이 있을 것이다. 당신이 가진 특정한 바운더리 문제를 규명하기 위한 길잡이로 그 증상들을 사용하라.

2. 근본 원인은 무엇인가? 자아 바운더리 문제를 일으킨 원인을 규명한다면, 당신이 그 문제에 기여한 것(당신이 범한 잘못)과 그 과정에서 받은 상처, 그리고 문제를 야기시키는 데 일조한 주요 관계들을 파악할 수 있다.

자아 바운더리 문제의 원인에는 다음과 같은 요소가 포함된다.

훈련의 부족. 어떤 사람들은 경계를 받아들이고, 자신의 잘못된 행동으로 인해 벌을 받고, 성장할 때 만족감을 뒤로 미루는 것을 전혀 배우지 못했다. 예를 들어, 그들은 어린 시절에 그저 놀기만 했는데도 아무런 제재를 받지 않았다.

보상받은 파괴성. 엄마나 아빠가 알코올 의존증 환자였던 가정에서 자란 사람들은 통제 불능의 행동이 관계를 회복시켜 준다고 배웠다. 왜냐하면 알코올 의존증에 걸린 가족 구성원이 술에 취하면 모든 가족들이 다 모였기 때문이다.

왜곡된 욕구. 어떤 바운더리 문제들은 외면상 합리적이고 하나님이 부여해 주신 욕구처럼 보이는 것에서 생긴다. 하나님은 자녀를 낳고 배우자와 즐거움을 누리라고 우리에게 성적 욕구를 주신 것이다. 포르노 중독자는 이렇게 좋은 욕구를 왜곡시켜 버렸다. 그는 그런 행위를 할 때만 살아 있다는 느낌을 가진다.

관계에 대한 두려움. 사람들은 사랑받기 원하면서도 통제 불능의 행동(예를 들어 과식, 과로)은 개의치 않기를 바란다. 어떤 사람들은 다른 이들을 궁지에 몰아넣기 위해 심한 말도 스스럼없이 한다.

충족되지 않은 감정적 열망. 우리는 모두 태어나서 처음 몇 해 동안 사랑이 필요하다. 만약 이 사랑을 받지 못하면, 남은 여생 동안 계속 사랑을 갈망한다. 사랑에 대한 열망이 너무 강력해 다른 사람들과의 관계에서 그 사랑을 발견하지 못하면, 음식이나 직업 또는 성행위나 돈 낭비와 같은 부분에서 공허함을 채우려고 한다.

규율 아래 있음. 많은 그리스도인들이 규율을 중시하는 환경에서 자랐다. 그런 환경에서는 스스로 어떤 결정을 내리는 것이 허락되지 않았기에 그들은 스스로 어떤 결정을 내리려고 애쓸 때 죄책감을 느낀다. 이 죄책감은 그들로 하여금 파괴적인 방법으로 반항하게 만든다. 과식하거나 지나치게 낭비하는 것은 엄격한 규율에 대항하는 행동이다.

감정의 상처를 덮어놓음. 감정적으로 상처를 입고, 어린 시절에 무시당하거나 학대당한 사람들은 자신의 고통을 과식, 과음, 과로 등으로 감추려 한다. 심지어 그들은 사랑받지 못하고, 인정받지 못하고, 따돌림받는 고통에서 벗어나기 위해 약물까지 남용한다. 자신을 감추고 있는 거짓 행동을 그만둔다면, 그들은 외로움을 견디지 못할 것이다.

3. **어떤 바운더리 갈등을 겪는가?** 음식, 돈, 시간, 직무 완성, 말, 성생활, 약물 남용 등과 관련해 자신에게 특정한 자아 바운더리 문제가 있는지 살펴보라. 이 일곱 가지 영역은 비록 광범위한 부분을 포함하지만 생활의 모든 부분을 빼놓지 않고 완전히 담고 있다고는 말할 수 없다. 자신의 삶에서 어떤 부분이 통제되지 않는지 알 수 있도록 하나님께 통찰력을 구하라.

4. 누가 주인 의식을 가져야 하는가? 이제 당신의 잘못된 행동에 대해 책임지는 고통스러운 단계로 한 걸음 더 나아가라. 행동 양식은 가족 문제, 게으름, 남용, 충격 등에서 기인한다. 달리 말하면, 우리의 바운더리 문제는 모두 우리 잘못만은 아니라는 것이다. 하지만 그 모든 것에 대한 책임은 우리에게 있다.

5. 무엇이 필요한가? 다른 사람들과 안전하고 신뢰할 만하며 진실한 관계를 능동적으로 맺기 전에 자신의 바운더리 문제를 스스로 해결하려고 애쓰는 것은 아무 소용없는 일이다. 하나님의 영적, 감정적 연료의 원천과 연결되어 있지 않으면 자신에 대한 통찰력이나 통제력을 얻기란 불가능하다.

다른 사람과 관계를 맺는 것은, 무엇이든 '혼자' 하기 좋아하는 사람들을 당황하게 한다. 그들은 피아노나 골프 또는 배관 같은 것을 배우기 위해 필요한 악기나 장비를 구입하는 식의 해결 방법을 좋아한다. 바운더리 세우는 작업을 가능한 한 빨리 벗어나려 한다.

문제는 자아 바운더리 갈등을 지닌 많은 사람들이 깊은 인간관계에서 금방 단절된다는 데 있다. 그들은 하나님과 다른 사람들 사이에 '뿌리를 내리지'(엡 3:17) 못한다. 따라서 그들은 다른 사람들과 관계 맺는 법을 배우기 위해 다시 뒤로 물러나야 한다. 사람들과 관계 맺는 일은 많은 시간이 필요하고 위험하며 고통스러운 과정이다. 좋은 사람, 좋은 모임, 좋은 교회를 발견하는 것 역시 힘든 일이다. 일단 그런 관계 속에 들어가더라도, 거기에서 자신의 문제를 인정해야 하는 참으로 어려운 일이 기다리고 있다.

무엇이든 '혼자' 하기를 좋아하는 사람들은 의지력 접근법으로 돌아가는 경우가 많은데, 그 방법이 그리 느리지도 않고 위험하지도 않기 때문이다. 그들은 종종 이렇게 말할 것이다. "애정은 내가 원하는 게 아니야. 나는 통제할 수 없는 행동을 하고 있어. 하루빨리 이 고통에서 벗어나고 싶어!" 우리는 그들의 곤경을 정확히 이해할 수 있다. 하지만 그런 태도는 또 다른 파멸의 길을 향해 발걸음을 재촉하는 것이나 다름없다. 겉으로 드러난 증상만 치료해 그것을 가라앉히는 방법은 더 심각한 증상을 불러온다. 예수님은 이런 과정을 비유로 설명해 주셨다.

> 더러운 귀신이 사람에게서 나갔을 때에 물 없는 곳으로 다니며 쉬기를 구하되 얻지 못하고 이에 이르되 내가 나온 내 집으로 돌아가리라 하고 가서 보니 그 집이 청소되고 수리되었거늘 이에 가서 저보다 더 악한 귀신 일곱을 데리고 들어가서 거하니 그 사람의 나중 형편이 전보다 더 심하게 되느니라(눅 11:24-26).

악한 영은 우리 영혼의 빈집을 차지할 수 있다. 비록 우리 삶이 잘 정돈되어 있는 것처럼 보일지라도, 다른 사람들에게서 떨어져 고립되어 있다면 영적 허약함은 반드시 드러나게 된다. 우리 영혼의 집이 하나님과 다른 사람들의 사랑으로 가득 차 있을 때, 우리는 사탄의 악한 궤계에 대적할 수 있다. 관계를 맺는 것은 선택 사항이 아니며 사치가 아니다. 그것은 영적으로나 정서적으로 사느냐 죽느냐를 결정하는 중대한 문제다.

    6. 어떻게 시작해야 하는가? 일단 자신의 바운더리 문제를 규명하고 그 문제를 자기 것으로 받아들였다면, 문제 해결을 위한 단계로 나아갈 수 있다. 자신에 대해 바운더리 세우는 것을 시작하는 방법은 다음과 같다.

자신의 진짜 욕구를 털어놓으라. 종종 통제 불능의 행동은 다른 목적을 위해 진짜 욕구를 숨기고 있는 경우가 있다. 통제 불능의 행동을 다루기 전에 먼저 그 행동의 기본이 되는 근본 욕구를 명확히 밝혀야 한다. 예를 들어, 충동적으로 음식을 먹는 사람은 음식이 낭만적이고 성적 친밀함에서 멀어져 안전하게 거할 수 있는 방법임을 발견하게 될 것이다. 그런 종류의 감성 중심의 상황을 대면하기 싫어하는 두려움은 그들로 하여금 음식을 바운더리로 사용하게 만들었다. 이성에 대한 내적 바운더리가 견고해진다면, 그들은 파괴적인 음식 바운더리를 포기할 수 있을 것이다. 그들은 진짜 문제를 해결하기 위해 도움을 구하는 법을 배워야 한다. 증상 수준에 머물러 있으면 안 된다.

실패할 수 있다는 것을 인정하라. 자신의 진짜 욕구를 솔직하게 고백했다고 해서 통제 불능의 행동이 사라지는 것은 아니다. 자아 바운더리 문제의 바탕을 이루는 진짜 욕구를 고백한 많은 사람들은 자신의 문제가 계속 재발하는 것에 대해 종종 실망한다. 그들은 이렇게 생각한다. '나는 교회의 후원자 그룹과 관계를 맺고 그 모임에 참석하고 있지만 여전히 그 문제들을 가지고 있어. 포르노 영화를 보고, 돈을 낭비하고, 다른 사람의 말은 듣지 않고 내 말만 하려고 해. 아무리 노력해도 쓸모없는 것 아닐까?'

그렇지 않다. 파괴적인 행동 양식이 재발하는 것은, 하나님이 영원한 생명을 위해 우리를 성화시키고, 성숙시키며, 준비시키는 것을 보여 주는 증거다. 우리는 무언가를 배울 때 반복된 훈련과 연습을 거쳐야 한다. 운전과 수영 또는 외국어를 배울 때 반복해서 연습하는 것처럼, 우리는 더 나은 자아 바운더리를 갖추기 위해 반드시 훈련을 반복해야 한다.

우리는 실패를 피하기보다는 그것을 인정하고 받아들여야 한다. 실패하지 않으려고 버둥거리며 애쓰고 자기 삶을 소비하는 사람들 역시 성숙함에 이를 수 없다. 우리는 예수님의 모습을 닮아야 한다. 왜냐하면 "그가 아들이시면서도 받으신 고난으로 순종함을 배워서"(히 5:8) 온전하게 되셨기 때문이다. 실패를 통해 성숙을 이룬 사람들은 상처와 깊은 근심과 눈물 자국을 지닌 사람들에게 친밀감을 보여 주고 그들에게 좋은 본이 될 수 있다. 그들의 교훈은, 전혀 실패하지 않아서 얼굴에 주름 하나 없는 사람들(진정한 삶을 모르는 사람들)의 말보다는 상대방에게 더 많은 신뢰감을 줄 수 있다.

다른 사람들의 반응에 귀를 기울이라. 자아에 대한 바운더리를 세우는 일에 실패했다면, 진실한 마음으로 그 사실을 알려 주는 사람들의 말에 귀를 기울여야 한다. 우리는 자신의 실패를 인식하지 못하는 경우가 많다. 자신의 바운더리 결여로 인해 사랑하는 사람들의 삶에 어떤 피해를 주는지 진심으로 깨닫지 못하기도 한다. 그럴 때 주위에 있는 신앙의 사람들이 올바른 관점과 지원을 제공해 줄 수 있다.

키이스는 돈을 빌리면 약속한 때에 갚는 경우가 거의 없었다. 돈이 없거나 이기적이어서가 아니었다. 무엇이든 잘 잊어버리는 습관 때문이었다. 그는 자기가 돈을 빌린 사람들에게 불편을 끼친다는 것을 거의 인식하지 못했다.

어느 날 오후, 몇 달 전에 그에게 돈을 빌려 주었던 친구가 키이스의 사무실에 들렀다. 그 친구가 말했다. "지금까지 나는 너에게 돈을 갚으라고 여러 번 말했는데, 너는 아직까지 아무 대꾸도 하지 않고 있어. 네가 고의적으로 내 요구를 묵살한다고 생각하지는 않아. 하지만 네가 자꾸 잊어버리고 돈을 갚지 않아서 내가 힘들다는 걸 알았으면 좋겠어.

사실 돈이 없어서 여름 휴가도 못 갔거든. 네 건망증 때문에 상처를 입었어. 그리고 그것 때문에 우리 우정에 문제가 생길 수 있어."

키이스는 깜짝 놀랐다. 자신의 사소한 행동이 그처럼 친한 친구에게 중대한 문제를 일으킬 줄은 꿈에도 몰랐다. 그는 친구가 당한 고통에 대해 깊이 자책하면서, 그 자리에서 당장 돈을 갚았다.

키이스의 친구는 비난하거나 잔소리를 하지 않는 방법으로 키이스로 하여금 자아 바운더리 문제를 제대로 인식할 수 있도록 도와주었다. 그는 친한 친구의 진실한 마음에 호소했다. 키이스는 친구에게 고통을 준 것에 대해 진실로 양심의 가책을 받아 그동안 소홀히 했던 책임감을 회복하게 되었다. 후원자 모임에 있는 사람들이 자아 바운더리의 결여가 그들에게 어떤 상처를 가져오는지 알려 줄 때, 우리는 두려움이 아닌 사랑으로 마음의 결심을 새롭게 할 수 있다.

성경적 원리에 기초한 후원자 그룹은 자신이 돕는 사람의 사정을 충분히 공감하고 정확한 의견을 제시해 준다. 그들은 대상자에게 그의 행동이 다른 사람들에게 어떤 영향을 미치는지 제대로 알려 줌으로써 책임감을 가질 수 있도록 도와준다. "당신의 무절제한 행동이 나로 하여금 당신에게서 멀어지게 합니다. 그런 식으로 행동할 때는 당신을 신뢰할 수 없을 것 같군요." 이런 말은 자기 마음대로 행동하려는 사람의 태도에 좋은 영향을 전혀 미치지 못할 것이다. 그는 자신을 진심으로 염려해 주는 사람들이 사랑의 마음에서 들려주는 진실한 말에 귀를 기울일 것이다. 이렇게 상대방을 대하면, 그는 충분히 공감할 수 있는 도덕성과 사랑에 바탕을 둔 자기 통제를 실현할 수 있다.

잘못된 행동의 결과를 스승으로 삼으라. 파종과 수확의 법칙은 배울 만한 가치가 있다. 그 법칙은 우리가 책임감 없이 행동할 때 그로 인한 결과 때문에 고통당한다는 사실을 가르쳐 준다. 충동적으로 음식을 먹는 사람들은 건강과 사회생활이라는 측면에서 곤란을 겪게 된다. 낭비벽이 있는 사람은 파산 상태에 이르게 된다. 습관적으로 늦는 사람은 예약한 비행기를 놓치고, 중요한 회의에 참석하지 못하며, 우정도 잃게 될 것이다. 또한 승진과 보너스를 놓치는 경우도 있을 것이다. 그런 경우들은 이루 다 열거할 수 없을 정도로 많다.

우리는 자신의 무책임 때문에 고통당함으로써 교훈을 얻는 하나님의 학교에 들어가야 한다. 이것은 모든 고통을 전부 받아들여야 한다는 의미가 아니다.[2] 하지만 사랑이나 책임감이 부족해 고통이 다가올 때, 그 아픔은 우리에게 교훈을 주는 스승이 된다.

더 나은 자아 바운더리를 개발하는 법을 배우기 위해서는 정해진 과정을 밟아야 한다. 첫째, 우리는 자기 행동의 파괴성으로 인해 다른 사람들에게 미치는 결과를 직시해야 한다. 그리고 상대방의 반응에 주의를 기울이지 않으면, 어떤 결과가 생기는지 미리 알게 될 것이다. 말은 행동보다 우선한다. 자기 행동의 결과를 미리 내다본다면, 그로 인해 고통을 당하기 전에 자신의 파괴적인 행동에서 돌아설 수 있다.

하나님은 우리가 고통당할 때 영광을 받지 않으신다. 사랑 많은 아버지가 자녀의 고통을 보면서 마음 아파하는 것처럼, 하나님은 우리와 함께 고통을 나누고 싶어 하신다. 하지만 우리가 하나님의 말씀과 다른 자녀들에게 보여 준 선례를 통해 교훈을 얻지 않는다면, 자신이 행한 일의 결과를 직접 겪는 것이 더 큰 피해를 예방할 수 있는 유일한 길이다. 하나님은 마치 술을 마시면 자동차를 운전하지 못하게 하겠다고 10대 자녀에게 경고하는 부모님과 같다. 첫 번째 경고. "당장 술을 끊어. 음주는 네게 안 좋은 결과를 가져올 수 있다." 그래도 계속 말을 듣지 않으면 자동차 열쇠를 압수한다. 이런 고통스러운 결과는 '음주 운전 사고'처럼 충분히 일어날 수 있는 심각한 재앙을 예방하는 효과가 있다.

당신을 사랑하고 도와주는 사람들과 어울리라. 당신이 저지른 행동의 결과로 고통당할 때도, 후원자 그룹과 긴밀한 관계를 계속 유지하며 그들의 의견을 받아들이라. 당신의 어려움은 홀로 감당하기에 너무 무겁다. 당신을 사랑하고 후원해 주지만, 필요 이상의 도움을 남발하지 않는 사람들이 주위에 있어야 한다.

일반적으로, 자아 바운더리 문제를 가진 사람들의 친구는 다음과 같은 한두 가지 잘못을 쉽게 범한다.

첫째, 그들은 비판적이거나 마치 부모 같은 태도를 취한다. 친구가 잘못하면, 그들은 "내가 네게 말했지?"라는 식의 태도를 보이던가, 아니면 "그래, 네 잘못된 행동에서 뭘 깨달았니?"라고 말한다. 이런 태도는 상대방으로 하여금 다른 친구를 찾게 만들거나, 자신의 잘못된 행동 결과에서 교훈을 얻기보다는 단순히 비난을 면하려는 태도를 갖게 만든다. "형제들아 사람이 만일 무슨 범죄한 일이 드러나거든 신령한 너희는 온유한 심령으로 그러한 자를 바로잡고 너 자신을 살펴보아 너도 시험을 받을까 두려워하라"(갈 6:1).

부모 같은 자세를 버리고, "하나님의 은혜가 없으면 아무것도 할 수 없다"는 사실을 이해하는 온화한 태도를 회복하라.

둘째, 그들은 구출자가 되려 한다. 친구를 고통에서 건져 주려는 충동을 극복하지 못한다. 친구가 술에 취해 있을 때, 그들은 친구의 사장에게 전화해 친구의 아내가 아프다고 거짓말을 한다. 그들에게 돈이 없을 때는 돈을 빌려서라도 친구가 저지른 일을 해결한다. 또한 친구가 늦게 오면 먼저 식사하기보다는 올 때까지 기다린다.

누군가를 구해 주는 것은 그를 사랑하는 것이 아니다. 하나님의 사랑은 그들이 한 행동의 결과를 직접 겪도록 내버려 두는 데 있다. 친구를 구해 주는 데 익숙한 사람들은 친구를 한 번만 더 위험에서 구해 주면, 그들이 사랑 넘치고 책임감 있는 사람으로 변화될 거라고 기대한다. 그러나 그들은 친구를 계속 통제하고 싶어 한다.

친구의 어려움에 공감하는 것은 좋지만, 그의 어려움을 언제까지나 해결해 주는 안전망의 역할을 하는 것은 거부해야 한다. "네가 또 일자리를 잃은 건 참 안 된 일이야. 하지만 지금까지 빌려 간 돈을 갚기 전에는 돈을 더 빌려 줄 수 없어. 그러나 네가 도움을 받을 수 있는 방법을 찾아볼게." 이런 접근법은 우리가 자아 바운더리 개발에 얼마나 진지한 자세를 가지고 있는지 상대방에게 잘 설명해 줄 것이다. 참된 친구라면, 이런 접근법을 높이 평가하고 친구에게 진정한 도움을 주려고 애쓸 것이다. 다른 사람을 자기 뜻대로 조종하려는 사람은 누군가 제시하는 경계를 싫어하고 더 쉬운 길을 찾아나선다.

자신에 대해 바운더리를 세우는 이 5가지 방식은 순환한다. 우리가 자신의 진짜 욕구를 털어놓고, 실패할 수 있다는 것을 인정하며, 다른 사람들의 반응에 귀를 기울이고, 잘못된 행동의 결과로 인해 고통당한 후에 회복된다면 시간이 지날수록 더 견고한 내적 바운더리를 이룰 수 있다. 우리가 목표를 올바르게 정하고 우리를 사랑하고 도와주는 후원자들과 어울리면, 평생 인격의 한 부분을 차지할 자제력을 갖게 될 것이다.

당신이 피해자라면

자신에 대해 바운더리를 세우는 일은 언제나 힘들다. 특히 어린 시절에 바운더리가 심각하게 침해된 적이 있다면, 그 일은 더욱 힘들다. 어린 시절의 아픔을 대수롭지 않게 여기는 사람들은 그런 상처를 가진 이들이 어떤 일을 겪었는지 진정으로 이해하지 못한다. 인간이 견딜 수 있는 모든 상처 가운데, 어린 시절에 당한 상처는 심각한 영적, 감정적 손상을 입힌다.

피해자란 무기력한 상태에서 다른 사람들의 이기적인 욕심에 의해 상처 입은 사람을 일컫는다. 단순히 말로 피해를 입기도 하지만, 물리적 고통을 당하거나 성적 또는 악마적인 의식에 피해를 입는 경우도 있다. 그런 모든 일들은 어린이의 인격 구조에 심각한 손상을 일으킨다. 그 아이는 성인으로 성장하면서 영적, 감정적, 인지적 결함을 갖게 된다.

어린 시절에 받은 상처의 결과는 다음과 같다.

- 우울증
- 강박 관념으로 인한 정신 장애
- 감정 장애
- 고립
- 다른 사람에 대한 불신
- 친밀한 애정 관계를 형성하지 못함
- 경계를 정하지 못함
- 관계 속에서 판단력이 부족함

- 다른 사람을 착취하고 이용하려 함
- 자기 속에 스며 있는 사악함에 대한 깊은 인식
- 수치심
- 죄책감
- 무질서한 생활 방식
- 의미와 목적에 대한 인식 부족
- 설명할 수 없는 두려움과 공포에 빠짐
- 병적 공포증
- 분노
- 자살 충동

어린 시절의 충격은 성인이 된 후에도 오랫동안 지속된다. 어린 나이에 받은 상처는 치유하기가 쉽지 않다. 왜냐하면 성장 과정 자체가 온갖 욕설과 학대로 손상을 입고 방해받았기 때문이다. 가장 심각한 상처는 신뢰감의 상실이다. 신뢰는 어려움에 처했을 때 자신과 다른 사람에게 의지하는 능력이다. 그것은 영적이고 감정적으로 올바른 삶을 유지하기 위해 필수적인 요소다. 우리는 현실에 대해 자신의 인식을 신뢰할 수 있어야 하고 소중한 사람들과 긴밀한 관계를 유지할 수 있어야 한다.

자신을 신뢰하는 능력은 다른 사람들을 신뢰하는 경험을 기초로 한다. '시냇가에 심은 나무'(시 1:3)와 같은 사람들은 그들의 삶 속에서 하나님과 다른 사람들에게서 흘러나오는 사랑의 물줄기에 항상 접해 있으므로 견고함을 잃지 않는다.

피해자들이 신뢰감을 잃게 되는 경우는 매우 빈번하다. 가해자가 어린 시절에 알던 사람이고, 또한 중요하게 여기던 사람들이기 때문이다. 그들과의 관계가 손상되면, 신뢰감도 함께 무너진다.

학대나 괴롭힘의 여파로 인해 피해자 자신의 영혼에 대한 소유 의식 파괴라는 좋지 못한 결과가 생겨나기도 한다. 피해자는 종종 자신을 공공 기물이라고 느낀다. 남들이 요구할 때마다 자신의 소유, 신체, 시간 등을 제공해야 한다고 착각한다.

어린 시절에 당한 피해로 인한 또 다른 상처는 세상의 모든 것이 나쁘고, 더럽고, 수치스러운 것이라는 옳지 못한 인식이다. 아무리 주위 사람들이 사랑을 베풀고 좋은 태도를 보인다고 해도, 피해 의식에 사로잡힌 사람들은 상대방 속에 좋지 못한 것이 들어 있다는 확신을 버리지 않는다. 많은 피해자들은 아주 심각한 상처를 입었기 때문에 누구나 넘나들 수 있는 빈약한 바운더리를 가지고 있다. 그들은 자기 것이 아닌 사악함을 마치 자기 것인 양 받아들인다. 다른 사람이 자신을 함부로 대하는 것을 당연한 것처럼 믿기 시작한다. 많은 피해자들은 자신이 나쁘고 사악하다는 말을 수없이 들었기 때문에, 그 말을 사실이라고 생각한다.

피해자에게 도움을 주는 바운더리

이 책에서 설명하는 바운더리 작업은 피해자가 회복과 치유의 단계로 나아가는 데 큰 도움을 준다. 하지만 전문가의 도움 없이는, 피해자가 바운더리를 세우지 못한다는 사실이 많은 경우에서 증명되었다. 어린 시절의 경험을 떨쳐 버리지 못하는 사람이 있다면, 적절한 바운더리를 세우고 유지하도록 도와줄 전문 상담가를 찾아가기를 권한다.

앞에서 보았듯이 우리의 바운더리 문제는 다양한 형태로 시작되고 발현된다. 다행히도 자아 바운더리는 회복되고 강화될 수 있다. 우리는 그런 일이 날마다 일어나는 것을 보고 있으며, 당신 또한 주위의 도움과 치유 그리고 연습으로 당신에게 필요한 자아 바운더리를 개발할 수 있기를 간절히 소망한다.

14.

바운더리와 하나님

어떤 사람들은 성경을 읽으면서, "하라"와 "하지 말라"는 명령으로 가득 찬 책이라 생각한다. 또 어떤 사람들은 성경에서 인생 철학과 지혜의 원리를 발견한다. 그런가 하면 아직도 성경을 신화로 여기는 사람들도 있다. 그들은 성경을 인간 존재와 인간이 직면한 딜레마의 본질에 대한 이야기로 이해한다.

분명히 성경은 이 지구상에 존재하는 것들에 대해 설명하는 여러 가지 명령, 원리, 이야기들을 담고 있다. 그러나 우리에게 성경은 관계에 대해 말하는 살아 있는 책이다. 하나님과 사람, 사람과 하나님, 사람과 사람 사이의 관계를 생생하게 보여 준다. 성경은 하나님에 대한 책이다. 하나님은 이 세상을 창조하시고, 이 세상에 사람을 살게 하시며, 사람과 관계를 맺으신다. 비록 그 관계가 사람의 죄악으로 훼손되지만, 하나님은 끊임없이 그 관계를 회복시키신다. 성경은 하나님을 창조주로 말한다. 이 세상은 그분이 창조하신 작품이다. 성경은 하나님을 통치자로 설명한다. 하나님은 궁극적으로 그분의 세상을 통치하며 다스리신다. 또한 성경은 하나님을 구주로 묘사한다. 그분은 자신을 떠나 죄의 노예가 된 인간을 찾아 구원하고 치유해 주신다.

한 율법사가 어떤 율법이 가장 크냐고 물었을 때, 예수님은 이렇게 대답하셨다. "네 마음을 다하고 목숨을 다하고 뜻을 다하여 주 너의 하나님을 사랑하라 하셨으니 이것이 크고 첫째 되는 계명이요 둘째도 그와 같으니 네 이웃을 네 자신같이 사랑하라 하셨으니 이 두 계명이 온 율법과 선지자의 강령이니라"(마 22:37-40). 성경 전체는 사랑의 메시지를 전해 준다. "하나님을 사랑하고, 네 이웃을 네 자신같이 사랑하라."

하지만 우리는 어떻게 그렇게 할 수 있는가? 아마 그 이유 때문에 성경의 수많은 구절에서 그런 내용을 자주 언급하는지도 모른다. 하나님과 이웃을 사랑하는 것은 어려운 일이다. 사랑하는 일이 어렵고 중요한 이유 중 하나는 바운더리 문제 때문이다. 그것은 본질적으로 책임감의 문제이기도 하다. 우리는 자신이 끝마치고 다른 사람들이 시작해야 하는 지점이 어디인지, 하나님이 멈추시고 우리가 시작해야 하는 부분이 어디인지, 그리고 그에 대한 책임은 누구에게 있는지 잘 알지 못한다. 성경은 이런 바운더리를 명확하게 구분하고 있기에, 우리는 이런 사랑의 수고를 어디에서부터 누가 시작해야 하는지 알 수 있다.

바운더리를 존중하는 것

우리는 하나님과의 관계 속에서 각자의 바운더리, 즉 자신의 영역을 가지고 있다. 하나님은 이 세상을 설계하실 때부터 바운더리를 존중하게 하셨다. 그분은 우리의 바운더리를 존중하신다. 따라서 우리도 하나님의 바운더리를 존중해야 한다.

하나님은 우리의 바운더리를 여러 방법으로 존중하신다. 첫째, 그분은 우리가 할 수 있는 일은 우리에게 맡기신다. 그리고 우리가 한 행동으로 생기는 결과를 직접 경험하게 허락하시며 우리로 하여금 변화되게 하신다. 그분은 우리 가운데 어느 누구도 멸망하기를 원하지 않으며 악인이라도 죽는 것을 기뻐하지 않으신다(벧후 3:9, 겔 18:23). 하지만 하나님은 우리의 유익과 그분의 영광을 위해 우리가 변화되기를 원하신다. 우리가 변화되지 않으면, 하나님은 깊은 아픔을 느끼신다. 하지만 그와 동시에 그분은 우리를 구해 주지 않으신다. 그분은 우리가 자신의 유익을 위해 스스로 변화되기 원하신다. 하나님은 혼자 있고 싶어 하는 우리의 바람을 침해하지 않으신다. 하지만 우리가 그분께 돌아가기만 하면 늘 기뻐하신다.

둘째, 하나님은 우리의 거절을 존중하신다. 그분은 우리를 통제하거나 성가시게 하지 않으신다. 그분은 우리가 "싫어요"라고 말하고 원하는 길로 가도록 허락하신다. 탕자의 비유를 생각해 보라. 부자 청년의 이야기나 여호수아와 이스라엘 백성의 이야기를 생각해 보라. 이 모든 사례들 속에서, 하나님은 선택의 기회를 주시고 사람이 스스로 결정할 수 있도록 허락하신다. 사람이 "싫어요"라고 말할 때도, 그분은 그들의 결정을 허락하시고 변함없이 그들을 사랑하신다. 하나님은 베푸시는 분이다. 그분이 베푸시는 것들 가운데 한 가지는 선택의 기회다. 그리고 하나님은 자신이 선택한 일의 결과까지 그들에게 돌려주신다. 하나님은 바운더리를 존중하신다.

하지만 많은 사람들은 성경에 나오는 여러 인물들처럼 그렇게 정직하지 않다. 탕자는 솔직하고 정직했다. "나는 당신의 방법대로 하기를 원치 않습니다. 제 방식대로 할 겁니다." 우리는 두 아들의 비유(마 21:28-30)에 나오는 첫째 아들과 같을 때가 많다. 우리는 "예"라고 말하고는 "아니요"로 행동한다. 하나님은 정직한 자를 좋아하신다. "서원하고 갚지 아니하는 것보다 서원하지 아니하는 것이 더 나으니"(전 5:5)라는 말씀을 기억하라. 하나님이 요구하시는 일들에 대해 억지로 "예"라고 하기보다는 솔직하게 "아니요"라고 말하는 것이 훨씬 낫다. 왜냐하면 그 다음 단계에서 회개할 수 있는 기회가 주어지기 때문이다. "아니요"라고 솔직하게 말해 본 사람은 하나님의 명령에 대해, 그리고 공의를 위한 열망에 대해 "아니요"라고 말하는 것이 얼마나 파괴적인 결과를 가져오는지 알게 될 것이다.

제레미는 내가 인도하는 후원자 그룹의 일원이었다. 그는 아내를 속이고 있었지만, 항상 미안하다고 하면서 자신은 성적으로 부정한 사람이 되고 싶지 않았다고 말했다. 제레미는 진정으로 하나님께 순종하기를 원했지만, 그가 공공연히 말한 만큼 그렇게 변화되지는 않았다. 그는 변화를 위해 어떤 특별한 노력도 하지 않고 그저 자신이 변화되기를 원했다.

정말 변화되고 싶다는 그의 습관적인 말을 듣기에 지친 나머지, 나는 하나님과 후원자 그룹 사람들에게 진실을 말하라고 제안했다. 그는 변화되기를 원하지 않으면서 부정한 행위를 즐기고 있었다. 그의 진정한 바람은, 하나님이 더 이상 간섭하지 않고 자기를 내버려 두는 것이었다.

제레미는 깜짝 놀랐지만 차츰 자신의 진정한 상태를 깨닫기 시작했다. 결국 그는 하나님을 진심으로 사랑하지 않으며 자기 마음대로 모든 일을 하고 싶다는 솔직한 마음을 털어놓았다. 이런 고백은 그에게 처음으로 두려운 마음을 가져다주었다. 그는 자신이 거룩함에 관심 있는 그리스도인이라고 한 말은 거짓이었다고 솔직하게 시인했다. 제레미는 솔직하게 자기 상태를 시인할 때가 거짓말을 일삼을 때보다 한결 기분이 낫고, 무언가 새로운 일이 시작되는 것 같은 기분이 들었다.

진실한 자기 모습을 발견하도록 허락하신 하나님의 은혜 안에서, 그는 과거의 자기 모습에 대해 후회하기 시작했다. 자기 영혼의 공허함을 깨닫게 되었다. 마음속 깊은 곳에서부터 자신의 진정한 모습을 인정했을 때, 그는 자기 모습을 좋아할 수 없었다. 그는 경건한 탄식을 통해 회개에 이르렀고, 드디어 변화되기 시작했다. 아내 몰래 정을 나누던 여자에게 더 이상 만나지 않겠다고 말하고, 아내에게 다시는 그러지 않겠다고 굳게 약속했다. 이번에는 진짜였다. 그는 여러 해 동안 "예"라고 말하고 "아니요"로 행동했지만, 드디어 하나님께 직접적으로 그리고 솔직하게 "아니요"라고 말하게 되었다. 오직 그럴 때만 변화가 일어난다.

하나님에 대한 자신의 바운더리를 인정하기 전에는 우리의 옳지 못한 행동을 변화시킬 수 없고, 그 행동의 변화를 하나님께 맡기지도 못한다. 그 행동은 감춰져 있고 드러나지 않았다. 그것은 솔직히 인정되고 드러나며, 우리의 일부분으로 밝혀져야 한다. 그러면 우리와 하나님은 그 문제를 대면할 수 있다.

우리의 진정한 자아에 대한 솔직함과 주인 의식 속에는 하나님을 향한 분노를 표출하는 공간이 있다. 하나님에게서 멀어진 사람들은 완전히 그분으로부터 단절된다. 하나님에 대해 자신이 얼마나 분노하고 있는지를 말하는 것이 안전하지 않다고 느끼기 때문이다. 이런 분노를 갖고 있는 한, 그들은 분노 아래 깔려 있는 사랑의 감정을 느낄 수 없다.

욥은 하나님에 대한 분노와 실망을 모조리 털어놓으려 했다(욥 13:3). 하지만 그 일을 하기 전에, 두 가지 사항을 확실히 하고 넘어가야 했다. 욥은 먼저 하나님이 징계의 손길을 거두고(21절), 그 다음에 하나님이 그를 불러 주시기를 원했다(22절). 욥은 자신이 하나님과의 관계에서 안전하다면, 자신이 진심으로 느끼는 것을 모두 하나님께 말씀드릴 수 있다는 사실을 알았다.

우리는 솔직해지는 것을 두려워할 때가 종종 있는데, 그것은 이 땅의 인간관계에서 솔직한 마음을 드러내는 것이 안전하지 못하기 때문이다. 욥과 마찬가지로 우리도 버림받고 보복당할 것을 두려워한다. 우리가 느끼는 바를 숨김없이 말하면, 사람들이 우리를 멀리하거나 공격할 거라는 두려움을 늘 가지고 있다.

하지만 반드시 기억해야 할 것은, 하나님은 우리 '중심'의 진실함(시 51:6)을 원하신다는 사실이다. 하나님은 그분과 진정한 관계를 맺기 원하는 사람들을 찾고 계신다(요 4:23-24). 그분은 우리가 생각하기에 아무리 악해 보이는 일이라도 직접 듣기를 원하신다. 우리가 자신의 바운더리 안에 있는 것들을 인정하고, 그것들을 밖으로 드러낼 때, 하나님은 사랑으로 우리를 변화시켜 주신다.

하나님의 바운더리를 존중하라

하나님은 그분의 바운더리가 존중받기를 기대하신다. 하나님이 선택하시거나 우리에게 "안 돼"라고 말씀하시는 것은 하나님의 권리이자 자유다. 우리가 하나님과 진정한 관계를 유지하고 있다면, 우리는 하나님의 자유를 존중해야 한다. "하나님은 어떠한 일을 하셔야 한다"는 일정한 틀 속에 그분을 가두려는 것은 그분의 자유를 시험하는 행위다. 하나님이 우리를 위해 어떤 일을 해주시지 않았다고 화를 낸다면, 우리는 그분이 당연히 누리셔야 할 자유를 그분의 것으로 인정하지 않는 것이다.

인간관계에서 생기는 근본적인 문제는 바로 자유에 대한 것이다. 우리는 누군가 어떤 일을 해주기를 바라는데 그가 그 일을 해주지 않으면 그를 나쁜 사람이라고 부른다. 우리는 그들이 자신의 일을 하는 것과 자신의 바람을 이루어 가는 것에 대해 정죄한다. 그들이 우리 뜻대로 움직이지 않고 자신이 최선이라고 생각하는 대로 행동할 때, 우리는 그들에게서 사랑을 거두어들인다.

우리는 하나님에 대해서도 이와 같은 태도를 취한다. 우리는 자신이 하나님의 호의와 사랑을 좌우하는 권한을 가진 것처럼 착각한다. 그래서 하나님이 우리의 소원대로 행하셔야 한다고 억지를 부린다. 어떤 사람이 당신에게 무언가를 부탁하면서 자유롭게 선택할 수 있는 기회는 주지 않는다면 기분이 어떻겠는가? 이같이 잘못되고 유치한 권한 부여 때문에 많은 사람들은 하나님께 불만을 토로하고, 동일한 이유로 주위 사람들에게 불만을 품는다. 그들은 상대방의 자유를 싫어하는 것이다.

하나님은 우리에게 속박되지 않으신다. 우리를 위해 어떤 일을 행하실 때, 하나님은 완전한 그분의 선택으로 그 일을 하신다. 그분은 '강제적으로' 일하지 않으신다. 죄책감에 시달리거나 속임수에 현혹되지도 않으신다. 그분은 우리를 위해 죽는 일도 거리낌없이 하신다. 왜냐하면 전적으로 그분이 원하시기 때문이다. 그분은 자신의 완전하고 순전한 사랑 안에 거하신다. 그리고 어떤 일을 하시더라도 분노나 원한을 숨겨 놓지 않으시며, 자유로운 선택에 따라 우리를 사랑하신다.

성경의 여러 인물들이 하나님의 자유와 충돌했을 때 그것을 받아들이는 법을 배웠다. 그들은 하나님의 자유를 받아들이고 그분의 바운더리를 존중하면서 하나님과 더욱 깊은 관계를 유지했다. 욥은 자신이 간절히 원할 때 구해 주시지 않는 하나님의 자유를 받아들여야 했다. 욥은 하나님에게 분노와 불만을 털어놓았고, 하나님은 그의 정직함에 보상하셨다. 그러나 욥은 마음속으로라도 "하나님을 나쁘게 만들지' 않았다." 그는 불평하면서도 하나님과의 관계를 끝내지 않았다. 욥은 하나님을 이해할 수 없었지만, 하나님이 그분의 뜻대로 행동하시는 것을 억지로 거부하지 않았다. 또한 하나님에게 너무 화가 나는 순간에도 그분에 대한 사랑을 거두지 않았다. 이것이 바로 진정한 관계다.

같은 방법으로 바울은 하나님의 바운더리를 받아들였다. 전혀 실현 가능성이 없어 보이는 전도 여행을 하나님이 계획하실 때, 바울은 하나님의 주권을 인정했다. 그는 자기 몸에 있는 질병을 고쳐 달라고 거듭 간구했지만, 하나님은 끝내 고쳐 주시지 않았다. 하나님은 말씀하셨다. "아니다. 나는 네가 지금 원하는 방법대로 너를 사랑하는 쪽을 택하지 않았다. 내 방법대로 너를 사랑하겠다." 바울은 하나님이 그런 바운더리를 세우시는 것을 거부하지 않았다(고후 12:7-9).

예수님은 고난으로 순종을 배워 온전하게 되셨다(히 5:7-10). 그분은 겟세마네 동산에서 자신이 받은 고난의 잔이 지나가기를 간구했지만, 하나님은 거절하셨다. 예수님은 하나님의 뜻을 받아들이고 순종하셨다. 그리고 그 순종을 통해 "자기에게 순종하는 모든 자에게 영원한 구원의 근원"(히 5:9)이 되셨다. 예수님이 하나님의 바운더리와 하나님의 거절을 존중하지 않으셨다면, 우리는 구원받지 못했을 것이다.

다른 사람들이 우리가 거절하면 존중해 주기를 바라는 것처럼, 하나님도 우리가 그분의 거절을 존중하기 원하신다. 하나님은 자신의 뜻에 따라 어떤 결정을 내릴 때 우리가 그분을 나쁘게 여기기를 원치 않으신다. 우리는 다른 사람들이 죄책감을 심어 주면서 우리를 조종하거나 통제하는 것을 좋아하지 않는다. 하나님 역시 그런 행동을 싫어하신다.

"저는 정중히 동의하지 않아요"

하나님은 우리와의 관계에서 소극적인 입장에 머물러 있기를 원하지 않으신다. 때때로 하나님은 대화를 통해 마음을 바꾸기도 하신다. 우리는 아브라함처럼 하나님과 진정한 관계를 맺고 있기에 하나님께 우리 마음을 전할 수 있다(창 18:16-33). 하나님은 소돔을 멸망시키겠다고 말씀하셨고, 아브라함은 그 도시에서 의인 열 명을 찾는다면 뜻을 돌이켜 달라고 아뢰었다.

우리의 감정과 바람을 아뢰면, 하나님은 반응하신다. 우리는 종종 하나님을 그런 분으로 생각하지 않는 경향이 있지만, 성경은 분명하게 말한다. 마치 하나님은 이렇게 말씀하시는 것 같다. "그 일이 정말 네게 그리 중요하다면 내게도 그렇다." 성경의 놀라운 가르침 가운데, 우리가 하나님께 영향을 끼칠 수 있다는 내용이 포함되어 있다. "여호와께서 말씀하시되 오라 우리가 서로 변론하자"(사 1:18). 하나님은 마치 친한 친구처럼, 혹은 친아버지처럼 말씀하신다. "네 입장을 들어 보자. 한 번 더 생각해 보겠다. 네 마음은 내게도 중요하다. 너는 나를 납득시켜 내 마음을 바꿔 놓을 수 있다."

기도에 대한 예수님의 비유를 생각해 보라. '하나님을 두려워하지 않고 사람을 무시하는 재판장'은 원한을 풀어 달라는 과부의 간곡한 부탁을 여러 번 거절했다. 하지만 그 과부가 계속 번거롭게 하자, 그는 마음을 바꾸어 그녀의 원한을 풀어 주었다(눅 18:1-8). 예수님은 "항상 기도하고 낙심하지 말아야 할 것을"(눅 18:1) 가르치기 위해 이 비유를 말씀하셨다. 또 다른 이야기에서, 밤중에 친구를 찾아가 떡을 꾸어 달라고 사정하던 사람은 끈질기게 강청해 자신이 요구하는 것을 이룰 수 있었다(눅 11:5-9). 예수님은 종종 사람들이 치유해 달라고 끈질기게 요청한 후에 그들을 치유하기로 결정하셨다(마 15:21-28).

하나님은 우리가 그분의 바운더리를 존중하기 원하신다. 하나님이 우리에게 "안 돼"라고 말씀하시더라도 그분을 사랑하는 것을 멈추지 않기 원하신다. 그러나 그분을 설득하여 마음을 돌리려는 우리의 노력을 아예 무시하지 않으신다. 오히려 우리에게 끈기 있게 간구하라고 요구하신다. 종종 하나님은 기다리라고 말씀하시고, 우리가 진정으로 무엇을 얼마나 원하는지 확인하신다. 하나님이 자신과 우리의 관계로 인해 마음을 바꾸시는 것처럼 보일 때도 있다. 우리는 어떤 경우에도 하나님의 뜻을 존중하면서 그분과의 관계 속에 거해야 한다.

하나님은 자기 소유의 바운더리를 존중하신다

우리가 하나님의 바운더리를 존중하고 하나님이 우리의 바운더리를 존중하는 것과 더불어, 하나님은 우리가 자신의 소유를 어떻게 존중해야 하는지를 보여 주는 좋은 모델이시다.

하나님은 책임을 가장 완벽하게 수행하는 분이시다. 누군가 그분께 고통을 유발하면, 하나님이 책임지신다. 우리가 계속 그분을 욕되게 하면, 그분은 자기를 학대하는 환자처럼 무기력하게 계시지 않는다. 하나님은 자신을 보호하려 하실 것이다. 그리고 우리 자신을 위해서, 우리는 하나님의 바운더리의 결과로 고통당하고 싶어 하지 않는다.

혼인 잔치의 비유는 하나님이 책임지시는 분임을 우리에게 가르쳐 준다(마 22:1-4). 어떤 왕이 혼인 잔치를 계획하고 많은 사람들을 초대했다. 사람들이 "싫다"고 하자, 왕은 그들에게 오라고 청했다. 하지만 그들은 계속 잔치에 가지 않겠다고 말하고 자기 일을 하러 가 버렸다. 왕은 끝까지 자기 할 바를 다했다. 그 상황에 대한 책임을 지고 왕은 종들에게 이렇게 말한다. "혼인 잔치는 준비되었으나 청한 사람들은 합당하지 아니하니 네거리 길에 가서 사람을 만나는 대로 혼인 잔치에 청하여 오라"(8-9절).

하나님이 "이 정도로 충분하다"고 결정하실 때, 이미 그분은 오랫동안 고통당하신 것이다. 하나님은 어떤 일을 더 좋은 방향으로 이끌기 위해 자신의 소유와 마음을 존귀히 여기신다. 그리고 고통에 대해 책임지시고 더 나은 결과를 위해 다른 방향으로 나아가신다. 하나님은 그분을 거부하는 사람들을 떠나 새로운 친구들을 찾아 나서신다.

하나님은 우리의 좋은 모델이시다. 우리가 상처를 받을 때, 우리는 그 상처에 대해 책임져야 하며 더 나은 일을 위해 움직여야 한다. 이 말은 누군가를 떠나보내고 새로운 친구를 찾아 나서야 한다는 의미다. 누군가를 용서하며 그들을 자유롭게 놓아 줌으로써 기분이 좋아질 수 있다.

진정한 관계

우리는 관계에 대한 이야기로 이 장을 시작했다. 관계는 복음이 말하는 것의 정수다. 그것은 곧 '화목'의 복음이다(롬 5:11, 골 1:19-20). 이 복음은 적대적 관계의 세력을 한데 모아 화목하게 하고(골 1:21) 하나님과 사람, 사람과 사람 사이의 손상된 관계를 치유한다.

복음은 모든 것을 창조 질서와 하나님의 진리와 질서대로 되돌려놓는다. 관계의 측면에서, 우리는 하나님의 관계 질서는 그분 자신과 그분이 일하는 방식이라고 생각한다. 그리고 우리가 바운더리를 중요하게 생각해야 하는 이유는, 하나님이 바운더리를 갖고 계시고, 우리는 하나님의 형상을 닮아 가도록 구원받아야 하기 때문이다.

바운더리는 하나님이 창조하신 모든 관계의 고유한 속성이다. 서로 사랑하는 두 당사자가 있어야 바운더리가 형성되기 때문이다. 이런 의미에서 볼 때, 우리와 하나님 사이의 바운더리는 매우 중요하다. 바운더리는 하나님과 우리 사이의 근본적인 하나 됨을 해치지 않는다(요 17:20-23). 그러나 하나 됨에는 관계를 맺고 있는 두 당사자가 반드시 있어야 한다. 명확한 정체성이 없다면 일체감도 형성되지 않는다. 바운더리는 명확한 정체성을 지닌 두 당사자를 선행조건으로 가진다.

우리는 하나님과 우리 사이의 이런 바운더리를 인식해야 한다. 바운더리는 우리가 하나님의 형상을 가장 잘 닮을 수 있도록 도와준다. 또한 하나님의 실제를 볼 수 있게 한다. 우리가 삶을 결정할 수 있게 하고, 우리가 맡은 책임과 요구를 완수하고 충족시킬 수 있도록 도와준다. 만일 우리가 하나님을 위해 그분의 일을 대신하려 한다면 실패할 것이다. 또한 그분이 우리를 위해 우리 일을 대신해 주시기 원한다면,

하나님은 거절하실 것이다. 그러나 우리가 우리 일을 하고, 하나님이 그분의 일을 하신다면, 우리는 창조주 하나님과 진정한 관계 속에서 강한 능력을 발견하게 될 것이다.

3부

건강한 바운더리 개발하기

15.

바운더리에 대한 저항

우리는 지금까지 바운더리의 필요성과 우리 삶에서 바운더리가 차지하는 놀라운 가치에 대해 살펴보았다. 사실, 바운더리 없는 인생은 살아도 사는 것이 아니라고 말해도 과언이 아니다. 그러나 바운더리를 세우고 유지하기 위해서는 많은 노력과 훈련이 필요하고, 무엇보다도 희망이 뒷받침되어야 한다.

바운더리를 이끌어 가는 추진력은 희망이다. 우리는 인생에서 해야 할 옳은 일이 무엇인지 잘 알고 있지만, 합당한 이유가 생기기 전에는 그 일을 하려는 동기 부여를 거의 받지 못한다. 우리에게 바운더리를 세우고 유지하라고 말씀하시는 하나님께 순종하는 것이 가장 최선의 이유임은 분명하다. 그러나 때때로 우리는 순종보다 더 강력한 이유를 원한다. 옳으면서 동시에 우리에게 유익이 되는 것을 찾고 싶어 한다. 또한 우리는 고통 가운데 있을 때 그런 좋은 이유들을 바라본다. 고통은 우리로 하여금 행동하도록 동기 부여를 한다.

더 나은 삶을 위한 희망을 가지고 있다 하더라도, 우리는 또 다른 이유 때문에 바운더리와 관련된 행동을 회피할 수 있다. 그것은 전쟁이라고 할 수 있다. 사소한 논쟁과 싸움이 그치지 않는다. 심각한 말다툼도 있다. 그리고 손실이 기다리고 있다.

영적 전쟁에 대한 사상은 새로운 것이 아니다. 수천 년 동안 하나님은 자기 백성에게 황폐한 인생을 살지, 아니면 그분이 확실하게 보증해 주시는 것을 소유하며 살지를 선택할 기회를 주셨다. 그리고 거기에는 항상 전쟁이 포함되어 있었다. 하나님이 이스라엘 민족을 애굽에서 이끌어 내어 약속의 땅으로 옮기실 때, 그들은 많은 전투를 하고 약속의 땅을 차지하기 전에 많은 교훈을 얻어야 했다.

우리 역시 치유받기 위해서는 싸움을 피할 수 없다. 하나님은 우리의 구원과 성화를 보장해 주셨다. 그리고 반드시 우리를 치유해 주실 것이다. 그러나 우리는 자신 안에 있는 하나님의 형상을 따라 행해야 한다.

이런 치유 과정에는 우리의 바운더리 회복도 포함된다. 우리가 하나님을 닮아 갈수록, 하나님은 우리의 바운더리와 우리가 정한 경계를 회복시키신다. 하나님은 우리가 누구이며 우리의 경계가 무엇인지 이미 알고 계시므로 우리를 축복하실 수 있다. "여호와는 나의 산업과 나의 잔의 소득이시니 나의 분깃을 지키시나이다 내게 줄로 재어 준 구역은 아름다운 곳에 있음이여 나의 기업이 실로 아름답도다"(시 16:5-6).

하지만 우리는 전투를 해야 하는 사람들이다. 전투는 두 가지로 구분된다. 즉 외적 저항과 내적 저항이다. 다시 말해 다른 사람들의 반대와 우리 자신에서 비롯된 반대를 극복해야 한다.

외적 저항

줄리는 거의 평생 동안 바운더리 때문에 어려운 시간을 보냈다. 줄리가 어릴 때 아버지는 권위적인 태도로, 어머니는 늘 죄책감을 심어 주는 방법으로 그녀를 통제했다. 그녀는 다른 사람에게 바운더리를 세우는 것이 두려웠다. 언제나 자신의 바운더리가 '그들에게 상처를 입힐 것'이라는 죄책감을 가졌기 때문이다. 그녀는 자신을 위한 결정을 내릴 때, 다른 사람들이 화를 내며 토라지는 소리를 민감하게 받아들였다. 따라서 그들의 반응은 늘 그녀의 결정에 영향을 미쳤다.

그녀는 이런 분위기의 가정을 떠나 매우 자기중심적인 남자와 결혼했다. 그 역시 언제나 화를 내는 방식으로 그녀를 통제하려 했다. 그녀는 성인이 되어서도 분노에 의한 남편의 통제와 죄책감에 의한 어머니의 통제를 번갈아 가며 받았다. 그녀는 다른 사람에 대한 경계를 정하지 못했다. 수년이 지난 후, 그녀는 우울증 때문에 결국 우리 병원에 입원했다.

몇 주 동안의 치료 과정을 거치고 나자, 그녀는 자신에게 바운더리가 없어서 그토록 비참하게 살았다는 것을 깨닫기 시작했다. 결국 그녀는 모험을 감행해 남편에 대해 경계를 정하는 일에 도전하기로 결심했다.

어느 날 그녀는 의사와 함께 남편을 만난 자리에서 남편의 말을 정면으로 반박했다. 그녀는 눈물을 흘리며 후원자 그룹으로 돌아왔다.

"어땠어요?" 누군가 그녀에게 물었다.

"끔찍했어요. 이 바운더린지 뭔지 하는 것은 정말 쓸데없는 것 같아요." 그녀가 말했다.

"무슨 말이에요?" 그 모임의 치료 전문가가 물었다.

"저는 남편에게 그런 식으로 취급받는 것에 완전히 지쳤어요. 앞으로 남편이 그런 행동을 할 때는 참지 않겠다고 말했어요. 그러자 그는 화를 내며 소리를 지르기 시작했어요. 의사 선생님이 그 자리에 함께 없었다면, 아마 무슨 일인가 저지르고 말았을 거예요. 그는 결코 변하지 않을 거예요."

그녀의 말이 옳았다. 그 자리에 의사가 함께한 것과 그녀가 병원에 입원한 것은 정말 잘한 일이었다. 그녀는 바운더리를 세워 나가는 법을 배우기 위해 많은 도움을 받아야 했다. 왜냐하면 남편과 자신에게서 무수한 저항을 받게 될 것이기 때문이었다.

그 후로 몇 주 동안 그녀는 자신의 바운더리에 대해 다른 사람들이 싸움을 걸어온다는 것과 자신이 그들과 어떻게 맞서 싸워야 하는지 계획해야 함을 배웠다. 그녀가 배운 대로 행동했다면, 그때야말로 더없이 좋은 변화의 기회다. 그리고 바로 그런 일이 현실로 나타났다. 그녀의 남편은 더 이상 '자기 마음대로' 행동할 수 없다는 것과 자신의 필요뿐 아니라 다른 사람들의 필요도 배려해야 한다는 것을 깨닫게 되었다.

분노에 찬 반응

외부에서 오는 가장 일반적인 저항은 분노다. 바운더리를 세웠다는 이유로 다른 사람에게 분노하는 사람들은 성격에 문제가 있는 것이다. 자기중심적 사고 방식을 가진 그들은 이 세상이 자신과 자신의 안락을 위해 존재한다고 생각한다. 그들은 자신의 연장선상에서 다른 사람들을 이해한다.

그들은 "안 돼"라는 말을 들으면, 두 살짜리 아이가 무언가를 빼앗졌을 때 보이는 것 같은 반응—"엄마, 나빠!"—을 보인다. 자신의 바람을 저버리는 사람은 '나쁘다'고 생각해 그들에게 분노한다. 그것은 상대방의 무례한 행동에 대해 정당하게 화를 내는 것과는 차원이 다르다. '그들에게는' 아무 일도 일어나지 않았다. '그들을 위해' 무언가 해줄 사람은 아무도 없다. 그들의 바람은 좌절되었다. 그리고 그들은 만족감을 뒤로 미루는 법을 배우지 못했거나, 다른 사람들의 자유를 존중하는 법을 배우지 못해서 분노한다(잠 19:19).

분노하는 사람은 성격에 문제가 있는 것이다. 그 문제를 방치한다면, 그것은 다른 날, 다른 상황에서 다시 나타날 것이다. 그들이 분노하는 것은 주어진 상황 때문이 아니라, 다른 사람들의 반응으로 인해 격해진 자신의 감정 때문이다. 그들은 다른 사람들을 마음대로 움직이고 싶어 하는데, 더 이상 자기 뜻대로 움직여지지 않는다. 따라서 다른 사람들을 통제하고 싶은 바람이 좌절되어 분노하는 것이다.

가장 먼저 깨달아야 할 사실은, 당신이 바운더리를 세우는 것에 대해 분노하는 그 사람이야말로 정말 문제가 있는 사람이라는 것이다. 이 사실을 깨닫지 못한다면, 자신에게 문제가 있다고 생각할 수도 있다. 자신의 바운더리를 지키는 것은 다른 사람을 위해서도 좋은 일이다. 그런 행동은 그들이 자라면서 배우지 못했던 교훈—다른 사람을 존중하는 것—을 깨닫도록 도와준다.

둘째, 분노를 사실적으로 인식해야 한다. 분노는 화를 내는 사람의 내부에 있는 감정일 따름이다. 분노가 당신에게 옮겨져 당신을 해치지 못한다. 당신이 허락하지 않는 한 당신 '속으로 들어오지' 못한다. 다른 사람의 분노로부터 멀찌감치 떨어져 있는 것이 중요하다. 그 사람의 분노는 그 사람의 것으로 한정시키라. 그는 화를 내고 나면 기분이 좀 나아질 것이다. 우리가 그의 감정 상태에서 그를 건져 내거나 그와 같은 감정에 휩싸이면, 그는 쉽게 화를 풀지 못하고 우리 역시 그 감정에 속박되고 만다.

셋째, 분노 때문에 일을 억지로 시작하지 말라. 바운더리가 없는 사람들은 다른 사람들의 분노에 자동적으로 반응한다. 그들은 상대방을 달래고 그들의 뜻을 받아들인 다음, 이제는 오히려 자신이 화를 낸다. 무반응 속에 큰 힘이 숨어 있다. 자기 마음대로 하려는 사람들이 함부로 우리가 가는 방향을 바꾸지 못하게 하라. 화를 내면 그러도록 내버려 두고 당신이 해야 할 일을 하라.

넷째, 도움을 주는 후원자 그룹을 확보해야 한다. 분노로 우리를 통제하던 사람에 대해 경계를 정하려 할 때, 먼저 후원자 그룹에게 말하고 계획을 세우라. 말할 내용을 미리 준비하라. 화를 잘 내는 그 사람이 무슨 말을 할지 예상하고, 거기에 어떻게 반응할지 계획을 세우라. 후원자 그룹과 미리 역할 연습을 해보는 것도 좋다. 그 사람과 만난 후에는 곧바로 후원자 그룹을 만나도록 조치하라. 후원자 그룹 가운데 몇 사람이 함께 가는 방법도 있다. 당신이 압박감을 이기지 못하고 무너지지 않도록 지지해 주는 것이 그들의 역할이다.

다섯째, 분노에 찬 상대방이 당신을 화나게 하더라도 말려들지 말라. '사랑으로 진실을 말하는' 중에 상대방을 사랑하는 자세를 잃지 말아야 한다. "눈에는 눈" "악은 악으로 갚는다"는 식의 세상적인 사고 방식에 사로잡히면, 문제는 더 복잡해지고 당신은 그에게 다시 사로잡히게 된다. 바운더리를 가지고 있으면, 사랑하기에 충분한 거리를 유지할 수 있다.

여섯째, 결과를 시행하기 위해 물리적 거리를 유지하고 다른 경계를 미리 준비하라. 내가 아는 한 여성은 남편에게 이렇게 말한 후에 인생이 완전히 달라졌다. "이제 나도 당신에게 소리를 지르지 않겠어요. 당신이 나를 함부로 대하지 않고 이 문제에 대해 말할 수 있을 때까지 다른 방에서 지낼 거예요. 당신이 그렇게 할 수 있을 때 당신과 말하겠어요."

이런 단계들이 비록 진지하고 심각하지만, 분노에 사로잡혀 그 과정을 밟아 갈 필요는 없다. 우리는 자신의 뜻을 포기하거나 상대방에게 통제받지 않으면서도, 사랑스러운 마음으로 상대방의 기분에 공감하고 대화를 나눌 수 있다. "제가 당신을 위해 그 일을 하지 않겠다는 말을 듣고 당황할 거라는 걸 알아요. 당신이 그런 느낌을 갖게 되어 유감이에요. 제가 도울 수 있는 다른 방법은 없을까요?" 상대방의 기분에 공감하더라도, 처음에 내비쳤던 거절 의사를 번복하는 것은 전혀 도움이 되지 않는다. 그에게 다른 제안을 하라.

당신이 바운더리를 지키려면, 당신에게 분노하던 그 사람은 처음으로 자신을 통제하는 법을 배워야 할 것이다. 이제 그가 주위 사람들에게 파괴적인 영향을 미쳤던 자기중심적 태도를 버려야 할 때가 온 것이다. 그들이 더 이상 당신을 통제하지 않으면, 그들은 당신과 관계를 유지하기 위해 다른 방법을 찾게 된다. 그러나 그들이 분노로 당신을 통제할 수 있는 한, 그들은 전혀 변화되지 않는다.

그들은 더 이상 당신과 말조차 하지 않으려 하고, 당신을 통제할 수 없게 된 이상 아예 관계를 끊어 버리려 할지도 모른다. 이것이야말로 정말 위험한 일이다. 하나님은 이런 위험한 일을 매일 하신다. 그분은 옳은 방법대로만 일하고 악한 일에는 결코 관여하지 않겠다고 말씀하신다. 사람들이 각자의 길을 가려고 선택하면, 하나님은 가도록 내버려 두신다. 때때로 우리도 그렇게 해야 한다.

죄책감을 불러일으키는 표현들

한 남자가 어머니에게 전화를 걸었다. 어머니는 거의 소리가 들리지 않을 만큼 작고 약한 소리로 전화를 받았다. "어머니, 무슨 일이세요?"

"이제 내 목소리는 별로 쓸 일이 없을 것 같구나." 어머니가 대답했다. "너희들이 집을 떠난 뒤로는 전화를 거는 사람이 거의 없어."

다른 사람을 통제하기 좋아하는 사람들이 무기고에 아무 무기도 없을 때 사용하는 강력한 무기가 죄책감을 일으키는 말이다. 빈약한 바운더리를 가진 사람들은 자신을 겨냥해 죄책감을 자극하는 말을 언제나 내면화시킨다. 그런 말들이 유도하는 대로 죄책감을 느끼고 좋지 않은 기분을 느낀다. 다음 예들을 살펴보자.

- "내가 너를 어떻게 키웠는데, 네가 어쩌면 나한테 이럴 수 있니?"
- "단 한 번이라도 상대방의 입장에서 생각해 보렴."
- "네가 정말 나를 사랑한다면, 내게 먼저 전화했을 거야."
- "너는 가족들을 위해 이 정도만 해놓고 충분하다고 생각하는 거지?"
- "어떻게 너는 가족들을 이런 식으로 버릴 수 있니?"
- "예전에 네가 내 말을 듣지 않았을 때, 어떤 일을 당했는지 잘 알 거다."
- "그러니까 손가락 하나 까딱하지 않았군. 이제 더 이상 거절할 수 없을 것 같은데."
- "내가 그걸 가지고 있었다면, 당연히 네게 주었으리라는 걸 너도 알 거다."
- "우리가 너를 위해 얼마나 희생했는지 너는 모를 거다."

- "내가 죽어 없어지면, 조금이라도 섭섭해 하겠지."

때때로 죄책감을 이용해 남을 조종하려는 사람들은 신앙적인 표현도 거침없이 사용한다.

- "어떻게 너는 자신을 그리스도인이라 부를 수 있니?"
- "성경이 '네 부모를 공경하라'고 말하고 있지 않니?"
- "너는 정말 순종할 줄 모르는구나. 하나님이 정말 슬퍼하실 게다."
- "그리스도인이라면 다른 사람을 배려할 줄 알아야 한다고 생각해."
- "어떤 종교가 가족들을 버리라고 가르치더냐?"
- "이런 식으로 행동하는 걸 보니 네게 영적 문제가 있는 게 틀림없구나."

이런 표현을 사용하는 사람들은 우리에게 죄책감을 심어 주려고 애쓴다. 우리가 자기 시간이나 자원을 사용하기로 결정한 방법에 대해 나쁜 감정을 갖도록 유도하며, 성장하여 부모에게서 독립하는 것과 친구들이나 영적 지도자에게서 벗어나 독자적으로 사는 것을 좋지 않게 여기게 만든다.

포도원 주인이 각기 다른 시간에 데려와 일을 시킨 품군들에게 했던 말을 기억하라. "내 것을 가지고 내 뜻대로 할 것이 아니냐"(마 20:15). 성경은 자신이 가진 것을 남에게 주고 자기중심적인 태도를 버리라고 명령한다. 하지만 결코 다른 사람이 우리에게 원하는 것이라면 무엇이든 주라고 말하지는 않는다. 우리는 다른 사람에게 무엇을 줄 것인지 스스로 선택하고 결정한다.

대부분의 사람들은 죄책감을 유도하는 말을 들을 때 그것이 어떤 의도에서 비롯되었는지 어느 정도 인식할 수 있다. 하지만 자신의 바운더리를 옳다고 생각하지 않는다면, 당신은 가족들이나 다른 사람들의 바운더리에 특별히 관심을 기울이지 않고 지내왔을 것이다.

죄책감을 불러일으키는 표현에 대처하는 방법은 다음과 같다.

1. **죄책감을 불러일으키는 말을 인식하라.** 어떤 이들은 죄책감을 느끼게 하는 말이 자신을 어떻게 통제하는지 살펴보지도 않은 채 그 말을 있는 그대로 받아들인다. 물론 우리는 사람들의 비난과 반응에 대해 열려 있어야 한다. 자신도 모르게 자기중심적인 태도를 드러냈다면, 주위 사람들의 반응을 보고서라도 그 사실을 인식해야 한다. 그러나 죄책감을 느끼게 하는 말은 우리의 성장과 유익을 위해 주어진 것이 아니다. 그런 말은 우리를 조종하고 통제하기 위해 주어진 것이다.

2. **죄책감을 불러일으키는 표현은 자기 모습을 숨긴 채 위장되어 있는 분노다.** 죄책감을 느끼게 하기 위해 그런 말을 하는 사람들은 당신이 하는 일에 대한 자신의 분노를 공개적으로 인정하지 못하고 있는 것이나 다름없다. 분노를 드러내면 자신이 다른 사람을 통제하고 간섭하는 것을 얼마나 좋아하는 인물인지 드러나기 때문이다. 그들은 자신의 감정은 감추고 당신이나 당신의 행동에 더 초점을 맞춘다. 그들의 감정에 초점을 맞추면 그에 대한 책임은 전적으로 그들에게 돌아간다.

3. **죄책감을 불러일으키는 표현은 고통과 상처를 감추고 있다.** 사람들은 이런 감정을 표현하거나 인정하려 하지 않고, 당신과 당신의 행동에 초점을 맞추려고 애쓴다. 죄책감을 불러일으키는 표현은 당사자의 슬픔, 상처 또는 욕구의 표현이라는 것을 인식하라.

4. **죄책감을 느끼게 된다면, 그것은 다른 사람의 문제가 아니라 당신의 문제라는 것을 기억하라.** 진짜 문제가 어디 있는지 파악하라. 그 문제는 바로 당신

마음속에 있다. 그러면 당신은 외부적 문제를 사랑과 적절한 경계로 다룰 수 있다. 죄책감을 느끼도록 '만들었다'고 다른 사람들을 계속 비난한다면, 그들은 여전히 우리 위에서 군림하는 힘을 가진 것이다. 은연중에 우리는 그들이 죄책감을 불러일으키는 행동을 그만두어야 기분이 좋아질 수 있음을 인정하는 것이다. 즉 우리 삶에 대한 통제권을 그들에게 주고 있다. 이제 다른 사람들에 대한 비난을 중단하라.

5. 설명하거나 정당화하지 말라. 죄책감을 느낀 사람은 자기 입장을 정당화하려 한다. 죄책감을 느끼게 하려는 그들의 말에 넘어간 것이다. 당신이 그들에게 설명할 의무는 없다. 단지 당신이 선택한 바를 그들에게 말하라. 당신이 왜 그런 결정을 내렸는지 그들이 이해할 수 있도록 돕는 것은 상관없다. 그들이 당신을 기분 나쁘게 하지 않기를 바라거나 죄책감을 해결하려고 애쓴다면, 당신은 그들이 만든 죄책감의 함정에 빠지게 된다.

6. 단호한 태도를 잃지 말고, 그들의 말은 곧 그들의 속마음을 표현한 것으로 해석하라. "내가… 하기로 결정해서 화가 난 것처럼 들리는군요." "내가… 하지 않으려 해서 불쾌해진 것 같군요." "내가 내린 결정 때문에 기분이 나쁜 것은 이해합니다. 당신이 그렇게 생각한다니 유감이군요." "내가 다른 일을 했을 때 견디기 힘들었겠군요."

가장 중요한 원리는 이것이다. 사람들이 느끼는 고통을 공감하라. 하지만 그 고통은 당신 것이 아니라 그들 것임을 분명히 하라. 사랑과 경계만이 유일하고 분명한 바운더리라는 사실을 명심하라. 당신이 그들의 감정에 따라 반응한다면, 당신은 자신의 바운더리를 잃어버린 것이다. "자기의 마음을 제어하지 아니하는 자는 성읍이 무너지고 성벽이 없는 것과 같으니라"(잠 25:28). 당신에게서 반응을 이끌어 내는 힘을 다른 사람들이 가지고 있다면, 그들은 당신의 벽 안에, 당신의 바운더리 안에 거하는 것이다. 반응을 멈추라. 미리 대처하라. 충분히 공감하라. "그 말은 마치 지금의 삶이 무척이나 힘들다는 투로 들리는군요. 자세히 말씀해 보세요." 죄책감을 느끼게 하는 말을 일삼는 사람들은 때때로 삶의 고단함을 호소하기 위해 그 같은 행동을 하기도 한다. 그들의 말을 들어 주되, 그 말에 책임지는 일은 피하라.

아들에게 죄책감을 느끼게 했던 어머니의 예를 기억하라. 건강한 바운더리를 가진 사람이라면 그 같은 어머니의 말에 충분히 공감할 것이다. "어머니, 혼자 계시려니까 너무 적적하시죠?" 그는 자신에게 죄책감을 불러일으키려는 어머니의 말 이면에 깔린 감정을 충분히 안다는 것을 어머니에게 느끼게 해주고 있다.

결과와 대항

브라이언은 아버지를 대하기가 너무 어려웠다. 재산이 많은 아버지는 가진 돈을 이용해 다른 사람, 심지어 가족들까지도 마음대로 다루려고 했다. 자기 말을 듣지 않으면 재정 지원을 줄이거나 아예 중단하겠다고 위협하는 방법으로 자녀들을 통제했다.

브라이언은 나이가 들면서 아버지로부터 좀 더 자유롭고 싶었지만, 아버지가 주는 돈에 너무 길들여져 있었고 그것이 주는 기쁨을 뿌리치지 못하는 자신의 모습을 발견했다. 그는 가족 별장에서 아내와 함께 여름 휴가를 보낼 수 있어서 좋았다. 또한 프로 야구 경기 관람권을 마음대로 살 수 있고 골프장의 회원권을 가져서 너무 좋았다.

그러나 브라이언은 아버지의 통제를 받는 대가로 감정적, 영적 속박을 받는 것이 싫었다. 그는 변하겠다고 결심했다. 그는 자신과 아이들에게 혼란을 일으키는 아버지의 요구에 대해 "싫습니다"라고 말하기 시작했다. 그는 아이들이 원하지 않을 때는 모든 가족들이 함께 떠나는 주말 여행에도 동행하지 않았다. 브라이언의 아버지는 그런 아들의 태도가 마음에 들지 않았다.

예상대로 아버지는 지금까지 브라이언이 마음대로 사용하던 것들을 제한하기 시작했다. 아버지는 브라이언의 경우를 통해 자기 말을 듣지 않으면 어떻게 된다는 것을 자녀들에게 보여 주려고 했다. 브라이언의 형제와 누이들에게 더 많은 특권을 주어 브라이언으로 하여금 자신의 실수를 깨닫게 할 마음이었다. 결국 아버지는 브라이언을 전혀 도와주지 않기로 결심했다.

브라이언은 너무 힘들었다. 생활 방식을 바꾸어야 했고, 지금까지 아무렇지도 않게 해왔던 여러 일들을 중단하지 않을 수 없었다. 그는 아버지의 유산을 물려받을 계획에 몰두해 왔지만, 이제는 장래를 위해 전혀 다른 계획을 세워야 했다. 간단히 말해서, 그는 아버지의 통제에서 자유롭고자 했던 자신의 선택에 대한 결과를 몸소 겪어야 했다. 하지만 태어나서 처음으로 그는 자유를 느꼈다.

이런 시나리오는 흔히 볼 수 있는 일상적인 것이다. 그런 사태의 결과는 집안의 재정 문제 전반에 영향을 미친다. 아버지가 지금까지 대신 내주던 대학 등록금, 아이를 봐 주는 사람을 부르는 것, 아버지가 대 주던 사업 자금, 게다가 가족 관계의 손상 등 여러 문제가 동시다발적으로 생긴다. 바운더리를 설정함으로써 생기는 이런 결과들은 군림하려는 태도를 가진 사람에게 일종의 대항처럼 여겨진다. 그들은 바운더리를 세우는 것에 대해 민감하게 반응한다.

첫째, 바운더리 결여로 인해 어떤 결과가 생기며 바운더리를 세움으로서 무엇을 잃게 되는지 예상해 보라. 브라이언의 경우, 그가 바운더리를 세움으로써 잃은 것은 돈이었다. 다른 사람들의 경우, 관계성의 상실이 가장 많이 나타난다. 어떤 사람들은 지배적인 성향이 너무 강하기 때문에 누군가 자기에게 대항하려 하면 더 이상 관계를 유지하지 않으려 한다. 어떤 이들은 집안에서 건전하지 않은 게임에 참여하는 것을 중단하자 가족들에게서 완전히 따돌림을 당한다. 그들의 부모나 '친구들'은 아예 말조차 하지 않으려 한다.

바운더리를 세우고 자기 인생에 대한 통제권을 확보하려면 반드시 위험을 무릅써야 한다. 대부분의 경우에 그런 모험의 결과는 그리 혹독하지 않다. 왜냐하면 그 문제를 진지하게 취급하고 있는 것을 주위 사람들이 알게 되면, 그들도 서서히 변화되기 때문이다. 그들은 경계를 정하는 일이 자신들에게도 해가 되지 않음을 깨닫게 된다. 예수님의 말씀처럼, 우리가 "그들을 이긴 것이다." 친구의 진심 어린 힐책이 쓰긴 하지만 몸에 좋은 약으로 판명된다.

선하고 정직한 사람들은 그 같은 부분을 훈련해야 한다. 그러면 그들은 아무리 자기 마음에 내키지 않더라도 상대방의 바운더리에 좋은 반응을 나타낸다. 심리학자들은 그렇지 못한 사람들을 '성격 장애'라고 부른다. 성격 장애를 가진 사람들은 자신의 행동이나 자기 인생에 대해 책임지고 싶어 하지 않는다. 친구나 배우자가 그들에 대한 책임을 담당하지 않으려는 기색이 보이면, 그들은 곧 떠나 버린다.

바운더리를 세운 결과의 대가가 아무리 힘들고 손해가 큰 것처럼 보일지라도, '진정한 자아'를 잃은 것에 비하면 아무것도 아니다. 성경은 분명히 말한다. 위험을 인식하고 거기에 대비하라고.

둘째, 당신이 지금까지 누려 왔던 것을 기꺼이 상실하는 위험을 감수하겠다고 결심하라. '우리가 감당해야 할 십자가'는 우리의 '진정한 자아'를 위해 충분히 지고 갈 만한 가치가 있다. 어떤 이들에게 모험의 결과는 너무 가혹하다. 그래서 그들은 부모와 친구 사이의 관계를 위험하게 하기보다는 계속 지배적인 부모나 친구에게 굴복하는 쪽을 택한다. 가정에 알코올 의존증 환자가 있을 때, 가족들이 그가 치료를 받지 않았을 때 가하기로 동의했던 처벌을 정말로 실행에 옮길 것인지 많이 고민한다고 전문가들은 말한다. 결과 없는 바운더리는 건강한 바운더리가 아니다. 바운더리를 세우기 전에 그로 인해 생겨나는 결과를 그대로 받아들일 용의가 있는지 다시 한번 자신을 점검해야 한다.

셋째, 잃어버린 부분을 보충하기 위해 부지런해지라. 브라이언의 경우, 그는 더 많은 돈을 벌기 위해 계획을 다시 세웠다. 아이를 돌보는 방법을 새로 찾고, 새로운 친구를 사귀며, 외로움을 극복하는 방법을 터득하는 것도 여기에 포함된다.

넷째, 행동하라. 계획을 세우는 것과 더불어 바운더리를 세우는 것만이 다른 사람들의 통제에서 벗어나고 자신의 바운더리로 인한 결과를 받아들일 수 있는 유일한 길이다. 계획을 세웠을 때는 베드로처럼 행동하라. 베드로는 예수님을 보자마자 배에서 뛰어내려 그분을 향해 달려갔다. 예수님께 시선을 고정하라. 예수님은 우리 "믿음의 주요 또 온전하게 하시는 이"(히 12:2)다. 첫발을 내딛는 것이 가장 힘들다. 나아가 행하라. 그리고 주님의 도우심을 구하라. 시편 18편 34절 말씀을 기억하라. "내 손을 가르쳐 싸우게 하시니 내 팔이 놋 활을 당기도다."

다섯째, 진짜 어려운 일은 이제부터 시작임을 명심하라. 경계를 정하는 일은 전투의 마무리가 아니다. 단지 시작일 뿐이다. 이제 당신을 돕는 후원자 그룹에게 돌아가 그들에게서 영적 자양분을 공급받으라.

그러면 당신은 흔들림 없는 태도를 유지할 수 있을 것이다. 바운더리를 세우도록 돕는 프로그램에 지속적으로 참여하라.

바운더리 세우는 것을 방해하려는 세력의 반대가 만만치 않을 것이다. 그러나 하나님은 당신이 '구원을 이루어' 가고자 애쓰는 그 자리에 함께하시며 힘을 북돋아 주실 것이다.

육체적 학대

이 부분을 여기에 포함시켜야 한다는 것은 슬픈 현실이다. 어떤 사람들은 다른 사람들이 물리적으로 자신을 압도하기 때문에 그들에 대한 바운더리를 유지하지 못한다. 욕설을 일삼는 남편이나 남자 친구는 상대방이 하는 "안 돼"라는 말을 절대 받아들이려 하지 않는다. 경계를 정하려고 애쓰는 여성들이 육체적으로 학대받는 경우가 많다.

이렇게 학대받는 사람들은 도움이 필요하다. 그들은 여러 이유 때문에 자신이 당한 일과 당하고 있는 일을 다른 사람에게 말하는 것을 꺼린다. 친구들 사이에서나 교회에서 남편의 명예가 실추되는 것을 막으려고 애쓴다. 자신이 그런 취급을 받고 있다는 사실을 인정하기 두려운 것이다. 또한 그런 말을 하면 전보다 더 많은 학대를 받게 될까 봐 염려한다. 그들은 반드시 문제의 심각성을 인식하고 외부의 도움을 받아야 한다. 그 문제는 방치하면 더 악화될 수밖에 없다.

이 같은 상황에 처해 있다면, 배우자의 학대에 대해 바운더리를 세우는 것을 도와줄 사람을 찾아보라. 학대받는 여성의 문제를 다룬 경험이 있는 상담가를 찾아보라. 남편이나 남자 친구가 폭력을 사용할 때 전화할 수 있는 교우들의 전화 번호를 준비해 두라. 위협을 느낄 때 늦은 밤 언제라도 피할 수 있는 곳을 마련하라. 경찰이나 변호사에게 전화하라. 그런 모든 방법이 통하지 않을 때는 법원에 접근 금지 명령을 요청하라. 당신과 자녀들을 위한 일이다. 학대가 계속되도록 내버려 두지 말라. 도움을 청하라.

다른 사람들의 고통

사랑하는 사람들에 대해 바운더리를 세우려 할 때, 정말 견디기 힘든 어려운 문제가 생긴다. 그들이 상처를 받는다는 것이다. 그들은 자신의 외로움, 혼란, 재정적 무책임처럼 우리가 대신 막아 주던 부분에 큰 구멍이 뚫린 것 같은 느낌을 받는다. 상실감을 느끼게 된다.

정말로 그들을 사랑한다면, 고통당하는 그들의 모습을 바라보는 일이 쉽지 않을 것이다. 그러나 그로 인해 상처받는 사람을 대할 때, 우리가 세워 놓은 바운더리는 우리에게 필요할 뿐만 아니라 그들에게도 도움이 된다는 사실을 기억하라. 그들을 계속 무책임한 상태로 있게 내버려 둔다면, 바운더리를 세우는 것은 그들에게 책임감을 상기시켜 주기 위한 약간의 자극 정도에 그치고 만다.

비난을 일삼는 자들

비난하기 좋아하는 사람들은 우리가 "안 돼"라고 말하는 것을 마치 사형 선고나 되는 것처럼 여기고, "네가 어떻게 내게 이럴 수 있어?"라는 식으로 반응한다. 그들은 눈물을 흘리고, 토라지며, 화를 낸다. 그들에게는 성격 장애가 있다는 사실을 기억하라. 우리가 그들에게 무언가 해 주지 않았기 때문에 고통받는다는 그들의 말은 오히려 우리가 그들에게 해야 할 말이다. 겸손한 사람이 정말 힘든 상황에서 부탁하는 것과는 차원이 전혀 다르다. 다른 이들이 내뱉는 불만의 본질을 파악하라.

자신이 당연히 책임져야 할 일에 대한 책임을 당신에게 돌리고 비난한다면, 그들에게 정면으로 맞서라.

수잔은 동생의 부탁을 과감히 거절했다. 그녀의 남동생은 새 차를 구입해야 한다며 돈을 빌려 달라고 했다. 그들은 모두 성인이다. 그녀는 책임을 다하고 열심히 일하지만 그녀의 동생은 무책임한 데다가 돈을 모으는 일이 없었다. 여러 해 동안 그는 수잔에게 돈을 빌려 달라고 요구했고, 그녀는 할 수 없이 번번이 돈을 빌려 주었다. 그러나 그가 돈을 갚는 경우는 거의 없었다.

결국, 그녀는 바운더리 세미나에 참석하고 나서 깨달음을 얻었고, 최근에 또다시 돈을 빌려 달라는 동생의 요구를 단호히 거절했다. 그러자 동생은 마치 그녀가 자신의 인생을 파멸시키는 것처럼 반응했다. 그는 '수잔 때문에' 일을 진척시키지 못하고 있다고 떠들어 댔다. 새 차가 없으면 사람들의 관심을 끌 수 없다는 것이 그 이유였다. 그는 '수잔 때문에' 헌 차를 타고 다니는 바람에 여자들을 만날 수 없게 되었다고 말했다.

비난을 듣고 대처하는 법을 배우고 나서 수잔은 과감히 동생과 맞섰다. 그녀는 동생에게 사업이 잘 풀리지 않는 것은 유감이지만 그것은 분명히 네 일이라고 말했다. 수잔의 이런 반응은 그녀와 동생 모두에게 좋은 결과를 가져왔다.

정말 궁핍한 처지

정말 어려운 처지에 있는 사람에 대해서도 바운더리를 세워 놓아야 한다. 풍성한 사랑을 지닌 사람이라면, 어려움에 처한 사랑하는 이웃에게 "안 됩니다"라고 말하기란 보통 어려운 일이 아니다. 하지만 당신은 그에게 줄 수 있는 것과 줄 수 없는 것은 분명하게 구분해야 하고, 그에 따라 적절하게 안 된다고 말할 수 있어야 한다. 이것은 '인색함으로나 억지로'(고후 9:7) 구제하는 것과 다른 경우다. 지금 언급하는 것은 당신이 안타까운 마음으로 상대를 도와주다가 탈진해 버리는 경우다.

출애굽기 18장에서 모세가 거의 탈진 상태에 이르렀던 것을 기억하라. 모세의 장인 이드로는 그가 모든 백성을 상대하는 것을 보고 대리자를 세워 그들로 하여금 백성의 어려움을 보다 효과적으로 충족시키게 하라고 권면했다.

자신의 경계를 분명하게 인식하라. 사람들에게 주려고 '결심했던' 정도만 주고, 그들에게 도움을 줄 수 있는 다른 사람들을 연결시켜 주라. 어려운 이들이 처한 환경을 마음 깊이 공감하라. 당신이 그들의 어려움을 정확히 알고 있다는 사실과 자신에게 정말 도움이 필요하다는 사실을 그들도 알아야 한다. 그들을 위해 기도하라. 그것이야말로 주위에 있는 어려운 이웃들의 고통과 필요를 위해 당신이 할 수 있는 가장 사랑 넘치는 일이다.

용서와 화해

용서와 화해의 차이를 구분하지 못하는 사람들이 많다. 그들의 특징은 외부의 저항에 제대로 대처하지 못한다는 것이다. 왜냐하면 자신이 다시 다른 이들에게 굴복해야 하며, 그렇지 않으면 자신이 용서받지 못할 거라고 생각하기 때문이다. 실제로 수많은 사람들이 용서하는 것을 두려워한다. 그들은 자신의 바운더리를 한 번 더 무너뜨려 다른 이들에게 자신을 해칠 수 있도록 힘을 부여하는 것을 용서라고 착각하고 있다.

성경은 두 가지 원리를 분명하게 제시한다. 첫째, 우리는 언제나 용서해야 한다. 둘째, 그러나 언제나 화해를 이루지는 못한다. 용서는 우리 마음속으로 행하는 일이다. 우리는 우리에게 빚진 사람을 그 빚에서 풀어 준다. 그 사람의 빚을 탕감해 주면, 그는 더 이상 우리에게 속박되지 않는다. 이제는 그를 비난할 이유도 없다. 그는 깨끗하다. 용서의 당사자는 바로 우리 자신이다. 우리에게 빚진 사람이 먼저 용서를 구해서는 안 된다. 그것은 우리 마음에서 비롯된 은혜로 가능한 일이다.

이런 사실은 우리를 두 번째 원리로 이끈다. 우리가 늘 화해를 이루는 것은 아니다. 하나님은 세상을 용서하셨다. 하지만 모든 세상이 그분과 화해하지는 않았다. 비록 그분이 모든 사람을 용서하셨지만, 모든 사람이 자기 죄를 인정하고 그분의 용서를 받아 누리지는 않았다. 이것이 화해다. 용서가 첫 번째 단계이고, 화해가 두 번째 단계다.

우리는 누군가 자기 문제를 진심으로 인정하기 전에는 우리 자신을 상대방에게 드러내지 않는다. 성경은 어떤 사람이 자기가 한 일들을 인정하고 '회개에 합당한 열매'(마 3:8)를 맺기 전에는 그에 대한 바운더리를 계속 유지해야 한다고 거듭 말하고 있다. 진정한 회개는 "미안합니다"라고 말하는 것 이상의 그 무엇이다. 그것은 방향을 완전히 바꾸는 것을 말한다.

당신이 누군가를 용서했다 하더라도, 그가 자신을 충분히 신뢰할 만한 인물로 증명하지 못했다면 아직 그를 신뢰하지 않는다고 그에게 분명하게 말해야 한다. 그가 진실로 변화되었는지 확인할 수 있는 충분한 시간이 있어야 한다.

하나님이 좋은 모델이심을 기억하라. 하나님은 사람들이 잘못된 행동을 바꾸기 전에 이미 그들에 대한 정죄를 멈추셨다. 하나님은 정죄하지 않으시지만, 그것이 모든 사람들과 관계를 형성했다는 의미는 아니다. 사람들은 자기 죄를 인정하고 회개해야 한다. 그러면 하나님은 그들에게 그분을 드러내신다. 화해는 두 가지를 모두 포함한다. 용서했기 때문에 그들과 화해해야 한다고 생각하지 말라. 화해를 제안할 수 있지만, 그것은 상대방이 자기 잘못을 인정하고 그 고백에 합당한 신뢰할 만한 열매를 맺는다는 조건 아래 이루어져야 한다.

내적 저항

우리는 좋은 바운더리를 가져야 한다. 우리의 육체가 우리를 지배하지 못하게 하려면 외적으로는 물론이고 내적으로 견고한 바운더리를 세워야 한다. 우리의 성장을 방해하려는 내적 저항와의 관계 속에서 바운더리를 살펴보자.

인간적 욕구

레이첼은 자신에게 많은 해를 끼치는 남자들만 골라서 사귀려는 성향 때문에 치료를 받고 있었다. 그녀는 겉보기에 부드럽고 매력적인 남자들에게 너무 쉽게 빠져들었다. 처음에 그들과의 데이트는 정말 '끝내줬다'. 그들은 '그녀가 원하는 것은 무엇이든' 해주고 그녀에게 부족한 부분을 모두 충족시켜 주는 것처럼 보였다.

    그녀는 이런 상태로 어느 정도 지내다가, 그 관계에서 서서히 '자신을 잃어 가기' 시작했고 원하지 않는 일에 굴복하는 자신의 모습을 발견했다. 자신이 원하지 않는 일을 하고, 다른 사람에게 주고 싶지 않은 것도 아무 거리낌없이 주었다. 그녀가 푹 빠졌던 남자는 매우 자기중심적인 사람이라 그녀의 필요를 이해하지 못할 뿐만 아니라 그녀의 바운더리를 존중하지도 않았다. 오래지 않아 그녀는 비참한 상태에 빠졌다.

레이첼이 친구들에게 그 사실을 말하자, 친구들은 그녀가 이미 아는 내용을 또다시 말했다. "너는 바보니까 이제 떠나겠어"라고 말해야 한다는 것이었다. 하지만 그녀는 이런 사실을 알면서도, 그 관계에 속박되어 그 남자를 떠나지 못했다. 그녀에게는 바운더리가 결여되어 있었다. 그녀는 "안 돼"라고 말하지 못했다.

레이첼의 삶의 방식을 자세히 살펴보면, 그런 남자들을 떠나지 못하고 머물러 있는 이유는, 그들과 헤어졌을 때 찾아오는 우울증을 피하고 싶기 때문임을 알 수 있다. 더 깊이 들어가 보면, 그녀의 우울증은 아버지로부터 채워지지 못한 내면의 공허함 속에 뿌리를 내리고 있다는 것을 알 수 있다. 레이첼의 아버지는 그녀가 만난 남자들과 매우 비슷했다. 그녀를 정서적으로 이끌어 주지 못했고 그녀에게 사랑을 보여 주지 않았다. 아버지가 채워 주었어야 하는 마음의 빈자리가 그녀에게 있었다. 그녀는 그것을 채워 줄 능력이 없는 남자들에게 마음을 맡겼다. 레이첼이 바운더리 세우는 것을 가로막는 내적 저항은 바로 어린 시절에 충족되지 못한 성장 과정의 욕구였다.

하나님은 우리가 가정에서 특정한 욕구를 충족시키며 자라도록 계획하셨다. 우리는 앞에서 이런 사실에 대해 살펴보았으며, 이 주제를 광범위하게 다룬 책들도 많다.[1] 우리에게 충족되지 못한 욕구가 있다면, 우리 내면의 파괴된 영역의 목록을 작성해 그리스도의 몸 된 교회 안에서 그 욕구를 충족시켜야 한다. 그러면 성숙한 사람으로서 마땅히 가져야 할 바운더리를 세울 수 있는 충분한 힘을 얻을 수 있다.

성장기에 충족되지 못한 이런 욕구는 바운더리를 세우려는 노력을 방해하는 주요 장애물이다. 하나님은 부모들이 성경의 명령대로 행하는 경건한 가정에서 자녀들이 성장하도록 의도하셨다. 부모는 자녀를 양육하고, 좋은 바운더리를 가지고 있어야 한다. 자녀들을 용서하고 그들이 선과 악을 구분할 수 있도록 도와주고, 책임감 있는 성인으로 성장할 수 있도록 허용해야 한다. 그러나 많은 사람들이 그런 부모 밑에서 자라지 못했다. 그들은 심리학적으로 고아나 다름없으므로, 그리스도의 몸 된 교회에 입양되어 보살핌을 받아야 한다. 이것은 우리 모두에게 해당되는 말이다.

해결되지 않은 비탄과 상실감

'충족되지 못한 욕구'에 대한 저항이 '선함'과 관련되어 있다면, 비탄은 '악함'과 관계가 있다. 어떤 사람이 바운더리를 세우지 못하는 이유는, 그가 자신과 융화되어 있는 어떤 인물을 떠나보내지 못하기 때문이다. 레이첼은 자상하고 사랑 많은 아버지에 대한 욕구를 충족시키려고 무던히 노력했다. 하지만 그 욕구가 충족되려면, 먼저 결코 채워지지 않을 욕구, 즉 아버지의 사랑에 대한 미련을 떨쳐 버려야 한다. 이것은 그녀에게 도저히 감당할 수 없을 것 같은 엄청난 상실감을 가져다줄 것이다.

성경에는 하나님이 자기 백성에게 유익하지 않은 사람들과의 생활을 '뒤로 하고' 떠나라고 요구하시는 수많은 예들로 가득하다. 그분은 이스라엘 백성에게 더 나은 삶을 위해 애굽을 떠나라고 명하신다. 하지만 그들 가운데 많은 사람들이 계속 뒤를 돌아보며 자신들이 더 낫다고 여겼던 것을 떨쳐 버리지 못했다. 롯과 그의 아내가 소돔을 떠날 때, 절대 뒤를 돌아보지 말라는 경고를 받았지만 롯의 아내는 뒤를 돌아보았고 결국 소금 기둥으로 변하고 말았다.

성경적 관점에서 회복을 말할 때, 가장 기초가 되는 원리는 하나님을 만나기 전의 삶은 고수할 가치가 없다는 것이다. 우리는 과거의 삶을 상실하고, 비탄함을 느끼지만, 그 삶에서 벗어나야 한다. 그래야 하나님이 더 좋은 것을 우리에게 주실 수 있다. 우리는 "언젠가 그들은 나를 사랑할 거야"라는 희망을 놓지 않고 우리를 사랑할 수 없는 사람들을 변화시키려고 끊임없이 노력한다. 이런 희망이 좌절된 것은 슬프지만 과감히 떨쳐 버려야 한다. 그래야 우리 마음이 하나님이 주시고자 하는 새로운 것들을 향해 열릴 수 있다.

누군가에 대해 바운더리를 세우는 일은 오랫동안 갈망해 왔던 사랑을 잃어버리는 위험을 내포하고 있다. 지배적인 부모에게 "싫어요"라고 말하기 시작하면 부모와의 사이에서 전혀 느끼지 못했던 슬픔에 직면하게 된다. 그러면 부모의 말에 고분고분하기 위해 애쓰지 않아도 된다. 부모의 뜻대로 움직이면 슬픔을 느끼거나 곤궁에 빠질 일은 없을지 모른다. 그러나 부모의 실체를 인정하고 그들에게 걸었던 잘못된 희망을 없애면 비탄이 밀려온다. 정말 깊은 슬픔이 아닐 수 없다.

우리는 바운더리를 세우려 하기보다는 "만일…하기만 하면"이라는 게임을 즐긴다. 사람들은 무의식적으로 스스로에게 이렇게 말한다. "완벽주의에 가까운 그의 요구를 거스르지 않고 그저 내가 열심히 노력하면, 그는 나를 좋아하게 될 거야." "내가 그녀의 소원을 들어주고 그녀를 화나지 않게 하면, 그녀는 나를 사랑할 거야." 사랑을 얻기 위해 바운더리를 포기하는 것은 언젠가 다가올 운명을 조금 뒤로 미루는 것에 지나지 않는다. 얼마 가지 않아 그 사람에 대한 진실을 알게 되고, 그 진실로 인한 슬픔을 겪으며, 그를 떠나보낸 후, 자기 인생을 살아가게 되는 것이 정해진 순서다.

이런 내적 저항을 정면으로 맞서기 위해 필요한 단계를 살펴보자.

1. **바운더리가 없음을 인정하라.** 자신에게 문제가 있다는 사실을 받아들이라. 지금 다른 이들에게 지배당하고, 통제받고, 학대받고 있다면, 당신은 자신의 슬픔이 그 사람의 잘못 때문이라고 생각할 수 있다. 그러나 진짜 문제는 당신에게 바운더리가 결여되어 있다는 것이다. 다른 사람을 비난하지 말라. 문제는 바로 당신이다.

2. **당신의 내면에서 일어나는 저항을 인식하라.** 당신은 이렇게 생각할 수도 있다. '아, 일정한 경계를 정하는 일이 무엇보다 급하구나.' 그렇다면 당신은 더 나아지기 위한 길에 이미 접어든 것이다. 바운더리를 세우는 일이 그렇게 쉽다면, 당신은 이미 오래전에 그 일을 완수했을지도 모른다. 마음속의 두려움 때문에 바운더리를 세우려 하지 않았다는 것을 솔직하게 고백하라. 당신은 내면의 저항 때문에 자신의 자유를 고의로 파괴했다(롬 7:15, 19).

3. **은혜와 진리를 구하라.** 다른 모든 과정과 마찬가지로, 평안한 상태에서 이렇게 어려운 진리를 터득할 수 없다. 자신의 내적 저항을 인정하고 슬픔을 극복하면서 바운더리를 세우는 작업을 하려면 다른 이들의 도움을 받아야 한다. 유익을 가져오는 비탄은 오직 견고한 관계 속에서만 발견되고 극복될 수 있다. 우리는 하나님과 다른 사람들로부터 은혜를 입어야 한다.

4. **기대를 명확히 드러내라.** 바운더리를 세우지 못한 이면에는 상실에 대한 두려움이 있다. 올바른 삶을 살기 위해 누구의 사랑을 포기하려 하는지 분명하게 밝히라. 이름을 기록하라. 당신은 누구를 제단 위에 올려놓고 하나님께 드리려 하는가? 그 사람과 이어져 있는 강력한 끈 때문에 당신은 곤경에서 벗어나지 못하고 있다. "너희가 우리 안에서

좁아진 것이 아니라 오직 너희 심정에서 좁아진 것이니라"(고후 6:12). 고린도 교인들이 바울의 사랑에 대해 마음을 열지 못했던 것처럼, 당신도 떠나보내야 하는 사람에게 여전히 매어 있고, 그에 대한 '애정' 때문에 곤경에 처해 있는 것이다.

5. 보내라. 후원 관계가 주는 안전함에 거하면서, 지금까지 너무 어렵게 대하며 상징화시켜 놓은 그 사람에게 정면으로 맞서라. 그런 행동은 마치 장례식에 참석하는 것과 같다. 이제 당신은 비탄의 단계들을 거치게 된다. 부인, 타협, 분노, 슬픔, 용납 등. 순서에 따라 이런 단계를 경험할 필요는 없다. 하지만 이 모든 감정들을 느끼게 될 것이다. 그것이 정상이다.

후원자 그룹과 만나 상실감에 대해 솔직히 말하라. 그런 감정은 마음 깊은 곳에서 생겨나기 때문에 견딜 수 없을 만큼 고통스러울 것이다. 전문 상담가를 찾아가라. 떠나보내는 것을 상상할 수도 없었던 사람이나 일들을 떠나보내기란 너무 어렵다. 하지만 그것을 잃음으로써 결국 당신의 삶은 안전하게 될 것이다. 오직 하나님만이 마음의 빈자리를 사랑으로 가득 채우실 수 있다.

6. 나아가라. 비탄의 마지막 단계는 당신이 원하는 바를 발견하는 것과 관련 있다. "구하라 그리하면 너희에게 주실 것이요." 과거의 삶에서 기꺼이 벗어나려 한다면, 하나님이 당신을 위해 마련하신 진정한 삶에 이르게 된다. 그분은 단지 움직이는 배를 조종하실 따름이다. 당신을 위해 준비된 그분의 선하심을 얻는 것은 당신의 몫이다. 행동하며 움직이기 시작하라.

지금까지 매여 있던 것에서 벗어나기 시작하면 인생에서 너무 많은 변화가 있다는 사실에 놀라게 될 것이다. 과거의 인생을 유지하기 위해 노력하면 엄청난 에너지가 소모되고, 또한 계속해서 학대와 통제 속에 자신을 방치하게 된다. 과거로부터의 해방은 평온함에 이르는 길이다. 그 길은 비탄을 거쳐 가는 길이다.

분노에 대한 내적 두려움

회사의 관리 팀에서 일하는 세 사람이 다른 회사와 관계된 큰 프로젝트를 성사시키기 위해 공동으로 작업했다. 협상 과정에서 다른 회사의 사장은 세 사람에게 무척 화를 냈다. 자신이 원하는 것을 그들이 하지 않으려 한다는 이유 때문이었다.

세 명 가운데 두 사람은 그 일 때문에 잠도 못 자고, 걱정하며, 협상이 깨질까 봐 안달했다. 그들은 그 회사의 사장이 더 이상 자기들을 좋아하지 않으면 어떻게 해야 할지 도무지 알 수가 없었다. 결국 그들은 나머지 한 사람을 불러내 협상 전략을 의논하기 위한 회의를 열었다. 두 사람은 화난 그 사장을 달래기 위해 모든 계획을 수정하기로 마음먹었다. 다른 한 명의 동료에게 자기들이 세운 계획을 말하자, 그는 두 사람을 똑바로 쳐다보며 말했다. "정말 중요한 문제가 무엇입니까? 그것 때문에 그가 화를 낸 겁니다. 의제를 한번 점검해 볼까요?"

두 사람은 자기들이 얼마나 어리석었는지 깨닫고 큰소리로 웃었다. 그들은 화가 난 부모를 무서워하는 아이들처럼 행동했다. 죽고 사는 문제가 부모 같은 그 사람의 행복에 따라 좌우되는 것 같았다.

다른 회사의 사장을 두려워했던 그 두 사람은 분노가 통제 수단으로 사용되는 가정에서 성장했다. 나머지 한 사람은 그런 책략에 이용당한 적이 한 번도 없었다. 결과적으로 그 사람만 좋은 바운더리를 가지고 있었던 것이다. 두 사람은 그가 다른 회사의 사장을 상대하기 원했다. 그는 그 사장을 만나 더 이상 화내지 않고 자기들과 함께 일하면 좋겠다고 말했다. 그런데 앞으로도 계속 화를 낸다면 다른 협력사를 찾아보겠다고 말했다.

그것은 좋은 교훈이었다. 두 사람은 어릴 때부터 가지고 있었던 시각으로 그 사람을 바라보았다. 이 세상에서 의지할 수 있는 사람은 그 사장 외에는 아무도 없는 것 같았다. 따라서 그의 분노가 그들을 크게 놀라게 만든 것은 당연한 일이었다. 하지만 나머지 한 사람은 성인의 눈으로 그 상황을 바라보았고, 그 사람이 함께 일할 만한 태도를 보이지 않는다면 자기들이 떠날 수도 있다는 것을 알고 있었다.

문제는 세 사람 가운데 두 명의 내면에 있었다. 화를 낸 사람은 한 사람인데, 그에 대한 반응은 두 가지로 나타났다. 처음 두 사람은 경계를 정하는 것을 주저했다. 하지만 나머지 한 사람은 그렇지 않았다. 문제를 해결하는 데 결정적 역할을 한 요인은, 화를 낸 사람이 아니라 바운더리 기술을 가진 사람의 내면에서 비롯되었다.

화를 잘 내는 사람이 당신의 바운더리를 무너뜨릴 수 있다면, 당신은 아직까지 두려워하는 누군가를 기억하고 있을지 모른다. 과거에 다른 사람의 분노 때문에 생겨난 상처들은 관심을 갖고 치유해야 한다. 상처받고 겁먹은 당신의 내면이 밝은 빛 가운데 모두 드러나, 하나님과 그분의 백성 안에서 치유받아야 한다. 이제 부모의 그늘에서 벗어나 성인으로서 그들을 대면하라. 그러려면 먼저 자신을 사랑해야 한다.

당신에게 필요한 몇 가지 단계는 다음과 같다.

1. 그것이 문제라는 것을 인식하라.
2. 당신의 결핍에 대해 다른 사람에게 솔직하게 말하라. 당신은 혼자서 그 문제를 해결할 수 없다.

3. 후원자 그룹과 만나서 당신이 느끼는 두려움의 근원을 찾아내, 당신의 기억 속에 남아 아직도 두렵게 만드는 그 인물이 누구인지 정확히 파악하라.

4. 과거에 있었던 사건들과 관련된 상처나 감정들을 고백하라.

5. 이 책에 제시된 바운더리 설정 기술을 익히라.

6. 마치 자동 조정 장치에 이끌리듯 과거의 상태로 돌아가거나 바운더리를 포기하는 일이 없도록 주의하라. 제대로 대응할 수 있을 때까지 자신의 시간과 공간을 어느 정도 확보하라. 일정한 거리를 유지하고 싶다면 그렇게 하라. 그러나 절대로 바운더리를 포기해서는 안 된다.

7. 준비가 되었다면, 그 사람을 직접 만나라. 자제심을 잃지 않도록 주의하라. 결심한 것을 끝까지 고수하라. 당신이 앞으로 할 일과 하지 않을 일을 정확히 말하라. 화를 내더라도 흔들리지 말라. 그들을 보살펴주겠다고 말하라. 도울 수 있는 일이 무엇인지 물어보라. 그러나 분명한 선은 유지해야 한다.

8. 재편성하라. 후원하는 이들에게 어떤 말이 오갔는지 설명하라. 그리고 당신이 태도를 분명히 하고 있는지, 또는 상대에게 공격을 당하고 있는지 후원자들의 반응을 통해 확인하라. 자신이 부끄럽게 느껴질 때도 있지만, 현실을 있는 그대로 점검해야 한다. 당신이 오히려 많은 것을 잃었는데도 바운더리를 잘 지키고 있다고 잘못 생각할 수도 있다. 후원자들의 의견을 소홀히 여기지 말라.

9. 계속 연습하라. 과거에 대한 통찰력과 이해를 얻기 위해 역할 연습을 반복하라. 또한 지금까지 잃어버린 것들에 대해 가슴 아프게 생각하라. 바로 그 시간을 통해 계속 기술을 익히라. 잠시 후면 당신은 이렇게 생각하게 될 것이다. '한때 내 주위에는 분노를 통해 나를 자기 마음

대로 움직이려는 사람이 있었지. 이제 그 일의 결과를 충분히 극복할 수 있어. 자유를 누리는 것은 정말 좋은 일이야.' 하나님은 누군가 분노를 통해 당신을 통제하는 것을 원하지 않으신다. 하나님은 당신의 주인이 되기를 원하고 당신을 어느 누구와도 공유하기를 원하지 않으신다. 그분은 당신 편이시다.

알 수 없는 두려움

바운더리 세우는 것을 방해하는 또 다른 강력한 내적 저항은 알 수 없는 두려움이다. 다른 사람에 의해 통제받는 것은 안전한 감옥 속에 있는 것과 같다. 우리는 그곳에 있는 모든 방들의 위치를 알고 있다. 한 여성이 이런 말을 했다. "나는 그 지옥 같은 곳에서 벗어나고 싶지 않았다. 나는 모든 거리의 이름을 낱낱이 알고 있었다."

바운더리를 세우고 좀 더 독립적인 존재가 되는 것은 미지의 세계로 떠나는 것이므로 당연히 두렵기 마련이다. 성경은 친족을 떠나 미지의 땅으로 가라는 하나님의 명령을 받은 많은 사람들의 이야기를 들려준다. 하나님은 믿음으로 발을 내딛고 그분의 법에 따라 살면 그들을 좋은 땅으로 인도하겠다고 약속하셨다. "믿음으로 아브라함은 부르심을 받았을 때에 순종하여 장래의 유업으로 받을 땅에 나아갈새 갈 바를 알지 못하고 나아갔으며"(히 11:8).

변화는 두려움을 동반한다. 두려움을 느낀다면 옳은 길―변화와 성숙의 길―에 들어섰을 가능성이 높다. 그 사실을 마음속에 간직하면 위로를 얻을 수 있다. 내가 아는 한 사업가는 자신이 매일 어떤 시점에서 완전한 두려움에 휩싸이지 않았다면 온 힘을 다해 사업에 매진하지 못했을 거라고 말했다. 그는 자기 분야에서 큰 성공을 거두었다.

바운더리는 지금까지 알았던 익숙한 것에서 우리를 분리시킨다. 바운더리는 모든 종류의 새로운 선택을 우리 앞에 펼쳐 놓는다. 과거에서 해방되어 새로운 세계로 과감히 나아가 거기에 익숙해지려면 복잡하게 얽힌 감정들을 느끼게 될 것이다.

새롭고 두려웠지만 당신에게 더 크고 나은 세계를 열어 주었던 발전적인 바운더리 단계들을 잠시 생각해 보라. 당신은 두 살 때 엄마 아빠에게서 벗어나 새로운 세계를 탐구하기 시작했다. 다섯 살 때는 집을 떠나 유치원에 다니면서 사회화와 학습에 대한 가능성을 연다. 청소년기에 접어들어 신체 발달과 더불어 새로운 삶의 가능성이 펼쳐지면 부모에게서 더 멀리 벗어난다. 고등학교 졸업과 동시에 대학 진학이나 직업을 갖기 위해 떠나 자신의 삶을 살아가는 법을 배운다.

이런 단계들은 정말로 두려움의 연속이다. 그러나 그런 두려움과 더불어 우리는 새롭게 발전하고, 가능성들을 접하며, 하나님과 자기 자신과 이 세상을 깨닫게 된다. 이것이 바운더리의 양면적인 본질이다. 무언가를 잃게 되지만, 평온함과 자제심을 겸비한 새로운 인생을 얻는 것이다.

유용한 몇 가지 견해들을 참고하기 바란다.

1. 기도하라. 미래에 대한 두려움을 없애 주는 해독제로 믿음과 소망, 그리고 우리를 사랑하시는 분에 대한 인식보다 더 좋은 것은 없다. 기도는 우리의 안전을 보장하시는 분에게 연결시켜 준다. 하나님께 의지하라. 당신이 앞으로 밟아 나갈 단계들을 인도해 주시기를 간절히 구하라.

2. 성경을 읽으라. 하나님은 성경을 통해 끊임없이 말씀하시며, 우리 미래가 그분의 손안에 있으므로 우리를 인도해 주겠다고 약속하신다.

성경은 하나님이 자기 백성을 미지의 땅으로 인도할 때 얼마나 신실하셨는지를 증명하는 이야기들로 가득 차 있다. 미래를 확신할 수 없었던 대학 시절에 내가 가장 좋아한 성경 말씀은 바로 이것이다. "너는 마음을 다하여 여호와를 신뢰하고 네 명철을 의지하지 말라 너는 범사에 그를 인정하라 그리하면 네 길을 지도하시리라"(잠 3:5-6).

성경 구절을 암송하면 미지의 세계에 직면했을 때 평안을 누릴 수 있다. 성경 구절을 통해 하나님이 신뢰할 만한 분이라는 것을 다시 한 번 기억할 수 있다.

3. **은사를 개발하라.** 바운더리는 기능의 독립성을 창조한다. 자신의 재능이나 능력을 개발하지 않으면 독립성에 대해 좋은 느낌을 가질 수 없다. 모임에 참석하라. 좋은 정보들을 수집하라. 상담을 받으라. 계속 훈련과 교육을 받으라. 그리고 연습하고, 연습하고, 또 연습하라. 은사를 제대로 개발하면, 미래에 대한 불안감에서 어느 정도 벗어날 수 있다.

4. **후원자 그룹에 의지하라.** 바운더리를 배우는 아이가 뒤를 돌아보며 어머니에게서 충전을 받는 것처럼, 성인도 늘 에너지를 공급받아야 한다. 당신이 변화의 과정을 지날 때 후원자 그룹의 도움을 받아 평온을 유지해야 한다. 그들에게 의지하고, 그들에게 힘을 공급받으라. "두 사람이 한 사람보다 나음은 그들이 수고함으로 좋은 상을 얻을 것임이라 혹시 그들이 넘어지면 하나가 그 동무를 붙들어 일으키려니와 홀로 있어 넘어지고 붙들어 일으킬 자가 없는 자에게는 화가 있으리라"(전 4:9-10). 제자들이 미지의 시간 속으로 발을 내딛을 무렵, 예수님은 그들의 일체감과 하나 됨, 그리고 하나님과 서로에 대한 사랑을 위해 기도하셨다(요 17장).

5. **다른 사람들의 말에 귀를 기울이라.** 우리가 밟고 있는 과정을 힘들게 겪

어 온 사람들과 만나 그들의 경험을 듣는 것은 아주 유익하다. 이것은 단순한 후원 이상의 유익이 있다. 그들은 변화를 겪으며 두려움도 느꼈지만 이제 당신도 할 수 있다고 말해 줄 수 있는 위치에 있다. 그들이 들려주는 시련의 이야기를 귀 담아 듣고, 그들이 당신과 얼마나 비슷한 과정을 겪어 왔는지, 그리고 하나님이 얼마나 신실하게 그들을 인도하셨는지 배우라(고후 1:4).

6. 자신의 학습 능력을 신뢰하라. 당신이 지금 하고 있는 일 가운데 배우지 않고 처음부터 할 수 있는 일은 아무것도 없었다. 지금 당신이 할 수 있는 일이 예전에는 익숙하지 않고 두려운 일이었다. 이것이 인생의 원리다. 하지만 반드시 기억해야 할 중요한 사실은 당신이 배울 능력을 가지고 있다는 것이다. 새로운 것을 배우고 새로운 상황을 극복할 수 있다는 것을 깨달으면, 미래는 더 이상 두렵지 않다. 미지의 세계를 지나치게 두려워하는 이들은, 어느 누구도 일을 하기 전에 그 일을 잘 알지 못했다는 사실을 반드시 기억해야 한다. 누구든 미지의 세계로 먼저 나간 후에 거기에서 중요한 것들을 배우기 시작했다. 어떤 사람들은 자신의 학습 능력을 신뢰한다. 하지만 그렇지 못한 사람들도 있다. 무언가를 배울 수 있다는 사실을 깨닫기 시작하면, 불확실하게 보이던 미래는 전혀 다르게 다가올 것이다.

의기소침한 많은 이들은 '학습된 무기력'이라는 증후군에 시달리고 있다. 그들은 자신이 하는 모든 일이 결과에 아무 영향을 미치지 못한다는 잘못된 생각에 빠져 있다. 문제가 많은 가정일수록 자녀들에게 그런 생각을 심어 주는 잘못된 굴레에 매여 있다. 하지만 성장하면서 자기 행동이 변화를 일으킬 수 있다는 새로운 사실을 발견한다면, 더 이상 어린 시절에 학습된 무기력에 빠지지 않게 된다. 이제 당신은 새로운 유형의 인간관계와 직무 수행 방법을 배울 수 있다. 이것이 바로 하나님이 당신에게 주고 싶어 하시는 능력의 본질이다.

7. 과거의 분리(separation) 경험에서 벗어나라. 변화를 겪거나 모종의 상실을 겪을 때, 두려움이나 슬픔이 그 당시 상황에서 있을 것으로 예상되는 수준보다 훨씬 더 크게 느껴지는 것을 발견할 것이다. 이처럼 고양된 감정은 과거의 분리나 변화의 기억에서 생긴 것이다.

당신이 잦은 이사 때문에 친구들과 자주 헤어져야 했던 것 같은 심각한 분리 경험을 가지고 있다면, 아마 해결되지 않은 과거에서 벗어나지 못한 상태일 것이다.

지금 직면한 두려움과 고통의 감정이 과거에 해결되지 않은 무언가에서 비롯된 것인지 깨달을 때가 곧 오리라고 확신하라. 그런 확신은 당신이 느끼고 이해하는 것을 정확하게 볼 수 있게 해준다. 서른다섯 살임에도 불구하고 여섯 살 아이의 눈으로 세상을 바라볼 수도 있다. 과거를 재편성하라. 그리하여 과거의 일이 미래에 그대로 재현되지 않게 하라.

8. **조직화하라.** 많은 사람들에게 삶의 변화는 견디기 힘든 것이다. 그 이유는 지금까지의 익숙한 구조를 상실하기 때문이다. 인생의 변화 과정에서 내적, 외적 구조를 모두 잃어버리는 경우가 종종 있다. 내적으로 의존하던 것들이 더 이상 그 자리에 있지 않고, 외적으로 안정감을 주던 익숙한 사람들, 장소, 일정 등 모든 것이 사라져 버린다. 그렇게 되면 우리는 혼돈 상태에 빠지게 된다.

외적 구조는 물론이고 내적 구조를 세우는 일은 이 같은 재편성의 시간에 많은 유익을 가져다준다. 내적 구조는 이 책이 제시하는 대로 바운더리를 세움으로써 만들어진다. 아울러 새로운 가치관과 신념을 얻고, 새로운 영적 원리와 정보들을 배우라. 그리고 새로운 훈련을 받고 계획을 세워 끈기 있게 실천해 나가라. 또한 다른 이들에게 자신이 당하는 고통을 알려 주어 당신의 상태를 정확히 알리라. 이 모든 일들이 내적 구조를 세우는 일이다. 하지만 이런 일을 하는 동안 외적 구조도 함께 세워 나가야 한다.

매일 일정한 시간에 친구에게 전화하고, 일주일에 한 번 후원자 그룹과 정기적으로 만나고, 성경 공부 모임에 참석하라. 혼란스러운 시기에는 당신의 새로운 변화에 보조를 맞춰 주는 모임에 꾸준히 참석하는 것이 좋다. 성장하기 시작하면 변화는 그리 어렵게 여겨지지 않고, 과거에 속한 몇몇 구조들을 과감히 포기할 수 있게 된다.

9. 하나님이 행하신 일을 기억하라. 성경에는 하나님이 자기 백성에게 과거에 행하신 일들을 상기시키고 앞날에 대한 믿음을 심어 주는 내용이 가득하다. 소망은 기억에 뿌리박고 있다. 우리는 과거에 받았던 도움을 떠올리며 미래에 대한 소망을 새롭게 한다. 어떤 이들은 과거에 도움을 받았던 기억이 전혀 없어서 앞날에 대한 소망도 전혀 느끼지 못한다.

하나님이 행하신 일과 그분이 어떤 분인지 항상 생각하라. 오랫동안 예수님을 믿어 왔다면, 지나온 삶을 돌아보며 하나님이 당신을 구원하기 위해 어떻게 개입하셨는지 생각하고, 당신을 통해 행하신 그분의 일들을 기억하라. 다른 이들의 말에 귀를 기울이라. 하나님이 자기 아들을 통해 보여 주신 은혜를 잊지 말라. 그분은 아무 의미 없이 그렇게 하시지 않았다. 우리의 구원과 영광스러운 미래를 위해 그 모든 일을 하셨다.

하나님이 당신을 낙심시키는 것 같고, 당신을 위해 아무 일도 하시지 않는 것처럼 보인다면, 이제부터 그분이 당신 안에서 역사하시기를 간구하라. 하나님은 자기 백성을 구원하시기 전에 오랜 시간 동안 그들에게 끔찍한 일들이 일어나도록 허락하신 적이 많았다. 우리는 하나님이 정하신 때를 알지 못한다. 하지만 당신이 지금부터 회복된다면, 이제 그분이 당신 삶에서 움직이고 계신다는 증거다. 구원의 때가 가까이 왔다. 하나님에게서 떨어지지 말라. 하나님이 지금까지 행하신 것 같은 놀라운 일을 당신의 삶에서 행하시도록 그분께 모든 것을 맡기라. "그러므로 너희 담대함을 버리지 말라 이것이 큰 상을 얻게 하느니라 너희에게 인내가 필요함은 너희가 하나님의 뜻을 행한 후에 약속하신 것을 받기 위함이라"(히 10:35-36).

용서하지 못함

18세기 시인 알렉산더 포프(Alexander Pope)가 말했듯이 "사람은 잘못을 저지르고, 신은 용서한다." 그리고 용서하지 못하는 것은 우리가 저지를 수 있는 가장 자기 파괴적인 일이다.

용서는 너무 어려운 일이다. 용서란 누군가 당신에게 '빚진' 것을 탕감해 주는 것을 의미한다. 용서는 과거에서 자유로워지는 것이다. 또한 당신에게 상처를 입힌 포악한 사람들에게서 자유로워지는 것이다.

성경은 용서받은 사람들을 법적 채무에서 해방되는 것에 비유한다. 누군가 당신에게 빚을 지고, 당신의 고유한 영역을 침범했다면, 말 그대로 '채무'가 발생한 것이다. 당신은 마음의 '회계 장부'에 누가 당신에게 어떤 빚을 지고 있는지 기록해 놓는다. 어머니는 당신을 통제하는 것을 당연하게 여겼다. 아버지도 당신을 지배하면서 조금도 이상하게 여기지 않았다. 당신이 '율법 아래 있는' 자라면, 그런 빚들의 목록을 전부 모으려 할 것이다.

채무 목록을 수집하는 일은 여러 행태로 나타난다. 당신은 그들이 빚 갚는 것을 돕기 위해 그들을 즐겁게 하려고 노력할 수 있다. 당신이 조금 더 노력하면, 그들이 계산서대로 지불하고 당신에게 빚진 사랑을 베풀 거라고 생각할지도 모른다. 또는 당신이 부모에게 대항하면 그들의 잘못을 깨닫고 다시금 빚을 갚듯 사랑을 줄 거라고 생각할 수 있다. 아니면 당신은 사람들에게 자신이 가진 것이 얼마나 형편없으며 부모가 얼마나 나쁜 사람들인지 납득시킨다면, 어느 정도 확실한 채무 이행을 받게 될 것으로 착각할 가능성도 있다. 그렇지 않으면 부모가 한 잘못을 다른 사람들에게 계속 이야기할 수도 있다. 아니면 부모로 하여금 자신들이 얼마나 나쁜 사람들인지를 수긍하게 하려고 애쓸지도 모른다. 당신은 부모가 그런 사실들을 인식하면, 당신을 대하는 태도가 나아질 것으로 착각하고 있다. 그들이 빚진 것을 갚아야 한다고 확신하는 것이다.

문제가 해결되기를 기대하고 바라는 것은 전혀 나쁜 일이 아니다. 문제는 그런 일들이 은혜와 용서라는 단 하나의 방법을 통해서만 해결된다는 것이다. "눈에는 눈, 이에는 이" 같은 법칙은 효력을 발휘하지 못한다. 그런 방법으로는 절대로 잘못이 해결되지 않는다. 용서를 받으면 죄에 대해 무기력한 상태가 된다.

용서한다는 것은 삭제한다는 것을 의미한다. 풀어주는 것이다. 채무 장부를 찢어 버리는 것이다. 모든 항목을 깨끗이 지우는 것이다. "우리를 거스르고 불리하게 하는 법조문으로 쓴 증서를 지우시고 제하여 버리사 십자가에 못 박으시고"(골 2:14).

용서란 우리가 빚으로 준 것을 전혀 돌려받지 못하는 것을 의미한다. 우리가 용서하기를 싫어하는 이유는 다시 되돌려받지 못할 거라는 고통이 그 속에 포함되어 있기 때문이다. 과거는 달라지지 않는다.

어떤 이들은 다시 오지 못할 어린 시절을 회상하며 가슴 아파한다. 과거의 다른 일에 매여 있는 이들도 있다. 다른 사람에게 권리를 주장하는 것은 아직 그를 용서하지 못한다는 증거다. 용서하지 않는 것은 우리가 자신에게 행할 수 있는 가장 파괴적인 일 가운데 하나다.

경고: 용서한다는 것과 더 많은 학대에 자신을 방치하는 것은 같은 의미가 아니다. 용서는 과거와 연관되어 있고, 화해와 바운더리는 미래와 관계가 있다. 일정한 경계와 범위는 누군가 잘못을 빌고 다시 방문을 허락할 정도가 될 때까지 우리 영역을 안전하게 보호해 준다. 그들이 잘못했다면, 또다시 용서하고, 일흔 번씩 일곱 번이라도 용서해야 한다. 하지만 우리 주위에는 우리에게 잘못을 하고 그 일로 상처 준 것을 부인하고 더 나은 행동을 하겠다는 마음을 가진 이들이 많지 않다. 그런 행동은 그들이나 우리에게 모두 파괴적인 영향을 미친다. 그들이 자기 죄를 인정한다면, 자신의 잘못을 통해 깨달음을 얻을 것이다. 우리는 그들의 잘못을 넘어설 수 있다. 하지만 누군가 자기 잘못을 부인하거나, 앞으로 더 잘하겠다는 말만 그럴듯하게 한다면, 우리는 그를 용서했더라도 그에 대한 바운더리를 계속 지켜야 한다.

용서는 우리에게 바운더리를 확보해 준다. 왜냐하면 용서하면 자신에게 상처를 입힌 사람에게서 벗어날 수 있고, 결과적으로 책임 있고 지혜롭게 행동할 수 있기 때문이다. 그런 이들을 용서하지 않는다면 우리는 여전히 그들과 파괴적인 관계로 남게 된다.

하나님의 은혜를 받아 누리라. 그리고 다른 사람들이 당신에게 진 빚을 모두 탕감해 주라. 채무 목록을 뒤져 빚을 받아 내려는 일은 그만두라. 그들을 용서하고 하나님이 주시는 은혜와 용서를 받아 누리라.

또한 당신에게 용서를 베푸는 이들의 용서도 받아들이라. 그것이 용서를 모르고 사는 것보다 훨씬 더 나은 인생이다. 용서하지 못하면 바운더리가 파괴된다. 용서는 좋은 바운더리를 창조한다. 그 이유는 악덕 채무를 우리 자산 속에서 제거하기 때문이다.

마지막으로 한 가지만 더 기억하라. 용서는 부인(denial)이 아니다. 당신은 용서해야 하는 죄를 구체적으로 거론해야 한다. 하나님은 우리가 그분께 저지른 죄를 부인하지 않으셨다. 하나님은 그 죄를 통해 역사하셨다. 그분은 우리 죄를 낱낱이 부르셨다. 우리의 잘못에 대해 느끼는 그분의 감정을 표현하셨다. 울부짖으며 분노하셨다. 그런 후에 하나님은 우리 죄를 사하셨다. 그 모든 일을 '관계'라는 정황 속에서 행하셨다. 하나님을 본받아 그대로 행하라. 당신을 과거에 머물게 하려는 저항을 파악하고, 용서하지 못한 일이 무엇인지 살펴보라.

외부에 초점을 맞춤

사람들은 문제의 해결책을 자신이 아닌 외부에서 찾으려는 경향이 있다. 이처럼 자신의 외부에 초점을 맞추려고 하면 자신을 항상 피해자로 여긴다. 누군가 변화되기 전까지 결코 회복되지 못할 거라는 생각에 사로잡힌다. 이것이 바로 무기력한 비난의 본질이다. 그런 시각은 당신이 도덕적으로 그들보다 우월하다는 느낌을 가져다줄지도 모른다(그것은 당신의 생각이고, 실제로는 그렇지 않다). 그러나 그렇게 생각하는 한 문제는 절대로 해결되지 않는다.

내면에서 일어나는 저항에 당당히 맞서 정작 변화되어야 할 사람은 바로 자신이라는 것을 인정하라. 자신을 대면하는 일은 매우 중요하며, 바로 그런 자세가 바운더리의 출발점이다. 책임감은 내부에 초점을 맞춘 고백과 회개와 더불어 갖춰지기 시작한다. 우리는 바운더리를 만들 수 없도록 방해하는 생활 방식을 솔직하게 고백하고, 그런 모습에서 완전히 돌아서야 한다. 자신을 바라보라. 문제를 외부에서만 찾으려는 내적 저항에 당당히 맞서라.

죄책감

죄책감은 다루기 어려운 감정이다. 그 이유는 슬픔, 분노, 두려움 등의 감정과 달리 죄책감은 진짜 감정이 아니기 때문이다. 죄책감은 내적 정죄 상태다. 우리의 타락한 양심의 본질이며, 자신에게 "너는 나빠"라고 말하는 것이다. 예수님은 우리를 '정죄함이 없는' 상태로 회복시키기 위해 죽으셨다. 성경적으로 죄책감은 감정적 차원이 아닌 법적 차원에 속한다.

성경은 우리가 정죄함의 상태에서 벗어나야 하며, 죄책감이 우리 행동의 동기가 되어서는 안 된다고 가르친다. 우리는 사랑에서 동기 부여를 받아야 하며, 사랑으로 행하다가 실패했을 때 느끼는 감정은 '하나님의 뜻대로 하는 근심'(고후 7:10)이어야 한다. 이것은 '사망을 이루는', 즉 죄책감을 일으키는 '세상 근심'과 대조된다.

죄책감은 주로 초기 사회화 과정에서 배운 내용에서 비롯된다. 따라서 우리의 죄악 의식은 잘못된 것이다. 죄책감은 그다지 나쁜 일을 하는 것은 아니지만 우리가 과거에 배운 내적 기준을 위반했을 때 생긴다. 어떤 잘못을 했을 때 우리 내면에 생긴 죄책감을 주의 깊게 살펴보아야 한다. 왜냐하면 죄책감 자체가 잘못된 경우가 많기 때문이다. 게다가 죄책감은 어찌되었든 훌륭한 동기 부여자가 아니다. 정죄받은 상태로 사랑을 베푸는 것은 어려운 일이다. 우리는 정죄받지 않았다는 확신을 갖고 있어야 한다. 그래야만 '하나님의 뜻대로 하는 근심'을 할 수 있다. 그런 근심은 우리 자신이 얼마나 '잘못'되었는지를 보기보다는 다른 이들에게 어떤 상처를 입혔는지를 바라보게 한다. 죄책감은 사실을 왜곡시키고, 진리에서 멀어지게 하며, 다른 사람들을 위해 최선의 행동을 못하게 방해한다.

앞에서 설명한 사실들은 특히 바운더리에 적용될 때 사실로 판명된다. 이 책에서 우리는 성경이 우리에게 좋은 바운더리를 가지도록 명령한다는 것을 거듭 살펴보았다. 성경은 우리에게 자기 행동의 결과를 받아들이라고 명령한다. 또한 경계를 정하고, 성숙해서 부모에게서 독립하며, "아니요"라고 말할 수 있어야 한다고 말한다. 성경이 명하는 이 모든 일을 행하면, 우리는 바른 길로 가게 된다. 이런 바운더리는 사랑에 기초한 행동을 가능하게 한다. 비록 약간의 고통이 따를지라도, 결국 그런 행동은 다른 이들에게 유익을 가져다준다.

우리 양심이 타락했더라도 우리가 좋은 바운더리가 세우면 잘못하거나 옳지 못한 행동을 하는 것을 분별할 수 있다. 우리가 바운더리를 세우는 대상이 되는 사람들은 죄책감을 불러일으키는 말들을 자주 한다. 바운더리는 나쁜 것이라는 잘못된 견해를 암시적으로 또는 드러내놓고 주입시킨 가정에서 자랐다면, 이 말이 무슨 뜻인지 알 것이다. 어떤 요구에 대해 "안 돼"라고 말하면, 당신은 죄책감을 느낀다. 누군가 당신을 이용하려는 것을 내버려 두지 않으면, 죄책감에 빠진다. 무책임하게 말썽을 피우는 사람들을 도와주지 않아도 죄책감을 느낀다. 그런 사례는 무수히 많다.

죄책감은 우리로 하여금 옳은 일을 하지 못하게 방해하고 곤경에 빠뜨린다. 많은 사람들은 머릿속에 각인된 대로 부모의 뜻에 불순종하는 것이 너무 두려워서 좋은 바운더리를 가지지 못한다. 이런 죄책감을 피하기 위해 여러 단계를 밟을 수 있지만, 무엇보다도 먼저 죄책감은 심각한 문제라는 사실을 인식해야 한다. 바운더리가 없는 많은 사람들은 "'안 돼'라고 말하면 계속 죄책감이 밀려오는 것"을 불평한다. 그것은 마치 다른 사람들이 자신을 지배하는 모종의 힘을 갖고 있다고 인정하는 것과 같다. 이런 터무니없는 생각은 어린 시절부터 형성된 것으로, 그때는 부모가 정말 강력하게 보인다.

아무도 '당신에게 죄책감을 줄' 힘을 갖고 있지 않다. 죄책감을 불러일으키는 말들이 머릿속에 각인된 부모에 대한 느낌을 자극하기 때문에, 당신은 부분적으로 그런 말에 수긍하게 된다. 그것이 문제다. 죄책감은 당신의 고유한 영역에 속한 문제다. 당신이 그에 대한 통제권을 가지고 있어야 한다. 다른 사람의 생각에 따라 움직이는 것이 자신의 문제라는 것을 깨달았다면, 이제 그런 상태에서 벗어날 수 있다.

1. 죄책감을 인정하라.
2. 후원자 그룹을 만나라.
3. 죄책감을 불러일으키는 말이 어디에서 비롯되었는지 조사하라.
4. 자신이 분노하고 있음을 인식하라.
5. 당신을 통제하려 했던 사람을 용서하라.
6. 당신을 후원하는 사람들에 대해 연습 삼아 바운더리를 세워 보라. 그런 다음 점차 어려운 상황 속에서 바운더리를 세워 나가라. 이런 과정은 양심을 조금이라도 회복하기 위해 후원자들에게 '조언'을 얻을 수 있을 뿐 아니라 실제적인 힘도 기를 수 있도록 도와준다.
7. 자기 양심에 대한 새로운 정보들을 학습하라. 지금 읽고 있는 이런 종류의 책과 하나님이 당신의 바운더리에 대해 말씀하시는 것을 정

리해 놓은 책을 읽으라. 그러면 당신의 머릿속에 과거의 생각이 아닌 새로운 인지 구조를 형성해 주는 새로운 정보를 많이 얻게 될 것이다. 하나님의 방법을 배우면, 당신의 영혼이 새롭게 거듭나고 당신의 마음 속에는 부모님이 심어 놓은 죄책감 대신 기쁨이 솟아난다.

8. 죄책감을 포착하라. 이 말이 약간 우습게 들릴지 모른다. 하지만 지금 당신은 더 나은 삶을 위해 부모님께 익숙해진 양심을 거스르려 하고 있다. 옳은 일이지만 당신에게 죄책감을 불러일으킬 수 있는 일을 하려는 출발점에 서 있는 것이다. 하지만 더 이상 죄책감이 당신을 지배하지 못하게 하라. 바운더리를 세우고, 새로운 후원자들과 만나 그들의 도움을 받아 죄책감을 극복하도록 노력하라.

9. 후원자 그룹 속에 있으라. 죄책감은 마음에 담겨 있는 한, 절대로 해결되지 않는다. 새로운 음성을 머릿속에 내면화시키기 위해서는 새로운 사람들과의 관계를 유지해야 한다.

10. 슬픔이 밀려와도 놀라지 말라. 죄책감을 떨쳐 버리려면 슬픔이 항상 따른다. 그 과정 가운데 다른 이들이 베푸는 사랑을 거부하지 말라. 애통하는 자를 위해 하나님의 위로가 함께하신다.

버림받을 것을 두려워함: 진공 상태에 머물러 있음

이 책 4장에서 우리는 유아 성장 단계에서 바운더리는 긴밀한 유대 관계가 먼저 형성된 후에 생겨난다는 것을 배웠다. 하나님은 우리가 이런 학습 과정을 거치도록 계획하셨다. 유아기의 아이들은 바운더리를 배우기 전에 먼저 안정된 상태에 있어야 한다. 그래야 부모에게서 분리되는 것이 무섭고 두려운 일이 아니라 새롭고 흥미로운 일임을 배울 수 있다. 좋은 관계 속에서 자란 아이들은 바운더리를 세우고 다른 이들에게서 멀어지는 법을 어렵지 않게 터득한다. 그 아이들은 바운더리를 세우는 데 따르는 위험을 능히 감수하고 독립성을 확보하기에 충분한 사랑을 가지고 있기 때문이다.

하지만 안정된 유대 관계 속에서 자라지 못한 아이들은 바운더리 세우는 것을 너무나 두렵게 생각한다. 많은 사람들이 파괴적인 관계에 머물러 있는 이유는 버림받는 것이 두렵기 때문이다. 그들은 자기 힘으로 서게 되면 이 세상에서 혼자가 될 거라는 두려움에 휩싸여 있다. 그 결과 그들은 바운더리를 세우고 혼자가 되느니 차라리 바운더리를 세우지 않고 사람들과의 관계 속에 머무르는 쪽을 택한다.

바운더리는 진공 상태에서 세워지지 않는다. 바운더리는 안정감을 주는 사람들과 맺은 긴밀한 유대 관계로 지지받아야 한다. 그렇지 않으면 바운더리를 세울 수 없다. 바운더리를 세우고 찾아갈 수 있는 후원자 그룹이 있다면, 당신은 혼자가 아니다.

그리스도의 몸 된 교회와 하나님의 사랑 안에 '뿌리내리고 거기에 기반을 두는 것'은 바운더리를 세워 나가는 위험을 감수하는 데 필요한 좋은 원동력이 된다. 사람들은 순응과 고립 사이에서 망설이는 경우가 많다. 순응과 고립은 둘 다 건전하지도, 오랫동안 지속되지도 못한다.

우리는 이런 일이 병원 프로그램에서 몇 번이고 되풀이되는 것을 보았다. 사람들은 진공 상태에서 무언가를 해보려고 노력하기 때문에 경계를 정하지 못하고 파괴적인 관계에 머무르는 것이다. 그러나 그들은 프로그램에서 후원자들에게 받았던 지지를 떠올리며, 이전에는 결코 할 수 없었던 어려운 일을 할 준비가 되었고 힘을 얻었다.

어렵지 않은 일이라면, 지금 당장 시작할 수 있다

이 장은 환난에 대한 내용으로 구성되어 있다. 예수님도 언급하신 종류의 환난이다. "세상에서는 너희가 환난을 당하나 담대하라 내가 세상을 이기었노라"(요 16:33). 예수님의 방법대로 어떤 일을 시작하려고 하면, 안팎으로 환난을 만나게 될 것이다. 이 세상과 사탄, 심지어 당신의 육체까지도 당신을 거부하고 옳지 못한 길로 나아가도록 압력을 넣는다.

그러나 잘못된 방법은 전혀 효과를 얻지 못한다. 올바른 방법대로 따라가는 것이 어렵기 때문에, 예수님은 "생명으로 인도하는 문은 좁고 길이 협착"(마 7:14)하다고 경고하셨다. 경건한 정체성을 형성하는 데는 많은 용기와 수고가 따르기 마련이다. 또한 많은 싸움도 헤쳐나가야 한다.

저항에 부딪히는 것은 당신이 정말 필요한 일을 하고 있다는 좋은 증거다. 그런 일은 충분히 할 만한 가치가 있다. 성경에서 분명히 제시하는 말씀들을 기억하라. 반대와 저항에 부딪히더라도, 끝까지 견디는 자에게는 큰 상급이 주어진다고 했다. 베드로는 그것을 "믿음의 결국 곧 영혼의 구원을 받음이라"(벧전 1:9)고 말했다. 야고보도 이것에 대해 말했다. "내 형제들아 너희가 여러 가지 시험을 당하거든 온전히 기쁘게 여기라 이는 너희 믿음의 시련이 인내를 만들어 내는 줄 너희가 앎이라 인내를 온전히 이루라 이는 너희로 온전하고 구비하여 조금도 부족함이 없게 하려 함이라"(약 1:2-4).

바운더리를 세우려고 하면 여러 거부 반응과 저항이 필연적으로 따라온다. 아무 저항도 없다면, 그것은 당신이 오래전에 바운더리를 세워놓았다는 증거다. 온갖 반대와 저항이 닥쳐올 때는 성경적 관점으로 그것을 바라보라. 그런 저항은 믿음의 형제 자매들이 오랜 세월 동안 겪어 온 역사의 일부에 지나지 않는다. 그들은 담대하게 믿음의 길로 들어섰고, 약속의 땅을 구할 때 수많은 시련에 부딪혔다. 이 여정에는 항상 환난이 기다리고 있다. 하지만 목자 되신 주님은 우리가 맡겨진 일을 충실하게 하면 고난을 통과하도록 돕겠다고 약속하셨다. 그 약속을 믿고 담대히 나아가라.

16.

바운더리 성공의 측정 방법

진은 찻잔을 손에 들고 놀란 표정으로 식탁에 앉아 있었다. 그것은 생소한 느낌이었지만, 기분 나쁘지는 않았다. 그녀는 그날 아침 일을 회상하고 있었다.

그녀의 여덟 살 난 아들 브라이언은 그날 아침에도 평소처럼 속을 썩였다. 아이는 아침 식사를 하면서 토라진 얼굴로 소리를 질렀다. "학교에 가지 않을 거야. 아무도 나를 학교에 가게 할 수 없어."

평소에는 진이 학교에 가라고 브라이언을 달래거나 놀란 얼굴로 그 이유를 물었다. 하지만 그날 아침은 달랐다. 진은 이렇게 말했다. "네 말이 맞아, 브라이언. 아무도 너를 학교에 가게 할 수 없어. 그건 네가 결정할 일이야. 하지만 네가 학교에 가지 않겠다고 한다면, 하루 종일 TV도 보지 않고 방 안에만 있겠다는 소리로 알겠다. 지난 주에 있었던 일과 마찬가지로, 그건 너 스스로 결정할 일이야."

브라이언은 기분이 상했는지 잠시 머뭇거렸다. 지난 주에 자기가 테이블을 정리하지 않았을 때 엄마가 하루 종일 방 안에만 있게 하고 저녁을 주지 않았던 것을 떠올렸다. 결국 그는 이렇게 말했다. "좋아요, 갈게요. 하지만 학교가 좋아서 가는 건 아니에요."

"물론이지." 진은 아들의 말에 동의했다. "학교를 꼭 좋아할 필요는 없어. 하지만 나는 네가 올바른 결정을 내렸다고 확신해." 그녀는 브라이언이 옷 입는 것을 도와주고 학교 버스를 타러 가는 모습을 바라보았다.

10분도 채 지나지 않아 진은 남편 제리의 전화를 받았다. 제리는 아침 일찍 출근했다. 그가 말했다. "여보, 오늘 일이 끝나고 약속이 있는 걸 깜박했어. 지난 번에는 저녁 시간보다 늦게 집에 오니까 먹을 게 없더라구. 오늘은 조금 늦게 저녁 식사를 준비해 줄 수 있겠어?"

진은 웃으며 말했다. "지난 번에는 당신이 미리 전화하지 않았어요. 이렇게 미리 전화해 줘서 고마워요. 아이들에게 먼저 저녁을 차려 주고, 저는 기다렸다가 당신과 함께 먹을게요."

'브라이언은 투덜거리긴 했지만 학교에 갔다. 남편은 저녁 일정이 변경된 것을 미리 전화로 알려 주었다. 주님, 이게 꿈은 아니겠지요?'

진은 꿈을 꾸고 있지 않았다. 그녀는 자기 인생에서 분명한 바운더리를 세우고 유지한 것에 대한 보상을 처음으로 경험한 것이다. 바운더리를 세우는 과정에는 수많은 수고와 위험이 내포되어 있었다. 하지만 그럴 만한 가치가 충분히 있었다. 그녀는 식탁에서 일어나 일하러 갈 준비를 했다.

진은 바운더리가 삶에서 열매를 맺고 있다는 가시적이고 명백한 증거를 목격했다. 많은 것이 변했다. 그녀는 바운더리가 없는 지점에서 어떻게 성숙한 바운더리가 있는 지점으로 옮겨 갈 수 있었을까? 우리는 바운더리가 발전하고 있는 것을 측정할 수 있을까?

물론이다. 구체적이고 규칙적인 변화는 성숙한 바운더리의 출현을 알리는 표시다. 그런 변화를 사전에 알고 있으면 도움이 된다. 다음의 11단계를 통해 당신이 얼마나 성장했는지 측정할 수 있다. 당신이 어떤 발전 단계에 있는지 확인해 보라. 이 장을 성장의 다음 단계로 나아가는 안내서로 활용하라.

단계 1: 분노 - 첫 번째 경고 신호

예전에 랜디는 가장 친한 친구 윌이 빈정대는 태도를 보여도 기분 나쁘게 느낀 적이 한 번도 없었다. 분노는 그가 새로이 갖게 된 감정이었다. 랜디는 농담의 표적이 되는 일이 많았다. '성격 좋은 랜디'는 유연한 태도로 상대방의 말이 주는 충격을 완화시켰다.

하지만 윌이 교회에서 그에게 다가와 많은 사람들 앞에서 "작은 옷을 산 거야, 아니면 몸무게가 늘어난 거야?"라고 빈정대며 말했을 때, 랜디는 그 말을 웃어넘기지 못했다. 윌에게 한마디도 대꾸하지 않았지만, 그 말은 랜디의 마음 깊이 남아 있었다. 랜디는 당황했고 상처를 입었다. 마치 몇 년 동안 그런 상처를 안고 살아온 것처럼 쉽게 털어 버리지 못했다.

'이런 일이 전에는 한 번도 없었어.' 랜디는 생각했다. '왜 이번에는 자꾸 화가 날까? 내가 너무 예민해졌나?'

바운더리 개발이 시작되었음을 알려 주는 첫 번째 표시는 분노, 낭패감, 미묘한 문제나 그리 미묘하지 않은 문제를 위배한 것에 대해 분개하는 것 같은 감정이다. 자기 쪽으로 날아오는 미사일을 발견한 레이더가 신호를 보내는 것처럼, 분노는 우리의 바운더리가 침범당했음을 알려 주는 경보 장치다.

랜디는 갈등과 논쟁을 회피하는 집안에서 자랐다. 논쟁은 순종으로 대치되었다. 랜디가 30대에 이르렀을 때, 그는 오랫동안 지속된 불규칙한 식사 습관 때문에 의사를 찾아갔다. 놀랍게도 의사는 다이어트나 운동 계획 등에 대한 이야기는 하지 않고, 그동안 살아오면서 지배적인 사람에게 어떻게 반응했는지 물었다.

처음에 랜디는 지배적인 사람이 떠오르지 않았다. 하지만 잠깐 생각한 후에, 윌을 떠올렸다. 윌은 랜디를 자기 마음대로 대했다. 랜디를 이용해 자기 이익을 챙기려 했다.

그런 기억들은 랜디의 마음에 잘 정돈되어 나타나지 않았다. 그런 생각들은 상처와 분노와 분개를 가져다주었다. 그것은 랜디의 삶에서 바운더리가 생겨나게 한 씨앗이 되었다.

누군가에게 조작당하며 모독당하고 지배받으면서도 화를 내지 못하는 사람들은 정말 심각한 장애를 안고 있는 것이다. 그들에게 바운더리 문제가 있음을 알려 주는 '경고등'이 아예 없는 것이다. 이 경고등이 적절하게 기능하면, 누군가에게 공격받을 때 곧바로 불이 들어온다. 성경은 분노를 뜨거운 열에 비유한다. "여호와께서 모세를 향하여 노하여"(출 4:14). "이러므로 여호와께서 이 땅에 진노하사"(신 29:27). 분노는 우리 마음을 달구는 뜨거운 불과 같다. 그것은 우리가 대처해야 할 문제가 생겼다는 것을 알려 주는 신호다.

화를 내지 못하는 무기력함은, 진리를 말함으로써 생길 분리를 두려워한다는 표시다. 우리는 누군가에게 기분이 나쁘다는 사실을 말하면 그와의 관계가 손상될 것을 두려워한다. 하지만 진리야말로 언제나 변함없는 진정한 친구라는 것을 깨달으면, 종종 화를 낼 수 있다.

누군가에게 맞서고 대적하는 말을 하기 전에, 심지어 바운더리를 세우기 전에, 먼저 자신의 마음을 살펴보라. 자신에게 물어보라. "누군가 나를 자기 마음대로 움직이려 할 때 화를 내도 괜찮을까? 내가 남에게 침해당하고 있다는 걸 알고 있는가? 조기 경보 체제를 통해 들려오는 경고음을 들을 수 있는가?" "그렇다"는 결론이 나온다면, 그것은 올바른 길을 가고 있는 것이다. 하지만 그렇지 않다면, 바로 그때가 진리를 말하기에 안전한 곳을 찾을 수 있는 적절한 시기다. 상대방과의 사이에서 생기는 다른 점과 불일치되는 요소들을 정직하게 말하는 능력을 갖출수록, 분노를 유용하게 활용할 수 있는 능력 또한 향상된다.

단계 2: 기호의 변화 – 바운더리를 좋아하게 됨

타미와 스캇이 교회를 옮기고 적응하는 데 거의 1년이 걸렸다. 그들은 지난 한 해를 돌아보았다.

그들은 결혼하고 나서 몇 년 동안 그 교회에 출석했다. 교리적으로 올바르고 역동적인 교제가 이루어지는 교회였다. 하지만 모임에 출석하는 교인들의 태도에 약간 문제가 있었다. 그들은 어떤 모임이든 잘 참석하는 것을 높이 평가했다. 성가대 연습은 물론이고, 저녁 예배 그리고 주중에 있는 성경 공부 모임까지 하나도 빠지지 말아야 한다고 강조했다.

스캇과 타미가 모임에 참석하지 못하게 되었을 때, 결국 숨어 있던 문제가 터지고 말았다. 그들 부부는 모임에 예고 없이 빠졌다고 한밤

중에 여러 사람이 찾아왔던 일을 떠올렸다. 타미는 성경 공부 인도자인 제니스에게 전화해서, 그날 저녁 성경 공부 모임에 참석하지 못할 거라고 말했다.

"내 생각에는 당신이 약속을 제대로 지키지 않는 것 같군요, 타미." 제니스가 말했다. "우리가 당신에게 정말 중요한 사람들이라면, 당신은 당연히 여기에 참석하겠지요. 하지만 정 힘들다면 오지 말고 해야 할 일을 하세요."

타미는 화가 났다. 그리고 상처를 입었다. 제니스는 성경 공부 모임에 참석하는 대신 친구들을 만난다고 타미를 모욕했다. 그 교회의 성경 공부 모임을 인도하는 사람들은 구성원들이 사정이 있어 '참석할 수 없다'고 말하는 걸 절대로 용납하려 들지 않았다. 그런 경직된 태도는 타미와 스캇 부부가 그 교회를 떠나게 된 근본 원인이 되었다.

그로부터 1년이 지났다. 타미와 스캇은 자신들의 결정에 만족했다. 지금 나가는 교회도 보수적이고 활동적이어서 여러 모임에 참석해야 하는 점에서는 전과 다름없지만, 교인들이 불가피한 사정 때문에 모임에 참석하지 못하는 것을 비난하거나 정죄하지 않는다.

"너무 대조적이지?" 스캇이 타미에게 말했다. "아침 기도 인도자인 마크에게 어제 전화를 했거든. 그때 나는 로스앤젤레스에서 밤새 비행기를 타고 와서 한 잠도 못 잔 상태였지. 그에게 아침 기도회에 참석하면 정말 쓰러질 것 같다고 말했어. 그랬더니 마크가 뭐라고 했는지 알아? '지금 이렇게 전화를 하고 있으면 어떻게 합니까? 빨리 침대로 가서 좀 자도록 해요.' 그러잖아? 그렇게 이해해 주니까 다음 번 기도회에 나갈 마음이 생기더라고."

예전에는 처음 다니던 교회의 성도들이 지닌 태도가 올바른 거라고 그들은 생각했었다. 자신들의 거절을 다른 사람들이 이해해 줄 거라고 믿은 것은 착각이었다. 그로부터 1년이 지난 후 이제 그들은 그런 상태로 되돌아가는 것은 아예 상상할 수 없었다.

경계를 정하는 능력이 뒤떨어지는 사람들은 자신들이 '바운더리 파괴자들' 사이에 끼어 있다는 사실을 자주 발견한다. 바운더리를 깨뜨리는 사람에는 가족, 동료, 배우자, 교회의 교우 또는 친구 등이 포함된다. 바운더리의 혼동은 그들에게 자연스럽게 보인다. 그리하여 그들은 바운더리를 혼동하는 것이 자신과 다른 이들에게 얼마나 파괴적인 영향을 끼치는지 거의 깨닫지 못한다.

하지만 바운더리를 손상당한 사람들이 자신의 바운더리를 개발하기 시작하면 변화가 일어난다. 그들은 자신의 거절을 아무 비판 없이 받아 주는 사람들에게 이끌린다. 다른 사람의 거절을 존중하는 사람들은 상대방에게 상처를 입히지 않는다. 더군다나 의도적이고 지배적인 방식으로 상대방의 바운더리를 침범하지 않는다. 그들은 모임에 참석하지 못하겠다는 말을 들으면, "그래요, 보고 싶을 겁니다. 다음 주에 만납시다"라고 간단히 대답한다.

이런 변화가 생긴 이유는, 하나님이 우리를 만드신 방법 속에 숨어 있다. 우리는 한 가지 근본적인 목적을 위해 자유롭게 창조되었다. 그것은 바로 사랑하는 것이다. 하나님과 이웃들과 의미 있는 관계를 긴밀하게 하는 것이다. "이 모든 것 위에 사랑을 더하라 이는 온전하게 매는 띠니라"(골 3:14). 이 같은 근본 진리는 우리 마음 가장 깊은 곳에 자리 잡고 있다. 우리가 자유롭게 바운더리를 세울 수 있는 관계를 발견하면, 무언가 놀라운 일들이 일어나기 시작한다. "아니요"라고 말할 수 있는 자유를 누리는 것 외에도, 다른 사람에게 전심으로 그리고 감사하는 마음으로 "예"라고 말할 수 있는 자유를 발견한다. 우리는 바운더리를 좋아하는 사람들에게 이끌린다. 왜냐하면 그들 안에서 정직하고 믿음이 가는 사랑스러운 모습을 보기 때문이다.

바운더리를 손상당한 사람에게는 분명한 태도로 "아니요"라고 말하는 사람들이 무뚝뚝하고 냉정하게 보인다. 하지만 바운더리가 좀 더 확고해지면, 무뚝뚝하고 냉정하게 보이던 사람들이 다정하고 정직한 사람으로 보인다.

우리는 바운더리를 좋아하는 사람들과 긴밀하고 뜻 깊은 애정으로 연결되어 있어야 한다. 바운더리는 진공 상태에서 생겨나지 않는다. 우리가 그런 사람들과 어울리며 지지와 이해를 요청하면, 하나님은 그들을 통해 바운더리 설정이라는 어려운 일을 능히 감당할 수 있는 은혜와 힘을 허락해 주신다. 이렇게 바운더리를 가진 사람들과 이어진 끈은 하나님께 이르기까지 끊어지지 않고 늘어난다. 어떤 사람들은 구약 성경에서 보았던 거룩하고 공의로우신 하나님의 모습이 그리 나쁘거나 무섭지 않다는 사실부터 깨닫기 시작할 것이다. 하나님은 정확하고 분명한 바운더리를 가지고 계신다. "하늘이 땅보다 높음같이 내 길은 너희의 길보다 높으며 내 생각은 너희의 생각보다 높음이니라"(사 55:9).

단계 3: 바운더리를 가진 사람들과 연결됨

바운더리를 중시하지 않는 관계에서 벗어나, 명확하게 자신의 경계를 밝히는 사람들과 관계하기를 좋아하는 쪽으로 성향이 바뀌면, 우리는 명확한 바운더리를 가진 사람들과 긴밀하고 뜻깊은 관계를 발전시키게 된다. 게다가 현재의 관계 속에서 바운더리를 발전시키거나 그 속에서 새로운 바운더리를 발견하기도 한다. 두 가지 다 해당되는 경우도 있다. 이것은 바운더리 개발에서 매우 결정적인 단계다.

바운더리를 가진 사람들과 연결되는 것이 왜 그렇게 중요한가? 가장 중요한 이유는 영적 훈련과 관계 있다. 바운더리는 진공 상태에서 작용하지 못하기 때문이다. 우리에게는 바운더리 설정과 책임감에 대해 같은 성경적 가치관을 지닌 사람들이 필요하다. 그들은 우리를 격려하고 연습시키며 함께 있어 준다. 웨인은 바로 그런 사람들을 만났다.

웨인은 자신에게 변화가 일어나리라고는 생각하지 못했다. 지난 수개월 동안, 그는 자신이 바운더리를 세우지 못했다는 것을 직장에서 알게 되었다. 다른 동료들은 제시간에 퇴근하는데, 그는 유독 야근을 많이 했다. 그는 사장에게 가서 일이 점점 더 힘들어지고 과중해진다는 것을 말하고 싶었다. 하지만 사장 앞에 가기만 하면 걱정이 앞서 혀가 둔해지고 아무 말도 하지 못했다.

웨인은 직장에서 성숙한 바운더리를 개발하는 것을 거의 포기했다. 바로 그즈음 그는 교회에 구성된 후원자 그룹 모임에 참석했다. 후원자 그룹 속에서 시간이 흘러 사람들과의 관계가 깊어질수록 그는 구성원들을 신뢰하게 되었다. 결국 그는 여러 후원자들의 격려에 힘입어 사장과 만나서 시간외근무에 대한 자신의 솔직한 마음을 전했다. 웨인이 업무에 대해 진실을 말하기 위해 필요한 힘은 후원자들의 지지에서 나온 것이었다.

예수님은 두세 사람이 그분의 이름으로 모이면 그들 가운데 함께 있겠다고 말씀하셨다(마 18:20). 우리가 굳건한 바운더리를 유지하는 일은 성령님의 도우심과 우리를 신뢰하는 사람들의 격려와 후원을 기억할 때 가능하다. 왜 그럴까? 우리의 영적, 정서적 고향이 그 어디엔가 있다는 걸 우리 모두가 알기 때문이다. 아무리 심한 비난을 받더라도, 아무리 완강한 반대에 부딪히더라도, 우리는 혼자가 아니다. 우리를 가족처럼 보살펴 주고 격려해 주는 사람들이 있다는 것을 기억하면 바운더리를 세워 나가는 데 큰 힘을 발휘할 수 있다.

단계 4: 자기 보화 잘 간직하기

은혜와 진리가 좋은 것임을 믿는 사람들의 주위에서 안정을 찾았다면, 당신의 가치관은 변화되기 시작한다. 당신은 자신에 대한 책임을 지는 것이 건강하고 유익한 일임을 알게 되고, 다른 사람들의 눈치만 살피는 행동은 파괴적인 결과를 가져온다는 사실을 깨닫기 시작한다.

너무 오랜 시간 동안 다른 사람들에게 대상으로만 취급받아 온 사람들은, 자신이 다른 사람의 소유인 것처럼 착각한다. 그들은 자신에 대한 책임감을 소중하게 생각하지 않는다. 왜냐하면 자신에게 영향을 미치는 중요한 인물들이 자신을 대하는 것과 동일한 방법으로 스스로를 취급하기 때문이다. 많은 사람들이 자신의 영혼을 발전시키고 잘 유지하는 것은 이기적이며 잘못된 행동이라고 거듭 말한다. 시간이 지나면서 그들은 자기 생각이 틀림없다고 깊이 확신한다. 그런 단계까지 가면 그들은 하나님이 자기에게 맡기신 감정, 재능, 생각, 태도, 행동, 신체, 자원 등을 돌보고 개발하는 일의 중요성을 거의 망각하게 된다.

이 원리는 성경에 잘 나타나 있다. "우리가 사랑함은 그가 먼저 우리를 사랑하셨음이라"(요일 4:19). 달리 말하면, 우리는 사랑받기 때문에 사랑하는 법을 배울 수 있다는 말이다. 우리가 마음 깊은 곳에서부터 사랑을 베푸려면 외부에서 임하는 은혜를 먼저 맛보아야 한다. 이 진리를 바꿔 말하면 이렇게 설명할 수 있다. 우리가 먼저 사랑받지 못하면 다른 이들을 사랑할 수 없다. 그리고 더 확대해서 생각하면, 우리의 영혼이 지금까지 존중받고 잘 간직되지 않았다면 우리 역시 그것을 존귀하게 여기거나 소중히 간직할 수 없다.

이것은 매우 중요한 핵심 원리다. 자신에 대한 근본적 인식, 자신에 대한 사실적이고 진실한 인식 등은 우리가 맺는 의미 있고 중요한 관계들에서 비롯된다. 바로 그런 이유 때문에 어린 시절에 사랑받지 못하고 자란 사람들은 성인이 된 이후 자신을 잘 보살펴 주는 사람에게 쉽게 빠져든다. 하지만 아무리 많은 사람들이 그들에게도 다른 사람을 사랑할 능력이 있다는 것을 가르쳐 주려 해도, 그들은 자신이 소중하지 않고 사랑받지 못할 거라는 뿌리 깊은 느낌을 떨쳐 버리지 못한다.

헬렌의 아버지는 그녀가 어릴 때부터 성적으로 학대했다. 그녀는 그때의 상처로 인해 심한 충격을 받았다. 하지만 가족들이 놀랄까 봐 그 사실을 알리지 않고 비밀로 지켰다. 하지만 청소년기에 접어들자 그녀는 비록 직접 말로 하지는 않았지만 다른 방법을 통해 무의식적으로 '진실을 말하기' 시작했다. 그녀는 너무 이른 나이에 성적으로 문란한 상태에 빠져들고 말았다.

성인이 되어 헬렌은 치료를 받으면서 험난했던 청소년 시절을 회상했다. "저는 남자아이들의 얼굴조차 기억할 수 없어요. 제가 그 당시 품었던 생각은 누군가 내게 무언가를 원하면 그걸 주어야 할 의무가 있다는 것이었어요. 그들이 원한다는 것 외에는 다른 이유가 필요 없었어요. 나는 그 문제를 거부할 아무 권한이 없다고 생각했어요."

헬렌은 그녀를 가장 소중히 여기고 아껴야 할 사람에게서 보살핌을 받지 못하고 자랐다. 그 결과 자신을 제대로 간수하지 못했다. 그녀는 자신을 원하는 사람이 있으면 누구와도 성관계를 가졌다. 자신의 몸과 감정이 하나님께 부여받은 '극히 값진 진주'(마 13:46)이므로 잘 지키고 개발해야 한다는 사실을 전혀 알지 못했다.

그리스도인들이 자신을 소중히 여기고, 하나님의 형상으로 회복되며 그분을 닮아 갈 때 비로소 변화가 일어난다. 하나님이 그들에게 투자하신 것에 대한 이윤을 남기고 싶은 열망을 품기 시작한다(마태복음 25장 14-30절의 달란트 비유를 기억하라). 그래서 자신을 돌보는 일을 중요하게 여기게 된다.

어느 날 몹시 흥분한 스티브가 나를 찾아왔다. 그는 지금까지 감정을 제대로 분출하지 못한 채 지내왔기에, 자신에게 중대한 변화가 일어나고 있음을 직감했다. 그는 자기 성경을 펼쳐서 고린도전서 8장 11절을 읽었다. "그러면 네 지식으로 그 믿음이 약한 자가 멸망하나니 그는 그리스도께서 위하여 죽으신 형제라."

"제 속에서 무언가 이상한 일이 일어나고 있어요." 그는 말했다. "저는 수년 동안 이 구절을 읽을 때마다 죄책감을 느꼈습니다. 그 구절이 약한 그리스도인들을 죄악으로 이끌어 가는 저를 정죄하고 있다고 생각했습니다."

"그런 내용이지요." 내가 대답했다. "하지만 그것 말고도 다른 것을 발견한 것 같군요."

"그렇습니다." 스티브가 말했다. "저는 제 자신도 '그리스도께서 위하여 죽으신 형제'라는 사실을 발견했습니다. 그 말은 곧 제가 다른 사람을 대하듯 제 자신도 보살피며 관심을 가져야 한다는 의미로 다가왔습니다. 하나님이 다른 형제와 저를 동일하게 생각하고 사랑하신다는 말이지요."

스티브는 중요한 신학적 요점을 깨달은 것이다. 그리스도인들은 오랫동안 자신의 영적, 감정적 영역을 지키는 것은 이기적인 행동이라고 배워 왔다. 하나님은 다른 사람들을 사랑하는 자에게 관심을 보이신다. 하지만 자신을 마음 깊이 사랑한 적이 없는 사람은 결코 다른 사람을 사랑할 수 없다.

스티브와 같은 경험을 한 적이 있는가? 자기 보호와 성경적 바운더리 개념을 배우는 것이 당신에게 유익한가? 아무 도움도 되지 않는다면 좋은 바운더리를 세우는 일은 거의 불가능할 것이고, 설령 가능하다 해도 매우 어려운 일이 될 것이다. 우리는 건강한 바운더리에 대해 성숙한 이해를 가진 사람들과 함께 시간을 보내고 그들의 모습에서 좋은 요소들을 본받아야 한다.

이 원리는 잠언 기자의 말에 잘 나타나 있다. "모든 지킬 만한 것 중에 더욱 네 마음을 지키라 생명의 근원이 이에서 남이니라"(잠 4:23). 자기 마음(우리의 보화가 쌓여 있는 곳)을 '관찰하면' 우리는 그것을 굳건히 지킬 수 있다. 우리는 자신의 보화들을 소중하게 여겨 잘 간수해야 한다. 소중하게 여기지 않는 것은 무엇이든 지키지 않게 된다. 은행 주변의 보완 체계는 고물 집하장에 비해 훨씬 더 강력하고 튼튼한 것을 보라!

자신이 가진 '보물들'의 목록을 작성하라. 당신의 시간, 돈, 감정, 믿음 등. 다른 사람들이 그런 요소들을 어떻게 대해 주기를 원하는가? 다른 사람들이 그런 요소들을 어떻게 취급하지 않았으면 좋겠는가?

단계 5: 초기 단계의 거절 표현 연습하기

모임에 온 사람들은 모두 조용했다. 지금까지 치료를 위한 모임에 여러 차례 참석했던 세린이 그 모임의 다른 구성원에게 생애 처음으로 경계를 정하려는 순간이었다. 참석자들은 조용히 기도하는 마음으로 그녀가 진실을 말하는 사람이 될 수 있을지 지켜보고 있었다.

나는 지금까지 여러 차례 모이는 과정에서 그녀를 당혹스럽게 했던 사람에게 직접 그 사실을 말하라고 했다. 약간 겁에 질려 있었지만 그녀는 그렇게 하겠다고 대답했다. 처음에 그녀는 아무 말도 하지 않았다. 용기가 필요한 것처럼 보였다. 그러고 나서 천천히 옆에 앉아 있는 여성에게 몸을 돌려 말했다.

"캐롤린, 이걸 어떻게 말해야 할지 모르겠어요. 하지만 지금 해야 할 것 같아요. 당신은 모임이 있을 때마다 제일 좋은 의자를 제게 갖다 주었어요. 그런 당신의 행동이 저는 너무 부담스러워요." 그렇게 말하고 나서 세린은 재빨리 머리를 숙였다. 상대방의 반박을 기다리는 것 같았다. 아무 일도 일어나지 않았다. 적어도 세린이 예상했던 일은 생기지 않았다.

"저는 당신이 무언가 말해 주기를 오래전부터 기다렸어요." 캐롤린이 자기 입장을 설명했다. "당신이 저를 피하려 한다는 걸 알고 있었어요. 하지만 그 이유를 몰랐어요. 그 이유를 알고 나니, 더 친밀감이 느껴지네요. 용기를 내어 솔직히 말해 주어 고마워요. 이제부터는 의자를 차지하기 위해 당신과 팔씨름이라도 해야 할지 모르겠네요!"

이 대화가 시시하게 들리는가? 그렇지 않다. 세린의 어머니는 그녀가 경계를 정하려고 했을 때 죄책감을 불러일으키는 말로 방해했고, 아버지는 그녀가 입장에 따라 의견을 달리하면 화를 내며 자기 뜻대로만 했다. 세린은 정말로 큰 모험을 하고 있었다. 걱정과 우울증이 통제 불능의 상태로 그녀의 삶을 왜곡시킬 때까지, 바운더리는 그다지 중요하지 않은 것처럼 보였다. 그렇기 때문에 치료 모임을 통해 바운더리를 배워 나가는 것이 세린에게는 가장 안전하고 합당한 방법이었다.

감정적 바운더리를 세워 나가는 일은 과거의 상처를 살피는 일과 함께 진행되어야 한다. 그렇지 않으면 견고한 바운더리를 세우기도 전에 큰 좌절감에 빠지게 된다.

"이런 바운더리 훈련은 아무 쓸모가 없어요." 프랭크가 치료 모임 중에 불평했다.

"왜 그렇지요?" 내가 물었다.

"제가 사람들에 대해 좋은 경계를 세우지 못한다는 걸 깨달았을 때, 저는 바로 아버지에게 전화해서 그렇게 못살게 굴었던 이유가 무엇인지 따졌습니다. 아버지가 어떤 반응을 보였는지 아세요? 그냥 전화를 끊어 버리더군요. 정말 대단해요, 대단합니다. 제가 보기에 바운더리는 일을 해결하기는커녕 더 악화시키는 것 같습니다."

프랭크는 마치 새로 산 자전거를 연습도 하지 않고 타고 싶어 안달하는 어린아이와 같다. 아이는 여러 번 넘어지고 무릎이 깨지면서 연습해야만 다음 단계의 고난도 기술을 익힐 수 있다.

이 단계를 잘 지나도록 도와주는 한 가지 방법이 있다. 후원자 그룹이나 친한 친구들에게 당신이 바운더리를 익힐 수 있도록 도와 달라고 요청하라. 당신이 솔직하게 털어놓는 말에 대한 반응을 통해 그들의 본심을 어느 정도 파악할 수 있을 것이다. 그들은 당신이 자신들과 다른 의견을 갖거나 당당하게 대면할 수 있도록 부드럽게 격려할 수도 있고, 당신에게 도움을 주기는커녕 오히려 방해할 수도 있다. 어떤 경우든, 당신은 무언가 얻을 수 있다. 좋은 후원 그룹은 참여하는 모든 구성원들의 거절을 소중하게 받아들인다. 구성원들 사이에 생기는 진정한 친밀감은 의견이 서로 달라서 다툴 수도 있다는 자유 안에서 만들어진다. "미움을 감추는 자는 거짓된 입술을 가진 자요"(잠 10:18). 당신의 거절을 존중하고 당신을 진정으로 사랑하는 사람들과의 관계에서 "아니요"라고 말하는 연습을 시작하라.

단계 6: 죄책감 속에서도 기뻐하기

조금 이상하게 들릴지 모르지만, 당신이 바운더리를 가진 사람이 되어 간다는 증거는 자책감의 형태로 나타난다. 그것은 당신이 경계를 정해 가는 과정에서 중요한 규율을 위반했을 때 느끼는 감정이다. 많은 사람들이 성경적 견해에 비추어 무엇이 자신의 책임이고 무엇이 아닌지 솔직하게 말하기 시작할 때 강력한 자기 정죄 의식을 경험한다. 그 이유는 무엇인가? 예속과 자유라는 표현에서 그 해답을 찾아보자.

    손상된 바운더리를 가진 사람은 노예와 같다. 그들은 자기 나름대로 가치 판단에 따라 결정을 내리지만, 결과적으로는 주위 사람들의 기대를 반영하는 경우가 대부분이다. 후원자 그룹에게서 사랑이 담긴 도움을 받고 있다 하더라도, 그들은 여전히 경계를 정하는 것이 어렵다고 느낀다.

    여기서 문제는, 그의 나약한 양심이거나 비성경적이고 필요 이상을 넘어선 엄격한 자기 정죄 의식일 수 있다. 잘못된 것에서 올바른 것을 구분하기 위해 우리는 내면에 '자기 평가 기능'을 가지고 있어야 하지만, 많은 사람들이 지나치게 자기 비판적인 양심을 소유하고 있다. 그들은 아무 잘못을 하지 않았을 때도 마치 자신이 죄를 범하고 있다고 생각한다.

이렇게 지나친 자기 판단 때문에, 손상된 바운더리를 가진 사람들은 경계를 정하는 일을 매우 어려운 과정으로 여긴다. '너무 지나친 거 아니야? 어떻게 그 모임에 참석하지 않을 수 있어? 너무 이기적인 생각이야!'라는 생각이 마음속에서 일어난다.

당신은 실제로 한두 가지 경계를 정했을 때 일어날 일들을 상상할 수 있다. 비현실적인 요구가 받아들여지지 않으면, 양심은 지나치게 혹사당하게 된다. 바운더리에 반하는 이런 저항은 양심을 완전히 통제하는 데 위협적이다. 양심은 강력한 힘으로 영혼을 공격하고, 그 사람이 또다시 진실하지 못한 행동을 하도록 유도한다.

조금 이상하게 들릴지 모르지만, 적대적인 양심이 활발하게 움직이는 것은 영적 성장이 일어나고 있다는 증거다. 그것은 당신이 비성경적인 속박에 반대한다는 표시다. 양심이 침묵을 지키고 "어떻게 그럴 수 있어?"라는 죄책감을 불러일으키는 메시지를 내보내지 않는다면, 그것은 당신이 아직도 내면의 부모에게 예속된 상태로 남아 있다는 의미다. 바로 그런 이유 때문에 죄책감 속에서도 기뻐하라고 권면하는 것이다. 그것은 당신이 향상되고 있다는 것을 의미한다.

단계 7: 성숙 단계의 거절 표현 연습하기

다음 질문에 대해 잠시 생각해 보라. "당신의 바운더리를 깨뜨리는 주요 인물은 누구인가?" "경계를 정하는 데 가장 곤란한 사람은 누구인가?" 한 사람 이상이 마음에 떠오를 것이다. 이 단계에서는 극도로 복잡하고 충돌이 심하며 위협적인 관계들을 다룰 것이다. 그런 관계들을 다시 바로잡는 것은 바운더리를 가진 사람이 되는 과정에서 이뤄야 하는 중요한 목표다.

이 단계가 벌써 일곱번째 단계라는 사실은 우리가 지금까지 힘들게 겪어 온 과정과 연습의 중요성을 다시 한번 일깨워 준다. 주요 인물들에 대해 중요한 바운더리를 세우는 것은 수많은 노력과 성숙의 결과다.

여기에서 우리의 목표를 혼동하지 않는 것이 중요하다. 손상된 바운더리를 가진 그리스도인들은 몇몇 중요한 영역에서 경계를 정한 다음, 다시 생활을 안정시키는 것이 유일한 목표인 것처럼 착각하는 경우가 종종 있다. 그들은 "이제 엄마에게 '싫어요'라고 말할 수 있어" 또는 "남편의 술버릇에 대해 분명한 경계를 정할 수 있어"라고 말하면 목표가 달성된 것으로 생각한다. 그런 식으로 부모나 남편에게 당당히 맞서는 것이 매우 중요하지만(예수님은 마태복음 18장 15-20절에서 그런 이들에 대해 말씀하셨다), 그들은 아직도 바운더리를 학습하는 궁극적인 목표에 이르지 못했다.

우리의 진정한 목표는 성숙이다. 즉 하나님의 방법대로 사랑하고 활동하는 능력을 배양하는 것이다. 이것은 그리스도를 더욱 닮아 가는 성도들의 목표이기도 하다. "사랑하는 자들아 우리가 지금은 하나님의 자녀라 장래에 어떻게 될지는 아직 나타나지 아니하였으나 그가 나타나시면 우리가 그와 같을 줄을 아는 것은 그의 참모습 그대로 볼 것이기 때문이니"(요일 3:2).

바운더리 설정은 성숙으로 나아가는 중요한 부분이다. 우리는 바운더리를 가지기 전까지 진정으로 사랑할 수 없다. 단순히 순응이나 죄책감으로 사랑할 따름이다. 또한 우리는 바운더리가 없으면 생산적으로 일할 수 없다. 다른 사람들이 정해 놓은 절차를 바쁘게 뒤쫓아 가는 것에 불과하다. 그것은 두 마음을 품어 모든 일에 정함이 없는 상태다(약

1:8). 바운더리에 따라 형성된 인격 구조를 갖추는 것이 우리의 목표다. 그 목표에 이르면, 자신과 다른 사람에 대해 적절한 시기에 경계를 정할 수 있다. 내적 바운더리를 가지고 있으면 외부 세계에 대한 바운더리도 갖게 되는 열매를 맺는다. "대저 그 마음의 생각이 어떠하면 그 위인도 그러한즉…"(잠 23:7).

명확하게 규정되어 있고, 정직하며, 목표 지향적인 인격 구조를 개발해야 이 단계에 접어들 수 있다. 이 단계에 이르기 전에, 먼저 옳지 않은 것에 대해 분명하게 거절을 표시하는 연습을 거듭해야 한다.

때때로 과다한 거절 표현은 위기를 불러올 수도 있다. 당신에게 아주 중요한 인물이 화를 낼 것이다. 아니면 상처를 주거나 욕설을 퍼부을지도 모른다. 진실은 관계 속에서 분열을 불러일으킬 것이다. 갈등과 불일치는 이미 존재하고 있었다. 바운더리는 단지 그것을 표면으로 이끌어 냈을 뿐이다.

당신이 맺고 있는 중요한 관계들을 기도하는 마음으로 기록해 보라. 그런 관계들 속에서 침해당하고 있는 당신의 보화들의 목록도 함께 적어 보라. 그런 보화들을 지키려면 어떤 바운더리를 세워야 하는가?

단계 8: 죄책감이 사라진 것 기뻐하기

6단계에서 살펴본 것처럼, 바운더리를 세우기 위해 가장 먼저 거쳐야 하는 과정은 과도하거나 미약한 양심의 거친 저항을 극복하는 것이다. 하지만 끊임없는 노력과 좋은 후원 그룹의 도움이 있으면, 죄책감은 점차 사라진다. 우리는 점점 "깨끗한 양심에 믿음의 비밀을 가진 자"(딤전 3:9)가 되어 간다.

우리는 지금까지 영적, 감정적으로 충실하게 거쳐 왔기 때문에, 이 단계로 진행할 수 있다. 이제 우리는 내면의 부모에게 무조건 복종하던 모습에서 벗어나 사랑과 책임감과 용서의 성경적 가치에 반응할 수 있도록 변화되었다. 이런 가치들은 그것을 잘 이해하는 사람들과의 관계를 통해 마음속 깊이 내면화된다. 이제 우리 마음은 비판적인 양심을 통하지 않고서도 공정하게 자신을 평가할 수 있는 자리를 발견했다. 우리 마음은 사랑이 많고 신뢰할 만한 사람들에 대한 기억 속에서 편안한 안식을 얻는다.

이블린은 지나치게 비판하는 남편에게 정면으로 대항했을 때 자기 속에 또 다른 무언가가 있음을 느꼈다. "알았어요, 폴." 그녀는 목소리를 높이지 않고 말했다. "당신이 정중한 표현을 쓰지 않고 또다시 험한 말을 한다면, 오늘 밤은 친구 낸의 집에서 지낼 거예요. 당신이 결정해요. 난 지금 허세를 부리는 게 아니에요."

폴은 또 다른 말로 그녀를 공격하려다가 입을 다물었다. 그 역시 이번에는 이블린이 진지하다는 것을 알아차렸다. 그는 소파에 앉아 그녀의 다음 반응을 기다렸다.

이블린은 자기 속에서 스스로를 책망하는 말이 들려오지 않는 것에 놀랐다. 바운더리를 세훈 이후로 가능한 일이었다. 평소에 그녀는 폴에게 그런 반응을 보이고 나서는 자신에게 이렇게 말하곤 했다. "넌 폴에게 충분한 기회를 주지 않았어." "너무 민감하게 반응해서는 안 돼." "하지만 그는 일도 열심히 하고 아이들에게도 좋은 아빠잖아."

그녀를 도운 후원자 그룹의 수고가 효력을 발휘했다. 그녀의 부단한 연습도 성과를 거두었다. 그리고 그녀의 양심도 성숙하기 시작했다.

단계 9: 다른 사람들의 바운더리 사랑하기

한 고객이 내(존)게 물었다. "저는 아내에 대해 바운더리를 세우지만, 아내가 나에 대해 바운더리를 세우지 못하게 하는 방법이 있을까요?" 나는 그가 솔직한 태도를 보인 것이 고맙긴 했지만, 대답은 분명히 했다. "없습니다!" 다른 사람들이 우리의 바운더리를 존중하기 바란다면, 우리 역시 그들의 바운더리를 존중해야 한다.

다른 사람들의 바운더리를 사랑하면 자신의 이기심과 독단적인 태도를 직시할 수 있다. 우리가 다른 사람들의 귀중한 보화를 지켜 주는 것에 관심을 가진다면, 자신의 타락한 본성의 일부인 자기중심적인 태도를 억누를 수 있다. 그렇게 타인 중심적인 사람이 되는 것이다.

다른 사람들의 바운더리를 사랑하면 그들을 보살피는 능력이 향상된다. 다른 사람들이 가진 상냥한 측면을 사랑하는 것은 어렵지 않다. 하지만 우리가 다른 사람들의 저항 또는 그들과의 대립이나 분리 등에 직면하면 이야기는 달라진다. 그런 상황에 부딪히면 그들과 갈등을 일으키거나, 그들이 원하는 일을 하지 않으려고 회피할지도 모른다.

다른 사람들의 바운더리를 사랑하고 존중할 수 있을 때, 우리는 두 가지를 이루게 된다. 첫째, 진심으로 다른 이들을 보살피게 된다. 왜냐하면 우리에게 "안 돼"라고 말하는 사람을 돕는다고 해서 얻을 수 있는 것은 아무것도 없기 때문이다. 그런 상태에서 누군가를 보살피는 것은 전적으로 자신을 내어 주는 행동이다!

다른 이들의 바운더리를 사랑함으로써 얻을 수 있는 두 번째 유익은 그들의 사정을 이해하고 공감할 수 있게 되는 것이다. 우리는 다른 사람들이 우리를 대해 주기를 바라는 방법대로 그들을 대해 주어야 한다. "온 율법은 네 이웃 사랑하기를 네 자신같이 하라 하신 한 말씀에서 이루어졌나니"(갈 5:14). 우리가 자신의 거절을 지키기 위해 애쓰는 것처럼 다른 사람들의 거절도 존중하고 지켜 주기 위해 애써야 한다. 비록 그 과정에서 치러야 할 대가가 있더라도 태도를 바꾸지 말라.

단계 10: "아니요"와 "예"를 자유롭게 말하기

"나는 당신을 사랑해요, 피터." 코트니는 식사를 마치고 마주 앉은 남자 친구에게 말했다. 매우 중요한 순간이었다. 피터는 지금 막 코트니에게 청혼한 상태였다. 그는 코트니에게 반했다. 그들은 여러 면에서 잘 어울리는 것처럼 보였다. 하지만 한 가지 문제가 있었다. 그들은 이제 만난 지 몇 주밖에 되지 않았던 것이다. 코트니는 피터의 갑작스런 프로포즈가 당혹스러웠다.

"당신을 사랑하지만." 그녀는 계속 말했다. "우리가 결혼에 대해 말을 꺼내기까지는 좀 더 시간이 필요해요. 지금 당장 당신에게 '좋아요'라고 말할 수 없기 때문에, '아니요'라고 말할 수밖에 없어요."

코트니는 성숙한 바운더리의 표본을 보여 주었다. 그녀는 확신이 없었기 때문에, "아니요"라고 말했다. 미숙한 바운더리 설정 능력을 가진 사람들은 이와 정반대로 행동한다. 그들은 확신이 없을 때 "예"라고 말한다. 그런 다음, 누군가의 계획대로 움직여야 할 때가 되면, 자신이 그 같은 특정한 상황에 더 이상 연루되기를 원하지 않는다는 것을 뒤늦게 깨닫는다.

나는 한동안 기숙사 사감으로 일한 적이 있었다. 나와 동일한 직종의 사람들이 연수를 받는 중, 사감으로서의 경험이 많은 사람에게서 이런 말을 들었다. "아이들과 함께 생활하기 시작할 때 당신이 취할 수 있는 태도는 두 가지입니다. 첫째, 당신은 아이들의 모든 요구에 대해 '그래'라고 말할 수 있습니다. 그러면 당신이 아이들에게 어떤 제약을 가하려 할 때, 아이들은 화를 내고 반항할 것입니다. 둘째, 먼저 확실하고 엄격한 경계를 밝히고 나서 생활을 시작하는 것입니다. 아이들이 당신의 지도 방침에 어느 정도 익숙해지면, 서서히 아이들을 풀어 줄 수 있습니다. 그러면 아이들은 당신을 끝까지 사랑할 겁니다."

두 번째 방법이 더 좋은 결과를 가져오는 것은 두말할 필요도 없다. 나는 그 방법에 따라 아이들에 대한 나의 바운더리를 명확히 밝혔을 뿐 아니라, 자유롭게 나의 거절을 표현할 수 있었다. 우리는 "예"라고 말하는 정도의 자유를 누리며 "아니요"를 말할 수 있어야 한다. 다른 말로 하면, 어떤 요구에 대해 "예"라고 말하는 것 못지않게 자유로운 마음으로 "아니요"를 말할 수 있을 때, 비로소 성숙한 바운더리를 가진 것이다. 두 가지 말을 사용하는 데 갈등이나 재고 또는 머뭇거림이 없어야 한다.

마지막으로 누군가에게 어떤 일을 부탁받았던 때를 잠시 생각해 보라. 그 부탁을 들어 주어야 할지 확신할 수 없다면 어느 정도 생각하는 시간을 갖는 것이 좋다. 이때 부탁하는 사람이 이기적이거나 남을 이용하거나 지배하려는 유형은 아니라고 가정하자. 이성적인 사람들은 합리적인 요구를 몇 번쯤은 해보았을 것이다.

당신이 잘해 낼 수 있을지 확신할 수 없는 일을 부탁받았다고 가정해 보자. '즐거운 마음'으로 그 일을 해낼 자신이 없다고 가정하면, 앞에서 말한 바운더리 기준에 따라 결정해야 하는 경우가 생긴다. 당신은 다음 두 가지 태도 가운데 한 가지 를 취할 것이다.

1. 확신하지 못하므로, "예"라고 말한다.
2. 확신하지 못하므로, "아니요"라고 말한다.

어느 경우가 더 성숙한 바운더리를 보여 주는가? 두 번째 경우다. 완수할 수 없는 일을 약속하는 것보다는 차라리 거절 의사를 분명히 밝히는 것이 더 책임 있는 행동이기 때문이다. 예수님은 우리가 기울인 노력의 '대가를 평가'해야 한다고 말씀하셨다. "너희 중의 누가 망대를 세우고자 할진대 자기의 가진 것이 준공하기까지에 족할는지 먼저 앉아 그 비용을 계산하지 아니하겠느냐 그렇게 아니하여 그 기초만 쌓고 능히 이루지 못하면 보는 자가 다 비웃어 이르되 이 사람이 공사를 시작하고 능히 이루지 못하였다 하리라"(눅 14:28-30).

손상된 바운더리를 가진 사람들은 먼저 약속을 해놓고 다음 두 가지 행동 가운데 하나를 선택한다. 첫째, 투덜거리며 자신이 약속한 일을 완수한다. 둘째, 약속을 지키지 못한다. 하지만 성숙한 바운더리를 가진 사람은 자유롭고 기쁜 마음으로 그 일을 마친다. 그렇지 않으면 아예 처음부터 약속하지 않는다.

죄책감에 시달려서, 또는 다른 사람이 시키는 대로 따라가다가 억지로 책임을 맡아 일하게 되면, 많은 희생과 고통과 불편을 각오해야 한다. 여기에서 반드시 터득해야 할 사실은, 영적이고 감정적 차원에서 깊이 생각해서 판단하기 전에는 아무것도 약속하지 말라는 것이다.

단계 11: 성숙한 바운더리 - 가치 있는 목표 설정하기

벤은 책상 위에 펜을 내려놓고 흡족한 표정으로 아내 마리아를 바라보왔다. 그들은 지난 한 해를 돌아보며 다음 해를 계획하는 일로 하루 종일 함께 시간을 보냈다. 이 연례 행사는 지난 몇 년 동안 계속되어 왔다. 그 시간을 통해 일정한 방향과 목적 있는 삶을 계획할 수 있었다.

벤과 마리아가 함께 목표를 정하는 일을 시작하기 전까지, 그들의 삶은 정말로 무질서한 상태였다. 벤은 지배적이고 충동적이었다. 벤의 낭비벽 때문에 부부는 돈을 모으지 못했다. 마리아는 비교적 돈 관리를 잘했지만, 너무 고분고분해 남편에게 대놓고 말하지 못했다. 벤이 돈을 점점 더 많이 낭비하자, 그녀는 자원 봉사하는 일에만 관심을 기울였다.

결국, 부부 문제 전문가를 통해 바운더리에 대해 충분히 인식하게 된 마리아는 벤의 잘못된 행동에 대해 경계를 정하기 시작했다. 그녀는 더 상냥해졌고, 비난하거나 화를 내는 일도 거의 없었다. 벤은 가족에 대한 책임감을 더 느끼기 시작했다. 그는 아내에게도 부드럽게 대했다. 심지어 아내가 그의 무책임에 대해 지적할 때도 부드러움을 잃지 않았다.

벤은 웃으며 말했다. "여보, 올해는 작년과 비교해 보니까 180도 달라졌어. 돈도 어느 정도 저금하고, 몇 가지 재정 목표도 달성했어. 서로에게 더 솔직하게 되었고, 서로를 더 좋아하고 있어. 당신은 이제 정말 도움이 필요한 자원 봉사 프로그램만 참석하잖아."

마리아가 대답했다. "그래요, 이젠 더 바랄 것도 없어요. 당신과 아이들, 교회 후원자 그룹, 그리고 몇 가지 사역을 통해 원하는 건 모두 얻고 있어요. 우리가 하고 싶은 일들을 지금 미리 계획한다면, 내년에도 많은 발전을 이룰 수 있을 거예요!"

벤과 마리아는 몇 년 동안 쏟아부은 수고의 열매를 거두고 있었다.

그들의 성숙한 바운더리 설정 능력은 모든 방면에서 유익을 가져다주었다. 바운더리를 배우는 궁극적인 목적은 자유를 누리는 데 있다. 그 자유 안에서 하나님이 우리에게 맡기신 청지기의 삶을 지키고 발전시키기 위해 노력해야 한다. 우리 삶을 자신이 통제하는 단계까지 나아가야 한다.

성숙한 바운더리를 가진 사람들은 지나치게 흥분하거나, 서두르거나, 결코 우왕좌왕하지 않는다. 그들은 삶의 방향을 분명히 정하고, 자기 나름대로의 목적을 이루기 위해 꾸준히 나아간다. 미리 계획을 세운다.

현명한 바운더리는 인생에서 성취감을 맛보게 해준다. 바운더리를 위해 투자한 오랜 시간의 노고에 대한 대가는 하나님이 주신다. 바울은 인생 말년에 이렇게 회고했다. "전제와 같이 내가 벌써 부어지고 나의 떠날 시각이 가까웠도다 나는 선한 싸움을 싸우고 나의 달려갈 길을 마치고 믿음을 지켰으니"(딤후 4:6-7).

그러나 인생을 살다 보면 성숙한 바운더리를 가진 사람들의 앞길을 가로막는 장애물이 많이 나타날 것이다. 온갖 시련들과 사건들, 그리고 우리를 하나님의 길이 아닌 자신의 길로 끌어들이려는 사람들이 있을 것이다. 이 땅에서의 생애는 험난하다. 온갖 종류의 저항과 적대 세력이 우리의 바운더리와 목표를 깨뜨리며 방해한다.

하지만 성숙한 바운더리를 가진 사람들은 그런 사실을 이해하고, 저항에 대처할 만한 여유를 가지며, 억지로 제압하려 하지 않는다. 그런 사람들은 필요하다면 언제든지 "아니요"라고 말할 준비가 되어 있다. 상대를 공격하거나 다른 사람을 처벌하기 위해서가 아니다. "우리의 연수가 칠십이요 강건하면 팔십"(시 90:10)이라 했다. 이 짧은 생애 동안 하나님이 맡겨 주신 시간과 재능과 보화들을 잘 간직하고 개발하려면, 아닌 것에 대해 "아니요"라고 말할 수 있어야 한다.

16.

바운더리 있는 일상

1장에 나온 쉐리를 기억하는가? 그녀는 하루 종일 우연과 정돈되지 않은 모습으로 근근이 버티고 있었다. 이제 쉐리가 이 책을 읽었다고 상상해 보자. 그녀는 자기 인생을 명확한 바운더리 안에서 다시 세우기로 결심했다. 이제 그녀의 하루는 자유와 자기 관리와 친밀함으로 채워지기 시작한다.

오전 6시
알람 시계가 울렸다. 쉐리는 손을 뻗어 시계를 껐다. '앞으로는 알람 시계의 도움 없이 일어나야지.' 그녀는 속으로 생각했다. '나는 5분 전에 이미 깨어 있었잖아.' 전에는 7시간 내지 8시간 정도 잠을 자는 것이 쉐리의 꿈이었다. 하지만 그것이 주부에게는 실현 불가능한 일이라고 여겨졌다. 그러나 정말 그런 꿈 같은 일이 일어나기 시작했다. 이제 아이들은 좀 더 일찍 잠자리에 들었고 왈트도 아이들이 잠자는 시간을 지키도록 도왔다. 그녀와 왈트는 잠자리에 들기 전에 함께 대화를 나눌 수 있는 시간까지 확보했다.

하지만 이렇게 취침 시간을 엄수하는 습관은 저절로 생긴 것이 아니다. 하루는 쉐리의 어머니가 아무런 예고 없이 한밤중에 갑자기 오신 적이 있었다. 그때 어머니는 쉐리에게 토드와 함께 과학 박람회 계획을 세워야 한다고 말하려고 방문했다.

쉐리는 힘들게 말을 꺼냈다. "엄마, 나도 엄마 집에 들르고 싶었어요. 하지만 지금 시간이 너무 늦었잖아요. 난 지금 토드가 태양계 계획을 마무리하는 것을 돕고 있고, 거기에 충분히 관심을 갖고 있어요. 엄마가 오시고 싶으면 한 번 와서 보세요. 내일 전화 드릴 테니까 함께 만날 시간을 정해요."

쉐리의 어머니는 시큰둥한 반응을 보였다. 그녀는 죽어 가는 사람처럼 맥 빠진 목소리로 말했다. "얘야, 나도 그런 사실을 너무 잘 알고 있다. 어느 누가 나처럼 외롭고 늙은 여자와 시간을 보내고 싶겠니? 알겠다. 나는 집으로 가서 혼자 자야겠다. 오늘 밤도 여느 때와 다를 게 없겠지."

예전에 쉐리는 그런 식으로 '죄책감'을 자극하는 능란한 맹공에 완전히 휘말렸다. 하지만 후원자 그룹과 지속적으로 연습한 덕분에 쉐리는 어머니의 갑작스러운 방문에 대처할 방법을 찾아냈다. 이제 그녀는 죄책감을 거의 느끼지 않는다. 어머니는 내일 아침이면 또다시 좋아질 것이다. 쉐리는 그런 생각으로 편안한 밤을 맞이할 수 있었다.

오전 6시 45분

쉐리는 새로 산 옷을 입었다. 기가 막히게 딱 맞았다. 몇 달 전에 입던 옷보다 두 사이즈나 작은 것이었다. 그녀는 "하나님, 제게 새로운 바운더리를 허락해 주셔서 감사합니다"라고 기도했다. 그녀의 다이어트와 운동 계획은 효과가 있었다. 음식과 운동에 대한 새로운 비밀을 깨달았기 때문이 아니라, 청지기의 사명감을 가지고 몸을 관리한 결과였다. 그녀는 자기 몸을 건강하게 만들기 위해 다른 일을 해야 할 시간을 줄이는 것에 더 이상 죄책감을 갖지 않았다. 살이 빠지고 몸매가 예전처럼 돌아오자 그녀는 더 나은 아내, 엄마, 친구가 되었다. 그리고 그녀 자신을 더 좋아하게 되었다.

오전 7시 15분

에이미와 토드는 아침을 먹은 후, 자기 접시를 싱크대로 가지고 가서 넣었다. 모든 가족들이 집안일을 분담하는 것에 익숙해졌고 편안한 습관이 되었다. 물론 처음에는 아이들과 왈트의 반대가 만만치 않았다. 하지만 그때 쉐리는 가족들이 설거지를 도와줄 때까지 아침 식사를 차려 주지 않았다. 아이들과 왈트에게 기적이 일어났다. 밝은 빛이 그들 마음속에 "일하기 싫어하거든 먹지도 말게 하라"는 말씀과 함께 비춰졌다.

더 기분 좋은 것은 아이들이 학교로 출발하기 전에 2분 정도 여유가 생긴 것이었다. 침대가 잘 정돈되었는지, 숙제는 했는지, 도시락은 챙겼는지 꼼꼼히 체크했다. 정말 꿈만 같은 일이었다.

물론 그런 일이 가능하기까지는 험난한 과정을 거쳐야 했다. 처음에 쉐리는 학교 버스를 운전하는 기사에게 아이들을 1분 정도 기다리다가 나오지 않으면 그냥 출발하라고 부탁했다. 그리고 그는 그 부탁을 들어주었다. 에이미와 토드가 차를 놓치는 일은 종종 일어났다. 그러면 아이들은 창피를 당하게 만들었다고 쉐리를 비난했다. "엄마는 우리 감정을 아예 무시하고 있어요."

하지만 쉐리는 꾸준히 기도 생활을 하고 좋은 후원자 그룹의 도움을 받아 바운더리를 굳건히 지켰다. 아이들은 여러 번 학교 버스를 놓쳐 걸어가느라 학교에 몇 시간씩 늦자, 조금 더 일찍 일어나려고 알람을 맞추기 시작했다.

오전 7시 30분

쉐리는 화장대 앞에서 화장을 했다. 이제 그녀는 더 이상 자동차의 백미러를 보며 눈썹을 그리지 않는다. 편안한 마음으로 화장을 했다. 그리고 몇 분 정도 여유를 갖고 직장으로 출근했다.

오전 8시 45분

쉐리는 회사의 패션 담당 이사(그녀는 '지도력'을 인정받아 승진했다)였다. 그녀는 회의실로 들어가면서 시계를 보았다. 그녀가 주재해야 하는 회의를 시작할 시간이었다.

회의실을 둘러보았는데 중요한 세 사람이 아직 오지 않은 상태였다. 그녀는 그들에게 주의를 주어야겠다고 다짐했다. 아마 그들은 쉐리의 도움을 받아야 하는 바운더리 문제를 안고 있는 것 같았다.

쉐리는 미소를 지었다. 바로 얼마 전까지 지금 그들이 겪는 것과 동일한 문제 때문에 누군가의 도움을 받았던 것을 기억했다. '하나님, 감사합니다. 바운더리에 대한 성경적 관점을 가르치는 교회로 인도해 주셔서 정말 감사합니다.' 그녀는 정각에 회의를 시작했다.

오전 11시 59분

쉐리의 사무실에 있는 구내 전화가 울렸다. "쉐리 필립스입니다." 그녀는 전화를 받고 상대의 대답을 기다렸다.

"쉐리, 다행히 있었구나! 점심 먹으러 갔으면 어떻게 하나 했어."

목소리만 들어도 누군지 알 수 있었다. 로이스 톰슨이었다. 요즘 로이스는 전화하는 일이 별로 없었다. 그녀는 쉐리가 자신의 인간관계에서 균형을 잡기 시작했을 때부터 예전처럼 자주 전화하는 일이 없었다. 쉐리는 로이스에게 이렇게 말했었다.

"로이스, 넌 마음의 상처를 입을 때마다 내게 말하고 싶어 하지. 그건 좋아. 하지만 내가 힘들 때는 어땠니? 너는 어디 있는지 찾을 수 없고, 만약 찾을 수 있더라도 항상 산만한 상태이고, 친구인 내 문제에 너무 무관심한 것 같아."

로이스는 그런 쉐리의 말이 사실이 아니라고 강력히 부인했다. "쉐리, 나는 너의 진실한 친구야."

"이 문제를 해결할 좋은 방법이 있을 거야. 나는 우리 관계가 진실한 우정 위에 바탕하고 있는지 알고 싶어. 나는 네가 우리 사이에 정하려는 몇 가지 바운더리를 알았으면 해. 먼저, 네가 원하는 모든 일들을 다 들어주지는 않을 거야. 로이스, 나는 너를 사랑해. 하지만 네가 책임져야 하는 부분까지 모조리 떠맡을 수는 없어. 둘째, 나도 심각한 상처를 입을 때가 분명히 있을 거야. 그때 네게 전화해 도움을 구할 거야. 솔직히 내가 느끼는 고통을 네가 알고 있는지 의심스러울 때가 많아. 그러니 우리는 이 문제를 함께 풀어 가야 해."

지난 몇 달 동안, 쉐리는 로이스와의 관계가 상당히 잘못되어 있다는 것을 발견했다. 갑자기 급한 일이 생겨 로이스를 위로해 주지 못하면, 로이스는 그것 때문에 또 상처를 받았다. 하지만 그녀는 문제가 없고 매사가 순조로울 때는 쉐리를 잊어버렸다. 로이스는 쉐리가 잘 있는지 궁금해서 전화한 적이 단 한 번도 없었다. 그리고 쉐리가 자기 문제로 전화를 하면, 로이스는 쉐리의 말은 듣지 않고 자기 이야기만 하고 끊었다.

어릴 적부터 맺어 온 관계가 서로에 대한 깊은 애정과 관심으로 발전되지 못한 것은 너무 슬픈 일이었다. 로이스는 지나치게 자기중심적인 상태에 사로잡혀 있었으므로 쉐리의 세계를 충분히 이해하려는 마음을 갖지 못했다.

이제 다시 통화 내용으로 돌아가 보자. 쉐리가 대답했다. "로이스, 네 전화를 받아서 기뻐. 그런데 나 지금 나가 봐야 하거든. 다음에 내가 전화하면 안 되겠니?"

"하지만 난 지금 통화하고 싶은데." 로이스는 약간 토라진 듯한 목소리로 대답했다. "로이스, 정 그렇다면 조금 있다가 전화해. 지금은 전화받기가 좀 곤란해."

그들은 인사를 나누고 전화를 끊었다. 로이스는 다시 전화할 수도 있고, 하지 않을 수도 있다. 로이스는 다른 친구들이 모두 바빠 전화를 받지 않아서, 그 다음으로 쉐리에게 전화를 했을지 모른다. '로이스의 말을 들어주지 못해 마음이 찜찜하군.' 쉐리는 속으로 생각했다. '하지만 예수님이 기도하기 위해 사람들을 내버려 두고 홀로 가셨을 때, 그 사람들도 기분이 별로 안 좋았을지 몰라. 로이스의 감정에 대해 책임지려 애쓰는 것은 하나님이 내게 맡기시지 않은 일을 책임지려고 애쓰는 거나 마찬가지야.' 이런 생각을 하며 쉐리는 점심을 먹으러 갔다.

오후 4시

그날 오후는 비교적 큰일 없이 지나갔다. 쉐리가 사무실을 막 나가려 할 때, 그녀와 함께 일하는 제프 모어랜드가 그녀를 불러 세웠다.

쉐리는 가던 길을 멈추지 않고 말했다. "안녕하세요, 제프. 제게 메모를 남겨 주실 수 있겠어요? 30초 정도는 기다릴 여유가 되는데." 제프는 낙심한 얼굴로 메모하러 돌아갔다.

지난 몇 달 전과 비교하면 엄청난 변화였다. 사장이 함께 일하도록 정해 준 제프는 오히려 쉐리에게 짐만 되었다. 하지만 쉐리가 자기 일에 대한 경계를 정하고 제프가 해야 할 일들을 더 이상 하지 않자, 제프의 생산성은 급격히 떨어졌다. 제프의 무책임과 직무 유기가 드러났다. 비로소 제프의 상사들은 바로 그가 문제의 인물이라는 것을 알게 되었다.

그들은 디자인 부서를 앞에서 이끌어 가는 추진력은 바로 쉐리였음을 알게 되었다. 그녀가 없으면 일이 안 될 정도였다. 제프는 자신이 맡은 모든 일을 쉐리에게 맡겨 놓고 하루 종일 친구들과 전화 통화만 했다.

쉐리의 바운더리가 효력을 발휘했다. 제프의 무책임을 표면으로 이끌어 낸 것이다. 문제의 원인이 어디 있는지 정확하게 밝혀 냈다. 그리고 제프도 변화되기 시작했다.

먼저, 그는 화를 내며 상처를 입었다. 심지어 회사를 못 다니게 하겠다는 위협까지 했다. 하지만 결국 모든 일이 조금씩 해결되어 갔다. 제프는 모든 일을 꼼꼼하게 처리하기 시작했다. 자기 일에 전력을 다했다. 좌천이라는 충격적인 사건이 그를 일깨우는 계기가 되었다. 그는 자신이 지금까지 다른 사람들의 노력에 편승해 살아왔다는 것을 깨달았다.

쉐리와 제프는 아직 몇 가지 문제를 안고 있다. 그는 "안 됩니다"라는 쉐리의 말을 받아들이는 것을 힘들어 한다. 그리고 쉐리는 제프의 원망을 견디는 것이 여전히 어렵다. 하지만 쉐리는 바운더리를 갖지 않은 사람들과 필연적으로 겪어야 하는 문제를 회피할 방법이 없었다.

오후 4시 30분

4학년이 된 토드의 담임 선생님과의 면담은 별 문제 없이 진행되었다. 한 가지 다른 점이 있다면, 이번에는 왈트와 함께 토드의 담임 선생님을 만나고 있다는 것이다. 그가 아이 문제를 해결하기 위해 협력하는 것은 정말 큰 변화였다. 한 가지 더 중요한 사실은, 집에서 토드에게 바운더리를 가르치는 힘겨운 노력이 열매를 거두기 시작했다는 것이다.

"필립스 부인. 솔직히 저는 토드의 3학년 담임이었던 러셀 선생님의 말을 듣고 토드에 대해 많이 걱정했습니다. 하지만 저희가 제시하는 경계에 대해 반응하는 토드의 능력이 뚜렷하게 향상되었습니다."

왈트와 쉐리는 서로를 바라보며 미소 지었다. 왈트가 말했다. "신비한 마술 같은 방법을 사용한 건 아닙니다. 토드는 숙제하기를 싫어하고, 저희 말을 들으려 하지 않고, 자신이 해야 하는 집안일을 끔찍하게 싫어했습니다. 하지만 지속적으로 칭찬해 주고, 자기 행동에 대한 결과는 자신이 책임지게 한 것이 좋은 결과로 이어진 것 같습니다."

선생님도 동의했다. "맞습니다. 토드는 고분고분한 아이가 아니었지요. 늘 자기 마음대로 하려 했습니다. 칭찬과 자기 행동에 대한 책임의식이 토드에게 좋은 영향을 미친 것 같군요. 이제 토드에게는 아주 심각한 문제는 없습니다. 지금까지는 아주 잘 지내고 있습니다. 부모님이 잘 보살펴 주셔서 정말 감사합니다."

오후 5시 15분

퇴근 시간의 교통 체증으로 한참 고생하고 있을 때, 문득 그런 시간에 대해 감사하는 마음이 생겼다. '이 시간을 이용해 하나님께 감사를 드리고 가족들과 친구들을 위해 기도하면 되겠다. 그리고 우리 가족이 주말을 즐겁게 보낼 계획도 세워야겠어.'

오후 6시 30분

에이미는 정해진 시간에 거실로 들어왔다. "엄마, 나랑 약속한 시간이 되었어요. 밖으로 나가요."

모녀는 집 근처를 산책했다. 그 시간에는 주로 에이미가 학교, 책, 친구들에 대해 재잘거리는 것을 쉐리가 들어 주었다. 쉐리 역시 딸에게 하고 싶은 이야기를 그 시간에 모두 할 수 있었다. 그래서 그 산책 시간은 언제나 짧게 느껴졌다.

예전부터 이렇게 좋은 것은 아니었다. 에이미가 가족들과 함께 있는 걸 싫어하는 문제를 해결하기 위해, 그리스도인 전문 상담가에게 그녀를 맡겼다. 그는 토드의 옳지 못한 행동에 온 가족의 관심이 집중되어 있는 것을 알아차렸다. 에이미에게 관심을 갖는 사람은 아무도 없어서, 그 아이는 쉐리와 왈트와 함께 보내는 시간을 거의 가질 수 없었다.

점점 에이미는 혼자 남게 되었다. 집안 식구들 가운데 조금이라도 에이미에게 관심을 기울이는 사람은 아무도 없었다. 침실이 그녀의 유일한 세상이었다. 쉐리와 왈트는 문제의 심각성을 깨닫고 에이미가 자기 문제를 털어놓을 수 있도록 특별한 노력을 기울였다.

어느 정도 시간이 흐르자, 빛을 받은 꽃망울이 활짝 피어나듯 에이미는 쉐리와 왈트에게 조금씩 자신을 열기 시작했다. 그녀는 정상적인 어린 소녀들처럼 재잘거리며 자연스럽게 식구들과 어울리게 되었다. 쉐리와 왈트가 토드 때문에 시작한 바운더리 작업은 이제 에이미의 치료 과정으로 이어졌다.

오후 7시

저녁 식사를 절반쯤 했을 때 쉐리의 핸드폰이 울렸다. 하지만 그녀는 그 사실을 알지 못했다. 휴대폰을 무음 상태로 해놓은 데다가 다른 방에 두고 왔기 때문이다. 나중에 휴대폰을 확인한 그녀는 음성 메시지를 들었다. "쉐리, 필리스예요. 다음 달에 있을 수련회를 위해 수고해 줄 수 있는지 물어보려고 전화했어요."

그들은 저녁 식사 시간을 방해받지 않으려고 휴대폰을 무음으로 해놓았다. "저녁식사 동안에는 휴대폰을 끄고 치워 두기"가 그 가족의 바운더리였다. 그 후로 가족들이 함께하는 저녁 식사 시간은 훨씬 즐거워졌다. 쉐리는 필리스에게 정중하게 거절해야겠다고 생각했다. 그 기간에 왈트와 함께 지내기로 미리 약속했기 때문이다. 그렇게 보내는 둘만의 시간은 부부 사이를 더욱 가깝게 해주었다.

재미있는 것은 바운더리 설정을 처음 시작할 때, 쉐리는 지나치게 많은 교회 봉사 활동에서 한 발 뒤로 물러나게 되었다. 그런 활동들이 생활을 무질서하게 만들었기 때문이다. 하지만 이제 그녀는 자신이 소명을 받았다고 느끼는 두 가지 분야의 활동에 적극적으로 참여하고 있다. '오래전부터 느껴 온 것 같은 편안함이야.' 쉐리는 혼자 생각했다. 필리스가 원하는 대로 자기 시간을 항상 내줄 수 없다는 것을 깨닫게 된 것이다. 그것은 필리스와 하나님 사이의 문제다. 쉐리가 끼어들 관계가 아니었다.

오후 7시 45분

아이들과 월트는 시키지 않았는데도 일어나 식탁에서 접시들을 치웠다. 그들은 식탁을 정리하지 않아서 다음 날 아침 식사는 물론이고 저녁 식사까지 거르게 되는 것을 원하지 않았다.

오후 9시 30분

아이들은 숙제를 다하고 잠자리에 들었다. 심지어 숙제를 마치고 잠깐 놀 시간까지 있었다. 월트와 쉐리는 함께 차를 마시면서 각자 하루 생활을 조용히 이야기했다. 실수한 이야기를 나눌 때는 함께 웃고, 잘못한 일에 대해서는 안타까워하며, 주말 계획을 세우고, 아이들에 대한 이야기를 나누었다. 그들은 서로의 눈을 바라보며 이야기했고, 그 자리에 서로가 있음을 기뻐했다.

기적 가운데 기적이었다. 그리고 힘겹게 이룬 승리였다. 쉐리 역시 교회의 후원 모임에 참석하면서 치료 과정을 거쳐야 했다. "월트의 분노에 좌우되지 않고 그를 진정으로 사랑하기"까지 오랜 시간이 걸렸다. 그녀가 남편에게 정면으로 맞서 그의 화내는 버릇을 문제 삼고 온전한 바운더리를 세우기까지 후원자 그룹과 많은 연습을 해야 했다.

남편에 대해 바운더리를 세우는 기간은 두려움의 기간이었다. 월트는 경계를 정하는 아내를 어떻게 대해야 할지 몰랐다. 쉐리는 당당하게 말했다. "그러니까 당신은 어떻게 행동할지 미리 생각해야 해요. 당신이 나를 공개적으로 심하게 비난할 때마다 나는 상처를 입고 당신에게서 마음이 멀어져요. 앞으로도 계속 그렇게 행동하면, 즉시 반발하겠어요. 이젠 더 이상 거짓된 모습으로 살지 않겠어요. 이제부터 나 자신을 지킬 거예요."

이제 쉐리는 남편 왈트의 분노와 위협에 대해 자신이 책임을 떠맡는 무기력한 아내가 아니었다. 그녀는 이렇게 말했다. "기분 나쁜 일을 말로 하지 않고 화만 낸다면, 친구 집으로 가겠어요. 당신이 정신을 차리고 내게 이야기하려 할 때는 친구 두 명을 그 자리에 데리고 가겠어요." 이것은 왈트가 받아들이기 어려운 내용이었다. 왜냐하면 그는 쉐리가 먼저 머리를 숙여야, 화난 성질을 누그러뜨리며 자신의 불완전함에 대해 사과하는 데 익숙했기 때문이다.

이제 쉐리는 남편이 감정적으로 멀어지는 것을 보고만 있지 않고 과감히 그 문제를 거론했다. "당신은 내가 진심으로 사랑한 첫 번째 사람이에요. 당신을 사랑해요. 그리고 당신을 가장 소중하게 여기고 싶어요. 하지만 당신이 나와 함께 둘만의 시간을 보내려 하지 않는다면, 나는 교회의 후원자 그룹에 속한 사람들 그리고 아이들과 그 시간을 보내겠어요. 이제 더 이상 TV만 보고 있는 당신의 모습을 바라보면서, 굴속처럼 캄캄한 방 안에만 있지 않겠어요. 이제부터는 팝콘도 당신이 직접 전자렌지에 돌려서 만들어 드세요."

왈트는 쉐리가 위협을 하는 것 같았다. 화가 났다. 마음이 더 멀어지는 것을 느꼈다.

그러나 쉐리는 자기 입장을 굽히지 않고 그대로 고수했다. 하나님의 도우심에 힘입어, 친구들과 치료사 그리고 교회의 후원자 그룹의 도움을 받아, 그녀는 더 거칠어지는 왈트의 반응을 잘 견뎌 냈다. 그는 쉐리가 자기 주위에 있으면서 항상 방해만 된다고 생각했는데, 이제야 그녀가 곁에 없는 게 어떤 것인지 조금씩 알기 시작했다.

왈트는 쉐리를 그리워했다. 그는 처음으로 자신이 쉐리에게 깊이 의존하고 있다는 것을 깨달았다. 쉐리가 절실히 필요했다. 그녀가 곁에 있을 때 너무 재미있고 좋았다. 그는 천천히 아내에게 사랑을 느끼기 시작했다. 이번에는 분명한 자기 바운더리를 갖춘 아내에 대한 사랑이 시작된 것이다.

그녀 역시 변했다. 쉐리는 왈트를 위해 희생하기만 했던 과거의 역할을 그만두었다. 그녀는 남편에 대한 비난의 강도를 점점 줄여 가는 자신을 발견했다. 이제 화도 많이 내지 않았다. 그녀의 바운더리는 그녀로 하여금 풍성한 삶을 살도록 도와주었다. 이제 더 이상 왈트가 쉐리 자신의 바람대로 완벽한 인물이 되기를 바랄 필요도 없었다.

물론 그들의 관계가 이상적인 부부 관계로 변했다는 말은 아니다. 하지만 폭풍우 속에서도 흔들리지 않는 닻처럼 더욱 견고하게 연결되어 있는 것처럼 느껴졌다. 이제 그들은 서로에 대한 사랑과 각자의 책임을 다하는 좋은 팀을 이루게 되었다. 갈등을 두려워하지 않고, 서로의 실수를 용서하며, 각자의 바운더리를 존중했다.

오후 10시 15분

쉐리는 침대에서 왈트 곁에 바짝 붙어 누워 바운더리를 세우기 위해 애썼던 지난 몇 달을 돌아보았다. 그녀는 하나님이 자기 인생에서 두 번째 기회를 주신 것이 너무 고마웠다.

그리고 다시 한 번, 너무 많이 읽어서 거의 외우다시피 한 성경 구절이 생각났다. 예수님이 주신 산상 수훈이었다. "심령이 가난한 자는 복이 있나니 천국이 그들의 것임이요 애통하는 자는 복이 있나니 그들이 위로를 받을 것임이요 온유한 자는 복이 있나니 그들이 땅을 기업으로 받을 것임이요"(마 5:3-5).

그녀는 생각했다. '나는 언제나 심령이 가난한 상태를 유지해야지. 하지만 바운더리는 내가 하나님의 뜻을 받아들일 때를 분별하도록 도와줄 거야. 나는 이 땅에서 사는 동안 고통으로 인해 항상 애통할 것이다. 그러나 일정한 경계를 정하면 내가 하나님과 다른 사람에게 위로를 받는 데 도움이 될 거야. 항상 온유함과 부드러움을 잃지 말아야지. 하지만 내가 남에게 의존하지 않는 독립된 존재가 되면 땅을 기업으로 받는 데 우선권을 갖게 될 거야. 하나님, 감사합니다. 제게 소망을 주셔서 감사합니다. 그리고 주님이 예비하신 길을 가도록 인도하시니 감사합니다.'

그리고 여기 반가운 소식이 있다. 쉐리가 바운더리 영역에서 성장했듯이 당신도 성장할 수 있다는 것이다. 이 책에서 다룬 원칙들은 우리 모두에게 적용된다. 우리 모두는 바운더리 영역에서 성장해야 하며, 평생에 걸쳐 더욱 성장해야 한다.

많은 사람들이 저마다 어려움을 겪던 영역에서 바운더리 원칙을 적용할 때 잘되는 모습을 보며, 우리는 수년간 얼마나 큰 힘을 얻었는지 모른다. 결국 우리의 삶과 관계를 정리하시는 하나님의 방법은 정말로 효과가 있다.

미주

3장 바운더리 문제

1. 네 가지 유형에 대한 소개는 다음의 책에서 찾아볼 수 있다. *Secrets of Your Family Tree*, by Dave Carder, Earl Henslin, John Townsend, Henry Cloud, and Alice Brawand(Chicago: Moody, 1991), 176-179.

4장 바운더리는 어떻게 개발되는가

1. 이 구조는 다음의 책에서 개발되었다. Margaret Mahler and described in *The Psychological Birth of the Human Infant* by Margaret Mahler, Fred Pine, and Anni Bergman(New York: Basic Books, 1975)(『유아의 심리적 탄생』 한국심리치료연구소). 말러는 일반 계시에 나타난 이러한 성경적 개념의 상호작용에 대해 주목했다.
2. 긴밀한 유대와 애착에 대한 성경적 관점은 다음의 책에서 더 자세히 살펴볼 수 있다. chapters 3-5 of *Changes That Heal* by Henry Cloud(Grand Rapids: Zondervan, 1992)(『크리스천을 위한 마음코칭』 생명의말씀사) and chapters 4 and 13 of *Hiding from Love* by John Townsend(Grand Rapids: Zondervan, 1996)(『사랑하라, 숨지 말고』 사랑플러스).

6장 바운더리에 대한 일반적 통념

1. Francis Brown, S. R. Driver, and Charles A. Briggs, *A Hebrew and English Lexicon of the Old Testament*(Oxford: Clarendon, 1977), 60; Merrill C. Tenney, ed., *The Zondervan Pictorial Encyclopedia of the Bible*, vol. 1(Grand Rapids: Zondervan, 1977), 166-168.
2. James Dobson, *Love Must Be Tough*(Waco, TX: Word, 1983).

12장 바운더리와 디지털 세대

1. Dr. Henry Cloud, *The One-Life Solution*(New York: HarperCollins, 2008).

13장 바운더리와 자아

1. R. Laird Harris, Gleason L. Archer, and Bruce K. Waltke, eds., *Theological Wordbook of the Old Testament*(Chicago: Moody, 1980), 329.
2. See chapter 8, "Helpful Hiding: Dealing with Suffering," in John Townsend, *Hiding from Love: How to Change the Withdrawal Patterns That Isolate and Imprison You*(Grand Rapids: Zondervan, 1996).

15장 바운더리에 대한 저항

1. See Henry Cloud, *Changes That Heal: Understanding Your Past to Ensure a Healthier Future*(Grand Rapids: Zondervan, 1992); and John Townsend, *Hiding from Love: How to Change the Withdrawal Patterns That Isolate and Imprison You*(Grand Rapids: Zondervan, 1996).